高等学校创新性数智化应用型经济管理规划教材（财务系列）

省级一流本科专业（会计学）建设点配套教材

总主编 / 李雪　　主审 / 徐国君

U0754088

高杉◎主编

陈莎◎副主编

税收筹划 （第二版）

立信会计出版社
LIXIN ACCOUNTING PUBLISHING HOUSE

图书在版编目(CIP)数据

税收筹划 / 高杉主编. —2 版. —上海：立信会计出版社，2022.8

高等学校创新性数智化应用型经济管理规划教材. 财务系列

ISBN 978-7-5429-7151-7

Ⅰ. ①税… Ⅱ. ①高… Ⅲ. ①税收筹划—高等学校—教材 Ⅳ. ①F810.423

中国版本图书馆 CIP 数据核字(2022)第 174960 号

策划编辑　　方士华
责任编辑　　方士华　孙　勇
美术编辑　　吴博闻

税收筹划(第二版)
SHUISHOU CHOUHUA

出版发行	立信会计出版社		
地　　址	上海市中山西路 2230 号	邮政编码	200235
电　　话	(021)64411389	传　真	(021)64411325
网　　址	www. lixinaph. com	电子邮箱	lixinaph2019@126. com
网上书店	http://lixin. jd. com		http://lxkjcbs. tmall. com
经　　销	各地新华书店		

印　　刷	上海万卷印刷股份有限公司		
开　　本	787 毫米×1092 毫米	1/16	
印　　张	15.75		
字　　数	385 千字		
版　　次	2022 年 8 月第 2 版		
印　　次	2022 年 8 月第 1 次		
印　　数	1—3 100		
书　　号	ISBN 978-7-5429-7151-7/F		
定　　价	42.00 元		

如有印订差错，请与本社联系调换

总　序

　　教材是高校实现人才培养目标的重要载体,教材及教材建设对高校发展具有举足轻重的作用。与培养模式相对应的教材是培养合格人才的基本保证,是实现培养目标的重要工具。由于历史的原因,在财经类教材的出版方面,相关出版社出版研究型本科或者高职高专、中等职业等层次的教材较多,应用型本科教材较少。虽然近年来一些应用型本科教材也陆续出版,但总体而言,这些教材还是缺乏权威性、普适性、实用性、创新性。造成这种状况的原因主要在于:出版社对财经类应用型本科教材的出版还不够重视,没有进行有效的组织;财经类应用型本科院校多为新建院校,教材建设相对滞后,主观上也较愿意使用研究型本科教材;在教材使用中存在比较严重的混用现象,教材目标读者群不明确,如不少教材既适用于研究型本科院校又适用于应用型本科院校,或者既适用于本科院校又适用于高职高专院校。

　　由于目前财经类应用型本科教材种类和数量匮乏或质量欠佳,财经类应用型本科院校不得不沿用传统研究型教材。这些教材本身的质量很好、级别很高,但是并不适用于应用型本科院校的教学,教师和学生普遍反映不好用。即使在全国范围看,也还没有相对成套、成熟的适合财经类应用型本科院校的教材。现有教材存在的主要问题包括:①教材的定位和要求过高;②教材的内容偏多、难度偏大;③教材着重于理论解释,相关案例、实训等内容较少,缺乏普适性、实用性。

　　与此同时,信息技术的快速发展使学生的学习习惯和阅读习惯发生了改变,不断朝个性化、自主学习的方向发展,传统的单一纸质教材已经无法适应这种变化。翻转课堂、慕课、微课等网络课程的兴起,混合式教学的不断推进,也对立体化教材建设提出了新的要求。教材作为一种课堂上的教学工具、一种传播媒介,理应顺势而为,随课堂形式、学生学习方式的改变而改变,朝着数字化、立体化、可视化的方向发展。因此,需要编写适应学生水平、便于学生接受的立体化财经类应用型本科教材。

　　我们组织具有多年应用型人才培养经验的优秀教师和实务界专家编写了这套教材。本系列教材有《会计基本技能》《出纳实务》《基础会计》《中级财务会计》《成本会计》《管理会计》《会计信息系统》《财务管理》《审计学》《高级财务会计》《商业分析》《税法》《经济法》《金融学》等品种。为了保证教材的质量,本系列教材聘请了知名高校的专家教授进行专门指导和审核。每本教材至少有一名本学科的知名专家或学科带头人提出审核指导意见,至少有一名高等院校教学一线的高级职称教师组织编写,至少有一名行业协会、实务界专家或教学研究机构人员提出编写建议。

　　本系列教材的特色如下。

1. 应用性

应用型本科的教材建设应坚持培养应用型本科人才的定位,充分吸收和借鉴传统的普通本科教材与高职高专类教材建设的优点和经验,以就业为导向,做到理论上高于高职高专类教材、动手能力的培养上高于传统的本科院校教材。本系列教材体现了应用型本科的定位,体现了素质教育和"以学生发展为本"的教育理念,遵循了高等教育教学基本规律,重视知识、能力和素质的协调发展,根据应用型人才培养模式对学生的创新精神、实践能力和适应能力的要求,在内容选材、教学方法、学习方法、实验和实训配套等方面突出了应用性特征。

2. 针对性

本系列教材的编写符合会计学、财务管理和审计学等专业的培养目标、培养需求、业务规格和教学大纲的基本要求,与各专业的课程结构和课程设置相对应,与课程平台和课程模块相对应。教材在结构纵横的布局、内容重点的选取、示例习题的设计等方面符合教改目标和教学大纲的要求,把教师的备课、试讲、授课、辅导答疑等教学环节有机地结合起来。

3. 立体化

本系列教材为立体化教材,实现了由传统纸质教材向"纸质教材+数字资源"的转变,通过技术手段将晦涩难懂的理论知识转变为直观的具体知识,以立体化、数字化的方式呈现,包括图文、动画、音频、视频等多种形式,生动、有趣且易懂,不仅可以激发学生的学习兴趣,还有利于教学效果的提升。

4. 趣味性

本系列教材注重趣味性,使用了大量的例题和案例,每章都加入了"思政育人""相关思考""延伸阅读"等内容,使读者能够加深理解,便于掌握相关内容。在案例、例题等的设计选用上重点突出趣味性,易于引发读者的共鸣。

5. 先进性

本系列教材反映了应用型会计人才教育教学改革的内容,能够反映学科领域的新发展。教材的整体规划、每一种教材的内容构建等均体现了创新性。教材还强调了系列配套,包括了教材、学习参考书、教学课件等。立体化教材在内容修订上更具有明显优势,线上资源可以随时根据政策法规、理论知识或工作实务等的变化进行调整,更有利于保持教材内容的先进性。

6. 基础性

本系列教材将打破传统教材自身知识框架的封闭性,尝试多方面知识的融会贯通,注重知识层次的递进,体现每一门科目的基本内容,同时在具体内容上突出实际运用能力,做到"教师易教,学生乐学,技能实用"。

7. 易于自学

自学能力是大学生的一项基本能力。学生只有具备了自主学习的能力,才能最终建立起终身学习的保障体系,这也是应用型本科人才培养的客观要求。应用技术型高校的生源素质与普通高校相比存在一定的差距,除了一部分是高考发挥失误的学生,还有一部分学生在学习习惯、基础知识等方面存在一定的欠缺,这就要求教材能够调动这部分学生的学习积极性,在理论方面尽量通俗易懂,在实践方面尽量采用案例式教学。为了有利于学生课后自主学习,本系列教材配套了学习指导书和教学课件。

因此,本系列教材的定位准确,特色明显,适用于应用型本科院校教学,容易得到学生和市场的认可,便于学生的自学和教师的教学。

"十四五"高等学校创新性数智化应用型经济管理规划教材凝聚了众多领导、教授和专家多年来的经验和心血。当然,由于我们的经验和人力有限,教材中难免存在不足,我们期待着各位同行、专家和读者的批评指正。我们将伴随着经济发展和会计环境的变迁不断修订教材,以便及时反映学科的最新发展和人才培养的最新变化。

本系列教材自 2014 年出版后,得到市场的认可,深受广大高校师生的欢迎。为了更好地回馈读者,本系列教材从 2017 年起启动第二版的修订工作,2019 年启动第三版的修订工作,2021 年启动第四版的修订工作。各种教材的修订版将陆续出版。我们会一如既往地做好教材修订和相关服务工作,希望广大读者对本套系列教材继续给予支持。

李 雪

2022 年 8 月

前　言

随着市场经济的深入发展,税收与经济的关系更为密切,税收筹划也越来越受到全社会的广泛关注。税收筹划是指纳税人在既定的税制框架内,通过对纳税主体的战略模式、经营活动、投资行为、理财涉税事项等进行事先规划和安排,以达到节税、递延纳税和降低税务风险等目标的一系列税务规划活动。对工商管理人员而言,税收筹划是一项必须掌握的重要技术。对经济管理类专业的学生来说,税收筹划是非常重要的一门课程和一项技能。目前我国税法与税制正处在重大变革时期,针对税法与税制改革的新变化,为了加强学生对税收筹划知识和技能的学与用,我们编写了本教材。

本教材是根据教育部颁布的高等学校会计专业课程设置和税收筹划课程教学基本要求,为适应和满足高等学校应用技术型人才培养和全面素质教育的需要而编写的。本教材按照税收筹划课程教学目标,坚持以培养高素质、综合性会计人才为原则,注重学用结合,理论联系实际,关注税收法规的最新变动情况,介绍税收筹划的基本原理,探求筹划技术及针对各税种的筹划方法,突出案例教学、情景教学等方法,旨在提高学生的综合能力。本教材每章都加入了"内容提要""重点难点""学习目标""知识框架""引入案例""引例解析""税务直通车""相关思考""特别提示""趣味阅读""重要概念"等内容,力求体系完整,内容丰富。

本教材根据国家税法与税制改革的精神,依据我国近两年新出台的税法及税收征管规定,结合税收筹划实例,具体介绍税收筹划的基本理论,税收筹划的基本方法,增值税、消费税、企业所得税、个人所得税及其他税种的税收筹划。本教材内容丰富、案例翔实、观点科学、贴近实际、突出应用、易于理解掌握,既可以作为高等学校会计专业课程教材,也可以作为企业财务人员业务培训用书。

本教材从应用型人才培养的角度,用通俗易懂的语言深入浅出地介绍了税收筹划的基本理论和不同税种的筹划技巧,特色鲜明。本书特色如下:

(1)聚焦最新税收政策。本教材依据我国近两年新出台的税法及税收征管的相关规定,涉及"营改增"后的税收筹划、最新的增值税税率、2018年《中华人民共和国个人所得税法(2018修正)》等内容,紧扣政策脉搏,把握最新的税收政策动态。

（2）内容编排合理，符合高等学校学生的认知规律。在编写的整体设计思路上，注重教、学、训、练、用的结合；在内容的编排上，以培养学生解决问题的能力为原则。本教材从税收筹划的每个环节入手，努力做到教与学结合、学与训一体、练与用衔接，既注重对实际工作中常用筹划技巧的介绍，又兼顾知识的拓展，为培养一专多能的应用型人才奠定基础。

（3）引经据典、追根溯源。本书特设"税务直通车"专栏，用于介绍税收筹划背后的政策依据，针对财政部、国家税务总局等出台的政策，从政策源头讲解筹划原理。

（4）注重趣味性与实务性。本教材使用了大量的例题和案例对各税种的筹划进行了深入分析，使学生能够加深理解，便于其掌握相关内容。同时，在案例、例题等的设计选用上重点突出趣味性、实务性，易于引起学生的共鸣。

本教材由高杉任主编，陈莎任副主编，多位优秀教师和实务界专家参加了编写。本教材具体编写分工如下：第一章税收筹划的基本理论（高杉），第二章税收筹划的基本方法（高杉），第三章增值税的税收筹划（高杉），第四章消费税的税收筹划（刘艳），第五章企业所得税的税收筹划（高杉），第六章个人所得税的税收筹划（陈莎），第七章其他税种的税收筹划（陈莎）。

在本教材的编写过程中，我们参考了大量相关教材和论著，在此向有关作者致以深深的谢意！

在本教材的编写过程中，我们进行了多次讨论研究，力求内容编排合理、避免错误，但难免存在考虑不周、表达不妥当的地方，书中疏漏不足之处，敬请读者批评指正。

编　　者

2022 年 8 月

目　录

第 1 章 税收筹划的基本理论

内容提要

本章主要讲解税收筹划的基本理论,是本书的基础章节。通过本章的学习,学生应对税收筹划的含义及特征、税收筹划的分类、税收筹划的原则、税收筹划的实施流程、税收筹划的意义及风险防范等有比较全面的了解。

重点难点

本章重点为税收筹划的含义及特征,税收筹划与偷税、逃税、骗税、欠税、避税的区别,税收筹划的实施流程,税收筹划的风险防范。

学习目标

通过对本章的学习,学生应掌握税收筹划的含义及特征,明确税收筹划与偷税、逃税、骗税、欠税、避税的区别,理解税收筹划的实施流程,了解税收筹划的原则、意义及风险防范措施等。

知识框架

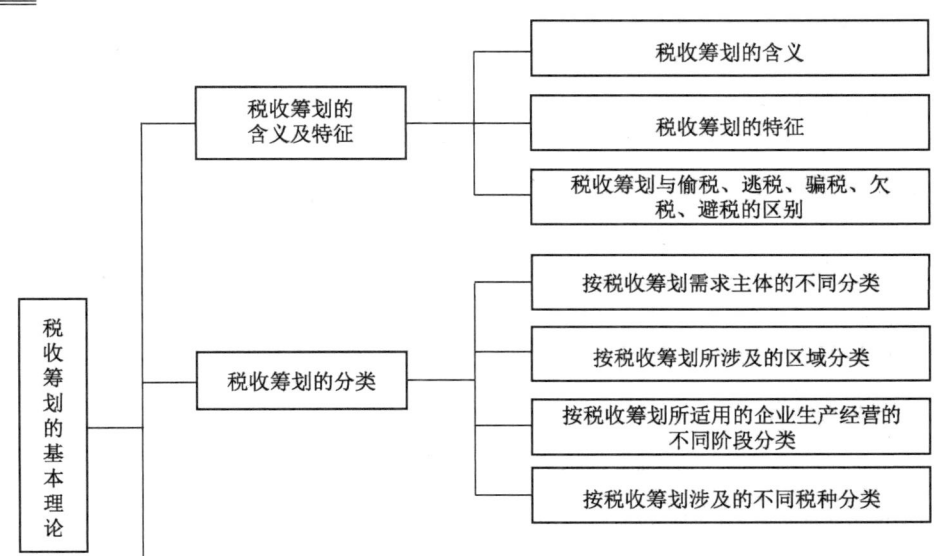

（续图）

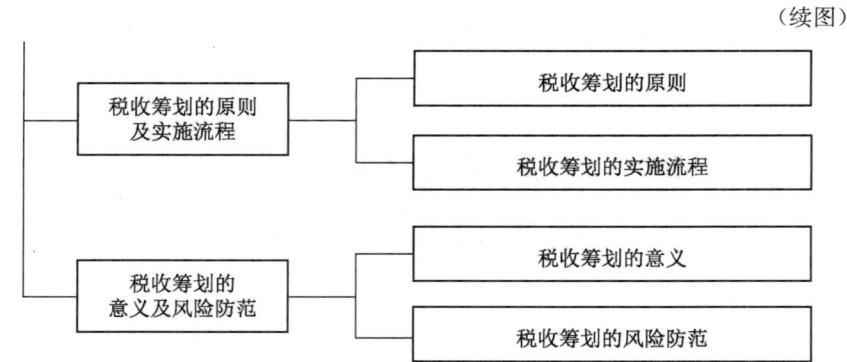

引入案例　　　　　　　　**选择税收筹划还是欠税**

某洗衣机厂为增值税一般纳税人（增值税纳税期限为1个月），2021年6月销售10台洗衣机给某电器商店，货物已经发出，货款在该电器商店10月将洗衣机销售出去后才收到。如果该纳税人采取直接收款方式销售货物，则应在7月15日之前对该销售行为申报缴纳增值税，这样洗衣机厂就面临尚未收款却要提前垫支税金的情况。若等到收款后再缴税，则不符合采用直接收款方式销售货物的纳税规定，构成了欠税行为。

洗衣机厂应如何进行税收筹划才能避免欠税行为？

1.1 | 税收筹划的含义及特征

1.1.1　税收筹划的含义

税收和我们每个人的关系越来越紧密，任何一个企业和个人都不可避免地涉及纳税事务，纳税事务是企业和个人不能掉以轻心的事情。随着市场经济的发展及人们收入水平的提高，人们生活中的涉税事项越来越多，人们开始考虑如何才能获得最大收益，所以以税收纳税人进行筹划才逐渐被人们所接受。

不同学者对税收筹划含义的界定不同，税收筹划的含义有广义与狭义之分。广义上，税收筹划是指纳税人在国家法律规定的范围内通过合法手段减少或不缴一定税款从而获得税收利益的经济行为；狭义上，税收筹划是指纳税人在国家法律许可范围内，根据税收政策导向，合理合法地减轻税收以获取正当税收利益的经济行为。狭义的税收筹划范围较广义上的小，它要求纳税人进行税收筹划必须符合国家的税收政策导向，不能钻政策的空子，应采用节税的手段而不是避税等手段。

综上所述，我们将税收筹划的含义归纳为：税收筹划是指在纳税行为发生之前，在不违反法律、法规（税法及其他相关法律、法规）的前提下，通过对纳税主体的经营活动、投资行为等涉税事项作出的事先安排，以实现优化纳税、减轻税负或延期纳税为目标的一系列谋划活动。

趣味阅读 1-1

国外理论界对税收筹划概念的阐述

1. 荷兰国际财政文献局（IBFD）在《国际税收辞汇》中对税收筹划的阐释是：税收筹划是指纳税人通过

对经营活动或个人事务活动的安排,以达到缴纳最低税收的目的。

2. 印度税务专家 N. J. 雅萨斯威在《个人投资和税务筹划》中指出:税收筹划是指纳税人通过对财务活动的安排,充分利用税收法规提供的包括减免在内的一切优惠,从而获得最大的税收利益。

3. 美国著名法官 G. 汉德在一个判例(税收委员会诉纽曼案,1947 年)中对税收筹划有过精辟的定性与论述:法庭一再重申,出于尽可能将税负降到最低的目的而安排活动并无不当,所以纳税义务人都有权这样做,无论贫富,没有人应当承担多于法律要求的社会义务;税收是强制征收的,而不是自愿的捐献。以道德的名义要求缴纳更多的税收仅仅是形而上学的说教之词。

1.1.2 税收筹划的特征

1. 合法性

合法性是税收筹划的最本质特征,也是税收筹划区别于逃税、避税行为的基本标志。税收筹划的合法性体现在其行为是在尊重法律、不违反国家税收法规的前提下进行的。在合法的前提下,当存在多种可选择的纳税方案时,纳税人就可以利用对税法专业知识的熟练掌握和实践技术,选择税负较低的方案,这种纳税人对税收政策的能动反应也正是税收政策能够引导经济发展、调节纳税人经营行为的重要前提。

2. 筹划性

筹划有事先规划、设计、安排的含义,因此,筹划性是税收筹划的本质特征之一。在经济活动中,纳税义务的产生通常具有滞后性,对企业而言,通常是在交易行为发生之后才产生增值税、消费税等纳税义务,这在客观上为纳税人提供了在纳税前事先作出策划的可能性。另外,税收规定是有针对性的,纳税人和征税对象的性质不同,税收待遇也往往不同,这也向纳税人提供了选择低税负的机会。

3. 风险性

风险性是指纳税人在进行税收筹划时因各种因素的存在,无法取得预期的筹划结果,并且付出远大于筹划收益的成本的各种可能性。因为税收筹划是一种事前行为,具有长期性和预见性的特点,所以税收筹划与任何一种谋求经济利益的管理活动一样,也存在风险,特别是当税收筹划的基本条件发生变化,或筹划的方法选择不当,或筹划主体专业水平有限时,税收筹划的风险不可避免。

4. 多样性

多样性是指税收筹划的内容和方法等均不是单一的。各种税在纳税人、征税对象、纳税地点、税目、税率及纳税期限等方面都存在着差异,各国税法、会计核算制度、投资优惠政策等方面也存在着差异,这就给纳税人提供了寻求低税负的众多机会,也决定了税收筹划在全球范围内的普遍存在和形式的多样性。

5. 综合性

综合性是指税收筹划应着眼于纳税人资本总收益的长期稳定增长,而不是着眼于个别税种税负的高低。这是因为,纳税人少纳了一种税,就有可能要多缴另一种税,整体税负不一定减轻。另外,纳税支出最小化的方案不一定等于资本收益最大化的方案。纳税人进行投资、经营决策时,除了考虑税收因素外,还应该考虑其他多种因素,趋利避害,综合决策,以达到总体收益最大化的目的。

6. 专业性

专业性是指税收筹划已经成为一项专门的服务,需要由专业人员来进行。在社会化大生产和全球经济日趋一体化的背景下,国际经贸业务日益频繁,规模也越来越大,各国税制也越来越复杂,纳税人仅靠自己进行税收筹划已经显得力不从心,作为第三产业的税务代理、税务咨询服务便应运而生。现在,世界各国尤其是发达国家的会计师事务所、律师事务所纷纷开辟和发展有关税收筹划的咨询业务,这说明税收筹划专业化发展的特点。

1.1.3 税收筹划与偷税、逃税、骗税、欠税、避税的区别

古今中外,每个纳税人都会试图尽量少纳税,而少纳税的手段、方式、渠道有很多,如税收筹划,还有骗税、偷税、逃税、欠税等。税收筹划的基本特征之一是合法性,而骗税、偷税、逃税、欠税等是违反税法的。由于一些纳税人对税收筹划与骗税、偷税、逃税、欠税等概念的理解模糊,界限掌握不清楚,在税收筹划时因筹划不当而构成偷税、逃税,被税务机关要求按规定调整应纳税额。这样纳税人不仅不能达到节税的目的,可能还会被要求缴纳滞纳金,甚至会受到行政处罚,情节严重的还将被追究刑事责任。因此,我们很有必要熟悉与税收筹划相关的概念,减少税收筹划给纳税人带来的风险。

1. 偷税

偷税是指纳税人在纳税义务已经发生且能够确定的情况下,采取不正当或不合法的手段以逃脱其纳税义务的行为。偷税与税收筹划有明显的差别,偷税是采取伪造、变造、隐匿、擅自销毁账簿或记账凭证,在账簿上多列支出或者不列、少列收入,经税务机关通知纳税申报而拒不申报或者进行虚假的纳税申报的手段,不缴或者少缴应纳税款。偷税具有故意性、欺诈性,是一种违法行为,应该受到处罚。

📁 特别提示 1-1

2009 年 2 月,第十一届全国人大常务委员会第七次会议表决通过了《中华人民共和国刑法修正案(七)》。修订后的刑法对第二百零一条关于不履行纳税义务的定罪量刑标准规定中的相关表述方式进行了修改,用"逃避缴纳税款"取代了"偷税"。但目前《中华人民共和国税收征收管理法》(以下简称《税收征收管理法》)还没有对此作出相应修改。

延伸阅读 1-1
逃避缴纳税款罪

2. 逃税

逃税是指纳税人欠缴应纳税款,采取转移或者隐匿财产的手段,妨碍税务机关追缴欠缴税款的行为。《税收征收管理法》规定,由税务机关追缴欠缴的税款、滞纳金,并处欠缴税款50％以上 5 倍以下的罚款;构成犯罪的,依法追究刑事责任。

逃税与税收筹划的区别在于以下几个方面。

(1)性质不同。逃税是违法的,严重的逃税行为还要被追究刑事责任;而税收筹划是非违法行为,是被社会和法律所接受的。

(2)采取的手段不同。逃税是指纳税人采取转移或者隐匿财产的手段,妨碍税务机关追缴欠缴税款;而税收筹划是在充分地掌握税收法律、法规和规章的基础上,运用一些不违法的方法来达到实现企业价值最大化的目的。

(3)发生的时间不同。逃税的发生时间是在税收义务发生之后;而税收筹划具有明显的前瞻性,即发生时间在纳税义务发生之前。

(4)目的不同。逃税的目的是减轻税收负担,并不顾及后果和影响;而税收筹划的目的是实现企业价值的最大化。

逃税与偷税有共性,即都有欺诈性、隐蔽性,都是违反税法的行为,但逃税在操作上更具有直接性,是企图将应税行为变为非应税行为,从而达到逃避纳税,即不纳税的目的。各国对逃税一般都没有单独的处罚规定,而是将逃税归为偷税行为,按偷税处罚,我国也不例外。

案例讨论 1-1

逃税与税收筹划的区别

某纳税人在年终结算之前,通过税收筹划使计划来年支出的维修设备经费100万元提前发生,使本期利润减少100万元,那么应税所得额就减少了100万元,降低了当年的所得税25万元(100×25%),这样,当年的所得税税负转移到下一年度,实现了递延纳税25万元的税收筹划效果。但是,倘若纳税人并未进行以上筹划,而是在当期少缴25万元税款,并长期不按税务机关要求限期补缴,最后又将资产全部转移到不同的地方或者干脆全变卖掉,从而使税务机关难以追缴其所欠的25万元应纳税款及滞纳金,这就构成了逃税。因此,逃税与税收筹划有本质的区别。

3. 骗税

骗税是指采取弄虚作假和欺骗手段,虚构应税行为(实际未发生应税行为),将小额的应税(应退税)行为伪造成大额的应税(应退税)行为,即事先根本未向国家缴过税或未缴足其声称已纳的税款,而从国库中骗取退税款。这是一种非常恶劣的违法行为。

《税收征收管理法》第六十六条规定,以假报出口或者其他欺骗手段,骗取国家出口退税款的,由税务机关追缴其骗取的退税款,并处骗取税款1倍以上5倍以下的罚款;构成犯罪的,依法追究刑事责任。对骗取国家出口退税款的,税务机关可以在规定期间内停止为其办理出口退税。

4. 欠税

欠税是指纳税人、扣缴义务人超过税收法律、法规规定或税务机关依照税收法律、法规规定的纳税期限,未缴或少缴税款的行为。

例如,根据《中华人民共和国增值税暂行条例》的规定,增值税的纳税期限分别为1日、3日、5日、10日、15日、1个月或者1个季度。纳税人的具体纳税期限由主管税务机关根据纳税人应纳税额的大小分别核定;不能按照固定期限纳税的,可以按次纳税。纳税人以1个月或者1个季度为1个纳税期的,自期满之日起15日内申报纳税;以1日、3日、5日、10日或者15日为1个纳税期的,自期满之日起5日内预缴税款,于次月1日起15日内申报纳税并结清上月应纳税款。假设某纳税人被主管税务机关核定的增值税纳税期限为1个月,则该纳税人必须在次月15日内申报纳税,缴纳增值税税款。如果该纳税人15日内尚未缴纳或未足额缴纳税款,则构成欠税行为。

引例解析

选择税收筹划还是欠税

引例中,若纳税人在得知电器商店不能及时偿付货款的情况下,把销售合同由直接收款合同改为委托代销合同,并规定在10月销售货物,收到代销清单时确认收入,则其纳税义务的发生时间会推迟到11月15日之前,该推迟缴纳税款的行为不属于欠税的行为。

具体税收筹划依据如下:

（1）直接收款方式销售行为。根据《增值税暂行条例》及《中华人民共和国增值税暂行条例实施细则》（以下简称《增值税暂行条例实施细则》）的有关规定，纳税人销售货物或者应税劳务，其纳税义务的发生时间为收讫销售款或者取得索取销售款凭据的当天。纳税人采取直接收款方式销售货物，不论货物是否发出，纳税义务发生时间均为收到销售款或者取得索取销售款凭据的当天。在本例中，该洗衣机厂在6月份虽未收到货款，但已发生了税法规定的纳税义务，所以应按税法规定的纳税期限申报纳税，否则便构成欠税。

（2）委托代销行为。根据《增值税暂行条例》及《增值税暂行条例实施细则》的有关规定，纳税人委托其他纳税人代销货物，其纳税义务发生时间为收到代销单位的代销清单或者收到全部或者部分货款的当天。未收到代销清单及货款的，为发出代销货物满180天的当天。纳税人以代销方式销售货物，在收到代销清单前已收到全部或部分货款的，其纳税义务发生时间为收到全部或部分货款的当天。因此，洗衣机厂6月份发生的这笔业务尚未形成应税义务，在10月份收到电器商店的代销清单或收到代销款项时，洗衣机厂才发生纳税义务。

5．避税

避税是指纳税人利用我国税法制度的疏漏，以及不同国家或地区的税收制度差异等，通过对自身的经营、投资等活动进行刻意安排，以达到纳税义务最小化的一种经济行为。避税的最大特点是非违法性，它包括利用合法手段，如利用各种特定税收条款或税法中缺乏的某些条款（即税法漏洞），减少应税义务。

税收筹划与避税的区别：税收筹划充分利用国家的各种税收优惠政策以及不同涉税行为的税法规定，通过事先的筹划安排，以达到减轻税负之目的。由于税收筹划以遵守税法规定为前提，故具有合法性；由于税收筹划多以选择最优方案的方式来实现税后利益最大化，故又具有合理性。而大量的避税行为则是纳税人利用税收法律的疏忽、漏洞，采取一定的技术手段，设法使其经济活动或经济行为绕过或避过法律政策的规定，达到少纳税甚至不纳税的目的。

偷税、逃税、骗税、欠税、避税与税收筹划的比较如表1-1所示。

表1-1 偷税、逃税、骗税、欠税、避税与税收筹划的比较

对比点	性质	手段	风险程度
偷税	违法	采取一切不正当或不合法的手段	风险高
逃税	违法	采取转移或者隐匿财产等手段，妨碍税务机关追缴欠缴税款	风险高
骗税	违法	采取弄虚作假和欺骗手段，骗取国家退税	风险高
欠税	违法	对已经发生的应税义务不按期限缴纳税款	风险高
避税	不违法	利用税法的疏漏，以及不同国家、地区的税收制度差异	风险较高
税收筹划	合法	利用国家的各种税收优惠政策，事先进行筹划	风险低

1.2 | 税收筹划的分类

根据不同的标准，税收筹划可以划分为不同的类别。

1.2.1　按税收筹划需求主体的不同分类

按税收筹划需求主体的不同,税收筹划可分为法人税收筹划和自然人税收筹划两大类。法人税收筹划主要是对法人的组建,分支机构的设立、筹资、投资、运营、核算、分配等活动进行的税收筹划。我国现阶段的税制模式是以商品劳务税和所得税为主,企业是商品劳务税和所得税的纳税主体,是税收的主要缴纳者,因此,在法人税收筹划中,企业税收筹划是主体部分,需求量最大。

自然人税收筹划主要是在个人投资理财领域进行的。自然人数量众多,西方许多国家以个人所得税或财产税为主体税种,而且税制设计复杂,因而自然人税收筹划的需求量也有相当规模。目前我国税制模式决定了自然人不是税收的主要缴纳者,虽然涉及自然人的税种不少,但纳税总量并不大,因此,自然人的税收筹划需求规模相对企业税收筹划要小一些。随着经济的发展、个人收入水平的提高、个人收入渠道的增多以及我国税制改革的完善,我国自然人税收筹划的需求会有一定的增长。

1.2.2　按税收筹划所涉及的区域分类

按税收筹划所涉及的区域的不同,税收筹划可分为国内(境内)税收筹划和国际(境外)税收筹划。国(境)内税收筹划是指从事生产经营、投资理财活动的非跨国(境)纳税人在国(境)内进行的税收筹划。国(境)内税收筹划主要依据的是国内的税收法律法规。

国际(境外)税收筹划是跨国(境)纳税主体利用国家(地区)与国家(地区)之间的税收政策差异和国际税收协定的条款进行的税收筹划。随着我国对外开放的扩大,我国纳税人的国际(境外)税收筹划需求也越来越多,目前主要是在对外贸易和对外投资活动领域。可以预见,随着我国企业"走出去"战略的实施,我国将会出现更多的国际化企业,它们在境外从事的投资和贸易活动日益频繁,会需要国际(境外)税收筹划。这也将是税务师事务所的重要业务领域。

1.2.3　按税收筹划所适用的企业生产经营的不同阶段分类

根据适用的企业生产经营阶段,税收筹划可分为企业投资决策中的税收筹划、企业生产经营中的税收筹划、企业成本核算中的税收筹划和企业成果分配中的税收筹划。

1. 企业投资决策中的税收筹划

企业投资决策中的税收筹划是指企业将税收作为投资决策中的一个重要因素,在投资活动中充分考虑税收影响,选择税负最合理的投资方案的行为。企业为了获得更多的利润,总会不断地扩大再生产,进行投资。投资影响因素的复杂多样决定了投资方案的非唯一性,而不同的投资方案显然有不同的税收待遇。因此,企业就有衡量税负轻重、选择最优纳税方案的机会。

2. 企业生产经营中的税收筹划

企业生产经营中的税收筹划是指企业在生产经营过程中充分考虑税收因素,选择最有利于自己的生产经营方案的行为。企业生产经营中的税收筹划主要是通过对企业从事产业的选择、产品价格的确定、生产经营方式的选择来达到生产经营效果最理想的状态。应纳税额的一般计算公式是:应纳税额=计税依据(税基)×税率。当税基一定时,税率越低,应纳税额就越少;反之,亦然。因而在进行税收筹划时,要周密计算因产业选择、生产经营方式选择产生的税率变化或税基的调整而产生的税负变化。

3. 企业成本核算中的税收筹划

企业成本核算中的税收筹划是指企业通过对经济形势的预测和对其他因素的综合考虑,选择恰当的会计处理方式以获得税收利益的行为。能对税收缴纳产生重要影响的会计方法主要有固定资产折旧方法和存货计价方法。就存货计价方法而言,目前主要有先进先出法、加权平均法和个别计价法等,企业可以自己选择,但一经选定后不得随意变更。先进先出法以存货的流出与流入的时间同向为前提,在存货价格紧缩时,企业采用这一方法可使前期耗用存货的成本增大,使税前利润和所得税税款减少,从而少缴税款。

【例1-1】 华夏有限责任公司2021年先后进货两批,数量相同,进价分别为400万元和600万元。2021年和2022年各出售一半,售价均为1 000万元。所得税税率为25%,假设不存在纳税调整项。试比较采用加权平均法和先进先出法两种不同计价方法对企业所得税和净利润的影响。

根据上述资料,分析如下:

在加权平均法和先进先出法下,营业成本、企业所得税和净利润的计算如表1-2所示。

表1-2 　　　　　　　　**不同发出存货计价方法对所得税的影响**　　　　　　单位:万元

项目	加权平均法		先进先出法	
	2021年	2022年	2021年	2022年
销售收入	1 000	1 000	1 000	1 000
销售成本	500	500	400	600
税前利润(应纳税所得额)	500	500	600	400
所得税费用	125	125	150	100
净利润	375	375	450	300

从表1-2可知,虽然各项数据的两年合计数相等,但不同的存货计价方法对当年企业所得税和净利润的影响不同。显然,在经济处于通货紧缩的时期,采用先进先出法比较合适;而在经济比较稳定的时期,采用加权平均法比较合适。

4. 企业成果分配中的税收筹划

企业成果分配中的税收筹划是指企业在分配经营成果时充分考虑各种方案的税收影响,选择税负最轻的分配方案的行为。它主要通过合理归属所得年度来实现。合理归属所得年度是指利用合理手段将所得归属在税负最低的年度里。其途径是合理提前所得年度或合理推迟所得年度,从而起到减轻税负或延期纳税的作用。另外,通过调整收入实现时间有助于调节当期应纳税所得额,从而影响应纳所得税税额。

1.2.4　按税收筹划涉及的不同税种分类

一般将各个税种按照不同的征税对象分为商品劳务税、所得税、财产税、资源税、行为目的税等几大类。与之相对应,以税收筹划涉及税种的不同类别为分类标准,税收筹划可分为商品劳务税的税收筹划、所得税的税收筹划、财产税的税收筹划、资源税的税收筹划、行为目的税的税收筹划等。由于商品劳务税和所得税是我国目前税制结构中最主要的两大税类，因而它们也是纳税人税收筹划需求最大的两个税类。

商品劳务税税收筹划是围绕纳税人身份、销售方式、货款结算方式、销售额、适用税率、税收优惠等纳税相关项目进行的税收筹划。虽然商品劳务税是企业缴纳最多的税，但由于其是可以转嫁的间接税，加之商品劳务税的税收弹性相对较小，因此，税收筹划的空间相对于所得税也比较小。

所得税税收筹划是围绕收入实现、经营方式、成本核算、费用列支、折旧方法、捐赠、筹资方式、投资方向、设备购置、机构设置等涉税项目的税收筹划。所得税的税收弹性相对较大，其税收筹划的空间也相对比较大，效果往往比较明显。目前这类税收筹划的需求较大。

1.3 | 税收筹划的原则及实施流程

1.3.1 税收筹划的原则

企业在进行税收筹划时，应遵循一定的原则，主要有以下几个。

1. 法律原则

1）合法性原则

税收筹划必须严格遵守合法性原则，任何违反法律的手段都不属于税收筹划的范畴。税收法律是规定政府以征税方式取得财政收入的法律规范，用以调整税收征纳双方的征纳关系，明确征纳双方各自的权利和义务，征纳双方都必须遵守。纳税人只有严格按照税法规定充分地履行其义务，享受其权利，才符合法律原则。

2）规范性原则

税收筹划方案除了解决税收问题外，还涉及财务管理、会计、金融等各个方面，这就要求税收筹划要遵循各领域、各行业的制度和标准，如在财务会计方面要遵循会计法、会计准则等，企业的筹资行为要遵循国家的金融管理制度等。

2. 财务原则

1）财务利益最大化原则

税收筹划的最主要目的是使纳税人的财务利益最大化。纳税人为了实现财务利益最大化除了要考虑降低税收，还要考虑综合经济利益最大化；不仅要考虑现在的财务利益，还要考虑未来的财务利益；不仅要考虑所得增加，还要考虑资本增值。在一般情况下，税收负担的减轻意味着纳税人股东权益的增加。但在某些情况下，税负的降低并不会带来纳税人股东权益的最大化。例如，由于税法规定纳税人的借款利息可以在所得税前扣除，因此，纳税人为了利用财务杠杆追求节税效应，就要进行负债经营，当负债利率低于息税前的资金利润率时，利用负债融资就可以提高所有者的权益利润率；反之，利用负债融资反而会降低所有者的权益利润率，所有者权益利润率会随负债比例的升高而下降。所以，纳税人进行税收筹划不能只以税负轻重作为选择纳税方案的唯一标准，而应着眼于实现财务利益最大化。

资本结构对税收的影响

2018 年,华夏有限责任公司计划筹资 1 000 万元用于一项新产品的生产,并制定了甲、乙、丙三种方案。假设在这三种方案中,公司的资本结构(长期负债与权益资本的比例)分别为 0∶100,20∶80,60∶40。这三种方案的利率都是 10%,企业所得税税率均为 25%。假设企业息税前利润预计为 300 万元,则企业为达到节税目的应选择何种方案呢?

【解析】 经计算可知,扣除利息支出后,三种方案的税前利润分别为 300 万元、280 万元、240 万元,应纳税额分别为 75 万元、70 万元、60 万元,税后利润分别为 225 万元、210 万元、180 万元,税前投资利润率(权益资本)分别为 30%、35%、60%,税后投资利润率(权益资本)分别为 22.5%、26.25%、45%。

由上可知,随着债务资本比例的增大,企业纳税呈递减趋势,从 75 万元减为 70 万元,再减为 60 万元,表明债务筹资具有节税功能。因此,仅从税收角度考虑,方案三为纳税最少的方案。但方案三并不是最优方案,因为从财务利益最大化原则来看,方案一的税后净利润最大;但从资本利润率来看,方案三的资本利润率最高。

本案例表明,当投资利润率大于负债利率时,债务资本在投资中所占的比例越高,对企业的权益资本越有利。

2)稳健性原则

税收筹划在追求纳税人的财务利益最大化时,还必须注意稳健性原则。一般来说,纳税人的节税收益越大,风险也越大。各种降低税收的方式和方法都有一定的风险,节税收益与税制变化、市场风险、利率风险、债务风险、通货膨胀风险等紧密联系在一起。税收筹划要尽量使风险最小化,要在节税收益与节税风险之间进行必要的权衡,以获取稳健的财务收益。

3)综合性原则

在进行税收筹划时,企业必须站在整体财务管理目标的高度,综合考虑规划,以使整体税负水平最低。在进行一种税的筹划时,还要考虑与之有关的其他税种的税负效应,进行整体规划、综合衡量,力求整体税负最低。因此,在做税收筹划时,不能只盯着个别税种的税负高低,一种税少缴了,另一种税很可能就要多缴,因而要着眼于整体税负的轻重。

特别需要指出,有时税收筹划的节税目标与企业整体理财目标也会出现矛盾。一是税收支出与其他成本支出的矛盾。税收支出少,但如果其他成本高,节税就不能带来资本总体收益的增加。二是节税与现金流量的矛盾。在特定期间内,如果一个企业的现金流状况是前松后紧,迟延纳税时间将不利于企业资金收支的管理,会加剧后期现金流动的紧张,造成企业资金运作困难。三是如果企业在实施税收筹划过程中片面地追求节税及自身效益的提高,就会扰乱正常的经营理财秩序,导致企业内在经营机制的紊乱,并最终导致企业更大的潜在损失。这些情况的出现和发生都有违税收筹划的初衷。因此,将税收筹划看作一种单纯的节税行为是不可取的。

3. 经济原则

1)便利性原则

纳税人可选择的节减税收的方式和方法很多,在选择各种节税方案时,越容易操作、越简便易懂、未来的不可预测性越易控制的方案越好,凡是能够用简单方法的,企业应尽量不要采用复杂方法。简单易行的方案能节约税收筹划费用,带来税收筹划成本的降低。

2）节约性原则

企业无论是聘请外部税务筹划专家还是安排内部的财务人员进行税收筹划,都要产生一定税收筹划费用支出。如果是聘请外部税务专家进行税收筹划,则要支付相应的劳务费用。如果由企业内部财务人员进行税收筹划,则要支付购买相关书籍、搜集相关法律资料以及对财务人员进行税收筹划培训的费用等。企业应尽可能控制成本费用支出,使税收筹划的成本与效益比最小。

4. 时间原则

1）预见性原则

在经济行为已经发生,纳税项目、计税依据和税率已成定局后,再实施的少缴税款的措施,无论是否合法,都不是税收筹划。税收筹划必须在纳税义务发生之前,通过对企业生产经营活动过程的规划与控制来进行。税收筹划的实质是企业运用税法的指导,通过对生产经营活动的安排来调整纳税义务。

2）时效性原则

近几年我国进行了增值税转型、“营改增”、资源税从价计征等税制改革,有些具体税种的征管也经常有一些调整。自党的十八届三中全会发布的《中共中央关于全面深化改革若干重大问题的决定》提出税制改革的方向以来,新一轮税制改革的大幕已经拉开。因此,某一个税收筹划方案以前可能是有效的,但是税法变动可能致使其无效,甚至导致违反税法的事件发生。这就要求纳税人或税收筹划的策划者密切关注税法的变动,及时调整税收筹划的方案。例如,在个人所得税的筹划中,对个人一次性取得的全年奖金,税法规定单独作为1个月的所得计缴个人所得税,由于工资、薪金适用的是累进税率,税负可能较重,较常见的方法是将其均匀分解到每月,降低适用税率档次以减轻税负。姑且不论这种方法的制约条件(如各月收入较高时此法反而可能加重税负),即使该方法以前有效,但在国家税务总局发布《关于调整个人取得全年一次性奖金等计算征收个人所得税方法问题的通知》以后,此方法的效果已不明显,因该通知已经将全年一次性奖金的征税办法改为:按全年一次性奖金除以12个月的商数适用税率和速算扣除数,以此将全年一次性奖金作为1个月的所得计缴税款。该方法使原税收筹划方案所要达到的降低适用税率的目的不通过税收筹划便可实现。

1.3.2 税收筹划的实施流程

税收筹划的实施流程一般可以分为主体选择,收集信息,确定筹划目标,方案列示、分析与选择,实施与反馈等几个阶段,几个阶段的具体实施流程如图1-1所示。

1. 主体选择

企业可以安排内部人员自行制定税收筹划方案,也可以将税收筹划“外包”给专业机构,即社会中介组织。在制定税收筹划方案之前,必须先确定筹划策略制定主体。在确定主体之前,需要对两种方式进行比较。

2. 收集信息

收集信息是税收筹划的基础,企业只有充分掌握了信息,才能进一步制定税收筹划方案。

1）外部信息

外部信息包括税收环境信息和政府涉税行为信息两个方面,主要包括以下几项内容。

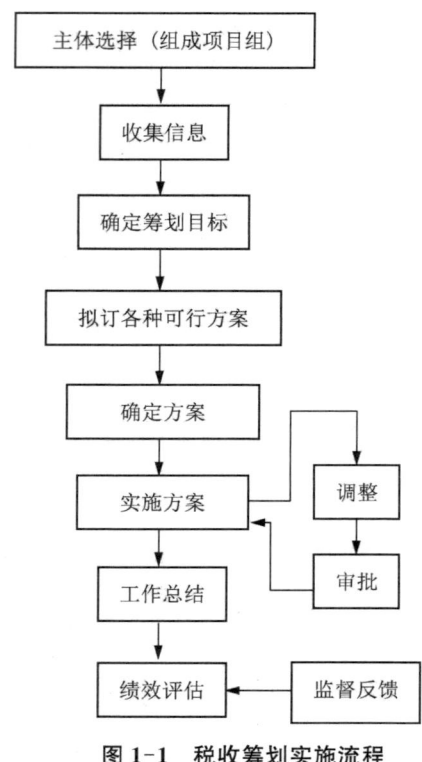

图 1-1　税收筹划实施流程

（1）企业涉及的税种及各税种的具体规定，特别是税收优惠规定。

（2）各税种之间的相关性。

（3）税收征纳程序和税务行政制度。

（4）税收环境的变化趋势、内容。在税收筹划博弈中，企业在行动之前，必须预测政府可能对自身行动产生的反应，因此，要了解政府涉税行为信息，主要包括政府对税收筹划的态度、政府的主要反避税法规和措施、政府反避税的运作规程等。

2）内部信息

内部信息包括实施主体信息和反馈信息。

任何税收筹划方案必须基于企业自身的实际经营情况。因此，在制定方案时，必须充分了解企业自身的相关信息，即实施主体信息。这些信息包括以下几项。

（1）基本情况。企业的基本情况包括企业的组织形式、成立日期、经营范围、经营规模、关联关系和股权架构等。企业的组织形式、经营范围不同，其缴纳的税也不尽相同。如果企业是股份有限公司，其取得收入后除了要缴纳货物与劳务税外，还要缴纳企业所得税。如果企业是个人独资企业或合伙企业，则不需要缴纳企业所得税，只需要由个人投资者缴纳个人所得税（法人合伙人需要缴纳企业所得税）。了解了企业的基本情况后，可以做到心中有数以便抓住主要税种进行税收筹划。

（2）财务情况。企业的税收筹划要合法地节减税收，策略制定主体只有在全面和详细了解纳税人财务情况的基础上，才能制定出针对纳税人的税务计划，使税收筹划方案切实可行。以会计账簿和会计报表形式反映出来的企业财务状况从资金的运动方面展现了企业的全貌，而纳税则是资金从企业的流出。

（3）风险态度。节税与风险并存，节税越多的方案往往也是风险越大的方案，两者的权衡取决于多种因素，包括纳税人对风险的厌恶和偏好程度。策略制定主体了解纳税人对风险的态度及对风险的承受程度，可以更好地按纳税人的要求进行税收筹划方案的设计。

3. 确定筹划目标

企业在制定具体战略时，必须在既定信息的基础上，分析企业的真正需求，确立筹划方案的具体目标，这些具体目标可能但不限于如下几种。

（1）选择低税负点，包括税基最小化、适用税率最低化、减税最大化等具体内容。

（2）选择零税负点，包括纳税义务的免除和避免成为纳税人。

（3）选择递延纳税。递延纳税存在机会成本。例如，在减免税期间，企业可能因递延纳税而减少应当享受的减免税的利益。

4. 方案列示、分析与选择

在掌握相关信息和确立目标之后，策略制定者可以着手设计税收筹划的具体方案，关注角度不同，具体方案就可能存在差异，因此，策略制定者需要将方案逐一列示。筹划方案是对多种筹划技术的组合运用,方案列示以后,必须进行一系列的分析,主要包括三种分析。

（1）法定分析。税收筹划的首要原则是法律原则,任何税收筹划方案都必须遵守法律原则,因此,企业对设计的方案要先进行合法性分析,控制法律风险。

（2）可行性分析。税收筹划的实施,需要多方面的条件,企业必须对方案的可行性作出评估,这种评估包括对实施时间的选择、人员素质以及未来趋势的预测。

（3）目标分析。每种设计方案都会产生不同的纳税结果,这种纳税结果是否符合企业既定的目标,是筹划方案选择的基本依据。因此,企业必须对方案进行目标分析,优选最佳方案。目标分析还包括评价税收筹划方案的合理性,防止税收筹划方案"喧宾夺主",影响企业整体竞争策略。

对列示方案进行逐项分析之后,方案制定者可能获取新的信息,并以此对原有的税收筹划方案进行调整,同时继续规范分析过程。

5. 实施与反馈

企业选定筹划方案之后,经管理机关批准,筹划即进入实施阶段。企业应当按照选定的税收筹划方案,对自己的纳税人身份、组织形式、注册地点、所从事的产业、经济活动以及会计处理等作出相应的处理或改变,同时记录筹划方案的收益。

在实施过程中,结果可能会因为执行偏差、环境改变或者由于原有方案的设计存在缺陷而与预期存在差异。这些差异要及时反馈给方案制定者,以便其对方案进行修正或者重新设计。

1.4 | 税收筹划的意义及风险防范

1.4.1 税收筹划的意义

税收筹划对纳税人熟知税法,更好地利用、遵守税法有很好的促进作用,同时也有利于税收法律法规的不断完善。

1. 税收筹划有利于提高纳税人的纳税意识

税收筹划与纳税人纳税意识的增强一般具有客观一致性,税收筹划是企业纳税意识提高到一定程度的体现。企业进行税收筹划的初衷的确是为了少缴税或缓缴税,但企业采取的是合法合理的方式,即通过研究税收法律规定,关注税收政策变化,进行纳税方案的优化选择,以尽可能地减轻税收负担,获取最大的税收利益。如果采取偷税、骗税、抗税等违法手段来减少应纳税款,不但纳税人要承担受法律制裁的风险,而且企业声誉还会受影响。因此,一种合法地减少应纳税款、节约税收支出的方法——税收筹划,便成为纳税人的必然选择。由此可见,税收筹划可以抑制纳税人偷、逃税等违法行为。

2. 税收筹划有助于企业经营管理水平和会计管理水平的提高

企业经营管理不外乎是管好"人流"和"物流"两个流程。而税收筹划就是为了实现物流中"资金流"的最优运营效果,是一种高智商的增值活动,为进行税收筹划而起用高素质、高水平人才必然为企业经营管理更上一层楼奠定良好的基础。企业进行税收筹划离不开财务会计,这必然要求企业建立健全财务会计制度,规范财会管理,同时,也要求财会人员具备相当水平的业务能力,熟悉会计与税法,可以正确进行纳税调整,正确计税,这不仅能使企业经营管理水平不断跃上新台阶,而且也有利于提高企业的会计管理水平。

3. 税收筹划有助于税收法律法规的完善

税收筹划是在合法或不违法的框架下寻求低税负,低税负除了缘于国家鼓励某一行为所给予的优惠,还有可能是税收法规的缺失或不合理造成的。不完善的税制往往通过纳税人对税收筹划的选择才暴露出来。国家通过对纳税人的税收筹划行为进行分析和判断,有利于发现税制存在的问题,进而促进税制的不断完善。

税收筹划是纳税人对国家税法及有关税收政策的反馈行为,同时也是对政府政策导向的正确性、有效性和国家现行税法完善性的检验。国家可以利用纳税人税收筹划行为反馈的信息,改进有关税收政策并完善现行税法,从而促进国家税制建设向更高层次迈进。

4. 税收筹划有助于促进国家税收政策目标的实现

从某一角度看,企业的税收筹划行为也是企业对国家税法和政府税收政策的反馈行为。如果政府的税收政策导向正确,税收筹划行为将会对社会经济产生良性的、积极的正面作用。在市场经济条件下,追求经济利益是企业经营的目标,企业通过税收筹划降低自身的税收支出,从而增大自身的财务利益。企业自身具有强烈的节税欲望,国家才可能利用税收杠杆来调节、引导纳税人的行为,从而实现国家的税收政策目标。例如,国家为了鼓励新产品、新技术、新工艺的研究与开发,财税〔2017〕34 号文件规定,科技型中小企业开展研发活动过程中实际发生的研发费用,未形成无形资产计入当期损益的,在按规定据实扣除的基础上,在 2017 年 1 月 1 日至 2019 年 12 月 31 日,再按照实际发生额的 75% 在税前加计扣除;形成无形资产的,在上述期间按照无形资产成本的 175% 在税前摊销。如果科技型中小企业通过税收筹划成立了研发部门,则该企业在享受国家这一税收优惠政策、节约企业所得税的同时,还实现了国家鼓励企业研发这税收政策目标。

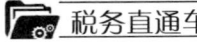 **税务直通车 1-1**

国家税务总局
关于进一步落实研发费用加计扣除政策有关问题的公告
国家税务总局公告 2021 年第 28 号

为贯彻落实国务院激励企业加大研发投入、优化研发费用加计扣除政策实施的举措,深入开展 2021 年"我为纳税人缴费人办实事暨便民办税春风行动",方便企业提前享受研发费用加计扣除优惠政策,现就有关事项公告如下:

一、关于 2021 年度享受研发费用加计扣除政策问题

(一)企业 10 月份预缴申报第 3 季度(按季预缴)或 9 月份(按月预缴)企业所得税时,可以自主选择就前三季度研发费用享受加计扣除优惠政策。

对 10 月份预缴申报期未选择享受优惠的,可以在 2022 年办理 2021 年度企业所得税汇算清缴时统一享受。

(二)企业享受研发费用加计扣除政策采取"真实发生、自行判别、申报享受、相关资料留存备查"的办理方式,由企业依据实际发生的研发费用支出,自行计算加计扣除金额,填报《中华人民共和国企业所得税月(季)度预缴纳税申报表(A 类)》享受税收优惠,并根据享受加计扣除优惠的研发费用情况(前三季度)填写《研发费用加计扣除优惠明细表》(A107012)。《研发费用加计扣除优惠明细表》(A107012)与政策规定的其他资料一并留存备查。

二、关于研发支出辅助账样式的问题

（一）《国家税务总局关于企业研究开发费用税前加计扣除政策有关问题的公告》（2015年第97号，以下简称97号公告）发布的研发支出辅助账和研发支出辅助账汇总表样式（以下简称2015版研发支出辅助账样式）继续有效。另增设简化版研发支出辅助账和研发支出辅助账汇总表样式（以下简称2021版研发支出辅助账样式），具体样式及填写说明见附件。

（二）企业按照研发项目设置辅助账时，可以自主选择使用2015版研发支出辅助账样式，或者2021版研发支出辅助账样式，也可以参照上述样式自行设计研发支出辅助账样式。

企业自行设计的研发支出辅助账样式，应当包括2021版研发支出辅助账样式所列数据项，且逻辑关系一致，能准确归集允许加计扣除的研发费用。

三、关于其他相关费用限额计算的问题

（一）企业在一个纳税年度内同时开展多项研发活动的，由原来按照每一研发项目分别计算"其他相关费用"限额，改为统一计算全部研发项目"其他相关费用"限额。

企业按照以下公式计算《财政部 国家税务总局 科技部关于完善研究开发费用税前加计扣除政策的通知》（财税〔2015〕119号）第一条第（一）项"允许加计扣除的研发费用"第6目规定的"其他相关费用"的限额，其中资本化项目发生的费用在形成无形资产的年度统一纳入计算：

全部研发项目的其他相关费用限额＝全部研发项目的人员人工等五项费用之和×10％/（1－10％）

"人员人工等五项费用"是指财税〔2015〕119号文件第一条第（一）项"允许加计扣除的研发费用"第1目至第5目费用，包括"人员人工费用""直接投入费用""折旧费用""无形资产摊销"和"新产品设计费、新工艺规程制定费、新药研制的临床试验费、勘探开发技术的现场试验费"。

（二）当"其他相关费用"实际发生数小于限额时，按实际发生数计算税前加计扣除额；当"其他相关费用"实际发生数大于限额时，按限额计算税前加计扣除额。

四、执行时间

本公告第一条适用于2021年度，其他条款适用于2021年及以后年度。97号公告第二条第（三）项"其他相关费用的归集与限额计算"的规定同时废止。

国家税务总局
2021年9月13日

1.4.2 税收筹划的风险防范

税收筹划的风险防范目标是通过采取合理的措施对风险加以控制，规避和降低风险损失。针对风险的类型和产生原因，企业可以从以下几方面做好风险防范。

1. 树立依法纳税意识，完善会计核算工作

企业经营决策层必须树立依法纳税的意识，这是成功开展税收筹划的前提。税收筹划可以在一定程度上提高企业的经营利润，但它只是全面提高企业财务管理水平的一个环节，不能将企业利润的提高过多地寄希望于税收筹划。依法建立健全完整规范的财务核算体系和正确进行会计核算是企业进行税收筹划的基本前提。税收筹划必须经得起税务检查，而税务检查的依据就是企业的财务核算资料。因此，企业应依法取得和保全会计核算资料，规范会计基础工作，为提高税收筹划效果提供可靠的依据。

2. 准确把握税法内容，密切关注税法变动

税法是国家处理税收分配关系的主要法律规范，税收筹划方案主要基于税法中对计税依据、税率等的不同规定，因此，对相关税收规定的全面了解，是税收筹划的基础环节。有了这种全面了解,企业才能制定出不同的纳税方案,并进行比较和优化选择,进而作出对企业最有利的税收筹划决策。反之,如果企业对有关政策、法规不了解,就无法制定多种纳税方案,税收筹划活动就无法进行。我国常常随经济情况变化或为配合有关政策的执行而不断修正和完善税法。因此,在进行税收筹划时,企业必须密切关注并适时调整自己的筹划方案,以使自己的行为符合法律规范。

3. 增强风险意识,提升自身素质

防范企业税收筹划风险是一项具有高度科学性、综合性、技术性的经济活动,其对具体操作人员有着较高的要求。税收筹划人员不仅要精通税收法律法规、财务会计和企业管理等方面的知识,而且还应具备经济前景预测能力、项目统筹谋划能力以及与各部门合作配合的协作能力等素质,只有这样才能为企业提出防范税收筹划风险的方案或建议。

4. 加强与税务部门之间的联系,搞好税企关系

企业要想进行税收筹划,必须获得当地税务机关的支持,以确保合法性。企业进行税收筹划时,许多活动是在法律的边界运作,税收筹划人员很难准确把握其确切的界限,有些问题在概念的界定上本来就很模糊,如税收筹划与避税的区别等,况且各地具体的税收征管方式有所不同,税收执法部门拥有较大的自由裁量权。这就要求从事税收筹划者在正确理解税收的政策、正确应用财务知识的同时,关注当地税务机关税收征管的特点和具体方法,经常与税务机关保持友好联系,使税收筹划活动适应主管税务机关的管理特点,或者使企业税收筹划方案得到当地主管税务部门的认可,这样可以避免税收筹划风险,并取得应有的收益。

5. 顾全企业整体利益,注重税收筹划方案的综合性

从根本上讲,税收筹划属于企业财务管理的范畴。它的目标是由企业财务管理的目标——企业价值最大化所决定的。税收筹划必须围绕这一总体目标进行综合策划,融入企业的整体投资和经营战略,不能局限于个别税种,也不能仅仅着眼于节税。从表面上看,税收筹划是分税种进行的,是对每个具体的税种进行的筹划,但实际上企业税收筹划是一项系统工程,企业的经济活动涉及多个种税,即使一项具体业务也可能涉及若干税种。例如,一笔销售收入是否确认、何时确认,可能会影响增值税、企业所得税、城市维护建设税、教育费附加等。针对众多的征税对象、税率、减免税等,税收筹划不能仅盯着个别税种的税负高低,而要着眼于企业整体税负的轻重。另外,如果单纯追求最大的扣除、最小的计税收入,会忽视企业真实的经营成果和获利能力,影响企业的筹资和投资能力,进而影响企业财务目标的实现。所以,企业不能以税负轻重作为选择筹划方案的唯一标准,而应在确保企业财务目标实现的前提下使税收筹划方案具有可操作性。

随着税收筹划活动价值在企业经营活动中的显现,企业税收筹划风险也该受到更多的关注,由于税收筹划主要侧重于事前的筹划,因此,企业不可能完全消除税收筹划的风险,但尽量降低或分散涉税风险是企业税收筹划的重要内容。成功的税收筹划方案应该是风险最小、收益最大的方案。

案例讨论 1-3

企业在海外吃了"哑巴亏","走出去"税务风险咋应对

中国企业"走出去",在海外会遇到哪些税务问题?跨国企业应如何应对税务风险?

2011年年初,挪威税务机关对我国一家大型企业进行转让定价调查,认为其子公司在2006年至

2007年向新加坡关联企业低价转让资产,减少了在该国应缴纳的税收,挪威税务机关要求企业补税并对其处以罚息,合计约9亿挪威克朗。企业多次与挪威税务机关交涉未果后,分别向中挪两国税务主管部门提请安排双边磋商。经过三轮艰苦谈判,中挪双方2013年就约定的磋商内容达成一致,国家最终帮助该企业减少税收损失9亿多元人民币,并帮其免除了由此带来的罚款和利息。

跨国公司都非常重视税收问题,不仅对投资国税收情况进行深入研究,还实施严密的税收筹划和安排,以期将可能面临的税收风险最小化。普华永道税务部专家建议,中国企业赴海外投资应当做好充分准备,提前收集相关信息,尽早研究外国企业会计制度与中国会计制度的差异。同时,还可以聘请专业公司做好税务尽职调查,内容包括投资国的税务环境情况、企业税务合规性状态、企业是否存在大量关联交易、企业的业务变化将对税务带来多大影响、税收优惠政策是否继续有效等。

本 章 小 结

本章主要学习税收筹划的概念及特征;介绍了不同划分标准下税收筹划的分类;税收筹划应遵循法律原则、财务原则、经济原则和时间原则;税收筹划的实施需要一定的流程,一般可以分为主体选择,收集信息,确定筹划目标,方案列示,分析与选择,实施与反馈等;企业在进行税收筹划时,要时刻关注税收法律的变化,正视税收筹划的风险。

重 要 概 念

税收筹划　偷税　逃税　骗税　欠税　避税　合法性　筹划性

本 章 练 习

一、单项选择题

1. 税收筹划的主体是(　　)。

A. 计税依据　　　　　B. 税务机关　　　　　C. 纳税人　　　　　D. 征税对象

2. 税收筹划与逃税、抗税、骗税等行为的根本区别是具有(　　)。

A. 违法性　　　　　B. 可行性　　　　　C. 非违法性　　　　　D. 合法性

3. 在经济行为已经发生,纳税项目、计税依据和税率已成定局后,再实施少缴税款的措施,无论是否合法,都不能认为是税收筹划。该观点体现了税收筹划的(　　)原则。

A. 事先筹划　　　　　B. 守法性　　　　　C. 实效性　　　　　D. 保护性

4. 纳税人利用税法漏洞或者缺陷,对经营及财务活动进行精心安排,以期达到纳税负担最小的经济行为是(　　)。

A. 偷税　　　　　B. 欠税　　　　　C. 骗税　　　　　D. 避税

5. 纳税人的下列行为中,属于合法行为的是(　　)。

A. 自然人的税收筹划　　　　　　　　B. 企业法人逃避缴纳税款

C. 国际避税　　　　　　　　　　　　D. 非暴力抗税

二、多项选择题

1. 税收筹划的特征包括(　　)。

A. 合法性　　　　　B. 风险性　　　　　C. 筹划性　　　　　D. 综合性

2. 按税收筹划需求主体的不同,税收筹划可分为( )。

A. 自行税收筹划   B. 法人税收筹划

C. 委托税收筹划   D. 自然人税收筹划

3. 税收筹划的合法性要求与( )存在本质的区别。

A. 逃税   B. 偷税   C. 骗税   D. 避税

4. 下列关于税收筹划、偷税、逃税、抗税、骗税等的法律性质的说法中,正确的有( )。

A. 税收筹划的基本特点之一是合法性,而偷税、逃税、抗税、偏税等则是违反税法的

B. 偷税具有故意性、欺诈性,是一种违法行为,应该受到处罚

C. 抗税是指纳税人以暴力、威胁方法拒不缴纳税款的行为,与之不同的是,税收筹划采取的手段是非暴力性的

D. 骗税是指纳税人利用税法漏洞或者缺陷钻空取巧,对经营及财务活动进行精心安排,以期达到纳税负担最小的经济行为

5. 税收筹划的原则包括( )。

A. 法律原则   B. 财务原则   C. 经济原则   D. 时间原则

三、判断题

1. 企业税收筹划必须在纳税义务发生之后,通过对企业生产经营活动过程的规划与控制来进行。

                                   ( )

2. 进行税收筹划完全没有风险。   ( )

3. 从长远和整体来看,纳税人税收筹划势必会减少国家的税收收入,但从政策角度来讲,国家正是通过这种税收利益让渡的方式来促进企业依法纳税水平提高的。   ( )

4. 税收筹划的主体是税务机关。   ( )

5. 税收筹划与纳税人纳税意识的增强一般具有客观一致性,税收筹划是企业纳税意识提高到一定程度的体现。   ( )

四、简答题

1. 什么是税收筹划?

2. 税收筹划的特征有哪些?

3. 税收筹划与偷税有何区别? 税收筹划与避税有什么关系?

五、案例分析题

甲、乙两公司拟合资成立一家 M 公司,其中甲方以现金出资 3 000 万元,乙方用房产出资,房产协议价格为 7 000 万元,M 公司在办理产权过户时须缴纳契税。那么,采取何种方式可免除契税负担?

被质疑的税收筹划方案:

第一步:甲、乙签署借款协议,甲公司借给乙公司现金 3 000 万元。

第二步:乙公司以房屋和现金出资成立全资子公司 M 公司,并向当地税务局申请免税。

第三步:甲公司受让乙公司持有的 M 公司 30%的股权。

该方案的风险点分析:

(1) 甲、乙公司的行为是否是重组改制? 何谓重组改制? 谁来认定重组改制?

(2) 甲、乙公司间的股权转让是否是无偿划转? 如何认定? 独立法人之间如何才能无偿划转资产? 关联企业之间是否按独立纳税人交易原则交易?

第 2 章 税收筹划的基本方法

内容提要

本章主要讲解税收筹划的基本方法,包括税制要素的筹划、税收优惠政策的筹划、企业组织形式的筹划等税收筹划的一般方法,以及税收递延、税负转嫁、利用会计政策筹划等特殊筹划方法。本章是核心章节之一,对学习具体税种的筹划具有重要作用。

重点难点

本章重点为税收筹划的切入点、不同税制要素的筹划技巧以及不同的税收优惠政策;难点为选择有利的企业组织形式,利用递延纳税、会计政策以及税负转嫁进行税收筹划。

学习目标

通过对本章的学习,学生应掌握税收筹划的不同切入点以及税制要素的筹划技巧;理解不同形式的税收优惠政策、不同阶段企业组织形式筹划的原理;了解利用递延纳税、会计政策以及税负转嫁筹划的方法。

知识框架

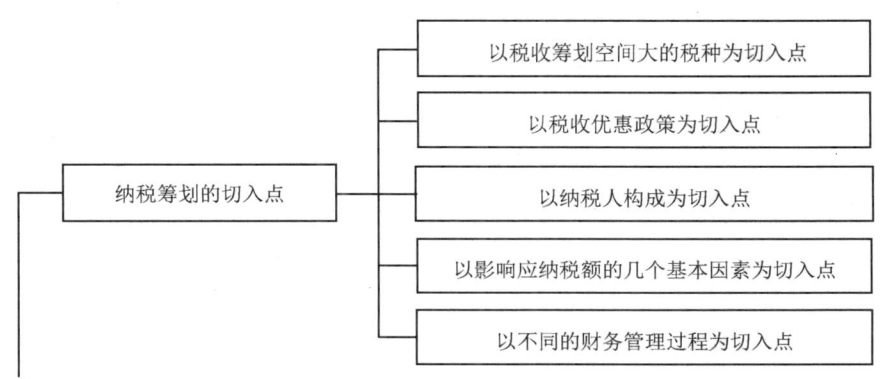

纳税筹划的切入点
- 以税收筹划空间大的税种为切入点
- 以税收优惠政策为切入点
- 以纳税人构成为切入点
- 以影响应纳税额的几个基本因素为切入点
- 以不同的财务管理过程为切入点

（续图）

```
                    ┌─────────────────┐      ┌─────────────────────┐
                ┌───┤  税制要素的筹划  ├──┬───┤  税制要素筹划的基本原理  │
                │   └─────────────────┘  │   └─────────────────────┘
                │                        │   ┌─────────────────────┐
                │                        └───┤  税制要素筹划基本技术   │
                │                            └─────────────────────┘
  ┌──────┐      │   ┌─────────────────┐      ┌─────────────────────┐
  │ 税  │       ├───┤ 税收优惠政策的筹划 ├──┬───┤  税收优惠政策的形式     │
  │ 收  │       │   └─────────────────┘  │   └─────────────────────┘
  │ 筹  │       │                        │   ┌─────────────────────┐
  │ 划  │       │                        └───┤ 税收优惠政策的筹划原理与方法 │
  │ 的  ├───────┤                            └─────────────────────┘
  │ 基  │       │   ┌─────────────────┐      ┌─────────────────────┐
  │ 本  │       ├───┤ 企业组织形式的筹划 ├──┬───┤  不同的企业组织形式     │
  │ 方  │       │   └─────────────────┘  │   └─────────────────────┘
  │ 法  │       │                        ├───┤ 企业设立时组织形式的税收筹划 │
  └──────┘      │                        │   └─────────────────────┘
                │                        │   ┌─────────────────────┐
                │                        └───┤ 企业扩张时组织形式的税收筹划 │
                │                            │  ——子公司与分公司的选择 │
                │                            └─────────────────────┘
                │   ┌─────────────────┐      ┌─────────────────────┐
                └───┤  其他税收筹划方法  ├──┬───┤  会计政策筹划法       │
                    └─────────────────┘  │   └─────────────────────┘
                                         │   ┌─────────────────────┐
                                         └───┤  税负转嫁筹划法       │
                                             └─────────────────────┘
```

 引入案例 　　　　　日本海上工厂的秘密

　　日本早在 20 世纪 80 年代初就兴建了许多海上流动工厂车间,这些工厂车间全部设置在船上,可以进行流动作业。这些流动工厂曾先后到亚洲、非洲、南美洲等地公海进行流动作业。"海上工厂"每到一地,都会就地收购原材料,就地加工,加工完成后就地出售。2013 年年初,日本一家公司为避免成为中国居民企业,买了一艘油轮,在大连港停靠,油轮里有加工设备,这家公司收购我国东三省区域内的花生在油轮里加工,并把产品销售给中国大陆。请问:日本这家公司的行为属于哪类税收筹划行为?

2.1 | 税收筹划的切入点

　　税收筹划作为企业理财的一种重要手段,是一项专业性极强的纳税技巧与税负控制技术,有复杂的操作规程和灵活的运作方式,在实践中呈现出灵活性、技巧性、权变性的特征,但是税收筹划本身也是有章可循的,具有较强的规律性。探讨税收筹划的基本规律,有助于丰富和发展税收筹划的基本理论和方法,并对税收筹划操作实务发挥重要的指导作用。

2.1.1　以税收筹划空间大的税种为切入点

　　从原则上说,税收筹划可以针对一切税种,但由于不同税种的性质不同,税收筹划的途径、方法及其收益也不同。企业在实际操作中,要选择对经营决策有重大影响的税种作为税收筹划的重点;选择税负弹性大的税种作为税收筹划的重点,税负弹性越大,税收筹划的潜力也越大。一般来说,税源大的税种,税负弹性也大。另外,税负弹性还取决于税种的要素构成,主要包括税基、扣除项目、税率和税收优惠。税基越宽,税率越高,税负就越重;或者说税收扣除越大,税收优惠越多,税负就越轻。

2.1.2 以税收优惠政策为切入点

税收优惠是税制设计中的一个要素，也是一定时期一国或一个地区贯彻税收政策的重要手段。国家为了实现税收调节功能，在设计税种时，一般都设有税收优惠条款，企业如果充分利用税收优惠条款，就可享受节税效益，因此，用好、用足税收优惠政策本身就是税收筹划的过程。纳税人选择税收优惠政策作为税收筹划突破口时，应注意两个问题：一是纳税人不得曲解税收优惠条款，滥用税收优惠，以欺骗手段骗取税收优惠；二是纳税人应充分了解税收优惠条款，并按规定程序进行申请，避免因程序不当而失去应有权益。

2.1.3 以纳税人构成为切入点

按照我国税法规定，凡不是某税种的纳税人，就不需缴纳该种税。因此，企业进行税收筹划之前，首先要考虑能否避开成为某税种的纳税人，从而从根本上减轻税收负担。一般情况下，企业愿意选择成为增值税一般纳税人而非增值税小规模纳税人。因为增值税一般纳税人的总体税负较增值税小规模纳税人的总体税负轻。当然，这不是绝对的。在实践中，企业要作全面综合的考虑，进行利弊分析。在市场竞争中，经营手段和销售方式不断复杂化，同时，新手段、新产品的出现使产品的内涵不断扩展以至常常发生同一销售行为涉及两个税种的混合销售业务。依据混合销售按"经营主业"划分业务的纳税原则，企业有充分的空间进行税收筹划以选择适合自己企业和产品特点的纳税方式。

2.1.4 以影响应纳税额的几个基本因素为切入点

影响应纳税额的因素有两个，即计税依据和税率。计税依据越小，税率越低，应纳税额也越小。因此，进行税收筹划，无非是从这两个因素入手，找到合理、合法的办法来降低应纳税额。一般来说，为体现税收中性原则，现代税制设计会尽量减少税率档次，尤以增值税和企业所得税为典型。欧洲国家的增值税一般规定一个基本税率，再加一个低税率或称优惠税率，而企业所得税通常采用单一税率。所以，这两个税在税率选择方面筹划空间相对较小，但我国随着"营改增"改革的推进以及历史遗留的税负结构方面的因素，增值税的税率已经有多个，企业所得税税率也因为多种优惠措施而有多个档次，所以还有较大的筹划空间。

2.1.5 以不同的财务管理过程为切入点

企业的财务管理包括筹资管理、投资管理、资金运营管理和收益分配管理，每个管理过程都有税收筹划的空间。例如，按照税法规定，负债的利息是所得税的扣除项目，而股息只能在企业税后利润中分配。因此，债务融资就有节税优势。又如，企业通过融资租赁，可以迅速获得所需资产，保存企业的举债能力，而且支付的租金利息也可以按规定在所得税前扣除，减少了纳税基数。更重要的是，租入的固定资产可以计提折旧，这可以进一步减少企业的纳税基数，因此，融资租赁的税收抵免作用极其显著。

在投资管理阶段，企业选择投资地点时，选择沿海经济技术开发区、高新技术开发区、国家鼓励投资中的西部地区，会享受到税收优惠。如果企业欲投资一条生产线，在选择投资方式时，是全新购建还是收购一家连续几年出现账面亏损的企业？除考虑不同投资方式实际效益的区别，还应注意到收购亏损企业可带来的所得税的降低。在选择投资项目时，国家鼓励的投资项目和国家限制的投资项目在税收支出上有很大的差异。在企业组织形式的选择上，联营企业与合伙企业、分公司与子公司、个体工商户和私营企业等两两不同的组织形式所适用的税率是不同的。

在经营管理阶段，财务会计处理中不同的固定资产折旧方法影响纳税，在不同的折旧方法下，虽然企业应计提的折旧总额相等，但各期计提的折旧费用却相差很大，从而影响各期的利润及应纳税所得额。不同的存货计价方法的选择、采购对象是不是一般纳税人等也有很大的影响。

在收益分配阶段，采取不同的股利分配政策既影响投资者的利益，也直接影响企业累计盈余和资本公积金，相应会影响个人投资者的个人所得税和机构投资者的企业所得税问题，如果涉及外方投资者还涉及预提所得税代扣代缴等问题。

2.2 | 税制要素的筹划

2.2.1 税制要素筹划的基本原理

税制要素是对企业税负及税务筹划影响最大的因素。税制要素包括纳税主体、课税对象、税率、税基、纳税环节、纳税期限和纳税地点等。每个税制要素都会对企业应纳税额产生影响，因此，有必要分析研究每个税种的最基本要素和相应的规定，找出筹划节税的空间。

税制要素筹划常用的技术包括纳税人的筹划技术、税基的筹划技术、税率的筹划技术、递延纳税技术。

2.2.2 税制要素筹划基本技术

1. 纳税人的筹划技术

纳税人也称纳税义务人，是指税法规定的直接负有纳税义务的单位和个人，亦称为纳税主体。纳税人可以是法人，也可以是自然人。每一种税都有关于纳税人的规定，如果纳税人不履行纳税义务，就应由该行为当事人承担法律责任。纳税人是一个基本的税制要素。

1）纳税人筹划的基本原理

纳税人筹划的实质是对纳税人身份的合理界定或转化，以使纳税人承担的税收负担尽量减少或降低到最小限度，或者避免成为某种税的纳税人。纳税人进行税收筹划可以合理降低税收负担，并且方法简单、易于操作。

纳税人筹划的关键是准确把握纳税人的内涵和外延，合理确定纳税人的范围。下面我们通过对比，对增值税和消费税的纳税人进行比较，如表 2-1 所示。

表 2-1　　　　　　　　　　　　增值税和消费税的纳税人比较

税种	纳税人	说明
增值税	增值税的纳税人是在我国境内销售货物、进口货物，或提供加工、修理修配劳务、销售服务、无形资产和不动产的单位和个人	按照纳税人的经营规模及会计核算的健全程度，增值税纳税人分为一般纳税人和小规模纳税人
消费税	消费税的纳税人是指在我国境内生产、委托加工和进口应税消费品的单位和个人，以及国务院确定的销售应税消费品的其他单位和个人	消费税是对特定消费品和特定消费行为征税，一般选择特定环节征税，通常是生产、加工或零售环节。通常情况下，消费税的纳税人又是增值税的纳税人

2）纳税人筹划的一般方法

纳税人筹划与税收制度有紧密的联系,不同的税种有不同的税收筹划方法。

（1）对纳税人类型的选择。从纳税人类型的角度分析,现阶段我国有多种不同性质的纳税人,如个体工商户、个人独资企业、合伙企业和公司制企业等。性质不同的纳税人,其税收筹划的空间也不同。

【例 2-1】 张某拟成立一家企业,预计每年生产经营所得为 100 万元。在考虑企业组织形式时,张某有两套方案可以选择,方案一为投资成立一家一人有限责任公司,方案二是投资成立一家个人独资企业。张某应如何选择才能实现纳税最少?

筹划分析:

方案一:投资成立一家一人有限责任公司。

一人有限责任公司作为一种特殊的有限责任公司,是企业法人,按照《中华人民共和国企业所得税法》的规定缴纳企业所得税。

$$每年缴纳的企业所得税 = 1\,000\,000 \times 12.5\% \times 20\% = 25\,000（元）$$

方案二:投资成立一家个人独资企业。

按现行税法规定,个人独资企业每一纳税年度的收入总额减除成本、费用以及损失后的余额,作为投资者个人的生产经营所得,参照"个体工商户的生产经营所得"缴纳个人所得税。

$$每年应缴纳的个人所得税 = [（1\,000\,000 - 60\,000） \times 35\% - 65\,500] \times （1 - 50\%） = 131\,750（元）$$

另外,需要注意的是,成立一人有限责任公司还会涉及个人所得税问题,当一人有限责任公司将税后净利润分配给投资者时,个人投资者还需要缴纳个人所得税。根据《中华人民共和国个人所得税法》的规定,投资者从被投资企业分得的股息、红利所得属于个人所得税的应税所得,适用 20% 的比例税率缴纳个人所得税。这意味着如果张某投资成立的是一家一人有限责任公司,那么当公司将缴纳企业所得税之后的利润分配给张某时,还需要代扣代缴个人所得税。

（2）不同纳税人身份之间的转变。由于不同身份的纳税人之间存在税负差异,因而可以采取转变纳税人身份的办法合理节税。根据税法的规定,增值税纳税人分为一般纳税人和小规模纳税人。这两类纳税人的增值税计税方法和征管要求不同。现行税法规定,年应税销售额超过小规模纳税人标准的其他个人按小规模纳税人纳税。非企业性单位以及不经常发生应税行为的企业,可以选择按小规模纳税人纳税。年应税销售额未超过标准的,从事货物生产或提供应税劳务、应税服务的小规模纳税人,若账簿健全,能准确核算并提供销项税额、进项税额,并能按规定报送有关税务资料的,经申请,税务部门可将其认定为一般纳税人。一般纳税人实行进项税额抵扣制,而小规模纳税人必须按照适用的征收率计算增值税,不实行进项税额抵扣制。

🔊 延伸阅读 2-1　国家税务总局关于落实支持小型微利企业和个体工商户发展所得税优惠政策有关事项的公告

延伸阅读 2-1

（3）避免成为纳税人。纳税人可以通过灵活运作,使企业不符合某税种纳税人的条件,从而彻底规避税收。这是避免成为纳税人的一种办法。例如,在企业内部设立的一些内部组织或附属组织不属于纳税人,不具有独立法人资格的分公司或分支机构也不是企业所得税的纳税人,但具备独立法人资格的子公司则属于企业所得税的纳税人。

避免成为纳税人的另一种办法是,通过税收筹划安排,使纳税人发生的经济业务不属于某些税的征税范围,因而该经济业务就无须纳税。我国税法对征税范围有明确的界定,在一定条件下,纳税人合理安排经营活动和纳税事项,避免其进入征税范围,就可以彻底免除纳税义务。

考虑征税范围的税收筹划方法是基于逆向思维的方法,即反其道而行之,目的是找出不属于征税范围的业务内容。例如,个人所得税法规定,个人将财产出租给承租人在中国境内使用而取得的所得才属于来源于中国境内的财产租赁所得,才负有个人所得税的纳税义务,才需要缴纳个人所得税。如果个人将财产出租给承租人在境外使用,那么取得的财产租赁所得就不属于来源于中国境内的所得,从而不需要缴纳个人所得税。

☞ **引例解析**

日本海上工厂的秘密

该日本企业的行为属于纳税人筹划。我国的企业所得税法把企业所得税纳税人分为居民企业和非居民企业。如果企业在我国境内注册成立,或者其实际管理机构在我国境内,则企业为居民企业纳税人,按照25%的税率缴纳企业所得税。注册地不在我国,且未在我国设立机构、场所的非居民企业,仅就其来源于我国的所得,按照10%的税率缴纳企业所得税。该企业的注册地、实际管理机构都不在中国境内,也就是说,居民企业纳税人的两个标准对它都不适用,所以税务机关只能按照该企业的销售收入乘以10%对其征收企业所得税。

【例2-2】 避免业务属于征税范围的筹划。

甲公司是一家餐饮店(增值税一般纳税人),主要为乙公司提供商业招待服务。甲公司每月的营业额(不含税)为600 000元,发生的总费用为300 000元。甲公司该如何避免缴纳增值税呢?

筹划分析:

按甲公司现状,甲公司缴纳的增值税销项税额为:600 000×6%=36 000(元)。

如果甲、乙双方进行税收筹划,由乙公司对甲公司进行兼并,那么兼并之后双方之间原本存在的服务行为就变成了企业内部行为,而这种内部行为是不需要缴纳增值税的。因此,甲公司的该项业务就不再属于增值税的征税范围,从而节约了税金36 000元。

同时,甲公司的企业所得税也会因为兼并而最终消失。此外,乙公司还会减少一部分商业招待费支出,从而乙公司也会因为兼并行为而增加营业利润。

📁 **税务直通车2-1**

关于统一小规模纳税人标准等若干增值税问题的公告
国家税务总局公告2018年第18号

现将统一小规模纳税人标准等若干增值税问题公告如下:

一、同时符合以下条件的一般纳税人,可选择按照《财政部 税务总局关于统一增值税小规模纳税人标准的通知》(财税〔2018〕33号)第二条的规定,转登记为小规模纳税人,或选择继续作为一般纳税人:

(一)根据《中华人民共和国增值税暂行条例》第十三条和《中华人民共和国增值税暂行条例实施细则》第二十八条的有关规定,登记为一般纳税人。

(二)转登记日前连续12个月(以1个月为1个纳税期,下同)或者连续4个季度(以1个季度为1个纳税期,下同)累计应征增值税销售额(以下称应税销售额)未超过500万元。

转登记日前经营期不满12个月或者4个季度的,按照月(季度)平均应税销售额估算上款规定的累计应税销售额。

应税销售额的具体范围,按照《增值税一般纳税人登记管理办法》(国家税务总局令第 43 号)和《国家税务总局关于增值税一般纳税人登记管理若干事项的公告》(国家税务总局公告 2018 年第 6 号)的有关规定执行。

二、符合本公告第一条规定的纳税人,向主管税务机关填报《一般纳税人转为小规模纳税人登记表》(表样见附件),并提供税务登记证件;已实行实名办税的纳税人,无需提供税务登记证件。主管税务机关根据下列情况分别作出处理:

(一)纳税人填报内容与税务登记、纳税申报信息一致的,主管税务机关当场办理。

(二)纳税人填报内容与税务登记、纳税申报信息不一致,或者不符合填列要求的,主管税务机关应当场告知纳税人需要补正的内容。

三、一般纳税人转登记为小规模纳税人(以下称转登记纳税人)后,自转登记日的下期起,按照简易计税方法计算缴纳增值税;转登记日当期仍按照一般纳税人的有关规定计算缴纳增值税。

四、转登记纳税人尚未申报抵扣的进项税额以及转登记日当期的期末留抵税额,计入"应交税费——待抵扣进项税额"核算。

五、转登记纳税人在一般纳税人期间销售或者购进的货物、劳务、服务、无形资产、不动产,自转登记日的下期起发生销售折让、中止或者退回的,调整转登记日当期的销项税额、进项税额和应纳税额。

六、转登记纳税人可以继续使用现有税控设备开具增值税发票,不需要缴销税控设备和增值税发票。

国家税务总局

2018 年 4 月 20 日

2. 税基的筹划技术

1)税基筹划的基本原理

税基筹划是指纳税人通过缩小税基的方式来减轻税收负担。由于税基是计税的依据,在适用税率一定的条件下,税额的大小与税基的大小呈正比,即税基越小,纳税人负担的纳税义务越轻。例如,企业所得税的计算公式为:

$$应纳所得税 = 应纳税所得额 \times 企业所得税税率$$

应纳税所得额是税基,在企业所得税税率一定的情况下,应纳所得税随应纳税所得额这一税基的减少而减少,此即税基筹划原理。

税基是决定纳税人税负高低的主要因素,税法关于不同税种的税基的规定也存在很大差异,所以,对税基进行筹划,可以实现税后利益的最大化。企业对税基进行筹划既可以实现税基的最小化,也可以通过对税基实现时间的安排,在递延纳税、适用税率、减免税等方面获取税收利益。

2)基于税基进行税收筹划的一般方法

税基的筹划技术一般从两个角度操作:一是控制和安排税基的实现时间;二是实现税基的最小化,具体可分为 4 种情况。

(1)税基递延实现。税基总量不变,企业通过合法递延税基实现时间,在一般情况下可递延纳税,等于获得了资金的货币时间价值,节约了资金成本;在通货膨胀的环境下,税基递延等于降低了实际应纳税额;在适用累进税率的情况下,还可以有效防止税率的爬升。

(2)税基均衡实现。税基总量不变,企业使税基在各纳税期之间均衡实现,在有免征额或税前扣除定额(主要是个人所得税的免征额和所得税税前扣除定额)且收入较少的情况下,可实现免征额或者税前扣除的最大化;在有起征点且收入较少的情况下,可实现起征点的最大化;在适用累进税率的情况下,可实现边际税率的最小化。

(3)税基提前实现。税基总量不变,企业合法提前实现税基,在减免税期间,可以实现享受更多的税收减免额。

(4)税基最小化。这是指将税基总量合法降低,从而减少应纳税额或者避免多缴税。这是个人所得税、企业所得税和增值税筹划常用的方法。

【例 2-3】 李教授到外地一家企业授课,关于授课的劳务报酬,李教授面临两种选择:一是企业给李教授支付授课费 50 000 元人民币,往返交通费、住宿费、伙食费等 10 000 元费用由李教授自己负担;二是企业支付李教授授课费 40 000 元,往返交通费、住宿费、伙食费等全部由企业负责。请问李教授应该选择哪一种报酬方式?

筹划分析:

方案一:李教授自己负担交通费、住宿费及伙食费。

$$应纳个人所得税额 = 50\,000 \times (1 - 20\%) \times 30\% - 2\,000 = 10\,000(元)$$

该税额由企业代扣代缴。

$$李教授实际收到税后授课费 = 50\,000 - 10\,000 = 40\,000(元)$$

税后授课费再减去授课期间李教授的费用开支 10 000 元,便是李教授实际的税后净收入 30 000 元。

方案二:企业支付交通费、住宿费及伙食费。

$$应纳个人所得税额 = 40\,000 \times (1 - 20\%) \times 30\% - 2\,000 = 7\,600(元)$$

企业为李教授代扣代缴个人所得税。

$$李教授实际收到税后授课费 = 40\,000 - 7\,600 = 32\,400(元)$$

由此可见,由企业支付交通费、住宿费及伙食费等费用开支,可以将个人所得税的劳务报酬基数合法降低,从而减少个人所得税应纳税额,李教授可以获得更多的税后收益。同时,对于企业来讲,其实际支出并没有增加,反而有减少的可能,原因如下:对企业来讲,提供住宿比较方便,专家伙食问题一般也容易解决,因而企业的负担也不会因此而加重多少。

相关思考 2-1

物价上涨时期,选择哪种存货计价方法有利于税收筹划?

在物价上涨时期,对发出存货的计价,纳税人采用加权平均法核算出的发出存货的成本比使用先进先出法核算出的更高,因而可以更早发挥存货成本的抵税作用,使税基推迟实现。

3. 税率的筹划技术

1)税率筹划的基本原理

税率筹划是指纳税人通过降低适用税率的方式来减轻税收负担的筹划方法。税率是重要的税制要素之一,也是决定纳税人税负高低的主要因素。在计税依据一定的情况下,纳税额与税率呈现正向变化关系,即降低税率就等于降低了税收负担,这就是税率筹划的原理。在一般情况下,税率低,应纳税额少,税后利润就多;但低税率不能保证企业实现税后利润最大化。

不同的税种适用不同的税率,纳税人可以利用税法对课税对象界定的含糊性进行筹划。即使是同一税种,适用的税率也会因税基或其他假设条件不同而发生相应的变化,纳税人可以通过改变税基分布调整适用的税率,从而达到降低税收负担的目的。

2)税率筹划的一般方法

(1)比例税率的筹划。企业可以针对同一税种对不同征税对象实行不同税率的政策,分析税率产生差距的原因及不同税率对企业税后利益的影响,从而寻找实现税后利益最大化的最低税负点或最佳税负点。例如,我国增值税有13%、9%和6%等多档税率,对小规模纳税人规定的征收率为3%。企业对上述比例税率进行筹划,可以寻找到最低税负点或最佳税负点。

此外,消费税、个人所得税、企业所得税等税种都存在多种不同的比例税率,企业可以进一步筹划比例税率,尽量适用较低的税率以节税。

(2)累进税率的筹划。各种形式的累进税率都存在一定的筹划空间,企业筹划累进税率的主要目标是防止税率的爬升。其中,适用超额累进税率的纳税人对防止税率爬升的需求程度较弱,适用全额累进税率的纳税人对防止税率爬升的需求程度较强,适用超率累进税率的纳税人对防止税率爬升的需求程度与适用超额累进税率的纳税人相同。

我国个人所得税中的"工资、薪金所得"及"劳务报酬所得"等多个项目的所得分别适用不同的超额累进税率。其中,工资、薪金所得适用的税率如表 2-1 所示。对个人所得税来说,采用税率筹划方法可以取得较好的筹划效果。

表 2-1   **个人所得税税率表(工资、薪金所得适用)**

级数	全年应纳税所得额	税率	速算扣除数(元)
1	不超过 36 000 元的	3%	0
2	超过 36 000 元至 144 000 元的部分	10%	2 520
3	超过 144 000 元至 300 000 元的部分	20%	16 920
4	超过 300 000 元至 420 000 元的部分	25%	31 920
5	超过 420 000 元至 660 000 元的部分	30%	52 920
6	超过 660 000 元至 960 000 元的部分	35%	85 920
7	超过 960 000 元的部分	45%	181 920

【例 2-4】 某工程设计人员利用业余时间为某项工程设计图纸,同时担任该项工程的顾问,设计图纸花费时间 1 个月,获取报酬 30 000 元。该设计人员应如何设计节税方案?

筹划分析:

方案一:一次性支付 30 000 元。

税法规定,劳务报酬收入按次征税,应纳税所得额超过 20 000 元的,20 000 元至 50 000 元的部分,在计算应纳税额后再按照应纳税额加征五成。那么,该设计人员应纳个人所得税计算如下:

$$应纳税所得额 = 30\ 000 \times (1 - 20\%) = 24\ 000(元)$$
$$应纳税额 = 20\ 000 \times 20\% + 4\ 000 \times 30\% = 5\ 200(元)$$

或者

$$应纳税额 = 30\ 000 \times (1 - 20\%) \times 30\% - 2\ 000 = 5\ 200(元)$$

方案二:分 10 个月支付。

$$每月应纳税额 = (3\,000 - 800) \times 20\% = 440(元)$$
$$10 个月共负担税款 = 440 \times 10 = 4\,400(元)$$

按照分月支付报酬方式,该设计人员的节税额为:

$$5\,200 - 4\,400 = 800(元)$$

在上述案例中,分次纳税之所以可以降低税负,其原因在于把纳税人的一次收入分多次支付,既可以多扣费用,又可以避免因一次收入畸高被加成征收,从而减轻了税收负担。

需要注意的是,某项活动带来的收入持续时间在 1 个月以上的时期内,支付间隔超过 1 个月的,按每次收入额计入各月计算税金,而支付间隔时间不超过 1 个月的,应合并收入额计算税金。因此,劳务报酬收入的取得方式直接影响个人在一定期间的纳税额。所以,在为他人提供劳务时,需要根据劳务合同,合理安排纳税年度内每月收取劳务费的数量和次数,从而达到节税的目的。

4. 递延纳税技术

企业通过递延纳税可以获取资金的时间价值,相当于获得了一笔无息贷款的资助。《国际税收辞汇》对延期纳税条目作了精辟的阐述:递延纳税的好处有:有利于企业资金周转,节省利息支出;由于通货膨胀的影响,延期以后缴纳的税款的币值下降,从而降低了企业实际纳税额。

纳税环节、抵扣环节、纳税时间、纳税地点是递延纳税技术的关键。纳税人可以通过合同控制、交易控制及流程控制延缓纳税时间,也可以合理安排进项税额抵扣时间,企业所得税预缴、汇算清缴的时间及额度,从而合理推迟纳税。

税收的重点是货物和劳务税以及所得税,而货物和劳务税的计税依据是收入,所得税的计税依据是应纳税所得额,即纳税人的收入减去费用后的余额。所以,递延纳税的本质是推迟收入或应纳税所得额的确认时间,可以采用的筹划方法很多,但概括起来主要有两个:一是推迟收入的确认,二是尽早确认费用。

税法对不同销售行为的纳税义务时间作出了明确的法律规定。纳税人采用不同的收款方式,纳税义务发生时间差别很大。如果纳税人合理利用这些具体规定,就可以签订对自己有利的销售合同。若采取委托代销方式,委托方先将商品交付给受托方,受托方应根据合同要求,在将商品出售后给委托方开具销货清单。此时,委托方才可以确认销售收入的实现。按照这一原理,如果企业的产品销售对象是商业企业,并且产品以销售后付款结算方式销售,则可以采用委托代销结算方式,根据实际收到的货款分期计算销项税额,从而延缓纳税时间。

【例 2-5】 某造纸厂 2021 年 7 月向好运文具商店销售白板纸 113 万元(含税价格),货款结算采用销售后付款的方式,好运文具商店 10 月份只汇来货款 35.1 万元。对此类销售业务,该造纸厂应如何进行筹划?

筹划分析:

方案一:对于这笔业务来说,由于购货企业是商业企业,并且货款结算采用销售后付款的方式,企业可以选择委托代销货物的形式,按委托代销结算方式进行税务处理。

该造纸厂 7 月份可以不计算销项税额,10 月份根据收到的代销单位销货清单确认销售额,计提销项税额为:

$$35.1 \div (1 + 13\%) \times 13\% = 4.04(万元)$$

对于尚未收到销货清单的货款,可以暂缓申报、计算销项税额。

方案二:如果不按委托代销结算方式处理,则该造纸厂应在 7 月份计提的销项税额为:

$$113 \div (1 + 13\%) \times 13\% = 13(万元)$$

因此,对于此类销售业务,选择委托代销结算方式可以实现递延纳税。

🔊 **拓展案例 2-1** 螺蛳粉"百亿产业"背后的税收故事

拓展案例 2-1

2.3 | 税收优惠政策的筹划

税收优惠政策是指国家为了支持某个行业或针对某一特殊时期出台的一些包括减免税在内的优惠性规定或条款。税收优惠政策是一定时期国家的税收导向,纳税人可以充分利用这些税收优惠政策来依法节税。

2.3.1 税收优惠政策的形式

1. 免税

免税是指国家对特定的地区、行业、企业或特定的纳税人、应税项目等给予完全免税的照顾或奖励措施。免税属于国家的税收照顾方式,同时也是国家出于政策需要制定的一种税收奖励方式,它是贯彻国家政治、经济和社会政策的重要手段。我国对从事农、林、牧、渔生产、经营的企业给予免税待遇,这属于一种行业性照顾或激励。各国税法里都有关于免税鼓励的规定,它是各国税收制度的组成部分,也是企业采用免税政策依法节税的法律依据。

对于免税优惠,纳税人应考虑以下操作技巧:第一,在合理合法的前提下,尽量争取更多的免税待遇。与缴纳税收相比,免缴的税收就是节减的税收,免缴的税收越多,节减的税收也越多。第二,在合理合法的情况下,尽量使免税期最长化。许多免税都有期限规定,免税期越长,节税越多。

2. 减税

减税是指对某些纳税人或课税对象给予鼓励或照顾的一种特殊措施。减税与免税类似,相当于一种财政补贴。政府主要给予纳税人两类减税。

一是出于税收照顾的减税。例如,国家对遭受自然灾害地区企业的减税,这类减税是一种税收照顾,是国家对纳税人因各种不可抗力造成的损失进行财务补偿。

二是出于税收奖励目的的减税。例如,对产品出口企业、高科技企业、环境保护项目等的减税。这类减税是一种税收奖励,是政府对纳税人贯彻国家政策的财务奖励。

3. 免征额

免征额亦称扣除额,是指在征税对象全部数额中免予征税的数额。它是按照一定标准,从征税对象全部数额中预先扣除的数额。国家对免征额部分不征税,只对超过免征额的部分征税。

4. 起征点

起征点亦称征税起点,是指税法根据征税对象的数量规定的一个标准,达到这个标准的就征税,未达到这个标准就不征税。例如,符合条件的增值税小规模纳税人免征增值税的优惠政策如表 2-2 所示。

表 2-2　　符合条件的增值税小规模纳税人免征增值税的优惠政策

项　　目	内　　容
享受主体	增值税小规模纳税人
优惠内容	自 2021 年 4 月 1 日起,小规模纳税人发生增值税应税销售行为,合计月销售额未超过 15 万元(以 1 个季度为 1 个纳税期的,季度销售额未超过 45 万元)的,免征增值税
享受条件	1. 适用于增值税小规模纳税人(包括企业和非企业单位、个体工商户、其他个人)。 2. 小规模纳税人发生增值税应税销售行为,合计月销售额超过 15 万元,但扣除本期发生的销售不动产的销售额后未超过 15 万元的,其销售货物、劳务、服务、无形资产取得的销售额免征增值税。 3. 适用增值税差额征税政策的小规模纳税人,以差额后的销售额确定是否可以享受上述免征增值税政策
政策依据	1. 适用于增值税小规模纳税人(包括企业和非企业单位、个体工商户、其他个人)。 2. 小规模纳税人发生增值税应税销售行为,合计月销售额超过 15 万元,但扣除本期发生的销售不动产的销售额后未超过 15 万元的,其销售货物、劳务、服务、无形资产取得的销售额免征增值税。 3. 适用增值税差额征税政策的小规模纳税人,以差额后的销售额确定是否可以享受上述免征增值税政策

5. 优惠退税

优惠退税是指政府将纳税人已经缴纳或实际承担的税款退还给规定的受益人。优惠退税一般适用于对产品课税和对所得课税。前者一般适用于出口产品。在对外贸易中,退税是奖励出口的一种措施。

世界各国奖励出口退税的措施概括起来有两种:一种是退还进口税,即纳税人用进口原料或半成品加工制成成品出口时国家退还其已纳的进口税;另一种是退还已纳的国内销售税、消费税和增值税等,即在商品出口时国家退还纳税人在国内已纳的税款,让商品以不含税价格进入国际市场,从而增强其竞争力。

利用退税获得最大化税收利益的关键在于两个方面。

(1)争取退税项目最多化。这是指在合法和合理的情况下,尽量争取更多的退税待遇。在其他条件相同的情况下,退税的项目越多,退还的已纳税额就越多,因而节减的税收就越多。

(2)使退税额最大化。这是指在合法和合理的情况下,尽量使各退税额最大化。在其他条件相同的情况下,退税额越大,退还的已纳税额就越多,因而节减的税收就越多。

6. 优惠税率

优惠税率是指对符合条件的产业、企业或项目课以较低的税率。优惠税率有利于吸引外部投资、加快该相关产业的发展。

7. 税收抵免

税收抵免是指从应纳税额中扣除税收抵免额。

税收抵免的原意是纳税人在汇算清缴时可以用其已纳税额冲减其应纳税额。同时采用源泉征收法和申报查定法两种税收征收方法的国家,在汇算清缴时都有税收抵免规定以避免双重征税。如果纳税人的已纳税额大于应纳税额,纳税人应得到退税;如果纳税人的应纳税额大于已纳税额,还应补足应补缴税额。

世界各国出台的税收抵免规定,可用于避免双重征税,也是一种税收优惠或奖励方法,如我国制定的投资抵免政策。

利用税收抵免来获得税收利益最大化的关键在于两个方面。

(1) 争取更多的抵免项目。这是指企业应在合法和合理的情况下,尽量争取更多的抵免项目。在其他条件相同的情况下,抵免项目越多,冲抵应纳税额的项目也越多,应纳税额就越少,因而节减的税收就越多。

(2) 争取抵免金额最大化。这是指企业应在合法和合理的情况下,尽量使各抵免项目的抵免金额最大化。在其他条件相同的情况下,抵免的金额越大,冲抵应纳税额的金额就越大,应纳税额就越小,因而节减的税收就越多。

8. 亏损抵补

亏损抵补是指企业当年的经营亏损在次年或其他年度可用经营盈利抵补,以减少以后年度的应纳税额。这种优惠形式对扶持新办企业的发展具有一定的作用,对具有风险的投资的激励效果明显,尤其是对盈余无常的企业具有均衡税负的积极作用。因此,为了鼓励投资者进行长期风险投资,各国税法大多规定,给予投资者"将年度亏损结转,以年度亏损与一定时期内的年度盈余互抵后的差额计征所得税"的优惠照顾。

改革开放以来,我国税收优惠政策在配合我国经济发展不同阶段的战略目标、促进经济发展方面发挥了很好的作用。随着经济发展和政府调控经济能力的提高,我国的税收措施也在不断调整中逐步完善,表现为:在继续以产业政策和区域开发政策为投资鼓励重点的同时,进一步强化了投资鼓励的科技导向;在稳定现有的对外资的优惠政策基础上,更注重为国内、国外企业创造平等竞争的税收环境;在税收优惠形式上也从较为单一的降低税率、减免税向投资抵免、加速折旧、亏损结转等多种形式转变。

税务直通车 2-2

财政部 税务总局
关于实施小微企业普惠性税收减免政策的通知
财税〔2019〕13 号

各省、自治区、直辖市、计划单列市财政厅(局),新疆生产建设兵团财政局,国家税务总局各省、自治区、直辖市和计划单列市税务局:

为贯彻落实党中央、国务院决策部署,进一步支持小微企业发展,现就实施小微企业普惠性税收减免政策有关事项通知如下:

一、对月销售额 10 万元以下(含本数)的增值税小规模纳税人,免征增值税。

二、对小型微利企业年应纳税所得额不超过 100 万元的部分,减按 25% 计入应纳税所得额,按 20% 的税率缴纳企业所得税;对年应纳税所得额超过 100 万元但不超过 300 万元的部分,减按 50% 计入应纳税所得额,按 20% 的税率缴纳企业所得税。

上述小型微利企业是指从事国家非限制和禁止行业,且同时符合年度应纳税所得额不超过 300 万元、从业人数不超过 300 人、资产总额不超过 5 000 万元等三个条件的企业。

从业人数,包括与企业建立劳动关系的职工人数和企业接受的劳务派遣用工人数。所称从业人数和资产总额指标,应按企业全年的季度平均值确定。具体计算公式如下:

$$季度平均值＝(季初值＋季末值)÷2$$
$$全年季度平均值＝全年各季度平均值之和÷4$$

年度中间开业或者终止经营活动的,以其实际经营期作为一个纳税年度确定上述相关指标。

三、由省、自治区、直辖市人民政府根据本地区实际情况,以及宏观调控需要确定,对增值税小规模纳税人可以在50％的税额幅度内减征资源税、城市维护建设税、房产税、城镇土地使用税、印花税(不含证券交易印花税)、耕地占用税和教育费附加、地方教育附加。

四、增值税小规模纳税人已依法享受资源税、城市维护建设税、房产税、城镇土地使用税、印花税、耕地占用税、教育费附加、地方教育附加其他优惠政策的,可叠加享受本通知第三条规定的优惠政策。

五、《财政部 税务总局关于创业投资企业和天使投资个人有关税收政策的通知》(财税〔2018〕55 号)第二条第(一)项关于初创科技型企业条件中的"从业人数不超过 200 人"调整为"从业人数不超过 300 人","资产总额和年销售收入均不超过 3 000 万元"调整为"资产总额和年销售收入均不超过 5 000 万元"。

2019 年 1 月 1 日至 2021 年 12 月 31 日期间发生的投资,投资满 2 年且符合本通知规定和财税〔2018〕55 号文件规定的其他条件的,可以适用财税〔2018〕55 号文件规定的税收政策。

2019 年 1 月 1 日前 2 年内发生的投资,自 2019 年 1 月 1 日起投资满 2 年且符合本通知规定和财税〔2018〕55 号文件规定的其他条件的,可以适用财税〔2018〕55 号文件规定的税收政策。

六、本通知执行期限为 2019 年 1 月 1 日至 2021 年 12 月 31 日。《财政部 税务总局关于延续小微企业增值税政策的通知》(财税〔2017〕76 号)、《财政部 税务总局关于进一步扩大小型微利企业所得税优惠政策范围的通知》(财税〔2018〕77 号)同时废止。

七、各级财税部门要切实提高政治站位,深入贯彻落实党中央、国务院减税降费的决策部署,充分认识小微企业普惠性税收减免的重要意义,切实承担起抓落实的主体责任,将其作为一项重大任务,加强组织领导,精心筹划部署,不折不扣落实到位。要加大力度、创新方式,强化宣传辅导,优化纳税服务,增进办税便利,确保纳税人和缴费人实打实享受到减税降费的政策红利。要密切跟踪政策执行情况,加强调查研究,对政策执行中各方反映的突出问题和意见建议,要及时向财政部和税务总局反馈。

财政部 税务总局
2019 年 1 月 17 日

2.3.2　税收优惠政策的筹划原理与方法

税收优惠政策属于一种特殊政策,这种特殊体现了国家对某些产业或某一领域的税收照顾。税收优惠政策的筹划可以使纳税人轻松地享受低税负待遇。税收优惠政策的筹划关键是寻找合适的优惠政策并把它运用在纳税实践中。在一些情况下,企业还可以创造条件去享受优惠政策,以降低税收负担。税收优惠政策多表现为行业性、区域性优惠政策或特定行为、特殊时期的优惠政策,如福利企业的减免税政策,软件企业的税收优惠政策,环保、节能节水项目的税收优惠政策,鼓励科技发展的税收优惠政策等。

《中华人民共和国企业所得税法》第二十七条规定,企业的下列所得,可以免征、减征企业所得税:①从事农、林、牧、渔业项目的所得;②从事国家重点扶持的公共基础设施项目投资经营的所得;③从事符合条件的环境保护、节能节水项目的所得;④符合条件的技术转让所得。

【例 2-6】　万新科技公司是一家以软件产品开发销售为主营业务的境内高新技术企业,该企业的软件开发产品拥有自主知识产权,该企业以此为基础开展经营活动,且汇算清缴年度研究开发费用总额占企业销售收入总额的比例高于 6％;其中,企业在中国境内发生的研究开发费用金额占研究开发费用总额的比例高于60%。假设公司2020年成立并于当年获利。该企业应如何享受"两免三减半"的企业所得税税收优惠政策？

筹划分析：

根据《财政部 税务总局 发展改革委 工业和信息化部关于促进集成电路产业和软件产业高质量发展企业所得税政策的公告》(2020年第45号)的规定,软件、集成电路企业应从企业的获利年度起计算定期减免税优惠期。如获利年度不符合优惠条件的,应自首次符合软件、集成电路企业条件的年度起,在其优惠期的剩余年限内享受相应的减免税优惠。即我国境内新办软件生产企业经认定后,自获利年度起,第一年和第二年免征企业所得税,第三年至第五年减半征收企业所得税。

按照上述税收政策,万新科技公司自2020年成立起从事软件产品开发销售,若2020年当年获利,则享受2020年、2021年免征所得税优惠,2022年、2023年、2024年减半征收企业所得税。

 延伸阅读2-2　财政部 税务总局 发展改革委 工业和信息化部关于促进集成电路产业和软件产业高质量发展企业所得税政策的公告

延伸阅读2-2

？ 相关思考2-2

软件开发企业享受"两免三减半"优惠政策,按多少税率减半征收？

软件开发企业自获利年度起,第一年和第二年免征企业所得税,第三年至第五年减半征收企业所得税。这里的"减半",是按哪个税率减呢？按25%减半？按15%减半？现实中,大部分软件企业同时具备高新技术企业资质,有人将"减半"理解为是"15%"的减半,这是不正确的。2007年12月26日,国务院颁布的《关于实施企业所得税过渡优惠政策的通知》(国发〔2007〕39号)规定:"企业所得税过渡优惠政策与新税法及实施条例规定的优惠政策存在交叉的,由企业选择最优惠的政策执行,不得叠加享受,且一经选择,不得改变。"实际上,软件企业的所得税优惠政策并非所谓的"企业所得税过渡优惠政策",而高新技术企业所得税优惠却在过渡政策之列。2010年4月21日,国家税务总局又下发《关于进一步明确企业所得税过渡期优惠政策执行口径问题的通知》(国税函〔2010〕157号),再次明确了这个问题:"(二)居民企业被认定为高新技术企业,同时又符合软件生产企业和集成电路生产企业定期减半征收企业所得税优惠条件的,该居民企业的所得税适用税率可以选择适用高新技术企业的15%税率,也可以选择依照25%的法定税率减半征税,但不能享受15%税率的减半征税。"

2.4 │ 企业组织形式的筹划

2.4.1 不同的企业组织形式

在市场经济条件下,企业的组织形式日益呈现多样化、复杂化的趋势。依据财产组织形式和法律责任权限,国际上通常把企业组织形式分为三类,即公司制企业、合伙企业和个人独资企业。从法律角度来讲,公司制企业属于法人企业,出资者以其出资额为限承担有限责任。合伙企业和个人独资企业属于自然人企业,出资者需要承担无限责任。公司制企业内部还可以分为总分公司及母子公司。总分公司表明的是总公司和分公司之间的所属关系,母子公司表明的则是母公司与子公司之间的控制与被控制的关系。

企业组织形式不同,税收政策也各不相同,这种税收政策差异为企业利用不同的组织形式进行税收筹划提供了广阔的空间。

2.4.2　企业设立时组织形式的税收筹划

企业设立时组织形式的税收筹划主要是投资者在个人独资企业、合伙企业和公司制企业等企业组织形式中选择适当的组织形式。

1. 个人独资企业适用的税收政策

《中华人民共和国个人独资企业法》规定,个人独资企业是指在中国境内依法设立的,由一个自然人投资,财产为投资人个人所有,投资人以其个人财产对企业债务承担责任的经营实体。个人独资企业是非法人企业,个人独资企业由一个自然人出资,投资人对企业的债务承担无限责任。按照我国财政部、国家税务总局《关于个人独资企业和合伙企业投资者征收个人所得税的规定》(财税〔2000〕91号),为公平税负,我国对个人独资企业投资者的经营所得从2000年1月1日起,参照个体工商户的生产经营所得,只征收个人所得税,税率适用五级超额累进税率。

2. 合伙企业适用的税收政策

合伙是指两个以上的人为着共同目的,相互约定共同出资、共同经营、共享收益、共担风险的自愿联合。合伙企业是指自然人、法人和其他组织依照《中华人民共和国合伙企业法》在中国境内设立的普通合伙企业和有限合伙企业。

合伙企业分为普通合伙企业和有限合伙企业。普通合伙企业由普通合伙人组成,合伙人对合伙企业债务承担无限连带责任。有限合伙企业由普通合伙人和有限合伙人组成,普通合伙人对合伙企业债务承担无限连带责任,有限合伙人以其认缴的出资额为限对合伙企业债务承担责任。

自2008年1月1日起,合伙企业缴纳的所得税按下列规定处理,此前规定与下列规定有抵触的,以下列规定为准。

1) 合伙企业以每一个合伙人为纳税义务人

合伙企业合伙人是自然人的,缴纳个人所得税;合伙人是法人和其他组织的,缴纳企业所得税。

2) 合伙企业生产经营所得和其他所得采取先分后税的原则

合伙企业具体应纳税所得额的计算按照《关于个人独资企业和合伙企业投资者征收个人所得的规定》(财税〔2000〕91号)及《财政部 国家税务总局关于调整个体工商户、个人独资企业和合伙企业个人所得税税前扣除标准有关问题的通知》(财税〔2008〕65号)的有关规定执行。

生产经营所得和其他所得,包括合伙企业分配给所有合伙人的所得和企业当年留存的所得(利润)。

3) 合伙企业的合伙人按照下列原则确定应纳税所得额

(1) 合伙企业的合伙人以合伙企业的生产经营所得和其他所得,按照合伙协议约定的分配比例确定应纳税所得额。

(2) 合伙协议未约定或者约定不明确的,以全部生产经营所得和其他所得,按照合伙人协商决定的分配比例确定应纳税所得额。

(3) 协商不成的,以全部生产经营所得和其他所得,按照合伙人实缴出资比例确定应纳税所得额。

（4）无法确定出资比例的，以全部生产经营所得和其他所得，按照合伙人数量平均计算每个合伙人的应纳税所得额。

合伙协议不得约定将全部利润分配给部分合伙人。

特别提示 2-1

合伙企业的合伙人是法人和其他组织的，合伙人在计算其应纳企业所得税时不得用合伙企业的亏损抵减其盈利。

3. 公司制企业适用的税收政策

公司制企业是依据公司法设立的、以营利为目的的企业法人。按照股东对公司所负责任的不同，《中华人民共和国公司法》规定，在我国境内设立的公司分为有限责任公司和股份有限公司。有限责任公司是指股东以其认缴的出资额为限对公司债务承担责任，公司以其全部资产对其债务承担责任的企业法人，一般由 50 个以下的股东共同出资设立。另外，国家授权的机构或国家授权的部门可以单独投资设立国有独资的有限责任公司，即国有独资公司。股份有限公司是指全部资本由等额股份构成并通过发行股票筹集资本，股东以其所认购股份对公司承担责任，公司是以其全部资产对公司债务承担责任的企业法人。无论是股份有限公司，还是有限责任公司或国有独资公司，作为企业法人，我国税法对其纳税义务都作了统一的规定。公司制企业要在作了相应的扣除和调整后的应纳税所得额的基础上计算、缴纳企业所得税。同时，有限责任公司和股份有限公司如果向自然人投资者分配股利或红利，还要代扣这些投资者的个人所得税（投资者个人分回的股利、红利，税法规定适用20％的比例税率）。也就是说，公司制企业要承担公司企业所得税的纳税义务和投资者个人的个人所得税的代扣代缴义务。

由于我国税法规定，对于个人独资企业和合伙企业的投资者征收个人所得税，而不征收企业所得税，对于公司制企业，既要征收企业所得税，又要征收个人所得税，因此，投资于个人独资企业与投资于合伙企业的所得税税负是一致的。企业设立时对组织形式的筹划和选择，实际上就是在公司制企业与合伙企业（或个人独资企业）之间进行筹划和选择。

4. 选择不同企业组织形式的注意事项

一般来说，企业在选择不同的组织形式进行税收筹划时应注意以下问题。

（1）全面考虑相关影响因素。在确定企业所采取的组织形式时，应综合考虑企业的税收负担、经营风险、经营规模、管理模式及筹资等各方面的因素，权衡各相关因素。例如，从税务管理角度考虑，公司制企业的设立程序比较麻烦，但公司制企业容易成为一般纳税人，能够取得增值税专用发票，有利于进行大规模的生产经营活动。个人独资企业或合伙企业设立程序相对简单，但很难成为一般纳税人，只能取得普通发票，难以从事大规模的生产经营活动。从筹资角度考虑，与其他组织形式相比，股份公司筹资相对容易，方式较为灵活，但设立条件相对要严格得多，经营风险相对也要大得多。

（2）注重实质差异。在比较两种企业组织形式的税负大小时，不能仅看名义上的差别，更重要的是看实质差别，要比较合伙企业和公司制企业的税基、税率结构，以及企业盈利水平、股利分配政策、合伙人数量、税收征管方式和税收优惠待遇等多种因素。因为综合税负是多种因素综合作用的结果，不能只考虑一种因素，以偏概全。

（3）注意跨国现象。在合伙人构成中，既有本国居民，也有外国居民时，即出现合伙制跨国现象时,合伙人由于居民身份国别的不同,税负将出现差异,此时投资者要仔细计算各合伙人的税负,特别应注意合伙人在预提所得税方面的差异。

2.4.3 企业扩张时组织形式的税收筹划——子公司与分公司的选择

企业为达到扩大生产规模、提高市场份额或稳定供货渠道等战略目标,往往要在国内外增设分支机构,此时会面临设立子公司与分公司的选择。

1. 设立子公司的优缺点

按照公司之间的控制或从属关系,可将公司分为母公司与子公司。当一个公司拥有另一个公司一定比例且足以将其控制的股份时,该公司即为母公司;相应的,受控制的公司则为子公司。就法律地位而言,子公司与母公司均为独立的法人,各自以其名义独立对外从事经营活动。在财产责任上,母公司与子公司各自以其独立的财产承担责任,互不连带。在控股权的基础上,母公司拥有对子公司的控股权,因而享有对子公司重大事务的决定权,实际上控制子公司的经营。在税收待遇上,子公司被所在国视为居民纳税人,与母公司一样要承担全面的纳税义务,不仅就其来源于所在国的所得纳税,而且就来源于世界各地的所得纳税。

1) 设立子公司的优点

作为独立法人的子公司,在税收筹划中有如下优点。

(1) 子公司可享有东道国给予的与其居民公司同等的优惠待遇,单独享受税收的减免、退税等权利。

(2) 东道国适用税率低于居住国时,子公司的累计利润可得到递延纳税的好处。

(3) 许多国家允许境内的企业集团内部公司之间盈亏互抵,子公司可以加入某一集团以实现整体利益方面的税收筹划。

(4) 子公司向母公司支付的诸如特许权使用费、利息、其他间接费等,要比分公司向总公司支付更容易得到税务机关的认可。

(5) 子公司将利润汇回母公司要比分公司灵活得多,这等于母公司的投资所得,子公司可以将母公司的资本利得保留在子公司,或者可以选择在税负较轻的时候将其汇回母公司,从而得到额外的税收利益。

(6) 公司转售境外子公司的股票增益时通常可享有免税照顾,而出售分公司资产取得的资本增益时要纳税。

(7) 境外分公司将资本转让给总公司有时要纳税,而母子公司之间的转让则不要纳税。

(8) 许多国家对子公司向母公司支付的股息减征或免征预提税。

(9) 某些国家子公司适用的所得税税率比分公司低。

2) 设立子公司的缺点

由于母子公司分别是两个资产相互独立的法人,母公司不会承担子公司的义务,所以子公司的亏损是不能冲抵母公司利润的,在进行税收筹划时,这一点是设立子公司的不利之处。

2. 设立分公司的优缺点

按照公司分支机构的设置和管辖关系,可将公司分为总公司和分公司。总公司是指依法首先设立的管辖公司全部组织的总机构;分公司则是指受总公司管辖的分支机构。分公司可以有自己的名称,但没有法人资格,因此没有独立的财产,其经营活动的所有后果由总公司承担。在税收待遇上,海外分公司往往被所在国视为非居民纳税人,与总公司承担全面的纳税义务不同,分公司仅承担有限的纳税义务,就其来源于所在国的所得纳税。

1) 设立分公司的优点

(1) 设立分公司手续比较简单,因为总公司拥有分公司的资本,许多国家一般不要求分公司在从事业务活动前缴纳注册登记资金,分公司在东道国通常不必缴纳资本税或印花税;设立子公司手续相对复杂,企业要按照东道国法律办理很多手续,并且需要具备一定的条件,在设立时通常需缴纳一笔注册登记资金或印花税,开业之后还要接受当地政府管理部门的监督。

(2) 分公司交付给总公司的利润通常不必预提所得税。

(3) 分公司的亏损可以冲抵总公司的利润,减轻总公司税收负担。

(4) 分公司与总公司之间如发生资本转移,因不涉及所有权变动,不必缴纳税款。

2) 设立分公司的缺点

为了避免双重缴税,总公司所在地(所在国)政府一般允许总公司就其总利润纳税时,按照直接抵免法抵免其分公司已在分公司所在地(所在国)缴纳的税款,但大多规定抵免的限额不得超过按照总公司所在地(所在国)相应税率计算出的税额。因此,如果分公司所在地(所在国)的所得税税率较高,通过分公司开展业务就要承担较重的税收负担。

特别提示 2-2

如果母公司位于高税负管辖权地区,其子公司设立在低税负管辖权地区,将子公司的收入长期留在账上,母公司未取得股息,税款就被递延了。跨国公司经常使用这种方法进行纳税筹划。

【例 2-7】 假设某一总公司在国内拥有两家分公司 A 和 B,某一纳税年度总公司本部实现利润 1 000 万元,其分公司 A 实现利润 100 万元,分公司 B 亏损 150 万元,设企业所得税税率为 25%。

筹划分析:

该公司该年度应纳税额为:

$$(1\ 000 + 100 - 150) \times 25\% = 237.5(万元)$$

如果把上述 A 和 B 两个分公司换成子公司,总体税负就不一样。假设两个子公司的企业所得税税率也为 25%。

$$公司本部应纳所得税 = 1\ 000 \times 25\% = 250(万元)$$
$$子公司 A 应纳所得税 = 100 \times 25\% = 25(万元)$$

子公司 B 由于当年亏损 150 万元,该年度无须缴纳所得税。

母子公司整体税负为 275(250+25)万元,高出总分公司的整体税负 37.5 万元(275-237.5)万元。

2.5 | 其他税收筹划方法

2.5.1 会计政策筹划法

会计政策是会计核算时所遵循的基本原则以及所采纳的具体处理方法和程序,不同的会计政策必然会形成不同的财务结果,也必然会导致不同的税收负担。

会计政策在形式上表现为会计过程的一种技术规范,但其本质是关于社会经济和政治利益的博弈规则及制度安排。企业选择不同的会计政策会导致不同的财务结果和纳税结果,同时也会对利益相关者产生不同的影响。会计政策是会计的生命,因为企业存在会计政策选择的空间,企业的涉税活动丰富多彩。当企业存在多种可供选择的会计政策时,选择税后收益最大的会计政策也是税收筹划的基本方法。

1. 分摊筹划法

对于一项费用,如果涉及多个分摊对象,那么分摊依据的不同就会造成分摊结果的不同。对于一项拟摊销的费用,如果摊销期限和摊销方法不相同,摊销结果也不相同。分摊的处理会影响企业损益计量和资产计价,进而影响企业的实际税负。

分摊筹划法涉及的主要会计事项有固定资产折旧、无形资产和递延资产摊销、存货计价方法选择等。

(1) 固定资产折旧。固定资产折旧是指将固定资产价值按照其使用年限分摊计入有关成本费用项目。固定资产折旧费能冲减企业利润,因而会对所得税产生很大影响。固定资产折旧对所得税的影响体现在三个方面:一是固定资产残值率。固定资产残值率降低,意味着分摊计入有关成本费用的折旧费增加,从而能多冲减利润,减少企业应纳税所得额。因此,从相对节税的角度看,固定资产残值率越低越好。二是折旧年限。折旧年限越短,每年分摊计入成本费用的折旧费越多,相应地,企业当期缴纳的所得税越少。因此,从相对节税的角度看,折旧年限越短越好。三是折旧方法。折旧方法包括平均年限法、工作量法和加速折旧法。平均年限法是指在固定资产使用年限内每期计提相同的折旧额;工作量法是指按各期实际工作量计提折旧额;加速折旧法是指在固定资产使用前期多提折旧,后期少提折旧。显然,从相对节税的角度看,加速折旧法比平均年限法更有利。工作量法有时也能起到加速折旧的效果。

(2) 无形资产和递延资产摊销。无形资产和递延资产对所得税的影响主要缘于摊销期限。从相对节税的角度看,摊销年限越短越好。

(3) 存货计价方法选择。存货计价方法是指确定发出存货成本的方法。在实际成本法下,存货计价方法包括后进先出法、先进先出法、加权平均法、移动平均法、个别计价法等。在物价上涨的情况下,采用后进先出法有利于相对节税;在物价下跌的情况下,采用先进先出法能起到相对节税的效果;个别计价法有利于企业合理调节利润以达到节税效果。

特别提示 2-3

采用后进先出法会导致期末结存存货的成本远离存货的最近成本,背离存货的实际成本,尤其是在持续通货膨胀情况下,这会严重歪曲存货的实际价值,因此,2006 年财政部颁布的《企业会计准则》取消了后进先出法。

2. 会计估计筹划法

企业生产、经营中存在诸多不确定因素,一些项目不能精确计量,往往只能估计,因此,在会计核算中,会计人员对尚在延续中,仍未确定结果的交易或事项需要估计入账。这种会计估计会影响计入特定会计期间的收益或费用的数额,进而影响到企业的税收负担。

会计估计筹划法涉及的主要会计事项有坏账估计、存货跌价估计、折旧年限估计、固定资产净残值估计、无形资产受益期限估计等。

2.5.2 税负转嫁筹划法

在市场经济环境下,由于利益机制的驱动,纳税人会通过种种途径和方式将税负部分或全部转移给他人,因此,税负转嫁行为可以被视为市场主体之间的一种博弈行为。

税负转嫁是一种纳税技巧,可以悄无声息地帮助企业实现税负降低。税负转嫁筹划的基本操作原理是利用价格浮动、价格分解来转移或规避税收负担。税负转嫁筹划能否通过价格浮动实现,关键取决于商品的供给弹性与需求弹性的大小。税负转嫁应明确以下几点:第一,税负转嫁问题和商品价格是直接联系的,与价格无关的因素是不能纳入税负转嫁范畴的;第二,税负转嫁是一个客观过程,没有税收价值转移的过程不能算作税负转嫁;第三,税负转嫁应该理解为纳税人的主动行为,与纳税人主动行为无关的价格再分配性质的价值转移不能算作税负转嫁。

税负转嫁意味着税负的实际承担者不是直接纳税人,而是税负转嫁背后的隐匿者或潜在的替代者。税款的直接纳税人将税负转嫁给他人,自己并不承担纳税义务,只是充当税务部门与实际纳税人之间的中介与桥梁。由于税负转嫁没有损害国家利益,也不违法,因此,税负转嫁筹划受到纳税人的普遍青睐,利用税负转嫁筹划减轻纳税人的税收负担已成为普遍的经济现象。

税负转嫁筹划法可以归纳为六种形式:税负前转、税负后转、税负消转、税负辗转、税负叠转和税收资本化。

1. 税负前转

税负前转是指纳税人将其负担的税款通过提高商品或生产要素价格的方式,转嫁给购买者或最终消费者承担。这是最为典型、最具普遍意义的税负转嫁形式。例如,对于在生产环节课征的税收,生产企业可以通过提高商品出厂价格而把税负转嫁给批发商,批发商再以类似的方式把税负转嫁给零售商,零售商将税负转嫁给最终消费者。税负前转一般适用于市场紧俏的生产要素或知名品牌的商品。

企业如果将税负前转与转让定价策略及集团经济结合起来,就会显示出更大的威力。税负前转有时能起到"四两拨千斤"的奇妙效果。

税负前转很难将企业的所有税负都实现转嫁。从实践情况来看,能够进行税负前转的主要是那些难以查清税源的商品,即那些征税时无法确定其最终负担者的商品。例如,香烟的消费者实际上是香烟消费税的承担者,但由于税务机关预先并不能确定每包香烟的消费者(或购买者),因而只能以香烟为标准,以其制造者和贩卖者为纳税人。制造者和贩卖者可以将税负转移给消费者和购买者。类似香烟消费税的还有关税等税种,它们的共同点在于,税款可以加在商品价格上,生产者可以通过提高商品售价的方法将税负转移给消费者,实现税负转嫁。

企业之间的购销交易中很容易出现税负转嫁。在一些情况下,购买方在没有付款给销售方的情况下,要求销售方先开具增值税专用发票,然后根据资金周转情况付款给销售方,在此期间就会出现税负转嫁:购买方在没有付款的情况下取得了增值税专用发票,在当期可以申请抵扣进项税额;而销售方把增值税专用发票开给下游企业或购买方以后,就必须计提销项税额并缴纳增值税。如果遇上所得税申报期,销售方还要计算销售收入以缴纳企业所得税。因此,购买方在取得了增值税专用发票而没有支付价款的情况下实现了税负转嫁,而销售方却承担了购买方转嫁来的增值税负担。

当然,销售方也可以采取一定措施进行反转嫁,具体措施如下:一是销售方可以控制增值税专用发票的开具时间,在收到购买方的货款之前,不给购买方开具增值税专用发票;二是销售方可以与购买方就购销活动签订合同,通过一些条款来限制增值税发票的开具和货款的支付。例如,销售方根据收到的货款金额开具相应的发票,对于没有实际收到的款项不予开具发票。通过以上措施,销售方就合理规避了购买者的税负转嫁行为。

案例讨论 2-1

竹木地板厂的税负转嫁案例

我国南方一些竹木产区生产竹木地板,这种地板的特点是清凉、透气、加工制造简单,但与革制地板、化纤地毯相比较,竹木地板显得不够美观、漂亮。早期,生产厂商将竹木地板的定价确定为 20 元/平方米。由于竹木地板只适用于南方潮湿地区,北方多数地区无法使用(竹木地板易裂、怕干燥),所以其市场需求量不大,造成竹木地板生产厂商只能简单维持企业运转。由于竹木地板的早期价格在当时已被认为很高,所以有关税负只能由生产厂商负担。后来,日本人发现了这种竹木地板,他们经分析测定认为,这种竹木地板具有很高的医学价值,即使用竹木地板对维持人体内微量元素的平衡有重大作用。因此,日本及东南亚国家纷纷到我国南方订货,竹木地板原来 20 元/平方米的价格一下子变成 20 美元/平方米。这样一来,竹木地板的生产厂商的利润水平大幅提高了,其通过价格的提高实现了税负转嫁。

2. 税负后转

税负后转是指纳税人通过降低生产要素购进价格、压低工资或其他转嫁方式,将其负担的税收转移给提供生产要素的企业。在税负后转中,纳税人已缴纳的税款因种种原因不能转嫁给购买者和消费者,而是转嫁给货物的供给者和生产者。例如,一个批发商纳税后,因为商品价格下降,其已纳税款难以加在商品价格上转移给零售商,于是批发商就要求向厂家退货或要求厂家承担全部或部分已纳税款,此时就会发生税负后转。税负后转一般适用于生产要素或商品积压时的买方市场。

在现实经济生活中,企业对税负转嫁的运用非常灵活。以酒厂为例,酒厂生产的酒类产品是一种特殊的消费品,需要缴纳消费税。从 2001 年 5 月起,国家对白酒业进行税收政策调整,由原来的从价定率计税方法改变为从价定率与从量定额相结合的复合计税方法,即对白酒在生产环节按 0.5 元/斤从量征收一道消费税。国家调整政策的目的是限制白酒业的发展,整合酒业资源。为了保持适当的税后利润率,酒厂的通常做法是相应提高白酒出厂价,但这样做一方面会影响市场销量,另一方面也会导致从价定率消费税与增值税的攀升。有没有实现税负转嫁的筹划办法呢?酒厂有两种常见的税负转嫁方法。

(1)设立独立的销售公司。许多酒厂都在政策调整后设立了自己独立的销售公司,通过增加流通环节的办法转嫁税负。由于酒类产品的消费税仅在出厂环节计征,即按产品销售给经销商的价格计征消费税,后续的分销、零售等环节不再缴纳消费税。在这种情况下,酒厂通过设立独立的销售公司,便可以采取"前低后高"的价格转移策略,将酒先以相对较低的价格卖给自己的销售公司,再由销售公司以合理的高价进行层层分销,这样便可在确保总体销售收入的同时减少消费税的负担。

(2)市场营销费、广告费的转嫁。酒厂还有一种转嫁税负的手段,即将市场营销费、广告费等费用合理转嫁给经销商负担,但酒厂要对经销商作出一定的价格让步,以弥补经销负担的相关市场营销费、广告费等。由于这种费用转嫁方式降低了酒类产品的出厂价,所以酒厂直接转嫁了增值税,降低了消费税。对于经销商来说,在销售及其他因素维持不变的情况下,进价的降低会导致可抵扣的进项税额减少,相当于经销商负担了酒厂的一部分增值税,而酒厂应承担的一部分消费税也在转嫁中悄然消失了。对经销商来说,由酒厂转嫁来的增值税,将因为营销费、广告费等费用的增加导致的企业所得税的降低而得到补偿。当然,这个补偿程度会因营销费、广告费等开支以及酒厂价格让利程度的不同而不同。

3. 税负消转

税负消转是指一定的税额在名义上被分配给纳税人后,既不能前转也不能后转,而是由企业完全通过自身经营业绩的提高和技术进步等手段自行补偿。

4. 税负辗转

税负辗转是指税收前转、后转次数在两次以上的税负转嫁行为。

5. 税负叠转

税负叠转是指同时采用几种转嫁方法转嫁税负的行为。

6. 税收资本化

税收资本化是指纳税人购买商品时,将今后若干年应纳的税款从所购商品的资本价值中预先扣除。在今后若干年,税款名义上虽由买主按期缴纳,但实际上已经全部由卖主负担。此种情况主要发生于土地买卖和其他收益来源具有永久性的财产。

趣味阅读 2-1

苹果公司是科技巨头,更是避税天才

苹果公司(Apple Inc.)不仅是开发产品的天才、创新商业模式的天才,而且也是避税的天才。其年报显示,在截至 2012 年 9 月底的 2012 财年,苹果公司全年税前收入为 557.6 亿美元,但仅缴纳了 140.3 亿美元税款。其中,122.6 亿美元支付美国联邦税,10.6 亿美元支付美国各州州税,支付的海外税款仅为 7.1 亿美元;综合来看,总税率仅为 25%,远低于联邦税率。

按照美国税法的规定,对于苹果公司这种年营业收入规模超过 1 833.33 万美元的公司,大部分的营业收入应适用 35% 的联邦税率。

秘密在于,苹果公司税前收入中的三分之二被算在海外分公司账上。这部分收入只要不汇回美国,就不需要在美国纳税。据测算,苹果公司海外收入的税率只有 3.3%,大大拉低了其整体税率。为了实现这种避税魔术,苹果公司利用了美国的税法漏洞和不同国家之间的税法差异,从而做到"在有关税率最低的地方缴相应种类的税"。

苹果公司绚丽的避税魔术被戏称作"爱尔兰荷兰三明治",因为其避税手法主要是在两家爱尔兰子公司和一家荷兰子公司之间腾挪营业收入,就像两片面包夹着一片奶酪的三明治。

为了吸引投资以解决就业问题,爱尔兰的企业所得税非常低,只有 12.5%,远低于美国和其他欧盟国家。苹果公司在爱尔兰设立苹果国际销售公司(Apple Sales International,以下简称"爱尔兰销售公司"),负责接收除了美国以外其他地区的所有销售收入,享受爱尔兰的低所得税税率。但相比一些税率极低的"避税天堂",爱尔兰的所得税税率还是高了,为了尽可能地少缴所得税,苹果公司要把大部分营业收入以成本最低廉的方式转移到避税天堂去。爱尔兰恰好又提供了向避税天堂转移营业收入的独特通道。根据爱尔兰独特的税法,即使是在爱尔兰注册的公司,只要其母公司或总部设在外国,就被认定为外国公司。于是,苹果公司在爱尔兰设立了一家苹果国际运营公司(Apple Operations International,以下简称"爱尔兰运营公司"),其总部则设立在著名的避税天堂——加勒比群岛。由于爱尔兰运营公司是外国公司,它把收入汇到

总部不需要向爱尔兰缴税,几乎是零成本。

廉价的收银机已经设好,通向避税天堂的渠道也已打通,现在要考虑的是,怎么把爱尔兰销售公司的销售收入便宜地转到爱尔兰运营公司。直接转入,要缴爱尔兰所得税,划不来;而欧洲的另一个国家可以为这个关键的转移提供跳板,那就是荷兰。

苹果在荷兰设有一家子公司——苹果欧洲运营公司(Apple Options Europe,以下简称"荷兰运营公司")。与爱尔兰不同,荷兰税法以公司注册地而不是总部所在地来认定公司的国籍,所以苹果公司在爱尔兰与荷兰的3家子公司在荷兰都被认定为欧盟的公司。爱尔兰和荷兰都规定,欧盟成员国公司之间的交易,免缴所得税。

桥梁也已经架好,现在的问题是:这3家关联公司之间并不存在实际的销售活动,怎样实现交易呢?分析人士称,苹果公司选择了一种看不见摸不着但又很值钱的交易品来充当转移收入的媒介——知识产权。

当美国以外的苹果用户在 iTunes 市场上点击购买一首歌或者一个软件的时候,苹果美国公司就把其所拥有的知识产权资产——也就是 iPhone、iPad 等硬件终端和 iTunes 等软件所提供的服务——转移到爱尔兰运营公司,而用户所支付的现金则进入爱尔兰销售公司的账户。由于实现这一销售必用到苹果的知识产权资产,因此,爱尔兰销售公司就"需要"向爱尔兰运营公司支付知识产权专利使用费。爱尔兰销售公司通过荷兰运营公司的中转,将销售收入以专利使用费的名义转到爱尔兰运营公司,最终转到加勒比群岛上的总部。钱一旦进入那个避税天堂,就无法再被任何监管机构监控。

在整个收入转移过程中,苹果公司只需要在荷兰缴纳低廉的交易税和在爱尔兰缴纳部分低廉的所得税。另外,苹果公司年报还披露,除上述3家欧洲的子公司,苹果公司在美国也有一家注册在内华达州的子公司,由于内华达州不征收企业所得税,让该子公司汇总公司营业收入并进行投资,可以使部分投资收益避免缴纳加州规定的 8.84% 的所得税。

(资料来源:纳税服务网,www. canst. com. cn。)

本 章 小 结

税收筹划主要是利用税收制度客观存在的税收政策空间来实现,因此,税收筹划的基本方法就是找准切入点,企业应主要从税收筹划空间大的税种、税收优惠政策、纳税人构成、影响应纳税额的几个基本因素等方面找到切入点。选择有利的企业组织形式、利用纳税递延和税负转嫁也是税收筹划的重要方面。

重 要 概 念

纳税人　递延纳税　免税　减税　免征额　起征点　优惠退税　税收抵免　亏损抵补　子公司　分公司　会计政策筹划法　税负转嫁　税负前转　税负后转　税负消转　税负辗转　税负叠转　税收资本化

本 章 练 习

一、单项选择题

1. 我国的《企业所得税法》规定,纳税人来源于境外的所得,已在境外缴纳的所得税税款,准予在汇总纳税时从其应纳税额中扣除。该规定所属的税收优惠形式是(　　)。

　　A. 减税　　　　　　　B. 税收抵免　　　　　　C. 优惠退税　　　　　　D. 亏损抵补

2. 在税率的确定上,税率依据课税对象的数额大小而变化,课税对象数额越大,税率越高,并且分别以征税对象数额超过前级的部分为基础计算征税。这种税率设计方式属于(　　)。

  A. 定额税率   B. 定率税率   C. 超额累进税率 D. 全额累进税率

3. 税负转嫁的筹划通常需要借助(　　)来实现。

  A. 价格   B. 税率   C. 纳税人   D. 计税依据

4. 就所得税处理中的费用扣除问题,从税收筹划的角度看,下列做法不利于企业获得税收利益的是(　　)。

  A. 费用扣除的基本原则是就早不就晚

  B. 各项支出中凡是能直接进营业成本、期间费用和损失的不进生产成本

  C. 各项支出中凡是能进成本的不进资产

  D. 各项费用中能待摊的不预提

5. 企业将所纳税款通过提高商品或生产要素价格的方法转嫁给购买者或者最终消费者承担,这种最为典型、最具普遍意义的税负转嫁形式在税收上通常称为(　　)。

  A. 税负前转   B. 税负后转   C. 税负叠转   D. 税负消转

二、多项选择题

1. 税率的基本形式有(　　)。

  A. 定额税率   B. 比例税率   C. 名义税率   D. 复合税率

2. 关于税收筹划中的税负转嫁法,下列说法中正确的有(　　)。

  A. 税基转嫁法是根据课税范围的大小、宽窄实行的不同税负转移方法

  B. 一般来说,在课税范围比较广的情况下,正面、直接的税负转移要容易些,这时的税收转移可称为积极的税负转嫁

  C. 在课税范围比较窄的时候,直接进行税负转嫁会遇到强有力的阻碍,纳税人不得不寻找间接的转嫁方法,这时的税收转嫁就可以称为消极的税负转嫁

  D. 消极性税负转嫁的情况是仅对某类商品中的某一种商品开征特定的税,此时直接意义上的税负转移就难以实现

3. 下列各项中,属于税收优惠政策的有(　　)。

  A. 减税   B. 免税   C. 欠税   D. 亏损抵补

4. 税收筹划的基本方法包括(　　)。

  A. 恰当选择税收筹划的切入点   B. 税收递延

  C. 充分利用税收优惠政策   D. 税负转嫁

5. 下列属于税负转嫁方法的有(　　)。

  A. 税负前转   B. 税负后转   C. 税负消转   D. 税收资本化

三、判断题

1. 在税率一定的情况下,应纳税额的大小与计税依据的大小呈正比。(　　)

2. 起征点和免征额都是税收优惠的形式。(　　)

3. 税负转嫁适用于企业所得税。(　　)

4. 在税收筹划中,应选择税负弹性小的税种作为税收筹划的重点,税负弹性越小,税收负担就越轻,主动适用该税种会使税收筹划的利益越大。(　　)

5. 一般而言,只有与商品交易行为无关或对人课征的直接税才能转嫁,而对商品交易行为或活动课征的间接税则不能转嫁或很难转嫁。(　　)

四、简答题

    1. 纳税筹划主要从哪些角度切入？

    2. 税制要素的筹划有哪些操作方法？请举例说明。

    3. 税收优惠政策包括哪些形式？

五、案例分析题

    张某打算成立一家经营文具生产业务的企业，预计每年可以实现利润 350 000 元（假设不存在税会差异，无须进行纳税调整）。在企业组织形式上，现有以下两个方案可供选择：

    方案一：成立一人有限责任公司。

    方案二：成立个人独资企业。

    从税收角度考虑，你认为张某应当选择哪一个方案？

第3章 增值税的税收筹划

内容提要

本章主要讲解增值税税收筹划的五个方面,包括增值税纳税人的税收筹划、计税依据的税收筹划、税率的税收筹划、减免税的税收筹划及增值税出口退税的税收筹划。

重点难点

本章重点为增值税纳税人的税收筹划、增值税计税依据的税收筹划、增值税出口退税的税收筹划;难点为增值税纳税人的税收筹划、增值税计税依据的税收筹划。

学习目标

通过对本章的学习,学生应掌握增值税纳税人的界定、一般纳税人和小规模纳税人筹划的基本原理和方法、销项税额的税收筹划方法、进项税额的税收筹划方法、税率的税收筹划方法、减免税的税收筹划方法和出口退税的税收筹划方法,并能针对具体问题作出筹划方案。

知识框架

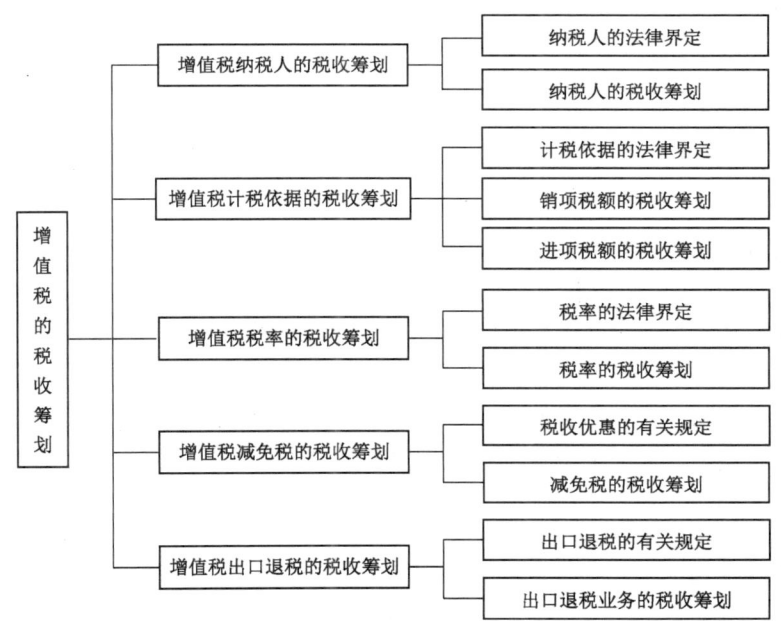

 **引入案例**　　　　　**"营改增"带来税收筹划新思路**

某集团公司深圳总部为一家投资性公司,在国内有100多家全资子公司。总部常年为下属子公司提供财务、工程、审计及采购等咨询服务,每年收取咨询服务费8 000万元。在"营改增"试点前,该项收入按服务业税目缴纳5%的营业税,合同每年一签。除了上述服务费收入及来自子公司分配的利润外,总部无其他收入来源,且常年处于亏损状态,每年产生约1 000万元的经营亏损(不含红利收入)。下属子公司均为增值税一般纳税人,适用的企业所得税税率均为25%,且全部盈利。

自2012年11月1日起,总部被纳入"营改增"试点,根据试点规定,咨询服务业增值税税率为6%。结合"营改增"试点及新合同签署的契机,该集团财务部设计并实施了如下纳税方案。

自2013年1月1日起,总部将每年收取的服务费价格8 000万元调整为不含税价格,即含增值税价格为8 480(8 000×1.06)万元,总部向子公司开具增值税专用发票;子公司支出该咨询服务费产生的增值税进项税额均可得到抵扣。经主管税务机关确认,该关联交易价格调整并不违反价格公允原则,不会引致纳税调整风险(为简化计算,测算不考虑附加税费)。

请分析该公司税收筹划方案的设计思路并根据所学税务知识对该方案作出测算。

案例来源:http://www.chinaacc.com/shuishou/ssch/zh201405281049391228657O.shtml。

3.1 | 增值税纳税人的税收筹划

3.1.1　纳税人的法律界定

1. 增值税的概念

增值税(Value-added tax,简称VAT)是以商品在流转过程中产生的增值额为计税依据而征收的一种税。在我国,增值税是指对在中华人民共和国境内销售货物或者提供加工、修理修配劳务,销售服务、无形资产或者不动产以及进口货物的单位和个人就其实现的增值额征收的一个税种。我国增值税实行税款抵扣制。

所谓增值额,是指生产者或经营者在一定期间从事工业制造、商业经营和提供劳务的过程中,新创造的那部分价值。它是纳税人在一定时期内,所取得的商品销售(或劳务)收入大于购进商品(或取得劳务)所支付金额的差额。

1) 销售服务

销售服务是指提供交通运输服务、邮政服务、电信服务、建筑服务、金融服务、现代服务、生活服务。

交通运输服务是指利用运输工具将货物或者旅客送达目的地,使其空间位置得到转移的业务活动,包括陆路运输服务、水路运输服务、航空运输服务和管道运输服务。

邮政服务是指中国邮政集团公司及其所属邮政企业提供邮件寄递、邮政汇兑和机要通信等邮政基本服务的业务活动,包括邮政普遍服务、邮政特殊服务和其他邮政服务。

电信服务是指利用有线、无线的电磁系统或者光电系统等各种通信网络资源,提供语音通话服务,传送、发射、接收或者应用图像、短信等电子数据和信息的业务活动,包括基础电信服务和增值电信服务。

建筑服务是指各类建筑物、构筑物及其附属设施的建造、修缮、装饰,线路、管道、设备、设施等的安装以及其他工程作业的业务活动,包括工程服务、安装服务、修缮服务、装饰服务和其他建筑服务。

金融服务是指经营金融保险的业务活动,包括贷款服务、直接收费金融服务、保险服务和金融商品转让。

现代服务是指围绕制造业、文化产业、现代物流产业等提供技术性、知识性服务的业务活动,包括研发和技术服务、信息技术服务、文化创意服务、物流辅助服务、租赁服务、鉴证咨询服务、广播影视服务、商务辅助服务和其他现代服务。

生活服务是指为满足城乡居民日常生活需求提供的各类服务活动,包括文化体育服务、教育医疗服务、旅游娱乐服务、餐饮住宿服务、居民日常服务和其他生活服务。

2) 销售无形资产

销售无形资产是指转让无形资产所有权或者使用权的业务活动。无形资产是指不具实物形态,但能带来经济利益的资产,包括技术、商标、著作权、商誉、自然资源使用权和其他权益性无形资产。

3) 销售不动产

销售不动产是指转让不动产所有权的业务活动。不动产是指不能移动或者移动后会引起性质、形状改变的财产,包括建筑物、构筑物等。

☞ 引例解析

"营改增"带来税收筹划新思路

(一)方案设计思路

(1)"营改增"试点后,总部无需就该收入缴纳5%的营业税;缴纳的增值税为价外税,该增值税税额可以在子公司得以全额抵扣,该项内部交易的增值税税负为零,集团整体减少了5%的营业税负担。由于支出的服务成本不变,方案对子公司损益无任何影响,子公司管理层易于配合。

(2)将原含税(营业税)价格调整为不含税(增值税)价格,事实上是将"营改增"试点红利(即节约的营业税400万元)利益留在总部。由于总部经营亏损,无需缴纳企业所得税,而子公司均盈利,需缴纳25%的企业所得税,该利润留在总部,有利于降低集团整体所得税税负。

如将400万元安排在子公司(并保持总部的服务净收入不变),由于子公司需要就该增加的利润缴纳25%的企业所得税,则集团整体增加的净利润为300[400×(1−25%)]万元,比上述实施方案减少100万元。

(二)方案测算

1. 对总部的影响

价格调整前,总部净收入=营业额−营业税税额=8 000−8 000×5%=7 600(万元)。

价格调整后,总部净收入为8 000万元,比价格调整前增加400(8 000−7 600)万元,由于总部经营亏损达1 000万元,该增加的收入,无需缴纳企业所得税,因此总部净利润增加(亏损减少)400万元。

2. 对子公司的影响

价格调整前后子公司入账及税前扣除成本均为8 000万元/年,因此,对子公司损益无影响。子公司额外支付的6%的增值税,可凭总部开具的增值税专用发票予以抵扣。

3. 对集团整体影响

集团合并报表增加净利润400万元/年。

该实施方案通过适当的价格调整,将"营改增"试点红利安排在常年处于经营亏损的集团总部,节省了企业所得税支出,增加了集团盈利。

2. 增值税纳税人和扣缴义务人的基本规定

纳税人根据《增值税暂行条例》及《营业税改征增值税试点实施办法》(财税〔2016〕36

号)的规定,凡在中华人民共和国境内销售货物或者提供加工、修理修配劳务、销售服务、无形资产或者不动产,以及进口货物的单位和个人,为增值税的纳税人。单位是指一切从事销售或进口货物,提供应税劳务,销售应税服务、无形资产或不动产的单位,包括企业、行政单位、事业单位、军事单位、社会团体及其他单位。

个人是指从事销售或进口货物,提供应税劳务,销售应税服务、无形资产或不动产的个人,包括个体工商户和其他个人。单位租赁或承包给其他单位或者个人经营的,以承租人或承包人为纳税人。对报关进口的货物,以进口货物的收货人或办理报关手续的单位和个人为进口货物的纳税人。

代理进口货物以海关开具的完税凭证上的纳税人为增值税纳税人。即对报关进口货物,凡是海关的完税凭证开具给委托方的,对代理方不征增值税;凡是海关的完税凭证开具给代理方的,对代理方应按规定征收增值税。

境外的单位或个人在境内提供应税劳务,其在境内未设有经营机构的,其应纳税款以境内代理人为扣缴义务人;在境内没有代理人的,以购买者为扣缴义务人。境外单位或者个人在境内销售服务、无形资产或者不动产,其在境内未设有经营机构的,以购买方为增值税扣缴义务人。财政部和国家税务总局另有规定的除外。

在境内销售货物或提供加工、修理修配劳务是指销售货物的起运地或所在地在境内,提供的应税劳务发生地在境内。在境内销售服务、无形资产或者不动产,是指:

(1)服务(租赁不动产除外)或者无形资产(自然资源使用权除外)的销售方或者购买方在境内。

(2)所销售或者租赁的不动产在境内。

(3)所销售自然资源使用权的自然资源在境内。

(4)财政部和国家税务总局规定的其他情形。

合并纳税是指两个或者两个以上的纳税人,经财政部和国家税务总局批准可以视为一个纳税人合并纳税。具体办法由财政部和国家税务总局另行规定。

知识拓展 3-1

"营改增"对我国改革发展的作用

首先,"营改增"后,增值税制度的公平性和有效性显著提升,企业特别是服务业企业长期投资的积极性有较明显提高。中国服务业特别是生产性服务业的国际竞争力较弱,有很大的发展潜力和空间。生产性服务业是与制造业直接相关的配套服务业,是从制造业内部生产服务部门独立发展起来的新兴产业,它本身并不向消费者提供直接的、独立的服务。它依附于制造业企业而存在,提供的服务贯穿于企业生产的上游、中游和下游诸多环节中,以人力资本和知识资本作为主要投入品,把日益专业化的人力资本和知识资本引进制造业,是第二、第三产业加速融合的关键环节。从各国情况看,发达国家服务业增加值占比普遍较高,研发设计、商务服务、市场营销等生产性服务业主导着全球生产网络和产品价值链。

其次,"营改增"打通了抵扣链条,减少了因营业税纳税人的存在造成的抵扣链条断裂带来的扭曲。"营改增"之前存在的大量营业税纳税人不但自身无法抵扣进项税额,而且使邮电通信以及现代服务等行业成为增值税完整抵扣链条上的断裂点,影响了购进这些服务的广大下游企业的税负。根据增值税原理,一旦增值税抵扣链条上出现了断裂的环节,那么整个前端的税负均无法向后端继续转移,后端的进项也无法抵扣,进而影响到整个产业链条上的税负和税负分布。"营改增"打通了增值税抵扣链条,修复了断裂的环节,符合税收中性的需求。

最后,"营改增"有助于统一和优化税制,降低纳税人的遵从成本。在营业税、增值税并存的情况下,许多纳税人可能存在兼营或混合销售行为,这给纳税人的税收遵从带来了较大的不便。例如,生产设备的纳税人在销售设备的同时提供运输、培训等服务,如果纳税人难以准确地区分营业税和增值税的税基,很可能面临税务局的双重核定征收。在"营改增"完成之后,我国税制更加统一、清晰、完善,减少了不同税种的交叉,使纳税人可以更好地理解、遵从。

(资料来源:《经济参考报》,2017 年 10 月 16 日,原标题:完善增值税税制　培育发展新动能,作者系北京大学经济学院教授刘怡。)

2. 增值税纳税人的分类

(1) 增值税纳税人分类的依据。根据《增值税暂行条例》及其实施细则的规定,划分一般纳税人和小规模纳税人的基本依据是纳税人的会计核算是否健全,以及企业规模的大小。

衡量企业规模的大小一般以年销售额为依据。会计核算健全是指纳税人能够按照国家统一的会计制度规定设置账簿,根据合法、有效凭证核算。分类管理有利于税务机关加强重点税源管理,简化小型企业的计算缴纳程序,也有利于税务机关和企业对专用发票正确使用与安全管理要求的落实。两类纳税人在税款计算方法、适用税率以及管理办法上都有所不同。我国对一般纳税人实行凭发票扣税的计税方法,对小规模纳税人规定简便易行的计税方法和征收管理办法。

为完善增值税制度,进一步支持中小微企业发展,2018 年 4 月 4 日,财政部和国家税务总局发布《关于统一增值税小规模纳税人标准的通知》(财税〔2018〕33 号),决定自 2018 年 5 月 1 日起统一增值税小规模纳税人标准:增值税小规模纳税人标准为年应征增值税销售额 500 万元及以下。按照《增值税暂行条例实施细则》第二十八条规定已登记为增值税一般纳税人的单位和个人,在 2018 年 12 月 31 日前,可转登记为小规模纳税人,其未抵扣的进项税额作转出处理。

从事货物生产或提供应税劳务、从事货物批发或者零售、应税服务,以及兼营上述业务的纳税人。增值税小规模纳税人标准均为年应征增值税销售额 500 万元(含 500 万元)及以下。纳税人偶然发生的销售无形资产、转让不动产的销售额,不计入应税行为年应税销售额。

兼有应税货物及劳务和应税行为的纳税人。《国家税务总局关于增值税一般纳税人登记管理若干事项的公告》(国家税务总局公告 2018 年第 6 号)规定,纳税人兼有销售货物、提供加工修理修配劳务(以下称"应税货物及劳务")和销售服务、无形资产、不动产(以下称"应税行为")的,应税货物及劳务销售额与应税行为销售额分别计算,分别适用增值税一般纳税人登记标准,其中有一项销售额超过规定标准,就应当按照规定办理增值税一般纳税人登记相关手续。对此类纳税人,财税〔2018〕33 号文未对统一增值税小规模纳税人标准后,其是否还分别适用增值税一般纳税人登记标准作出明确规定。

年应税销售额超过规定标准的其他个人不属于一般纳税人。年应税销售额超过规定标准但不经常发生应税行为的单位和个体工商户可选择按照小规模纳税人纳税。年应税销售额未超过规定标准的纳税人,会计核算健全,能提供准确税务资料的,可以向主管税务机关申请办理一般纳税人资格登记,成为一般纳税人。一般纳税人允许进项税额抵扣,小规模纳税人适用 3% 的征收率,小规模纳税人不得抵扣进项税额。

(2) 划分一般纳税人与小规模纳税人的目的。对增值税纳税人进行分类,主要是为了适应纳税人经营管理规模差异大、财务核算水平不一的实际情况。

增值税一般纳税人登记管理办法
国家税务总局令第 43 号

第一条 为了做好增值税一般纳税人(以下简称"一般纳税人")登记管理,根据《中华人民共和国增值税暂行条例》及其实施细则有关规定,制定本办法。

第二条 增值税纳税人(以下简称"纳税人"),年应税销售额超过财政部、国家税务总局规定的小规模纳税人标准(以下简称"规定标准")的,除本办法第四条规定外,应当向主管税务机关办理一般纳税人登记。

本办法所称年应税销售额,是指纳税人在连续不超过 12 个月或 4 个季度的经营期内累计应征增值税销售额,包括纳税申报销售额、稽查查补销售额、纳税评估调整销售额。

销售服务、无形资产或者不动产(以下简称"应税行为")有扣除项目的纳税人,其应税行为年应税销售额按未扣除之前的销售额计算。纳税人偶然发生的销售无形资产、转让不动产的销售额,不计入应税行为年应税销售额。

第三条 年应税销售额未超过规定标准的纳税人,会计核算健全,能够提供准确税务资料的,可以向主管税务机关办理一般纳税人登记。

本办法所称会计核算健全,是指能够按照国家统一的会计制度规定设置账簿,根据合法、有效凭证进行核算。

第四条 下列纳税人不办理一般纳税人登记:

(一)按照政策规定,选择按照小规模纳税人纳税的;

(二)年应税销售额超过规定标准的其他个人。

第五条 纳税人应当向其机构所在地主管税务机关办理一般纳税人登记手续。

第六条 纳税人办理一般纳税人登记的程序如下:

(一)纳税人向主管税务机关填报《增值税一般纳税人登记表》(附件 1),如实填写固定生产经营场所等信息,并提供税务登记证件;

(二)纳税人填报内容与税务登记信息一致的,主管税务机关当场登记;

(三)纳税人填报内容与税务登记信息不一致,或者不符合填列要求的,税务机关应当场告知纳税人需要补正的内容。

第七条 年应税销售额超过规定标准的纳税人符合本办法第四条第一项规定的,应当向主管税务机关提交书面说明(附件 2)。

第八条 纳税人在年应税销售额超过规定标准的月份(或季度)的所属申报期结束后 15 日内按照本办法第六条或者第七条的规定办理相关手续;未按规定时限办理的,主管税务机关应当在规定时限结束后 5 日内制作《税务事项通知书》,告知纳税人应当在 5 日内向主管税务机关办理相关手续;逾期仍不办理的,次月起按销售额依照增值税税率计算应纳税额,不得抵扣进项税额,直至纳税人办理相关手续为止。

第九条 纳税人自一般纳税人生效之日起,按照增值税一般计税方法计算应纳税额,并可以按照规定领用增值税专用发票,财政部、国家税务总局另有规定的除外。

本办法所称的生效之日,是指纳税人办理登记的当月 1 日或者次月 1 日,由纳税人在办理登记手续时自行选择。

第十条 纳税人登记为一般纳税人后,不得转为小规模纳税人,国家税务总局另有规定的除外。

第十一条 主管税务机关应当加强对税收风险的管理。对税收遵从度低的一般纳税人,主管税务机关可以实行纳税辅导期管理,具体办法由国家税务总局另行制定。

第十二条 本办法自 2018 年 2 月 1 日起施行,《增值税一般纳税人资格认定管理办法》(国家税务总局令第 22 号公布)同时废止。

国家税务总局
2017 年 12 月 29 日

3.1.2 纳税人的税收筹划

微课视频:纳税人的税收筹划

由于不同类别纳税人的税率和征收方法不同,产生了进行纳税人筹划的空间。纳税人可以根据自己的具体情况,在一般纳税人和小规模纳税人之间作出选择。一般纳税人与小规模纳税人的适用税率和计税方法是不同的。那么,在销售收入相同的情况下,究竟是一般纳税人比小规模纳税人多缴税,还是小规模纳税人比一般纳税人多缴税呢? 从税法规定中可以看出,在销售额既定的情况下,小规模纳税人应缴税款是确定的。但一般纳税人的应缴税款还需依据其可抵扣的进项税额而定,可抵扣的进项税额越大,应缴税款越少;反之,可抵扣的进项税额越小,应缴税款越多。或者说,其增值率越高,应缴税款越多。在将一般纳税人与小规模纳税人的税负进行比较时,增值率就是一个关键因素。如果在一个特定的增值率下,增值税一般纳税人与小规模纳税人应缴税款数额相同,我们把这个特定的增值率称为"无差别平衡点增值率"。当增值率低于这个点时,增值税一般纳税人的税负低于小规模纳税人;当增值率高于这个点时,增值税一般纳税人的税负高于小规模纳税人。

无差别平衡点增值率的计算可分为含税销售额无差别平衡点增值率的计算与不含税销售额无差别平衡点增值率的计算。

1. 含税销售额无差别平衡点增值率的计算

设 X 为增值率,S 为含税销售额,P 为含税购进额,假定一般纳税人适用的税率为 13%,小规模纳税人适用的税率为 3%。

一般纳税人增值率:$X = (S-P)/S$

一般纳税人应纳增值税 $= S \div (1+13\%) \times 13\% - P \div (1+13\%) \times 13\%$
$$= S \times X \div (1+13\%) \times 13\%$$

小规模纳税人应纳增值税 $= S \div (1+3\%) \times 3\%$

两种纳税人纳税额相等时,即

$$S \times X \div (1+13\%) \times 13\% = S \div (1+3\%) \times 3\%$$

解得

$$X = 25.32\%$$

当增值率低于无差别平衡点增值率 25.32% 时,一般纳税人的税负低于小规模纳税人,即成为一般纳税人可以节税。当增值率高于无差别平衡点增值率 25.32% 时,一般纳税人的税负高于小规模纳税人,即成为小规模纳税人可以节税。企业可以按照本企业的实际购销情况作出选择。同理,可计算出一般纳税人销售或提供税率为 9% 或 6% 的商品或服务与小规模纳税人销售或提供征收率为 3% 的商品或服务的无差别平衡点增值率,如表 3-1 所示。

表 3-1 　　　　　　　　　　　　　**无差别平衡点增值率(含税销售额)**

一般纳税人税率	小规模纳税人征收率	无差别平衡点增值率
13%	3%	25.32%
9%	3%	35.28%
6%	3%	51.46%

2. 不含税销售额无差别平衡点增值率的计算

设 X 为增值率，S 为不含税销售额，P 为不含税购进额，假定一般纳税人适用的税率为 13％，小规模纳税人适用的税率为 3％。

$$一般纳税人增值率：X = (S-P) \div S$$
$$一般纳税人应纳增值税 = S \times 13\% - P \times 13\% = S \times X \times 13\%$$
$$小规模纳税人应纳增值税 = S \times 3\%$$

两种纳税人纳税额相等时，即

$$S \times X \times 13\% = S \times 3\%$$

解得

$$X = 23.08\%$$

当增值率低于无差别平衡点增值率 23.08％时，一般纳税人的税负低于小规模纳税人，即成为一般纳税人可以节税。当增值率高于无差别平衡点增值率 23.08％时，一般纳税人的税负高于小规模纳税人，即成为小规模纳税人可以节税。企业可以按照本企业的实际购销情况作出选择。同理，可计算出一般纳税人销售或提供税率为 9％或 6％的商品或应税劳务与小规模纳税人销售或提供征收率为 3％的商品或应税劳务的无差别平衡点增值率，如表 3-2 所示。

表 3-2 无差别平衡点增值率(不含税销售额)

一般纳税人税率	小规模纳税人征收率	无差别平衡点增值率
13％	3％	23.08％
9％	3％	33.33％
6％	3％	50.00％

纳税人可以计算企业产品的增值率，按适用的税率及销售额是否含税查表分析。若增值率高于无差别平衡点增值率，可以通过企业分立成为小规模纳税人；若增值率低于无差别平衡点增值率，可以通过合并成为一般纳税人。

【例 3-1】 增值税纳税人身份的选择。

某食品零售企业年零售含税销售额为 600 万元，会计核算制度比较健全，符合一般纳税人条件，适用 13％的税率。该企业年购货金额为 360 万元(不含税)，可取得增值税专用发票。该企业应如何进行增值税纳税人身份的筹划？

筹划分析：

该企业购进食品支付的价税合计 $= 360 \times (1+13\%) = 406.8$(万元)

销售食品价税合计 $= 600$(万元)

应缴纳增值税 $= [600 \div (1+13\%)] \times 13\% - 360 \times 13\% = 69.03 - 46.8 = 22.23$(万元)

销售利润 $= 600 \div (1+13\%) - 360 = 170.97$(万元)

增值率(含税) $= (600 - 406.8) \div 600 \times 100\% = 32.2\%$

查表 3-1 可知该企业的增值率较高，超过无差别平衡点增值率 25.32％(含税增值率)，所以成为小规模纳税人可比一般纳税人减少增值税税款缴纳。

可以将企业分设成两个零售企业，各自作为独立核算单位。假定分设后两企业的年销售额均为 300 万元(含税销售额)，都符合小规模纳税人条件，适用 3％的征收率。此时：

两个企业购入食品支付的价税合计 ＝ 360 ×（1＋13%）＝ 406.8（万元）

两个企业销售食品价税合计 ＝ 600（万元）

两个企业共应缴纳增值税 ＝ 600 ÷（1＋3%）× 3% ＝ 17.48（万元）

分设后两个企业销售利润合计 ＝ 600 ÷（1＋3%）－ 406.8 ＝ 175.72（万元）

经过纳税人身份的转变，企业销售利润增加了 4.75 万元。

【例 3-2】 增值税纳税人身份的选择。

华远、正大两个企业均为工业企业小规模纳税人，加工生产钢管配件。华远企业的年销售额为 400 万元，年可抵扣的购进货物金额为 350 万元。正大企业年销售额为 450 万元，年可抵扣的购进货物金额为 400 万元（以上金额均为不含税金额，购进货物可取得增值税专用发票）。由于两个企业的年销售额均达不到一般纳税人标准，税务机关对两企业均按小规模纳税人简易方法征税，征收率为 3%。

筹划分析：

华远公司年应纳增值税 ＝ 400 × 3% ＝ 12（万元）

正大公司年应纳增值税 ＝ 450 × 3% ＝ 13.5（万元）

两企业年应纳增值税共为 ＝ 12＋13.5 ＝ 25.5（万元）

根据无差别平衡点增值率原理，华远企业的增值率（不含增值率，下同）为 12.5%[（400－350）÷400×100%]，小于无差别平衡点增值率 23.08%（不含增值率，下同），选择成为一般纳税人税负较轻。

正大企业增值率为 11.11%[（450－400）÷450×100%]，同样小于无差别平衡点增值率 23.08%，选择成为一般纳税人税负较轻。因此，华远、正大两个企业如通过合并方式组成一个独立核算的纳税人，年应税销售额为 850 万元，符合一般纳税人的认定资格。

企业合并后，年应纳增值税 ＝（400＋450）×13%－（350＋400）×13%＝110.5－97.5＝13（万元）

可减轻税负 12.5（25.5－13）万元。

即使不通过合并，两个企业也可以通过申请成为一般纳税人来减少缴纳的税款。另外，在进行增值税一般纳税人与小规模纳税人身份筹划时，还须注意几个相关问题。

（1）税法对一般纳税人的认定要求。根据现行税法的规定，符合一般纳税人条件但未在规定期限内向主管税务机关申请办理一般纳税人资格登记手续的纳税人，应按照销售额依照增值税税率计算应纳税额，不得抵扣进项税额，也不得使用增值税专用发票。

（2）企业财务利益最大化要求。首先，企业经营的目标是追求利润最大化，这就决定着企业需根据市场需求不断扩大生产和经营规模。这种情况限制了企业选择成为小规模纳税人的空间。其次，一般纳税人要有健全的会计核算制度，需要培养和聘用专业会计人员，这将会增加企业财务核算成本；一般纳税人的增值税征收管理制度复杂，需要投入的财力、物力和精力也多，会增加纳税人的纳税成本。最后，企业产品的性质及客户的类型对税务有影响。企业产品的性质及客户的类型决定着企业进行纳税人筹划空间的大小。如果企业产品的销售对象多为一般纳税人，企业将受到客户要求开具增值税专用发票的制约，因为该企业必须选择成为一般纳税人才有利于产品的销售。如果企业的客户多为小规模纳税人或者消费者个人，不受发票类型的限制，筹划的空间就较大。

拓展案例 3-1

微课视频：拓展案例 3-1

 拓展案例 3-1　琴岛公司增值税税收筹划案例

3.2 | 增值税计税依据的税收筹划

3.2.1 计税依据的法律界定

增值税的计税方法,包括一般计税方法和简易计税方法。一般纳税人发生应税行为适用一般计税方法计税。一般纳税人发生财政部和国家税务总局规定的特定应税行为,可以选择适用简易计税方法计税,但一经选择,36 个月内不得变更。小规模纳税人发生应税行为适用简易计税方法计税。

1. 一般纳税人应纳税额的计算

一般计税方法的应纳税额,是指当期销项税额抵扣当期进项税额后的余额。

应纳税额计算公式:

$$应纳税额 = 当期销项税额 - 当期进项税额$$

当期销项税额小于当期进项税额,不足抵扣时,不足部分可以结转下期继续抵扣。

1)销项税额的计算

销项税额是指纳税人发生应税行为后,按照销售额和增值税税率计算并收取的增值税额。即:

$$销项税额 = (不含税)销售额 \times 适用税率$$

增值税是价外税,公式中的"销售额"应为不含增值税的销售额。纳税人采用销售额和销项税额合并定价方法的,应将其含税销售额换算成不含税销售额,换算公式为:

$$不含税销售额 = 含税销售额 \div (1 + 适用税率)$$

销售额的一般规定。销售额为纳税人发生应税行为,向购买方收取的全部价款和价外费用,但是不包括收取的销项税额。即:

$$销售额 = 价款 + 价外收入(价外收入一律视为含税收入)$$

价外费用,包括向购买方收取的手续费、补贴、基金、集资费、返还利润、奖励费、违约金、滞纳金、延期付款利息、赔偿金、代收款项、代垫款项、包装费、包装物租金、储备费、优质费、运输装卸费以及其他各种性质的价外收费,但下列项目不包括在内:

(1)受托加工应征消费税的消费品所代收代缴的消费税。

(2)承运部门的运输费用发票开具给购买方且纳税人将该项发票转交给购买方的代垫运输费用。

(3)同时符合以下条件代为收取的政府性基金或者行政事业性收费:

① 国务院或者财政部批准设立的政府性基金,由国务院或者省级人民政府及其财政、价格主管部门批准设立的行政事业性收费。

② 收取时开具省级以上财政部门印制的财政票据。

③ 所收款项全额上缴财政。

④ 销售货物的同时代办保险等并向购买方收取的保险费,以及向购买方收取的代购买

方缴纳的车辆购置税、车辆牌照费。

凡随同销售货物或提供应税劳务向购买方收取的价外费用,无论其会计如何核算,均应并入销售额计算应纳税额。

2)核定销售额的基本方法

纳税人发生应税行为,销售价格明显偏低或者偏高且不具有合理商业目的的,或者有视同销售行为而无销售额者,由主管税务机关按下列顺序确定销售额。

(1)按纳税人最近时期销售同类货物、服务、无形资产或者不动产的平均价格确定。

(2)按其他纳税人最近时期销售同类货物、服务、无形资产或者不动产的平均价格确定。

(3)按照组成计税价格确定。

组成计税价格的计算公式为:

$$组成计税价格 = 成本 \times (1 + 成本利润率)$$

属于应征消费税的货物,其组成计税价格中应加计消费税额,其计算公式为:

$$组成计税价格 = 成本 \times (1 + 成本利润率) + 消费税税额$$

或:

$$组成计税价格 = 成本 \times (1 + 成本利润率) \div (1 - 消费税税率)$$

关于公式中的成本:销售自产货物的为实际生产成本,销售外购货物的为实际采购成本。公式中的成本利润率由国家税务总局确定,但属于应从价定率征收消费税的货物,其"成本利润率"为《消费税若干具体问题的规定》中规定的成本利润率。

不具有合理商业目的,是指以谋取税收利益为主要目的,通过人为安排,减少、获准免除、推迟缴纳增值税税款,或者使税务机关退还的增值税税款增加。

3)进项税额的计算

进项税额是指纳税人购进货物、加工修理修配劳务、服务、无形资产或者不动产,支付或者负担的增值税额。进项税额与销项税额是一个相对应的概念,在开具增值税专用发票的情况下,销售方收取的销项税额就是购买方支付的进项税额。一般纳税人当期收取的销项税额扣减当期支付的进项税额后的余额为实际应缴纳的增值税税额,这个扣减过程称为进项税额抵扣。只有符合要求的进项税额才可以从销项税额中抵扣。

税务直通车3-2 ....

国家税务总局关于在新办纳税人中
实行增值税专用发票电子化有关事项的公告
国家税务总局公告 2020 年第 22 号

为全面落实《优化营商环境条例》,深化税收领域"放管服"改革,加大推广使用电子发票的力度,国家税务总局决定在前期宁波、石家庄和杭州等3个地区试点的基础上,在全国新设立登记的纳税人(以下简称"新办纳税人")中实行增值税专用发票电子化(以下简称"专票电子化")。现将有关事项公告如下:

一、自 2020 年 12 月 21 日起,在天津、河北、上海、江苏、浙江、安徽、广东、重庆、四川、宁波和深圳等 11 个地区的新办纳税人中实行专票电子化,受票方范围为全国。其中,宁波、石家庄和杭州等 3 个地区已试点纳税人开具增值税电子专用发票(以下简称"电子专票")的受票方范围扩至全国。

自2021年1月21日起,在北京、山西、内蒙古、辽宁、吉林、黑龙江、福建、江西、山东、河南、湖北、湖南、广西、海南、贵州、云南、西藏、陕西、甘肃、青海、宁夏、新疆、大连、厦门和青岛等25个地区的新办纳税人中实行专票电子化,受票方范围为全国。

实行专票电子化的新办纳税人具体范围由国家税务总局各省、自治区、直辖市和计划单列市税务局(以下简称"各省税务局")确定。

二、电子专票由各省税务局监制,采用电子签名代替发票专用章,属于增值税专用发票,其法律效力、基本用途、基本使用规定等与增值税纸质专用发票(以下简称"纸质专票")相同。电子专票票样见附件。

三、电子专票的发票代码为12位,编码规则:第1位为0,第2-5位代表省、自治区、直辖市和计划单列市,第6-7位代表年度,第8-10位代表批次,第11-12位为13。发票号码为8位,按年度、分批次编制。

四、自各地专票电子化实行之日起,本地区需要开具增值税纸质普通发票、增值税电子普通发票(以下简称"电子普票")、纸质专票、电子专票、纸质机动车销售统一发票和纸质二手车销售统一发票的新办纳税人,统一领取税务UKey开具发票。税务机关向新办纳税人免费发放税务UKey,并依托增值税电子发票公共服务平台,为纳税人提供免费的电子专票开具服务。

五、税务机关按照电子专票和纸质专票的合计数,为纳税人核定增值税专用发票领用数量。电子专票和纸质专票的增值税专用发票(增值税税控系统)最高开票限额应当相同。

六、纳税人开具增值税专用发票时,既可以开具电子专票,也可以开具纸质专票。受票方索取纸质专票的,开票方应当开具纸质专票。

七、纳税人开具电子专票后,发生销货退回、开票有误、应税服务中止、销售折让等情形,需要开具红字电子专票的,按照以下规定执行:

(一)购买方已将电子专票用于申报抵扣的,由购买方在增值税发票管理系统(以下简称"发票管理系统")中填开并上传《开具红字增值税专用发票信息表》(以下简称《信息表》),填开《信息表》时不填写相对应的蓝字电子专票信息。

购买方未将电子专票用于申报抵扣的,由销售方在发票管理系统中填开并上传《信息表》,填开《信息表》时应填写相对应的蓝字电子专票信息。

(二)税务机关通过网络接收纳税人上传的《信息表》,系统自动校验通过后,生成带有"红字发票信息表编号"的《信息表》,并将信息同步至纳税人端系统中。

(三)销售方凭税务机关系统校验通过的《信息表》开具红字电子专票,在发票管理系统中以销项负数开具。红字电子专票应与《信息表》一一对应。

(四)购买方已将电子专票用于申报抵扣的,应当暂依《信息表》所列增值税税额从当期进项税额中转出,待取得销售方开具的红字电子专票后,与《信息表》一并作为记账凭证。

八、受票方取得电子专票用于申报抵扣增值税进项税额或申请出口退税、代办退税的,应当登录增值税发票综合服务平台确认发票用途,登录地址由各省税务局确定并公布。

九、单位和个人可以通过全国增值税发票查验平台(https://inv-veri.chinatax.gov.cn)对电子专票信息进行查验;可以通过全国增值税发票查验平台下载增值税电子发票版式文件阅读器,查阅电子专票并验证电子签名有效性。

十、纳税人以电子发票(含电子专票和电子普票)报销入账归档的,按照《财政部 国家档案局关于规范电子会计凭证报销入账归档的通知》(财会〔2020〕6号)的规定执行。

十一、本公告自2020年12月21日起施行。

国家税务总局
2020年12月20日

增值税电子
专用发票(票
样)

（1）准予从销项税额中抵扣的进项税额。

① 从销售方取得的增值税专用发票(含税控机动车销售统一发票，下同)上注明的增值税额，以票抵扣(先认证，后抵扣)。

② 从海关取得的海关进口增值税专用缴款书上注明的增值税额，以票抵扣(先比对，后抵扣)。

③ 购进农产品的计算扣税：没有取得法定扣税凭证，但符合税法抵扣政策，准予计算抵扣的进项税额。纳税人购进农产品，除取得增值税专用发票或者海关进口增值税专用缴款书外，按照农产品收购发票或者销售发票上注明的农产品买价和 10％ 的扣除率计算进项税额。

准予抵扣的进项税额计算公式：

$$进项税额＝买价×扣除率$$

买价，包括纳税人购进农产品在农产品收购发票或者销售发票上注明的价款和按规定缴纳的烟叶税。

📁 **特别提示 3-1** ....

《财政部 国家税务总局关于在部分行业试行农产品增值税进项税额核定扣除办法的通知》(财税〔2012〕38 号)规定，自 2012 年 7 月 1 日起，以购进农产品为原料生产销售液体乳及乳制品、酒及酒精、植物油的增值税一般纳税人，纳入农产品增值税进项税额核定扣除试点范围，其购进农产品无论是否用于生产上述产品，增值税进项税额均按照《农产品增值税进项税额核定扣除试点实施办法》的规定抵扣。

④ 从境外单位或者个人购进服务、无形资产或者不动产，自税务机关或者扣缴义务人处取得的解缴税款的完税凭证上注明的增值税额。有下列情形之一者，应当按照销售额和增值税税率计算应纳税额，不得抵扣进项税额也不得使用增值税专用发票：一般纳税人会计核算不健全，或者不能够提供准确税务资料的；应当办理一般纳税人资格登记而未办理的。

（2）不得从销项税额中抵扣的进项税额。

① 扣税凭证不合格。纳税人取得的增值税扣税凭证不符合法律、行政法规或者国家税务总局有关规定的，其进项税额不得从销项税额中抵扣。

增值税扣税凭证是指增值税专用发票、海关进口增值税专用缴款书、农产品收购发票、农产品销售发票和完税凭证。纳税人凭完税凭证抵扣进项税额的，应当具备书面合同、付款证明和境外单位的对账单或者发票。资料不全的，其进项税额不得从销项税额中抵扣。

② 用于简易计税方法计税项目、免征增值税项目、集体福利或者个人消费的购进货物、加工修理修配劳务、服务、无形资产和不动产。个人消费包括纳税人的交际应酬消费。

③ 非正常损失的在产品、产成品所耗用的购进货物(不包括固定资产)、加工修理修配劳务和交通运输服务。

非正常损失是指因管理不善造成货物被盗、丢失、霉烂变质，以及因违反法律法规造成货物或者不动产被依法没收、销毁、拆除的情形。

固定资产是指使用期限超过 12 个月的机器、机械、运输工具以及其他与生产经营有关的设备、工具、器具等有形动产。

④ 非正常损失的不动产，以及该不动产所耗用的购进货物、设计服务和建筑服务。

⑤ 非正常损失的不动产在建工程所耗用的购进货物、设计服务和建筑服务。

⑥ 购进的旅客运输服务、贷款服务、餐饮服务、居民日常服务和娱乐服务。

⑦ 财政部和国家税务总局规定的其他情形。

4）进项税额转出

上述购进资产或服务，如果事后改变用途（如用于集体福利、个人消费或发生非正常损失时），不得抵扣进项税额。如果在购进时已抵扣了进项税额，则需要在改变用途当期作进项税额转出处理。

已抵扣进项税额的购进货物（不含固定资产）、劳务、服务，发生规定的进项税额不得抵扣情形（简易计税方法计税项目、免征增值税项目除外）的，应当将该进项税额从当期进项税额中扣减；无法确定该进项税额的，按照当期实际成本计算应扣减的进项税额。

已抵扣进项税额的固定资产、无形资产或者不动产，发生规定的进项税额不得抵扣情形的，按照下列公式计算不得抵扣的进项税额。

$$不得抵扣的进项税额 = 固定资产、无形资产或者不动产净值 \times 适用税率$$

纳税人适用一般计税方法计税的，因销售折让、中止或者退回而退还给购买方的增值税额，应当从当期的销项税额中扣减；因销售折让、中止或者退回而收回的增值税额，应当从当期的进项税额中扣减。

5）进项税额不足抵扣的处理

如果一般纳税人当期支付的增值税额大于当期收到的增值税额，即当期进项税额大于当期销项税额，进项税额不足抵扣，则当期进项税额不足抵扣部分可以结转下期继续抵扣，这一部分称为上期留抵。

6）应纳税额的计算

一般纳税人发生应税行为，应纳税额为当期销项税额抵扣当期进项税额后的余额。

应纳税额计算公式：

$$应纳税额 = 当期销项税额 - 当期进项税额$$

一般纳税人的增值税计算采用当期购进扣税法，对于"当期"计算销售税额的时间即增值税纳税义务发生时间，税法限定为：纳税人发生应税行为并收讫销售款项或者取得索取销售款项凭据的当天；先开具发票的，为开具发票的当天。

收讫销售款项是指纳税人销售服务、无形资产、不动产过程中或者完成后收讫销售款项或者取得索取销售款项凭据的当天，是指书面合同确定的付款日期；未签订书面合同或者书面合同未确定付款日期的，为服务、无形资产转让完成的当天或者不动产权属变更的当天。

收讫销售款项或者取得索取销售款项凭据的当天，按销售结算方式的不同，具体为：

（1）采取直接收款方式销售货物，不论货物是否发出，均为收到销售款或者取得索取销售款凭据的当天。

（2）采取托收承付和委托银行收款方式销售货物，为发出货物并办妥托收手续的当天。

（3）采取赊销和分期收款方式销售货物，为书面合同约定的收款日期的当天，无书面合同的或者书面合同没有约定收款日期的，为货物发出的当天。

（4）采取预收货款方式销售货物，为货物发出的当天，但生产销售生产工期超过 12 个月的大型机械设备、船舶、飞机等货物，为收到预收款或者书面合同约定的收款日期的当天。

（5）委托其他纳税人代销货物，为收到代销单位的代销清单或者收到全部或者部分货款的当天。未收到代销清单及货款的，为发出代销货物满 180 天的当天。

（6）销售应税劳务，为提供劳务同时收讫销售款或者取得索取销售款的凭据的当天。

（7）纳税人发生视同销售货物行为，为货物移送的当天。

（8）纳税人提供建筑服务、租赁服务，采取预收款方式的，其纳税义务发生时间为收到预收款的当天。

（9）纳税人从事金融商品转让的，为金融商品所有权转移的当天。

（10）纳税人发生视同应税行为的，其纳税义务发生时间为服务、无形资产转让完成的当天或者不动产权属变更的当天。

2. 小规模纳税人应纳税额的计算

小规模纳税人发生应税行为适用简易计税方法计税。简易计税方法的应纳税额是指按照销售额和增值税征收率计算的增值税额，不得抵扣进项税额。

应纳税额计算公式：

$$应纳税额 = （不含税）销售额 \times 征收率$$

销售额不包括其应纳税额。纳税人销售货物或者应税劳务采用销售额和应纳税额合并定价方法的，按下列公式计算销售额：

$$销售额 = 含税销售额 \div （1 + 征收率）$$
$$应纳税额 = 含税销售额 \div （1 + 征收率） \times 征收率$$

纳税人适用简易计税方法计税的，因销售折让、中止或者退回而退还给购买方的销售额，应当从当期销售额中扣减，扣减当期销售额后仍有余额，造成多缴税款的，可以从以后的应纳税额中扣减。

3. 进口货物应纳税额的计算

一般纳税人或小规模纳税人进口货物，按进口货物的组成计税价格和规定的税率计算应纳税额。

1）进口货物的征税范围

凡申报进入我国海关的货物，均应按规定缴纳进口环节的增值税。不论其是国外产制还是我国已出口而转销国内的货物，是进口者自行采购还是国外捐赠的货物，是进口者自用还是作为贸易或其他用途等，均应按照规定缴纳进口环节的增值税。

2）进口货物应纳增值税额的计算

不管是一般纳税人还是小规模纳税人进口货物，均按照组成计税价格和适用税率（与增值税一般纳税人在国内销售同类货物的税率相同）计算应纳税额，不得抵扣任何税额。即在计算进口环节的应纳增值税税额时，不得抵扣发生在我国境外的各种税金。

$$应纳税额 = 组成计税价格 \times 税率$$

其中：

$$组成计税价格 = 关税完税价格 + 关税 + （消费税）$$
$$= 关税完税价格 \times （1 + 关税率） + 消费税$$
$$= 关税完税价格 \times （1 + 关税率） \div （1 - 消费税税率）$$

进口货物增值税的组成计税价格中包括已纳关税税额,如进口货物属于应征消费税的消费品,则其组成计税价格中还应包括进口环节已缴纳的消费税,否则公式中的消费税或消费税率为零。

3.2.2 销项税额的税收筹划

1. 销售方式的税收筹划

微课视频:销项税额的税收筹划

销售方式是指企业将产品销售出去的方式。产品的销售方式多种多样,而且随着经济的发展,产品的销售方式会越来越多。在产品销售过程中,纳税人对销售方式有自主选择权,这为利用不同销售方式进行纳税筹划提供了可能。不同销售方式往往适用不同的税收政策,也就存在着税收待遇差别的问题。

1)折扣方式销售

折扣方式分为商业折扣和现金折扣两种情形。

(1)商业折扣,又称价格折扣,是指销售方为鼓励购买者多买而给予的价格折让,即购买越多,价格折扣越多。商业折扣一般都从销售价格中直接折算,即购买方所付的价款和销售方所收的货款,都是按打折以后的实际售价来计算的。

对商业折扣,应作如下处理:销售额和折扣额在同一张发票上分别注明的,可按冲减折扣额后的销售额征收增值税;未在同一张发票上分别注明的,以价款为销售额,不得扣减折扣额。

(2)现金折扣(销售折扣),是指销售方为鼓励买方在一定期限内早日付款,而给予的一种折让优惠。它实际上是一种融资性质的理财费用,不得从销售额中扣除。

2)以旧换新方式销售

所谓以旧换新销售,是指纳税人在销售过程中,折价收回同类旧货物,并以折价款冲减货物价款的一种销售方式。纳税人采取以旧换新方式销售货物,应按新货物的同期销售价格确定销售额(不得扣减旧货的收购价格)。但税法规定,对金银首饰以旧换新业务,可以按照销售方实际收取的不含增值税的全部价款征收增值税。

3)还本方式销售

所谓还本销售,是指销货方将货物出售之后,按约定的时间,一次或分次将购货款部分或全部退给购货方,退还的货款即为还本支出。纳税人采取还本方式销售货物的,其销售额是同期货物的销售价格,不得从销售额中减除还本支出。

4)以物易物方式销售

以物易物是一种较为特殊的购销活动,是指购销双方不以货币结算,而是以同等价款的货物相互结算,实现货物购销的一种方式。以物易物双方都应作购销处理,以各自发出的货物核算销售额并计算销项税,以各自收到的货物按规定核算购货额并计算进项税额。

应注意的是,在以物易物活动中,应分别开具合法的票据,如收到的货物不能取得相应的增值税专用发票或其他合法票据,不能抵扣进项税额。

5)出租出借包装物条件下的销售(包装物押金的处理)

纳税人销售货物时,为促使购货方及早退回包装物以便周转使用,会在收取销售货款的同时另外收取包装物押金。包装物押金本质上是价外费用,但可能会伴随包装物的收回而退还给购货方,因此,对包装物押金作特别规定:

(1) 押金期限在 1 年以内(未逾期)且未过企业规定的退还期限,单独记账核算者,不作销售处理(不并入销售额征税)。

(2) 押金期限在 1 年以内但超过企业规定的退还期限(逾期),单独记账核算者,作销售处理。

(3) 押金期限在 1 年以上,一般作销售处理(特殊放宽期限的要经税务机关批准)。

(4) 酒类包装物押金,收到就作销售处理(黄酒、啤酒除外)。

押金逾期就作销售处理,是指包装物押金逾期的,按包装货物的适用税率计算纳税,同时押金属于含税收入,应先换算为不含税销售额再并入销售额征税。"逾期"是以 1 年为期限。另外,包装物押金不同于包装物押金,包装物租金属于价外费用,在收取时就并入销售额征税。

【例 3-3】 销售方式的税收筹划。

某超市为增值税一般纳税人,其企业所得税实行查账征收方式。超市决定 2021 年"十一"店庆时开展促销活动,拟订"满 98 送 18",即每销售 98 元的商品,送出 18 元的优惠或相应的折扣(成本为 12 元)。假定 98 元的商品进价为 58 元(成本均为含税价),具体方案有如下几种:

(1) 顾客购物满 98 元,超市给予 8 折的商业折扣优惠。

(2) 顾客购物满 98 元,超市另行赠送价值 18 元的礼品(不同类商品)。

(3) 顾客购物满 98 元,超市送加量同类商品,顾客可再选购价值 18 元的商品,实行捆绑式销售,总价格不变。

现假定超市单笔销售了 98 元商品,按以上方案逐一分析税负情况(假设不考虑商场代扣代缴个人所得税)。

筹划分析:

(1) 按此方案,顾客购买 98 元商品,超市收取 78.4 元,在销售票据上注明折扣额,销售收入可按折扣后的金额计算。

因 98 元商品的进价为 58 元(不含税为 50 元),则:

应缴增值税 $= 78.4 \div 1.13 \times 13\% - 58 \div 1.13 \times 13\% = 9.02 - 6.67 = 2.35$(元)

应缴城建税和教育费附加(不含地方附加的部分,下同)$= 2.35 \times 7\% + 2.35 \times 3\% = 0.24$(元)

销售毛利润 $= 78.4 \div 1.13 - 58 \div 1.13 = 69.38 - 51.33 = 18.05$(元)

应缴企业所得税 $= (18.05 - 0.24) \times 25\% = 4.45$(元)

应缴税款 $= 2.35 + 0.24 + 4.45 = 7.04$(元)

税收负担率 $= 7.04 \div (78.4 \div 1.13) \times 100\% = 10.15\%$

(2) 此方案中,企业赠送礼品行为视同销售,计算销项税额;同时,由于其赠送属非公益性捐赠,赠送的礼品成本不允许税前列支(假设礼品的进销差价与商场其他商品相同)。相关计算如下:

应缴增值税 $= 98 \div 1.13 \times 13\% + 18 \div 1.13 \times 13\% - (58 + 12) \div 1.13 \times 13\% = 5.29$(元)

应缴城市维护建设税和教育费附加 $= 5.29 \times 7\% + 5.29 \times 3\% = 0.53$(元)

销售毛利润 $= 98 \div 1.13 - (58 + 12) \div 1.13 - 18 \div 1.13 \times 13\% = 22.71$(元)

应缴企业所得税 $= (22.71 - 0.53) \times 25\% = 5.55$(元)

应缴税款 $= 5.29 + 0.53 + 5.55 = 11.37$(元)

税收负担率 $= 11.37 \div (98 \div 1.13) \times 100\% = 13.11\%$

(3) 按此方案,超市对购物满 98 元的顾客实行加量不加价的优惠。这种捆绑式销售不是"无偿赠送",不属于《增值税暂行条例》中视同销售货物的行为,因而加量的 18 元商品的成本可以正常列支,其 12 元的进价可以抵扣。相关计算如下:

$$应缴增值税 = 98 \div 1.13 \times 0.13 - (58 + 12) \div 1.13 \times 0.13 = 3.22(元)$$

$$应缴城市维护建设税和教育费附加 = 3.22 \times 7\% + 3.22 \times 3\% = 0.32(元)$$

$$销售毛利润 = 98 \div 1.13 - (58 + 12) \div 1.13 = 24.78(元)$$

$$应缴企业所得税 = (24.78 - 0.32) \times 25\% = 6.12(元)$$

$$应缴税款 = 3.22 + 0.32 + 6.12 = 9.66(元)$$

$$税收负担率 = 9.66 \div (98 \div 1.13) \times 100\% = 11.14\%$$

在以上 3 种方案中,方案(1)的税负最轻。

特别提示 3-2

根据《四川省国家税务局关于买赠行为增值税处理问题的公告》(四川省国家税务局公告 2011 年第 6 号)第一条的规定,"买物赠物"方式是指在销售货物的同时赠送同类或其他货物,并且在同一项销售货物行为中完成,赠送货物的价格不高于销售货物收取的金额。对纳税人的该种销售行为,按其实际收到的货款申报缴纳增值税,但应按照《国家税务总局关于确认企业所得税收入若干问题的通知》(国税函〔2008〕875 号)第三条的规定,在账务上将实际收到的销售金额,按销售货物和随同销售赠送货物的公允价值的比例来分摊确认其销售收入,同时应将销售货物和随同销售赠送的货物品名、数量以及按各项商品公允价值的比例分摊确认的价格和金额在同一张发票上注明。

需要注意的是,在目前的实际征管中,各地税务机关对"买一赠一"的具体规定都不一样,也有的地区将"买一赠一"视为视同销售。

2. 销售结算方式的税收筹划

结算方式通常有直接收款、委托收款、托收承付、赊销或分期收款、预收货款、委托代销等。采用不同的销售结算方式,纳税义务发生时间是不相同的。

《增值税暂行条例实施细则》规定,按销售结算方式的不同,销售货物或应税劳务的纳税义务发生时间分别如下。采取直接收款方式销售货物,不论货物是否发出,均为收到销售款或取得索取销售款凭据的当天。采取托收承付和委托银行收款方式销售货物,为发出货物并办妥托收手续的当天。采取赊销和分期收款方式销售货物,为按合同约定的收款日期的当天,无书面合同的或者书面合同没有约定收款日期的,为货物发出的当天。采取预收货款销售货物,为货物发出的当天。委托其他纳税人代销货物,为收到代销单位的代销清单或者收到全部或者部分货款的当天。未收到代销清单及货款的,为发出代销货物满 180 天的当天。销售应税劳务,为提供劳务同时收讫销售款或者取得索取销售款凭据的当天。纳税人的视同销售行为,为货物移送的当天。销售服务、无形资产或不动产的纳税义务发生时间为纳税人发生应税行为并收讫销售款项或者索取销售款项凭据的当天,先开具发票的,为开具发票的当天,其中取得索取销售款项凭据的当天是指书面合同确定的付款日期,未签订书面合同或者书面合同未确定付款日期的,为服务、无形资产转让完成的当天或者不动产权属变更的当天。纳税人提供建筑服务、租赁服务采取预售款方式的,其纳税义务发生时间为收到预收款的当天。纳税人从事金融商品转让的,为金融商品所有权转移的当天。由此可见,采用不同结算方式,纳税义务发生时间是不同的。

企业选择合理的结算方式,不仅可以拖延入账时间,达到延缓税款缴纳、获得资金时间价值的目的,而且可以避免不必要的税收损失。增值税销售结算方式的筹划就是在税法允许的范围内,尽量采取有利于本企业的结算方式,推迟纳税时间,获得纳税期的递延。如在不能及时收到货款的情况下,采用赊销或分期收款结算方式,避免垫付税款。

1) 赊销和分期收款方式的筹划

赊销和分期收款结算方式都是以合同约定的收款日期为纳税义务发生时间。因此,企业在产品销售过程中,在应收货款一时无法收回或部分无法收回的情况下,可以选择赊销或分期收款结算方式。

2) 委托代销方式销售货物的筹划

委托代销是指委托方将商品交付给受托方,受托方根据合同的要求,将商品出售后开具销货清单并交给委托方。此时,委托方才确认销售收入的实现。根据这一定义,如果企业的产品销售对象是商业企业,并且产品以商业企业先销售后付款结算方式销售,则可以采用委托代销结算方式,根据实际收到的货款,分期计算销项税额,从而延缓纳税时间。

【例 3-4】 某企业属于增值税一般纳税人,当月发生销售业务 5 笔,共计应收货款 1 800 万元(含税价)。其中,有 3 笔共计 1 000 万元,货款两清;一笔 300 万元,两年后一次付清;另一笔 500 万元,1 年后付 250 万元,一年半后付 150 万元,余款 100 万元两年后结清。试问该企业应采用直接收款方式还是应采取赊销和分期收款方式?

筹划分析:

① 企业若采取直接收款方式,则应在当月全部计算销售收入,计提销项税额为:1 800÷(1+13%)× 13%=207.08(万元)。若对未收到款项业务不记账,则违反了税法规定,少计销项税额为:800÷(1+13%)×13%=92.04(万元),这属于偷税行为。

② 企业若对未收到的 300 万元和 500 万元应收账款分别在货款结算中采取赊销和分期收款结算方式,就可以延缓纳税,因为这两种结算方式都是以合同约定的收款日期为纳税义务发生时间。

第一,两年后结清的销项税额为:(300+100)÷(1+13%)×13%=46.02(万元)

第二,一年半后付清的销项税额为:150÷(1+13%)×13%=17.26(万元)

第三,一年后付清的销项税额为:250÷(1+13%)×13%=28.76(万元)

由此可以看出,采用赊销和分期收款方式,可以为企业获得资金的时间价值,为企业节约大量的流动资金。

3. 销售价格的税收筹划

产品的销售价格对企业来说至关重要。在市场经济条件下,纳税人有自由定价权。纳税人可以利用自由定价权,制定"合理"的价格,从而获得更多的收益。与纳税筹划有关的定价策略有两种表现形式:一种是与关联企业合作定价,目的是减轻企业的整体税负;另一种是主动制定一个稍低一点的价格,以获得更大的销量,从而获得更多的收益。

【例 3-5】 甲、乙、丙为集团公司内部 3 个独立核算的企业,彼此存在着购销关系;甲企业为乙企业提供原材料,乙企业生产的产品是丙企业的半成品,丙企业将半成品进一步加工后向市场销售。有关资料见表 3-3,请比较不同结算价格下的增值税税负(表中价格为含税价格)。

表 3-3 　　　　　　　　　　　　不同结算价格下的增值税税负比较

企业名称	增值税税率	生产数量(件)	市场价格(元)	转让价格(元)	所得税税率
甲	13%	1 000	500	400	25%
乙	13%	1 000	600	500	25%
丙	13%	1 000	700	700	25%

筹划分析：

假设甲企业的进项税额为 40 000 元,如果 3 个企业均按正常市场价结算货款,应纳增值税税额为：

甲企业应纳增值税税额＝500÷(1＋13%)×13%×1 000－40 000＝57 522－40 000＝17 522(元)

乙企业应纳增值税税额＝600÷(1＋13%)×13%×1 000－57 522＝69 027－57 522＝11 505(元)

丙企业应纳增值税税额＝700÷(1＋13%)×13%×1 000－69 027＝80 531－69 027＝11 504(元)

集团公司合计应纳增值税税额＝17 522＋11 505＋11 504＝40 531(元)

但是,当 3 个企业采用转让价格时,应纳增值税情况如下：

甲企业应纳增值税税额＝400÷(1＋13%)×13%×1 000－40 000＝46 018－40 000＝6 018(元)

乙企业应纳增值税税额＝500÷(1＋13%)×13%×1 000－46 018＝57 522－46 018＝11 504(元)

丙企业应纳增值税税额＝700÷(1＋13%)×13%×1 000－57 522＝80 531－57 522＝23 009(元)

集团公司合计应纳增值税税额＝6 018＋11 504＋23 009＝40 531(元)

如果从静态总额看,前后应纳的增值税是完全一样的,但考虑到税款的支付时间,两者的税额便存在差异。3 个企业的生产有连续性,这使本应由甲企业当期应缴的增值税款相对减少 11 504 元(17 522－6 018),即递延至第二期缴纳(通过乙企业)。乙企业原应缴纳的税款又通过转移价格递延至第三期并由丙企业缴纳。如果考虑到折现因素,则集团公司的整体税负相对下降。

3.2.3 进项税额的税收筹划

1. 进项税额抵扣时间的税收筹划

我国增值税法对允许抵扣的当期进项税额在时间上有严格的规定。进项税额申报抵扣的时间为：增值税一般纳税人取得增值税专用发票或海关进口增值税专用缴款书,应自开具之日起 180 日内办理认证或申请稽核比对,并在认证通过的次月申报期内,向主管税务机关申报抵扣进项税额,即当月认证当月抵扣。国家税务总局公告 2017 年第 11 号中规定自 2017 年 7 月 1 日起,将原来的认证期限由 180 日延长至 360 日。同时应注意,纳税人取得的 2017 年 6 月 30 日前开具的增值税扣税凭证,仍按(国税函〔2009〕617 号)执行,即在 180 日内认证抵扣。

根据进项税额抵扣时间的规定,纳税人对于取得的防伪税控系统开具的增值税专用发票,应在取得发票后尽快到税务机关进行认证。如购进的多用途物资应先进行认证再进行抵扣,待转为非应税项目用物资时再作进项税额转出处理,以防止非应税项目用物资转为应税项目用物资时由于超过认证时间而不能抵扣进项税额的情况。

2. 供货方的选择

由于增值税实行凭增值税发票抵扣的制度,只有一般纳税人才能使用增值税专用发票。一般纳税人从小规模纳税人处认购的货物或接受的劳务,由于小规模纳税人不能开出增值税专用发票,根据税法的规定,小规模纳税人可以到税务机关申请代开小规模纳税人使用的专用发票,一般纳税人可根据发票上的税额计提进项税额,抵扣率为 3%。如果购货方取得的是小规模纳税人自己开具的普通发票,不能进行任何抵扣(农产品除外)。因此,企业在选择购货对象时,必然要考虑到以上税收规定的差异。

增值税一般纳税人从小规模纳税人处采购的货物或接受的劳务、服务、无形资产或者不动产不能进行抵扣,或只能抵扣 3%,为了弥补因不能取得专用发票而产生的损失,必然要求小规模纳税人在价格上给予一定程度的优惠。究竟多大的折让幅度才能弥补损失呢?这里就存在一个价格折让临界点。

假设增值税一般纳税人从一般纳税人处购进货物、接受应税劳务或服务、购进无形资产或不动产的价格(含税)为 A,从小规模纳税人处购进货物、接受应税劳务或服务、购进无形资产或不动产的价格(含税)为 B。为使两者扣除货物和劳务税后的销售利润相等,可设下列等式:

$$
\begin{aligned}
&\binom{销售额}{(不含税)} - A \div \left(1 + \frac{增值税}{税率}\right) - \left[\binom{销售额}{(不含税)} - A \div \left(1 + \frac{增值税}{税率}\right)\right] \times \frac{增值税}{税率} \times \left(\frac{城市维护}{建设税税率} + \frac{教育费附}{加征收率}\right) \\
&= \binom{销售额}{(不含税)} - B \div \left(1 + \frac{征收}{率}\right) - \left[\binom{销售额}{(不含税)} \times \frac{增值税}{税率} - B \div \left(1 + \frac{征收}{率}\right) \times \frac{征收}{率}\right] \times \left(\frac{城市维护}{建设税税率} + \frac{教育费附}{加征收率}\right)
\end{aligned}
$$

则:

$$
\begin{aligned}
&A \div \left(1 + \frac{增值税}{税率}\right) - \left[A \div \left(1 + \frac{增值税}{税率}\right) \times \frac{增值税}{税率} \times \left(\frac{城市维护}{建设税税率} + \frac{教育费附}{加征收率}\right)\right] \\
&= B \div \left(1 + \frac{征收}{率}\right) - \left[B \div \left(1 + \frac{征收}{率}\right) \times 征收率 \times \left(\frac{城市维护}{建设税税率} + \frac{教育费附}{加征收率}\right)\right]
\end{aligned}
$$

当城市维护建设税税率为 7%、教育费附加征收率为 3% 时,有:

$$
\begin{aligned}
&A \div \left(1 + \frac{增值税}{税率}\right) - \left[A \div \left(1 + \frac{增值税}{税率}\right) \times \frac{增值税}{税率} \times (7\% + 3\%)\right] \\
&= B \div \left(1 + \frac{征收}{率}\right) - \left[B \div \left(1 + \frac{征收}{率}\right) \times 征收率 \times (7\% + 3\%)\right]
\end{aligned}
$$

或者:

$$
A \div \left(1 + \frac{增值税}{税率}\right) \times \left[1 - \frac{增值税}{税率} \times (7\% + 3\%)\right] = B \div \left(1 + \frac{征收}{率}\right) \times \left[1 - \frac{征收}{率} \times (7\% + 3\%)\right]
$$

$$
B = \left\{\left[\left(1 + \frac{征收}{率}\right) \times \left(1 - \frac{增值税}{税率} \times 10\%\right)\right] \div \left[\left(1 + \frac{增值税}{税率}\right) \times (1 - 征收率 \times 10\%)\right]\right\} \times A
$$

当增值税税率为 13%、征收率为 3% 时,则有:

$$
\begin{aligned}
B &= \{[(1 + 3\%) \times (1 - 13\% \times 10\%)] \div [(1 + 13\%) \times (1 - 3\% \times 10\%)]\} \times A \\
&= A \times 90.24\%
\end{aligned}
$$

即当小规模纳税人的购进价格为一般纳税人的购进价格的 90.24% 时,或者说,当价格优惠幅度为 90.24% 时,无论是从小规模纳税人处购买还是从一般纳税人处购买,取得的收益都是相等的。当小规模纳税人报价折扣率低于该比率时,向一般纳税人采购获得增值税专用发票可抵扣的税额将大于小规模纳税人的价格折扣。只有当小规模纳税人报价的折扣率高于该比率(价格优惠临界点)时,向小规模纳税人采购才可获得比向一般纳税人采购更大的税后利益相关的价格优惠临界点如表3-4所示。如果从小规模纳税人处不能取得增值税专用发票,则有:

$$B = A \times [(1 - 增值税税率 \times 10\%) \div (1 + 增值税税率)]$$

表 3-4　　　　　　　**一般纳税人抵扣率、小规模纳税人抵扣率及价格优惠临界点**

一般纳税人的抵扣率	小规模纳税人的抵扣率	价格优惠临界点(含税)
13%	3%	90.24%
13%	0%	87.35%
9%	3%	93.93%
9%	0%	90.92%
6%	3%	96.88%
6%	0	93.77%

【例3-6】　航远家具生产厂(增值税一般纳税人)外购木材作为加工产品原材料,现有两个供应商甲与乙,甲为增值税一般纳税人,可以开具税率为13%的增值税专用发票,该批木材报价50万元(含税价款)。乙为小规模纳税人,可以出具由其所在主管税务局代开的征收率为3%的增值税专用发票,木材报价46.5万元(已知城市维护建设税税率为7%,教育费附加征收率为3%)。请为航远家具厂材料采购作出纳税筹划建议。

筹划分析:

从价格优惠临界点原理可知,当增值税税率为13%、小规模纳税人的抵扣率为3%时,价格优惠临界点为90.24%,或者说,价格优惠临界点的销售价格为451 200 元(500 000×90.24%)。从乙的报价看,465 000 元>451 200 元。因此,应从甲(一般纳税人)处采购。

从企业利润核算的角度看:

从甲处购进该批木材的净成本为:

$$500\,000 \div (1 + 13\%) - [500\,000 \div (1 + 13\%) \times 13\% \times (7\% + 3\%)] = 436\,725.67(元)$$

从乙处购进该批木材的净成本为:

$$465\,000 \div (1 + 3\%) - [465\,000 \div (1 + 3\%) \times 3\% \times (7\% + 3\%)]$$
$$= 451\,456.31 - 1354.37 = 450\,101.94(元)$$

由此可以看出,从乙处购入该批木材的成本大于从甲处购进的成本,因此,应选择从甲处购买。

3. 运费的税收筹划

企业的运费收支跟税收有着密切的联系,根据我国税法,小规模纳税人采用简易计税,运费不能进行进项抵扣,则运费不会影响其增值税税负。一般纳税人的增值税实行进项抵扣,因此,运费会影响其增值税税负,从而影响税后净利。可以考虑针对不同运输方式对一般纳税人的增值税及其税后净利产生的影响进行筹划。

【例3-7】　甲企业为某市增值税一般纳税人,产品适用增值税税率13%,2021年5月

21 日购入一批货物,不含税价格为 400 万元,进项税额 50 万元。2021 年 6 月 11 日,该企业和乙公司签订销售协议,协议规定该批货物出厂销售价格为 440 万元(不含税),采取送货制,甲企业雇用丙运输公司的车辆运送该批货物到达乙方,运费为 11.3 万元,到达目的地的价税及运费总价款为 522 万元,货物已发出,货款已收到(为了分析简便,假设甲企业期初进项税额为 0,本月无其他进项税)。现有三种方案,分别为:方案一——由甲企业给乙企业开具运费收据。方案二——由运输公司给销货方开具发票。方案三——由运输公司给购货方开具运费发票。请比较上述 3 种方案,哪一种方案最好?

筹划分析:

方案一:由甲企业给乙企业开具运费收据。

甲企业在销售时,以销售价格 440 万元(不含税)开具增值税发票,销项税额 57.2 万元,运费 11.3 万元,由甲企业给乙方开具收款收据,通过其他应收款收回。

按税法规定,企业在计算缴纳增值税税金时,销售额是指纳税人销售货物或者提供应税劳务向购买方(承受应税劳务也视为购买方)收取的全部价款和价外费用,但是不包括收取的销项税额。价外费用(实质价外收入)是指向购买方收取的手续费、补贴、基金、返还利润、奖励费、违约金(延期付款利息)、包装物租金、储备费、优质费、运输装卸费、代收款项、代垫款项及其他性质的价外收费。凡随同销售货物或者提供应税劳务,向购买方收取的全部价款和价外费用,无论其会计制度如何核算,均应并入销售额计算应纳税额。因为根据税法规定,各种性质的价外收费都要并入销售额计算纳税,目的是防止企业通过各种名目的收费减少销售额,逃避纳税。

因此,甲企业纳税情况计算如下:

$$增值税销项税额 = 440 \times 13\% + 11.3 \div 1.13 \times 13\% = 58.5(万元)$$
$$增值税进项税额 = 50(万元)$$
$$应纳增值税 = 58.5 - 50 = 8.5(万元)$$
$$税金及附加 = 8.5 \times (7\% + 3\%) = 0.85(万元)$$
$$增值税税负率 = 8.5 \div 522 \div 1.13 = 1.44\%$$
$$营业利润额 = 440 - 400 - 0.85 - 11.3 \div 1.13 \times 13\% = 37.85(万元)$$

方案二:由运输公司给销货方开具发票。

甲企业在销售时,把销售价格 440 万元(不含税)和运费 11.3 万元一并开具增值税发票,销项税额为:$(440 + 11.3 \div 1.13) \times 13\% = 58.5$(万元);运费 11.3 万元由丙运输公司给甲方开具运费发票,这时按规定甲企业对运费可以按 9% 抵扣进项税额,但税法规定随同运费支付的装卸费、保险费等其他杂费不得计算扣除进项税额。

因此,甲企业纳税情况计算如下:

$$增值税销项税额 = (440 + 11.3 \div 1.13) \times 13\% = 58.5(万元)$$
$$增值税进项税额 = 50 + (11.3 \div 1.13) \times 9\% = 50.9(万元)$$
$$应纳增值税 = 58.5 - 50.9 = 7.6(万元)$$
$$税金及附加 = 7.6 \times (7\% + 3\%) = 0.76(万元)$$
$$增值税税负率 = 7.6 \div 440 = 1.73\%$$
$$营业利润额 = 440 + 10 - 400 - 10.17 - 0.76 = 39.07(万元)$$

方案三:由运输公司给购货方开具运费发票。

甲企业在销售时,以销售价格 440 万元(不含税)开具增值税发票,销项税额 57.2 万元;运费 11.3 万元,由丙运输公司给乙方开具运费发票,甲企业把运费发票转交给乙方。但是,按税法规定了代垫运费的条件:①承运者的运费发票开具给购货方的;②纳税人将该项发票转交给购货方的。

因此,甲企业纳税情况计算如下:

$$增值税销项税额 = 440 \times 13\% = 57.2(万元)$$

$$增值税进项税额 = 50(万元)$$

$$应纳增值税 = 57.2 - 50 = 7.2(万元)$$

$$税金及附加 = 7.2 \times (7\% + 3\%) = 0.72(万元)$$

$$增值税税负率 = 7.2 \div 440 = 1.64\%$$

$$营业利润额 = 440 - 400 - 0.72 = 39.28(万元)$$

纳税方案效果比较:

方案二比方案一少缴增值税:8.5－7.6＝0.9(万元),少纳销售税金及附加:0.85－0.76＝0.09(万元)

方案三比方案二少缴增值税:7.6－7.2＝0.4(万元),少纳销售税金及附加:0.76－0.72＝0.04(万元)

4. 兼营免税或非应税项目进项税额核算的税收筹划

1) 是否准确划分简易计税方法计税项目、免征增值税项目

增值税一般纳税人兼营简易计税方法计税项目、免征增值税项目,应当正确划分其不得抵扣的进项税额。应税项目与简易计税方法计税项目、免征增值税项目的进项税额可以划分清楚的,用于生产应税项目产品的进项税额可按规定进行抵扣;用于生产简易计税方法计税项目、免征增值税项目产品的进项税额不得抵扣。

对不能准确划分进项税额的,按下列公式计算不得抵扣的进项税额:

$$不得抵扣的进项税额 = 当期无法划分的全部进项税额 \times \left(当期简易计税方法计税项目销售额 + 免征增值税项目销售额 \right) \div 当期全部销售额$$

纳税人可将按照上述公式计算出的不得抵扣的进项税额与实际的简易计税方法计税项目、免征增值税项目不得抵扣的进项税额进行对比。如果前者大于后者,则应准确划分两类不同的进项税额,并按规定转出进项税额;如果前者小于后者,则无须准确划分,而是按公式计算结果确定不得抵扣的进项税额。

【例3-8】 某商贸公司(为增值税一般纳税人)销售应税货物,又兼营免税项目。本月购进原材料取得增值税专用发票上注明的价款为100万元,增值税税款为13万元。当月将该批材料的80%用于销售,取得不含税收入95万元,另外20%用于免征增值税项目,取得收入45万元。不得抵扣的进项税额计算如下。

(1) 不能准确划分不得抵扣进项税额(免征增值税项目取得收入45万元):

$$不得抵扣的进项税额 = 13 \times 45 \div (95 + 45) = 4.18(万元)$$

(2) 若能准确划分各自的进项税额:

$$不得抵扣的进项税额 = 13 \times 20\% = 2.6(万元)$$

由此可见,若正确划分进项税额可以节省增值税:

$$4.18 - 2.6 = 1.58(万元)$$

若当月是60%用于销售,40%用于免征增值税项目,其销售收入不变,则情况正好相反。

准确划分不得抵扣的进项税额应为:13×40%＝5.2(万元),与不能准确划分进项税额相比,反而增加税负:

$$5.2 - 4.18 = 1.02(万元)$$

2）兼营简易计税方法计税项目、免征增值税项目进项税额核算方式的筹划

根据《增值税暂行条例》及其实施细则和营改增税收政策的相关规定，一般纳税人对用于简易计税方法计税项目、免征增值税项目的进项税额可以在其用于该类用途时，从原购进时已做抵扣的进项税额中通过"应交税费——应交增值税（进项税额转出）"科目转出，即转入相关资产或产品成本。在实践中，有不少企业为避免进项税额核算出现差错，便通过设立"工程物资""其他材料"等科目单独计算用于简易计税方法计税项目、免征增值税项目的进项税额，将其直接计入材料成本。

在一般情况下，材料从购进到生产领用都存在一个时间差，对用于简易计税方法计税项目、免征增值税项目进项税额的不同核算方法决定了企业能否充分利用这个时间差。如果单独设立相关科目直接计算该类进项税额，直接计入材料成本，说明在原材料购入时未作进项抵扣，该期缴了增值税；反之，如果在材料购进时并不作区分，与应税项目的进项税额一并作抵扣，直到领用原材料用于简易计税方法计税项目、免征增值税项目时再作进项转出，则会产生递延缴纳增值税的效果。

【例 3-9】 一大型港口企业设有医院、食堂、宾馆、浴池、学校、工会、物业管理等常设非独立核算的单位和部门，另外还有一些在建工程项目和日常维修项目。这些单位、部门及项目耗用的外购材料金额较大，为了保证正常的生产、经营，必须不间断地购进材料以补充被领用的部分，保持一个相对平衡的余额。

筹划分析：

假设企业购买这部分材料的平均金额为 1 160 万元，如果单独设立"其他材料"科目记账，将取得的进项税额直接计入材料成本，就不存在进项税额转出的问题，从而简化了财务核算。但是，如果所有材料都不单独记账，而是准备用于增值税应税项目，在取得进项税专用发票时就可以申报从销项税额中抵扣，在领用时再做进项税额转出，这样做虽然核算较为复杂，但企业在生产、经营中却能有一部分税款向后递延。假如上述单位、部门及项目耗用的材料不间断地被购进、领用，形成一个滚动链，购进材料始终保持 1 160 万元的余额，这样就可以申报抵扣进项税额 160 万元，少缴增值税 160 万元、城市维护建设税 11.2 万元、教育费附加 4.8 万元。显然，当这部分资金作为税款缴纳时，企业如需流动资金，就需向金融机构贷款。假设以贷款年利率 9% 计算，需增加财务费用 15.84 万元 [(160+11.2+4.8)×9%]。由此可见，对简易计税方法计税项目、免征增值税项目进项税额采用不同的核算方式就会产生递延税款缴纳的效应，可使企业获得递延缴纳税款的资金的货币时间价值。

3.3 | 增值税税率的税收筹划

3.3.1 税率的法律界定

《财政部 税务总局 海关总署关于深化增值税改革有关政策的公告》（财政部 税务总局 海关总署公告 2019 年第 39 号）规定，自 2019 年 4 月 1 日起，纳税人发生增值税应税销售行为或者进口货物，原适用 16% 和 10% 税率的，税率分别调整为 13%、9%。纳税人购进农产品，原适用 10% 扣除率的，扣除率调整为 9%。纳税人购进用于生产销售或委托加工 13% 税率货物的农产品，按照 10% 的扣除率计算进项税额。增值税税率表如表 3-5 所示。

表 3-5 　　　　　　　　　　　　　　增值税税率表

税率/征收率	适用范围
13%	纳税人销售货物、劳务、有形动产租赁服务或者进口货物,除另有规定外
9%	纳税人提供交通运输、邮政、基础电信、建筑、不动产租赁服务,销售不动产,转让土地使用权,销售或者进口如下产品: 1. 粮食等农产品、食用植物油、食用盐; 2. 自来水、暖气、冷气、热水、煤气、石油液化气、天然气、二甲醚、沼气、居民用煤炭制品; 3. 图书、报纸、杂志、音像制品、电子出版物; 4. 饲料、化肥、农药、农机、农膜; 5. 国务院规定的其他货物
6%	纳税人销售服务(有形动产租赁服务除外)、无形资产(土地使用权除外)
0	境内单位和个人跨境销售国务院规定范围内的服务、无形资产
3%	小规模纳税人;一般纳税人发生按规定适用或者选择适用简易计税方法的特定应税行为(适用 5% 征收率除外);小规模纳税人(不含其他个人)以及符合规定情形的一般纳税人销售自己使用过的固定资产,可依 3% 征收率减按 2% 征收增值税
5%	销售不动产;符合条件的不动产(土地使用权)经营租赁;转让"营改增"前取得的土地使用权;房地产开发企业销售、出租自行开发的房地产老项目;符合条件的不动产融资租赁;选择差额纳税的劳务派遣、安全保护服务;一般纳税人提供人力资源外包服务。个人出租住房,按照 5% 的征收率减按 1.5% 计算应纳税额

税务直通车 3-3

....

财政部　税务总局　海关总署
关于深化增值税改革有关政策的公告
财政部　税务总局　海关总署公告 2019 年第 39 号

为全面落实《优化营商环境条例》,深化税收领域"放管服"改革,加大推广使用电子发票的力度,国家税务总局决定在前期宁波、石家庄和杭州等 3 个地区试点的基础上,在全国新设立登记的纳税人(以下简称"新办纳税人")中实行增值税专用发票电子化(以下简称"专票电子化")。现将有关事项公告如下:

为贯彻落实党中央、国务院决策部署,推进增值税实质性减税,现将 2019 年增值税改革有关事项公告如下:

一、增值税一般纳税人(以下称纳税人)发生增值税应税销售行为或者进口货物,原适用 16% 税率的,税率调整为 13%;原适用 10% 税率的,税率调整为 9%。

二、纳税人购进农产品,原适用 10% 扣除率的,扣除率调整为 9%。纳税人购进用于生产或者委托加工 13% 税率货物的农产品,按照 10% 的扣除率计算进项税额。

三、原适用 16% 税率且出口退税率为 16% 的出口货物劳务,出口退税率调整为 13%;原适用 10% 税率且出口退税率为 10% 的出口货物、跨境应税行为,出口退税率调整为 9%。

2019 年 6 月 30 日前(含 2019 年 4 月 1 日前),纳税人出口前款所涉货物劳务、发生前款所涉跨境应税行为,适用增值税免退税办法的,购进时已按调整前税率征收增值税的,执行调整前的出口退税率,购进时已按调整后税率征收增值税的,执行调整后的出口退税率;适用增值税免抵退税办法的,执行调整前的出口退税率,在计算免抵退税时,适用税率低于出口退税率的,适用税率与出口退税率之差视为零参与免抵退税计算。

出口退税率的执行时间及出口货物劳务、发生跨境应税行为的时间,按照以下规定执行:报关出口的货物劳务(保税区及经保税区出口除外),以海关出口报关单上注明的出口日期为准;非报关出口的货物劳务、跨境应税行为,以出口发票或普通发票的开具时间为准;保税区及经保税区出口的货物,以货物离境时海关出具的出境货物备案清单上注明的出口日期为准。

四、适用 13%税率的境外旅客购物离境退税物品,退税率为 11%;适用 9%税率的境外旅客购物离境退税物品,退税率为 8%。

2019 年 6 月 30 日前,按调整前税率征收增值税的,执行调整前的退税率;按调整后税率征收增值税的,执行调整后的退税率。

退税率的执行时间,以退税物品增值税普通发票的开具日期为准。

五、自 2019 年 4 月 1 日起,《营业税改征增值税试点有关事项的规定》(财税〔2016〕36 号印发)第一条第(四)项第 1 点、第二条第(一)项第 1 点停止执行,纳税人取得不动产或者不动产在建工程的进项税额不再分 2 年抵扣。此前按照上述规定尚未抵扣完毕的待抵扣进项税额,可自 2019 年 4 月税款所属期起从销项税额中抵扣。

六、纳税人购进国内旅客运输服务,其进项税额允许从销项税额中抵扣。

(一)纳税人未取得增值税专用发票的,暂按照以下规定确定进项税额:

1. 取得增值税电子普通发票的,为发票上注明的税额;

2. 取得注明旅客身份信息的航空运输电子客票行程单的,为按照下列公式计算进项税额:

$$航空旅客运输进项税额=(票价+燃油附加费)÷(1+9\%)×9\%$$

3. 取得注明旅客身份信息的铁路车票的,为按照下列公式计算的进项税额:

$$铁路旅客运输进项税额=票面金额÷(1+9\%)×9\%$$

4. 取得注明旅客身份信息的公路、水路等其他客票的,按照下列公式计算进项税额:

$$公路、水路等其他旅客运输进项税额=票面金额÷(1+3\%)×3\%$$

(二)《营业税改征增值税试点实施办法》(财税〔2016〕36 号印发)第二十七条第(六)项和《营业税改征增值税试点有关事项的规定》(财税〔2016〕36 号印发)第二条第(一)项第 5 点中"购进的旅客运输服务、贷款服务、餐饮服务、居民日常服务和娱乐服务"修改为"购进的贷款服务、餐饮服务、居民日常服务和娱乐服务"。

七、自 2019 年 4 月 1 日至 2021 年 12 月 31 日,允许生产、生活性服务业纳税人按照当期可抵扣进项税额加计 10%,抵减应纳税额(以下称加计抵减政策)。

(一)本公告所称生产、生活性服务业纳税人,是指提供邮政服务、电信服务、现代服务、生活服务(以下称四项服务)取得的销售额占全部销售额的比重超过 50%的纳税人。四项服务的具体范围按照《销售服务、无形资产、不动产注释》(财税〔2016〕36 号印发)执行。

2019 年 3 月 31 日前设立的纳税人,自 2018 年 4 月至 2019 年 3 月期间的销售额(经营期不满 12 个月的,按照实际经营期的销售额)符合上述规定条件的,自 2019 年 4 月 1 日起适用加计抵减政策。

2019 年 4 月 1 日后设立的纳税人,自设立之日起 3 个月的销售额符合上述规定条件的,自登记为一般纳税人之日起适用加计抵减政策。

纳税人确定适用加计抵减政策后,当年内不再调整,以后年度是否适用,根据上年度销售额计算确定。

纳税人可计提但未计提的加计抵减额,可在确定适用加计抵减政策当期一并计提。

(二)纳税人应按照当期可抵扣进项税额的 10%计提当期加计抵减额。按照现行规定不得从销项税额中抵扣的进项税额,不得计提加计抵减额;已计提加计抵减额的进项税额,按规定作进项税额转出的,应在进项税额转出当期,相应调减加计抵减额。计算公式如下:

$$当期计提加计抵减额=当期可抵扣进项税额×10\%$$

$$当期可抵减加计抵减额=上期末加计抵减额余额+当期计提加计抵减额-当期调减加计抵减额$$

(三)纳税人应按照现行规定计算一般计税方法下的应纳税额(以下称抵减前的应纳税额)后,区分以下情形加计抵减：

1. 抵减前的应纳税额等于零的，当期可抵减加计抵减额全部结转下期抵减；

2. 抵减前的应纳税额大于零，且大于当期可抵减加计抵减额的，当期可抵减加计抵减额全额从抵减前的应纳税额中抵减；

3. 抵减前的应纳税额大于零，且小于或等于当期可抵减加计抵减额的，以当期可抵减加计抵减额抵减应纳税额至零。未抵减完的当期可抵减加计抵减额，结转下期继续抵减。

（四）纳税人出口货物劳务、发生跨境应税行为不适用加计抵减政策，其对应的进项税额不得计提加计抵减额。

纳税人兼营出口货物劳务、发生跨境应税行为且无法划分不得计提加计抵减额的进项税额，按照以下公式计算：

$$\text{不得计提加计抵减额的进项税额} = \text{当期无法划分的全部进项税额} \times \text{当期出口货物劳务和发生跨境应税行为的销售额} \div \text{当期全部销售额}$$

（五）纳税人应单独核算加计抵减额的计提、抵减、调减、结余等变动情况。骗取适用加计抵减政策或虚增加计抵减额的，按照《中华人民共和国税收征收管理法》等有关规定处理。

（六）加计抵减政策执行到期后，纳税人不再计提加计抵减额，结余的加计抵减额停止抵减。

八、自 2019 年 4 月 1 日起，试行增值税期末留抵税额退税制度。

（一）同时符合以下条件的纳税人，可以向主管税务机关申请退还增量留抵税额：

1. 自 2019 年 4 月税款所属期起，连续六个月（按季纳税的，连续两个季度）增量留抵税额均大于零，且第六个月增量留抵税额不低于 50 万元；

2. 纳税信用等级为 A 级或者 B 级；

3. 申请退税前 36 个月未发生骗取留抵退税、出口退税或虚开增值税专用发票情形的；

4. 申请退税前 36 个月未因偷税被税务机关处罚两次及以上的；

5. 自 2019 年 4 月 1 日起未享受即征即退、先征后返（退）政策的。

（二）本公告所称增量留抵税额，是指与 2019 年 3 月底相比新增加的期末留抵税额。

（三）纳税人当期允许退还的增量留抵税额，按照以下公式计算：

$$\text{允许退还的增量留抵税额} = \text{增量留抵税额} \times \text{进项构成比例} \times 60\%$$

进项构成比例，为 2019 年 4 月至申请退税前一税款所属期内已抵扣的增值税专用发票（含税控机动车销售统一发票）、海关进口增值税专用缴款书、解缴税款完税凭证注明的增值税额占同期全部已抵扣进项税额的比重。

（四）纳税人应在增值税纳税申报期内，向主管税务机关申请退还留抵税额。

（五）纳税人出口货物劳务、发生跨境应税行为，适用免抵退税办法的，办理免抵退税后，仍符合本公告规定条件的，可以申请退还留抵税额；适用免退税办法的，相关进项税额不得用于退还留抵税额。

（六）纳税人取得退还的留抵税额后，应相应调减当期留抵税额。按照本条规定再次满足退税条件的，可以继续向主管税务机关申请退还留抵税额，但本条第（一）项第 1 点规定的连续期间，不得重复计算。

（七）以虚增进项、虚假申报或其他欺骗手段，骗取留抵退税款的，由税务机关追缴其骗取的退税款，并按照《中华人民共和国税收征收管理法》等有关规定处理。

（八）退还的增量留抵税额中央、地方分担机制另行通知。

九、本公告自 2019 年 4 月 1 日起执行。

特此公告。

财政部 税务总局 海关总署

2019 年 3 月 20 日

3.3.2 税率的税收筹划

全面营业税改增值税之后,纳税人的经营活动一般都涉及应纳增值税行为,但不同行为所对应的增值税税率可能会有所不同,如兼营和混合销售行为。在这种情况下,就要考虑增值税税率的筹划问题。

1. 兼营

兼营是指纳税人经营的业务中,有两项或多项销售行为,但是这两项或多项销售行为没有直接的关联和从属关系,业务的发生互相独立。根据《增值税暂行条例》和营改增政策法规,纳税人销售货物、加工修理修配劳务、服务、无形资产或者不动产适用不同税率或者征收率的,应当分别核算适用不同税率或者征收率的销售额,如纳税人既有销售货物业务,又有不动产出租的业务,还有销售金融服务的业务。兼营行为适用不同税率或征收率的应分别核算。未分别核算销售额的,按照以下方法确定适用税率或者征收率。

(1)兼有不同税率的销售货物、加工修理修配劳务、服务、无形资产或者不动产,从高适用税率。

(2)兼有不同征收率的销售货物、加工修理修配劳务、服务、无形资产或者不动产,从高适用征收率。

(3)兼有不同税率和征收率的销售货物、加工修理修配劳务、服务、无形资产或者不动产,从高适用税率。

为了避免从高适用税率或征收率而加重税收负担的情况,兼有不同税率或征收率的货物、应税劳务或应税服务的企业,一定要将各自的销售额分别核算。如果不能分别核算,从高税率计税。

【例 3-10】 天津某钢材厂,为增值税一般纳税人,该企业除了销售钢材以外,还经营农机。1 月份销售钢材 90 万元,同时又取得经营农机收入 10 万元。根据相关规定,销售钢材适用的税率为 13%,销售农机适用的税率为 9%,假设上述收入均含税,企业该如何减轻税负?

筹划分析:

应纳税款计算如下。

(1)如果该公司未对两类收入分别核算:

$$应纳销项税额＝(90＋10)÷(1＋13\%)×13\%＝11.50(万元)$$

(2)如果该公司分别核算两类收入:

$$应纳销项税额＝90÷(1＋13\%)×13\%＋10÷(1＋9\%)×9\%＝11.18(万元)$$

可见,分别核算可以为企业减轻 0.32 万元税收负担。

趣味阅读 3-1

"营改增"后餐饮业的堂食与外卖税率大不同

2016 年 12 月 21 日,财政部发布《关于明确金融、房地产开发教育辅助服务等增值税政策的通知》(财税〔2016〕140 号),其中第九条明确规定,提供餐饮服务的纳税人销售的外卖食品,按照"餐饮服务"缴纳增值税。因此,销售非现场消费的食物,也属于餐饮服务,应该按 6% 缴纳增值税。

现在随着各种外卖 App 的兴起，外卖业务迅速发展，很多餐饮企业既有堂食也有外卖业务，如果设立专门的外卖窗口，则通过外卖窗口销售的食品适用 13％的税率，那么店内消费食品和外卖食品能够区分开来。但是，大多数餐饮企业没有外卖柜台或窗口，消费者是通过网络或者电话订购，甚至是上门购买再打包带走，这样是不是属于销售货物呢？

有些餐饮公司专门做外卖业务，没有店面供消费者在店内消费，这些企业就是适用 13％的税率。但是多数餐饮企业本身就是为了提供堂食，并不是为了制作外卖，只是由于顾客选择了将食物外带，食物才从形式上变成了外卖，如果说通过订餐平台或者电话订购外卖还能享受送餐服务，那么如果顾客上门购买后打包带走，餐饮企业为顾客提供的服务与堂食有什么区别呢？财税〔2016〕36 号文件附件中有针对"兼营"项目的规定，即纳税人若兼营不同税率的货物、服务的，应分别核算，否则从高适用税率。实际操作中，区分堂食与外卖还真是不容易。因此，餐饮企业需要进一步加强内部制度建设，对企业实际经营项目明确核算方式，避免带来税收风险。

（资料来源：http://www.chinaacc.com/shuishou/ssch/zh1611302833.shtml。）

2. 混合销售

混合销售是一项销售行为，虽然混合销售既涉及货物又涉及服务，但两者之间有直接关联或互为从属关系。如商场销售空调的同时提供送货上门、安装服务。税法规定，混合销售行为按照主营业务缴纳增值税。从事货物的生产、批发或者零售的单位和个体工商户的混合销售行为，按照销售货物缴纳增值税；其他单位和个体工商户的混合销售行为，按照销售服务缴纳增值税。上述从事货物的生产、批发或者零售的单位和个体工商户，包括以从事货物的生产、批发或者零售为主（指纳税人每年的货物销售额与服务销售额合计数中，货物的销售额超过 50％），兼营销售服务的单位和个体工商户在内。

【例 3-11】　乙公司为空调销售企业，为增值税一般纳税人，销售空调同时提供安装服务，公司每月平均销售空调 200 台，安装费每台含税价为 100 元，包含在空调价款中。财务部建议独立注册公司从事安装现业务，另行收取安装费。为此，总经理咨询会计师事务所该方案是否可行。

筹划分析：

（1）单独成立安装公司：

安装公司年销售额：$200 \times 100 \times 12 = 240\ 000$（元）

未达到一般纳税人认定标准，可以按照小规模纳税人缴纳增值税。

每年估计缴纳增值税：$240\ 000 \div (1 + 3\%) \times 3\% = 6\ 990$（元）

（2）现有经营模式：

空调安装几乎无法取得增值税进项税额。

$$每年估计缴纳增值税 = 240\ 000 \div (1 + 13\%) \times 13\% = 27\ 611（元）$$

如果独立注册空调安装公司，能为公司节省税款 20 621（27 611－6 990）元，方案可行。

对混合销售的税收筹划的思路。

第一个思路：应税服务混合销售，统一核算，降低货物销售的税率。

第二个思路：应税货物和服务混合销售，尽可能将应税服务业务单独成立公司，单独核算。避免应税服务按照销售货物缴税。

但应注意，税收筹划不能割裂经济活动。国家税务总局发文明确的视同销售行为不应该分开核算，否则可能被认定为偷税或者是避税，即使没有明确过的混合销售行为，也应该按照通常交易规则进行核实。税收筹划的目的是实现企业利润最大化,筹划不能影响企业的正常经营、销售,将一项正常业务人为割裂为两个业务,势必会对生产经营造成影响。税务机关对新办企业核定税种时,主要根据判断"主营业务"营业执照(三证合一/五证合一)登记的内容。在企业经营期间,税务机关会参照会计账簿判断主营业务。利用应税服务混合销售进行税收筹划,要关注货物销售额是否超过总销售额 50%,如果超过 50%,税务机关有权认定企业为货物销售的混合销售,其税负可能骤增。

3.4 | 增值税减免税的税收筹划

3.4.1 税收优惠的有关规定

1.《增值税暂行条例》规定的免征项目

《中华人民共和国增值税暂行条例》规定的免税项目如下。

(1) 农业生产者销售的自产农产品,是指直接从事种植业、养殖业、林业、牧业、水产业的单位和个人销售的自产的农业产品。

(2) 避孕药品和用具。

(3) 古旧图书,是指向社会收购的古书和旧书。

(4) 直接用于科学研究、科学试验和教学的进口仪器。

(5) 外国政府、国际组织无偿援助的进口物资和设备。

(6) 由残疾人的组织直接进口供残疾人专用的物品。

(7) 销售的自己使用过的物品,是指其他个人销售的自己使用过的物品。

2. 根据"营改增"规定的优惠政策,下列项目免征增值税

(1) 托儿所、幼儿园提供的保育和教育服务。

(2) 养老机构提供的养老服务。

(3) 残疾人福利机构提供的育养服务。

(4) 婚姻介绍服务。

(5) 殡葬服务。

(6) 残疾人员本人为社会提供的服务。

(7) 医疗机构提供的医疗服务。

(8) 从事学历教育的学校提供的教育服务。

(9) 学生勤工俭学提供的服务。

(10) 农业机耕、排灌、病虫害防治、植物保护、农牧保险以及相关技术培训业务,家禽、牲畜、水生动物的配种和疾病防治。

(11) 纪念馆、博物馆、文化馆、文物保护单位管理机构、美术馆、展览馆、书画院、图书馆在自己的场所提供文化体育服务取得的第一道门票收入。

(12) 寺院、宫观、清真寺和教堂举办文化、宗教活动的门票收入。

(13) 行政单位之外的其他单位收取的符合条件的政府性基金和行政事业性收费。

(14) 个人转让著作权。

(15) 个人销售自建自用住房。

（16）2018年12月31日前,公共租赁住房经营管理单位出租公共租赁住房。

（17）台湾航运公司、航空公司从事海峡两岸海上直航、空中直航业务在大陆取得的运输收入。

（18）纳税人提供的直接或者间接国际货物运输代理服务。

（19）以下利息收入:①2016年12月31日前,金融机构农户小额贷款;②国家助学贷款;③国债、地方政府债;④人民银行对金融机构的贷款;⑤住房公积金管理中心用住房公积金在指定的委托银行发放的个人住房贷款;⑥外汇管理部门在从事国家外汇储备经营过程中,委托金融机构发放的外汇贷款;⑦统借统还业务中,企业集团或企业集团中的核心企业以及集团所属财务公司按不高于支付给金融机构的借款利率水平或者支付的债券票面利率水平,向企业集团或者集团内下属单位收取的利息。

（20）被撤销金融机构以货物、不动产、无形资产、有价证券、票据等财产清偿债务。

（21）保险公司开办的1年期以上人身保险产品取得的保费收入。

（22）下列金融商品转让收入:①合格境外投资者(QFII)委托境内公司在我国从事证券买卖业务;②香港市场投资者(包括单位和个人)通过沪港通买卖上海证券交易所上市A股;③香港市场投资者(包括单位和个人)通过基金互认买卖内地基金份额;④证券投资基金(封闭式证券投资基金、开放式证券投资基金)管理人运用基金买卖股票、债券;⑤个人从事金融商品转让业务。

（23）金融同业往来利息收入。

（24）符合条件的担保机构从事中小企业信用担保或者再担保业务取得的收入(不含信用评级、咨询、培训等收入)3年内免征增值税。

（25）国家商品储备管理单位及其直属企业承担商品储备任务,从中央或者地方财政取得的利息补贴收入和价差补贴收入。

（26）纳税人提供技术转让、技术开发和与之相关的技术咨询、技术服务。

（27）符合条件的合同能源管理服务。

（28）2017年12月31日前,科普单位的门票收入,以及县级及以上党政部门和科协开展科普活动的门票收入。

（29）政府举办的从事学历教育的高等、中等和初等学校(不含下属单位),举办进修班、培训班取得的全部归该学校所有的收入。

（30）政府举办的职业学校设立的主要为在校学生提供实习场所、并由学校出资自办、由学校负责经营管理、经营收入归学校所有的企业,从事符合条件的业务活动取得的收入。

（31）家政服务企业由员工制家政服务员提供家政服务取得的收入。

（32）福利彩票、体育彩票的发行收入。

（33）军队空余房产租赁收入。

（34）为了配合国家住房制度改革,企业、行政事业单位按房改成本价、标准价出售住房取得的收入。

（35）将土地使用权转让给农业生产者用于农业生产。

（36）涉及家庭财产分割的个人无偿转让不动产、土地使用权。

（37）土地所有者出让土地使用权和土地使用者将土地使用权归还给土地所有者。

（38）县级以上地方人民政府或自然资源行政主管部门出让、转让或收回自然资源使用权(不含土地使用权)。

(39) 随军家属就业。

(40) 军队转业干部就业。

3. 增值税的即征即退

(1) 软件产品的税务处理:①增值税一般纳税人销售其自行开发生产的软件产品,按 16% 的税率征收增值税后,对实际税负超过 3% 的部分实行即征即退。②增值税一般纳税人将进口软件产品进行本地化改造后对外销售,享受增值税即征即退政策;本地化改造是指对进口软件产品进行重新设计、改进、转换等,单纯对进口软件产品进行汉字化处理不包括在内。

(2) 一般纳税人提供管道运输服务,对其增值税实际税负超过 3% 的部分实行增值税即征即退政策。

(3) 经人民银行、银监会或者商务部批准从事融资租赁业务的试点纳税人中的一般纳税人,提供有形动产融资租赁服务和有形动产融资性售后回租服务,对其增值税实际税负超过 3% 的部分实行增值税即征即退政策。

(4) 安置残疾人的单位和个体工商户,享受安置残疾人增值税即征即退优惠政策:

$$纳税人本期应退增值税额 = 本期所含月份每月应退增值税税额之和$$
$$月应退增值税额 = 纳税人本月安置残疾人员人数 \times 本月月最低工资标准的 4 倍$$

【例 3-12】 作为增值税一般纳税人的某动漫企业 2021 年 12 月销售自行开发生产的软件产品取得不含税销售收入 100 000 元,已开具增值税专用发票;本月购进材料取得增值税专用发票注明的增值税为 2 000 元;支付不含税运费 1 000 元,取得货运增值税专用发票。该企业上述业务最后实际负担的增值税为多少元?

$$应纳税额 = 100\,000 \times 13\% - 2\,000 - 1\,000 \times 10\% = 10\,900(元)$$
$$实际税负 = 10\,900 \div 100\,000 \times 100\% = 10.9\%$$
$$实际税负超过 3\% 的部分实行即征即退$$
$$实际应负担税额 = 100\,000 \times 3\% = 3\,000(元)$$

即:只在 3% 范围内征税,也就是只征 3%,超过 3% 的部分即征即退。

$$即征即退税额 = 10\,900 - 3\,000 = 7\,900(元)$$

4. 增值税的起征点规定(限于个人)

个人发生应税行为的销售额未达到增值税起征点的,免征增值税;达到起征点的,全额计算缴纳增值税。增值税起征点的适用范围限于个人,不适用于登记为一般纳税人的个体工商户。增值税起征点的幅度规定如下。

(1) 销售货物的,为月销售额 5 000～20 000 元(含本数)。

(2) 销售应税劳务的,为月销售额 5 000～20 000 元(含本数)。

(3) 按次纳税的,为每次(日)销售额 300～500 元(含本数)。

(4) 应税服务的起征点:

按期纳税的,为月应税销售额 5 000～20 000 元(含本数)。

按次纳税的,为每次(日)销售额 300～500 元(含本数)。

3.4.2 减免税的税收筹划

1. 增值税免税的税负效应

为了用税收政策促进经济发展,在增值税法规和各种补充规定中有一些减免税优惠政策。由于增值税免税规定的存在,纳税人可以利用法定的免税规定,达到节税的目的。

免税是指国家对某种特定货物或劳务的全部或某一阶段的生产和流通过程不予课税。增值税是一种间接税,它采用价外税的形式,以商品或应税劳务的流转额为计税依据,是运用税款抵扣原则计算征收的一种流转税。它的税负将随着货物、应税劳务的流转而转移,最终由接受货物、劳务的人来承担。在流转过程中,增值税具有内在的自我保护功能,形成了一个完整的链条,纳税人除负有纳税义务,还享有抵扣税款的权利。免税会对增值税链条带来冲击,有的免税方式会造成链条的中断,在免除了纳税人纳税义务的同时也免除了纳税人抵扣税款的权利,不仅没有给予纳税人优惠,反而会加重纳税人的税收负担。但有的免税方式会把中断链条连接起来,真正实现免税目的。增值税的免税方式主要有两种,一种是无抵扣权的免税,这是一般意义的免税;另一种是有抵扣权的免税或称出口退税,这是特殊意义的免税。一般来说,免税意味着国家放弃一笔财政收入而给予纳税人的优惠。但因增值税环环相扣的特点,免税可能会造成链条的中断,反而会加重纳税人的税收负担。增值税应税货物从生产到流通要经过多个环节,对不同环节的免税后果是不同的。

中断式免税不一定会为其接受者带来利益,同样的增值额被不知不觉地重复征税的可能性很大,并且免税项目越多,人们就越想为自己免税,这样税基就会遭到严重侵蚀。现行增值税已将中断式免税的项目减少到最低限度,其中涉及从生产到流通环节的主要有避孕药品和用具。农业环节的免税政策将农业环节排除在增值税征税范围之外。此外,除了古旧图书和指定范围的进口物品实行部分环节免税,不搞工业和商业的中断式免税。

知识拓展3-2

小微企业免征增值税优惠政策

增值税小规模纳税人应分别核算销售货物或者加工、修理修配劳务的销售额和销售服务、无形资产的销售额。增值税小规模纳税人销售货物或者加工、修理修配劳务月销售额不超过15万元(按季纳税45万元),销售服务、无形资产月销售额不超过15万元(按季纳税45万元)的,自2021年4月1日至2022年12月31日,可分别享受小微企业暂免征收增值税优惠政策。

微课视频:知识拓展3-2

2. 利用增值税的免税规定节税

根据增值税减免税的有关规定,纳税人可以利用法定的免税规定以及组织机构的适当分立达到节税的目的。免税是指国家免征企业"应交税金"。企业要照常计算可抵扣税金、销项税金,进而算出应交税金,该"应交税金"即为免税税额。

【例3-13】 南方某市茶叶生产公司主要生产流程如下:通过种植茶树生产茶叶,将生产出来的初制茶叶经过风选、拣剔、碎块、干燥和匀堆等工序进一步加工精制而成精制茶,再将精制茶销售给各大商业公司,或直接通过销售网络转销给本市及其他地区的居民。按照现行增值税法的相关规定,精制茶适用的增值税税率为13%。该公司进项税额主要有两部分:一是购进农业生产资料的进项税额;二是公司水费、电费和修理用配件等按规定可以进行抵扣的进项税额。与销项税额相比,这两部分进项税额的比例很小。经过一段时间的运

营,公司的增值税税负高达12.8%。该公司应如何进行筹划以减轻税收负担?（暂不考虑地方教育费附加）

筹划分析:

从公司的客观情况来看,税负高的原因在于公司可抵扣的进项税额比例太低。因此,公司进行税收筹划的关键在于增加进项税额的抵扣。围绕进项税额,公司可以采取以下筹划方案。

公司将整个生产流程分成"茶叶种植园种植茶树生产初制茶叶"和"精制茶加工厂对初制茶叶进行精加工后再销售"两部分。茶叶种植园和精制茶加工厂均实行独立核算分开后,茶叶种植园属于农产品生产单位,其生产销售初制茶叶按规定可以免交增值税,精制茶加工厂从茶叶种植园购入的初制茶叶可以抵扣9%的进项税额。

筹划方案实施前,假定每年公司购进农业生产资料允许抵扣的进项税额为13万元,其他水费、电费、修理用配件等可以抵扣的进项税额为8万元,全年精制茶不含税销售收入为500万元。

则:　　　　应纳增值税税额 = 销项税额－进项税额 = $500 \times 13\% - (13 + 8) = 44$(万元)

　　　　　　税负率 = $44 \div 500 \times 100\% = 8.8\%$

方案实施后,独立出来的茶叶种植园销售自产的初制茶叶免交增值税,假定茶叶种植园销售给精制茶加工厂的初制茶叶售价为350万元,其他资料不变。

　　　　　　应纳增值税 = 销项税额－进项税额 = $500 \times 13\% - (350 \times 9\% + 8) = 25.5$(万元)

　　　　　　税负率 = $25.5 \div 500 \times 100\% = 5.1\%$

可见,筹划方案的实施取得了良好的收益,方案实施后比实施前节省增值税税额18.5($44-25.5$)万元,节省城市维护建设税和教育费附加合计1.85[$18.5 \times (7\% + 3\%)$]万元,税收负担下降了3.7%($8.8\% - 5.1\%$)。需要注意的是,由于茶叶种植园与精制茶加工厂存在关联关系,农产品生产单位即茶叶种植园必须按照独立企业之间的正常售价销售给精制茶加工厂,而不能一味地为增加精制茶加工厂的进项税额擅自抬高售价,否则税务机关将依法调整精制茶加工厂的原材料购进价和进项税额。

3.5 | 增值税出口退税的税收筹划

3.5.1　出口退税的有关规定

1. 增值税出口退（免）税政策

出口退（免）税是世界各国普遍做法,目的在于鼓励各国出口货物公平竞争。我国的出口退（免）税是指在国际贸易业务中,对我国报关出口的货物退还或免征其在国内各生产环节和流转环节按税法规定缴纳的增值税和消费税,即对增值税出口货物、劳务实行零税率,对消费税出口货物免税。

我国增值税出口退（免）税的基本政策有以下三种。

1）适用增值税退（免）政策的出口货物、劳务——出口免税并退税

出口免税是指对货物、劳务在出口销售环节不征增值税、消费税,即把货物、劳务出口环节与出口前的销售环节视为同一个环节征税;出口退税是指对货物、劳务在出口前由纳税人实际承担的税收,按规定的退税率计算后予以退还。

对下列出口货物、劳务,实行免征和退还增值税政策:

（1）出口企业出口货物。出口企业,是指依法办理工商登记、税务登记、对外贸易经营

者备案登记,自营或委托出口货物的单位或个体工商户,以及依法办理工商登记、税务登记但未办理对外贸易经营者备案登记,委托出口货物的生产企业。

出口货物是指向海关报关后实际离境并销售给境外单位或个人的货物,分为自营出口货物和委托出口货物两类。

生产企业是指具有生产能力(包括加工修理修配能力)的单位或个体工商户。

(2) 出口企业或其他单位视同出口货物。具体是指:出口企业对外援助、对外承包、境外投资的出口货物;出口企业经海关报关进入国家批准的特殊区域并销售给特殊区域内单位或境外单位、个人的货物;免税品经营企业销售的货物(国家规定不允许经营和限制出口的货物、卷烟和超出免税品经营企业规定经营范围的货物除外);出口企业或其他单位销售给用于国际金融组织或外国政府贷款国际招标建设项目的中标机电产品;生产企业向海上石油天然气开采企业销售的自产的海洋工程结构物;出口企业或其他单位销售给国际运输企业用于国际运输工具上的货物;出口企业或其他单位销售给特殊区域内生产企业生产耗用且不向海关报关而输入特殊区域的水(包括蒸汽)、电力、燃气(简称输入特殊区域的水电气)。

(3) 出口企业对外提供加工修理修配劳务。这是指对进境复出口货物或从事国际运输的运输工具进行的加工修理修配。

(4)《关于全面推开营业税改征增值税试点的通知》(财税〔2016〕36 号文)附件四规定的适用零税率的服务及无形资产,共 4 类 15 种。

2) 适用增值税免税政策的出口货物、劳务——出口免税不退税

出口不退税是指适用出口免税政策的出口货物劳务因在前一道生产、销售环节或进口环节是免税的,因此,出口时该货物劳务的价格中本身就不含税,也无须退税。

适用增值税免税政策的出口货物、劳务,是指以下几种。

(1) 出口企业或其他单位出口规定的货物,具体为:小规模纳税人出口的货物;避孕药品和用具,古旧图书;软件产品;含黄金、铂金成分的货物,钻石及其饰品;国家计划内出口的卷烟;已使用过的设备;非出口企业委托出口的货物;非列名生产企业出口的非视同自产货物;农业生产者自产农产品;油画、花生果仁、黑大豆等财政部和国家税务总局规定的出口免税的货物;外贸企业取得普通发票、废旧物资收购凭证、农产品收购发票、政府非税收入票据的货物;来料加工复出口的货物;特殊区域内的企业出口的特殊区域内的货物;以人民币现金作为结算方式的边境地区出口企业从所在省(自治区)的边境口岸出口到接壤国家的一般贸易和边境小额贸易出口货物;以旅游购物贸易方式报关出口的货物。

(2) 出口企业或其他单位视同出口的货物、劳务。具体为:国家批准设立的免税店销售的免税货物[包括进口免税货物和已实现退(免)税的货物];特殊区域内的企业为境外的单位或个人提供加工修理修配劳务;同一特殊区域、不同特殊区域内的企业之间销售特殊区域内的货物。

(3) 出口企业或其他单位未按规定申报或未补齐增值税退(免)税凭证的出口货物、劳务。具体指未在国家税务总局规定的期限内申报增值税退(免)税的出口货物、劳务;未在规定期限内申报开具《代理出口货物证明》的出口货物、劳务;已申报增值税退(免)税却未在国家税务总局规定的期限内向税务机关补齐增值税退(免)税凭证的出口

货物、劳务。

(4)《关于全面推开营业税改征增值税试点的通知》(财税〔2016〕36 号文)附件四规定的免征增值税的服务及无形资产——6 类 20 种(财政部和国家税务总局规定适用增值税零税率的除外),具体如下所述。

① 工程项目在境外的建筑服务,工程项目在境外的工程监理服务,工程、矿产资源在境外的工程勘察勘探服务,会议展览地点在境外的会议展览服务,存储地点在境外的仓储服务,标的物在境外使用的有形动产租赁服务,在境外提供的广播影视节目(作品)的播映服务,在境外提供的文化体育服务、教育医疗服务、旅游服务。

② 出口货物提供的邮政服务、收派服务、保险服务。

③ 向境外单位提供的完全在境外消费的服务和无形资产。包括电信服务、知识产权服务、物流辅助服务(仓储服务、收派服务除外)、鉴证咨询服务、专业技术服务、商务辅助服务、广告投放地在境外的广告服务、无形资产。

④ 以无运输工具承运方式提供的国际运输服务。

⑤ 为境外单位之间的货币资金融通及其他金融业务提供的直接收费金融服务,且该服务与境内的货物、无形资产和不动产无关。

⑥ 财政部和国家税务总局规定的其他服务。

3)适用增值税征税政策的出口货物、劳务——出口不免税也不退税

出口不免税是指对某些货物、劳务的出口环节视同内销环节,照常征税。出口不退税是指对某些货物出口不退还出口前其所负担的税款。

下列出口货物、劳务,不适用增值税退(免)税和免税政策,按规定征收增值税。

(1)出口企业出口或视同出口财政部和国家税务总局根据国务院决定明确的取消出口退(免)税的货物(不包括来料加工复出口货物、中标机电产品、列名原材料、输入特殊区域的水电气、海洋工程结构物)。

(2)出口企业或其他单位销售给特殊区域内的生活消费用品和交通运输工具。

(3)出口企业或其他单位因骗取出口退税被税务机关停止办理增值税退(免)税期间出口的货物。

(4)出口企业或其他单位提供虚假备案单证的货物。

(5)出口企业或其他单位增值税退(免)税凭证有伪造或内容不实的货物。

(6)出口企业或其他单位未在国家税务总局规定期限内申报免税核销以及经主管税务机关审核不予免税核销的出口卷烟。

(7)出口企业或其他单位具有以下情形之一的出口货物、劳务:

① 将空白的出口货物报关单、出口收汇核销单等退(免)税凭证交由除签有委托合同的货代公司、报关行,或由境外进口方指定的货代公司(提供合同约定或者其他相关证明)以外的其他单位或个人使用的。

② 以自营名义出口,其出口业务实质上是由本企业及其投资的企业以外的单位或个人借该出口企业名义操作完成的。

③ 以自营名义出口,其出口的同一批货物既签订购货合同,又签订代理出口合同(或协议)的。

④ 出口货物在海关验放后,自己或委托货代承运人对该笔货物的海运提单或其他运输

单据等上的品名、规格等进行修改,造成出口货物报关单与海运提单或其他运输单据有关内容不符的。

⑤ 以自营名义出口,但不承担出口货物的质量、收款或退税风险之一的,即出口货物发生质量问题不承担购买方的索赔责任(合同中有约定质量责任承担者除外);不承担未按期收款导致不能核销的责任(合同中有约定收款责任承担者除外);不承担因申报出口退(免)税的资料、单证等出现问题造成不退税责任的。

⑥ 未实质参与出口经营活动、接受并从事由中间人介绍的其他出口业务,但仍以自营名义出口的。

2. 出口货物的退税率

出口货物的退税率是出口货物的实际退税额与退税计税依据的比例。

除财政部和国家税务总局根据国务院的决定明确的增值税出口退税率外,出口货物的退税率为其适用税率。国家税务总局根据上述规定将退税率通过出口货物、劳务退税率文库予以发布,供征纳双方执行。退税率有调整的,除另有规定,其执行时间以货物(包括被加工、修理修配的货物)出口报关单(出口退税专用)上注明的出口日期为准。《财政部 税务总局 海关总署关于深化增值税改革有关政策的公告》(财政部 税务总局 海关总署公告2019 年第 39 号)规定,自 2019 年 4 月 1 日起,原适用 16%税率且出口退税率为 16%的出口货物,出口退税率调整至 13%。原适用 10%税率且出口退税率为 10%的出口货物、跨境应税行为,出口退税率调整至 9%。外贸企业 2019 年 6 月 30 日前出口的所涉货物、销售的所涉跨境应税行为,购进时已按调整前税率征收增值税的,执行调整前的出口退税率;购进时已按调整后税率征收增值税的,执行调整后的出口退税率。生产企业 2019 年 6 月 30 日前出口的所涉货物、销售的所涉跨境应税行为,执行调整前的出口退税率。调整出口货物退税率的执行时间及出口货物的时间,以出口货物报关单上注明的出口日期为准,调整跨境应税行为退税率的执行时间及销售跨境应税行为的时间,以出口发票的开具日期为准。我国目前实行的出口退税率包括 13%、10%、9%、6%、5%、1%和 0。

3. 出口货物退税额的计算

1) 免、抵、退税的计算方法——生产企业出口货物、劳务增值税免抵退税适用

实行免、抵、退税办法的免税,是指对生产企业出口的自产货物,免征本企业生产销售环节增值税;抵税,是指生产企业出口自产货物所耗用的原材料、零部件、燃料、动力等所含应予退还的进项税额,抵顶内销货物的应纳税额;退税,是指生产企业出口的自产货物在当月内应抵顶的进项税额大于应纳税额时,对未抵顶完的部分予以退税。

具体的计算方法与计算公式如下所述。

(1)免税,即出口货物外销不计算销项税额。

在计算免税额之前只要剔税,即从当期全部进项税额中剔除不得免征和抵扣的税额。

$$\text{当期不得免征和抵扣税额} = \text{当期出口货物离岸价} \times \text{外汇人民币折合率} \times \left(\text{出口货物适用税率} - \text{出口货物退税率}\right) - \text{当期不得免征和抵扣税额抵减额}$$

$$\text{当期不得免征和抵扣税额抵减额} = \text{当期免税购进原材料价格} \times \left(\text{出口货物适用税率} - \text{出口货物退税率}\right)$$

免税购进原材料包括从国内购进免税原材料和进料加工免税进口料件,其中进料加工

免税进口料件的价格为组成计税价格。

$$进料加工免税进口料件的组成计税价格＝货物到岸价＋海关实征关税和消费税$$

如果当期没有免税购进原材料价格,前述公式中的"当期不得免征和抵扣税额抵减额"和"免抵退税额抵减额"就不用计算了。

(2) 抵税,计算当期应纳增值税额(用内销货物销项税与全部进项税额相抵,同时剔除不得免征和抵扣的税额,得出应纳税额)。

$$当期应纳税额 ＝ 当期内销货物的销项税额 － \left(当期进项税额 － 当期不得免征和抵扣税额 \right)$$

如果计算出来的当期应纳税额≥0,说明该出口货物当期不存在出口退税(该数额就是当期应缴纳的增值税数额);如果计算出来的当期应纳税额<0,则按照以下步骤继续计算实际应向税务机关申请退税的数额。

(3) 算尺度,计算出口货物免抵退税额:

$$当期免抵退税额 ＝ 当期出口货物离岸价 × 外汇人民币折合率 × 出口货物退税率 － 当期免抵退税额抵减额$$

其中:出口货物离岸价以出口发票计算的离岸价为准,出口发票不能如实反映实际离岸价的,企业必须按照实际离岸价向主管国税机关进行申报,同时主管税务机关有权依照有关法律法规予以核定。

$$免抵退税额抵减额＝免税购进原材料价格×出口货物退税率$$

(4) 计算实际的出口退税额:

将应纳税额(当期期末留抵税额)与应退税额相比较,退两者之中较小的,即比较确定应退税额,进而确定免抵税额。

① 如当期期末留抵税额≤当期免抵退税额,则:

$$当期应退税额 ＝ 当期期末留抵税额$$
$$当期免抵税额 ＝ 当期免抵退税额 － 当期应退税额$$

② 如果当期期末留抵税额>当期免抵退税额,则:

$$当期应退税额 ＝ 当期免抵退税额$$
$$当期免抵税额 ＝ 0$$

当期期末留抵税额根据当期《增值税纳税申报表》中"期末留抵税额"确定。

2) 外贸企业出口退税的计算方法

① 外贸企业出口委托加工修理修配货物以外的货物:

$$增值税应退税额 ＝ 增值税退(免)税计税依据 × 出口货物退税率$$

② 外贸企业出口委托加工修理修配货物:

$$出口委托加工修理修配货物的增值税应退税额 ＝ 委托加工修理修配的增值税退(免)税计税依据 × 出口货物退税率$$

3.5.2　出口退税业务的税收筹划

1. 选择经营方式

现行的出口政策对不同的经营方式规定了不同的出口退税政策,纳税人可以利用政策之间的税收差异,选择合理的经营方式,降低企业的税负。目前生产企业出口货物的形式主要有两种:自营出口(含进料加工)和来料加工。

进料加工是指我国有关经营单位进口部分或全部原材料、元器件、零部件、配套件和包装物料(简称"进口料件"),由国内生产者加工为成品或半成品后再销往国外市场的一种贸易方式。来料加工是指由国外厂商提供一定的原材料、辅助材料、零部件、元器件、包装材料(简称"料件"),以及必要的机器设备和生产技术,委托我方企业按国外厂商的要求进行加工、装配,成品由国外厂商负责销售的一种贸易方式。进料加工和来料加工合称为加工贸易。

从纳税角度看,对企业通过来料加工复出口货物的,其进口原材料免税,加工自制的货物出口不退税,用于免税项目的购进货物或者应税劳务,其进项税额不得从销项税额中抵扣。

因此,来料加工适用"出口免税不退税"政策,但不能抵扣进项税额;进料加工适用"出口免税并退税"政策,可以抵扣进项税额,但退税率往往低于征税率。纳税筹划要选择恰当的加工方式。

❓相关思考3-1

进料加工和来料加工合称为加工贸易,两者的不同点有哪些?

(1) 来料加工中境内经营单位不动用外汇;进料加工中境内经营单位需要动用外汇购买进口料件。

(2) 来料加工进口料件及加工的成品,所有权属于外商;进料加工进口料件的所有权属于境内经营单位。

(3) 来料加工的进口与出口有密切的内在联系,外商往往既是料件的供应人又是成品的接受人,是连在一起的一笔交易,其合同不是以货物所有权转移为内容的买卖合同;进料加工则由境内经营单位以买主身份与外商签订合同,又以卖主身份签订出口合同,为两笔交易,且都是以货物所有权转移为特征。

【例3-14】 某企业采用进料加工方式为国外某公司加工产品一批,免税进口料件价格为1 500万元,加工完成后返销给该公司,售价为2 700万元,为加工该批产品所耗用的辅助材料、低值易耗品、燃料及动力的进项税额为20万元。该批产品的增值税征税率为13%,退税率为10%。当期不得退税额=(2 700-1 500)×(13%-10%)=36(万元);当期应纳增值税=36-20=16(万元)。因此,采用进料加工方式应纳增值税16万元。

筹划方法:

如采用来料加工方式,收取加工费1 200万元(2 700-1 500),则来料进口时免税,加工后出口不退税,进项税额不得抵扣。采用来料加工方式应纳增值税为零。通过纳税筹划,可节省增值税16万元。

推而广之:来料加工当期应纳增值税=0。

$$\text{进料加工当期应纳增值税} = \text{不得退税额} - \text{进项税额} = \left(\text{出口价格} - \text{免税购进价格}\right) \times (\text{征税率} - \text{退税率}) - \text{进项税额}$$

运用相机抉择模型,令来料加工与进料加工当期应纳增值税相等,则:0=(出口价格-免税购进价格)×(征税率-退税率)-进项税额

解得:进项税额=不得退税额

或：进项税额÷（出口价格－免税购进价格）＝（征税率－退税率）

或：进项税额÷净出口额＝（征税率－退税率）

即：当进项税额与净出口额之比＝征税率与退税率之差时，采用来料加工与进料加工方式税负无差别。

当进项税额与净出口额之比＜征税率与退税率之差时，采用来料加工方式更为有利。

当进项税额与净出口额之比＞征税率与退税率之差时，采用进料加工方式更为有利。

若退税率与征税率相等，即征税率与退税率之差为 0 时，采用进料加工方式更为有利。

本题中，进项税额与净出口额之比＝20÷（2 700－1 500）×100％＝1.7％

征税率与退税率之差＝13％－10％＝3％

由于进项税额与净出口额之比小于征税率与退税率之差，因此采用来料加工方式更能节省增值税。

2. 选择出口方式

生产企业出口货物执行"免抵退"增值税计算方法，外贸企业出口货物执行"免退"增值税计算方法，退税的计算公式与计税依据不同，且退税率往往低于征税率。生产企业可直接出口或设立关联外贸公司间接出口，两种出口方式的税负往往不相等，应通过纳税筹划选择更为有利的出口方式。

【例 3-15】 某生产企业 2021 年下半年购进货物 6 000 万元，可抵扣的进项税额为 1 020 万元，直接出口价为 10 000 万元（离岸价），无内销，该生产企业出口货物执行"免抵退"增值税政策，税率为 13％，退税率为 10％。

2019 年下半年：不得退税额＝10 000×（13％－10％）＝300（万元），应纳增值税＝300－1 020＝－720（万元），免抵退税额＝10 000×10％＝1 000（万元），应退增值税＝720（万元）。

筹划方法：

若该生产企业设立关联外贸公司，生产企业将产品以 8 000 万元（不含增值税）销售给关联外贸公司，关联外贸公司再以 10 000 万元出口。则：生产企业应纳增值税＝8 000×13％－1 020＝20（万元），关联外贸公司应退增值税＝8 000×10％＝800（万元），公司集团净退税＝800－20＝780（万元）。因此，通过关联外贸公司间接出口比生产企业直接出口净退税增加 60 万元（780－720）。

推而广之：生产企业直接出口应纳增值税＝不得退税额－进项税额＝出口价格×（征税率－退税率）－进项税额。通过关联外贸公司间接出口，公司集团应纳增值税＝（关联外贸公司购进价格×征税率－进项税额）＋关联外贸公司购进价格×退税率＝关联外贸公司购进价格×（征税率－退税率）－进项税额。

根据固定抉择模型，将上述两式相减，可得出通过关联外贸公司间接出口比生产企业直接出口少纳税或多退税的公式：[出口价格×（征税率－退税率）－进项税额]－[关联外贸公司购进价格×（征税率－退税率）－进项税额]＝（出口价格－关联外贸公司购进价格）×（征税率－退税率）。

由于出口价格总是大于关联外贸公司购进价格，当退税率等于征税率时，（出口价格－关联外贸公司购进价格）×（征税率－退税率）＝0。也就是说，当退税率与征税率一致时，生产企业直接出口与通过关联外贸公司间接出口的税负相等。

当退税率小于征税率时，（出口价格－关联外贸公司购进价格）×（征税率－退税率）＞0。也就是说，当退税率低于征税率时，通过关联外贸公司间接出口比生产企业直接出口可少纳税或多退税。

本题中，通过关联外贸公司间接出口比生产企业直接出口可少纳税或多退税＝（出口价格－关联外贸公司购进价格）×（征税率－退税率）＝（10 000－8 000）×（13％－10％）＝60（万元）。

3. 选择生产经营地

2000 年 6 月，国务院正式下发《中华人民共和国海关对于出口加工区监管暂行办法》，决定在北京、深圳、天津等地设立 15 个出口加工区进行试点。凡是进入试点出口加工区内的加工企业在购买国内生产设备和原材料时,设备和原材料均可以视同出口,享受有关出口退税政策。

因此,对于出口企业,在出口加工区建立关联企业,或将出口加工业务从企业分离出去,或将出口加工业务迁到出口加工区去,凡是企业用来生产出口加工业务的机器、设备、办公用品都能够视同出口,享受退税的好处。

另外,企业可以充分利用出口加工区和保税区的税收优惠政策,获得递延纳税或提前退税的好处。在出口加工区或保税区设立关联企业,如进口料件时先由保税区进口,获得免税优惠,等"区外"企业实际使用时,即由"区内"转"区外"时纳税。根据有关规定,保税区所有进口料件免税,保税区内所有进口设备、原材料和办公用品也可免税,因此,企业可获得递延纳税的好处。另外,"区外"企业可先将"产品"销售给"区内"企业,再由"区内"企业出口,根据有关税法规定,进入出口加工区即视同出口,因此,企业可获得提前退税的好处。

本 章 小 结

本章主要讲解了增值税税收筹划的五个方面,包括增值税纳税人的税收筹划、增值税计税依据的税收筹划、增值税税率的税收筹划、增值税减免税的税收筹划及增值税出口退税的税收筹划方法。学生应掌握增值税纳税人的界定、一般纳税人和小规模纳税人筹划的基本原理和方法、销项税额的税收筹划方法、进项税额的税收筹划方法、税率的税收筹划方法、减免税的税收筹划和出口退税的税收筹划方法,并能针对具体问题作出筹划方案,为从事实务工作奠定良好的基础。

重 要 概 念

无差别平衡点增值率　价格优惠临界点　销项税额筹划　进项税额筹划　兼营　混合销售　出口免税

本 章 练 习

一、单项选择题

1. 纳税人销售货物或者应税劳务价格明显偏低并无正当理由的,税务机关可以按组成计税价格计算其应纳税款。组成计税价格的公式是(　　)。

A. 成本×(1—成本利润率)　　　　　　B. 成本×(1+增值税税率)

C. 成本×(1+成本利润率)　　　　　　D. 成本÷(1+增值税税率)

2. 以下不免增值税的项目是(　　)。

A. 向社会收购的古书　　　　　　　　B. 用于集体福利的购进货物

C. 避孕药品和用具　　　　　　　　　D. 国际组织无偿援助的进口物资

3. 根据《增值税暂行条例》,下列各项中不属于视同销售行为,不需缴纳增值税的是(　　)。

A. 将购买的货物抵偿债务　　　　　　B. 将购买的货物用于投资

C. 将购买的货物用于分配股利　　　　D. 将购买的货物用于发放职工福利

4. 下列项目中,应计算销项税额的是(　　)。

A. 将购买的货物用于职工食堂

B. 将委托加工收回的货物继续用于产品生产

C. 将自产的货物作为奖品发放给业绩突出职工

D. 将购买的货物用于产品生产

5. 下列出口货物,符合增值税免税并退税政策的是(　　)。

A. 加工企业对来料加工后又复出口的货物

B. 对外承包工程公司运出境外用于境外承包项目的货物

C. 属于小规模纳税人的生产性企业自营出口的自产货物

D. 外贸企业从小规模纳税人购进并持有普通发票的出口货物

二、多项选择题

1. 下列业务中,不允许抵扣进项税额的有(　　)。

A. 进口材料取得海关完税证

B. 购买辅助材料取得增值税专用发票

C. 购买辅助材料时支付运费取得卖方开具的运费增值税普通发票

D. 购进材料生产免税产品

2. 关于增值税专用发票开具时限的规定,说法错误的有(　　)。

A. 将货物分配给股东,为货物所有权转移的当天

B. 将货物交付他人代销,为收到受托人送交的代销清单的当天

C. 委托银行收款方式,为合同约定的付款时间

D. 赊销方式,为货物发出的当天

3. 我国现行增值税税率为(　　)。

A. 13%　　　　　　　B. 9%　　　　　　　C. 6%　　　　　　　D. 17%

4. 下列情况中,确定销售额的方法不正确的有(　　)。

A. 还本销售时,一般不考虑还本支出;如销售方开具红字发票,则允许抵减销售额

B. 以旧换新时,一律按新货的售价为销售额

C. 以物易物时,双方均按购、销两笔业务处理

D. 折扣销售时,只有折扣额与销售额在同一张发票上注明,才允许抵减销售额

5. 下列项目中,应按税法规定计算征收增值税的有(　　)。

A. 将自制的货物用于对外投资

B. 将购买的货物用于对外投资

C. 将委托加工的货物用于发放职工福利

D. 将购买的货物用于在建工程

三、判断题

1. 按照无差异平衡点增值率原理,当增值税纳税人的增值率高于无差异平衡点增值率时,小规模纳税人比一般纳税人税负重。　　　　　　　　　　　　　　　　　　　　　　　　　　　　(　　)

2. 采用折扣销售等方式,是否在同一张增值税专用发票上注明销售额和折扣额,不仅影响流转环节的税负,而且会影响企业所得税税负。　　　　　　　　　　　　　　　　　　　　　　　　　(　　)

3. 年应税销售额超过小规模纳税人标准的个人,如果账簿资料健全,能准确核算并提供销项税额、进项税额的,可以认定为增值税一般纳税人。　　　　　　　　　　　　　　　　　　　　　　(　　)

4. 如果企业可抵扣进项税额较大,则适于作为一般纳税人。　　　　　　　　　　　　(　　)

5. 纳税人采取以旧换新方式销售货物的,可以扣除旧货物折价后的余额计缴增值税税款。　　(　　)

四、简答题

1. 简述无差别平衡点增值率的计算及对纳税人选择的分析。

2. 简述进项税额税收筹划的几种方法。

五、案例分析题

1. 假如某服装经销公司在 2021 年 12 月为庆祝建厂 10 周年,决定在国庆节期间开展一次促销活动,现有两种方案可供选择。方案一,打 8 折,即原 100 元商品以 80 元售出;方案二,赠送购货价值 20% 的礼品,即购 100 元商品,可获得 20 元礼品(商品成本每件 70 元,礼品成本每件 14 元)。

请分别计算方案一、方案二中公司的税后利润,选择合理的筹划方案。

(本题暂不考虑赠送货物的个人所得税、城市维护建设税及教育费附加。)

2. B 市牛奶公司主要生产流程如下:饲养奶牛生产牛奶,再将产出的新鲜牛奶加工制成奶制品,然后将奶制品销售给各大商业公司,或直接通过销售网络转销给 B 市及其他地区的居民。由于奶制品的增值税税率为 13%,进项税额主要有两部分:一是向农民个人收购的草料部分可以抵扣 10% 的进项税额;二是公司水费、电费和修理用配件等的进项税额按规定可以抵扣。与销售税额相比,这两部分进项税额比例很小。经过一段时间的运营,公司的增值税税负较高。该公司应如何进行筹划以减轻税收负担?

第4章 消费税的税收筹划

内容提要

本章主要介绍消费税的税收筹划的三个基础,包括消费税纳税人的法律界定、消费税计税依据的法律界定、消费税税率的法律界定,详细讲解消费税纳税人的税收筹划、消费税计税依据的税收筹划、消费税税率的税收筹划。

重点难点

本章重点为消费税计税依据的税收筹划、消费税税率的税收筹划;难点为与从价计征、从量计征、复合计征三种不同类型的计税方法相对应的税收筹划。

学习目标

通过对本章的学习,学生应熟悉有关消费税的法律规定,了解消费税纳税人、计税依据、税率的法律界定的相关内容;掌握消费税纳税人的税收筹划方法、计税依据的税收筹划方法以及税率的税收筹划方法,并能根据企业的实际财务资料作出合理有效的筹划决策。

知识框架

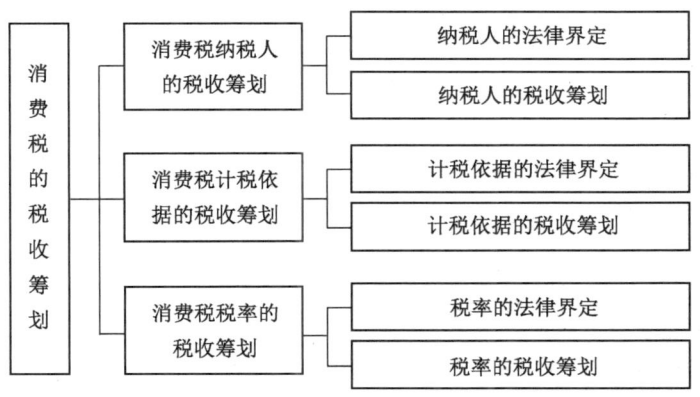

**引入案例**　　　　消费品"成套"销售的税收筹划

安娜日用化妆品厂,将生产的化妆品、护肤护发品、小工艺品等组成成套消费品销售。每套消费品由下列产品组成:高档化妆品,包括一瓶精华液(75元)、一瓶洁面膏(30元)、一瓶化妆水(45元);护肤护发品,包括一瓶洗发香波(50元)、一瓶浴液(25元)、一瓶摩丝(48元)、化妆工具及小工艺品(20元)、塑料包装盒(5元)。高档化妆品消费税税率为15%,上述价格均不含税。

该案例中的企业如何做好税收筹划?

4.1 消费税纳税人的税收筹划

4.1.1 纳税人的法律界定

《中华人民共和国消费税暂行条例》(以下简称《消费税暂行条例》)规定,在中华人民共和国境内生产、委托加工和进口应税消费品的单位和个人,以及国务院确定的销售应税消费品的其他单位和个人,是消费税的纳税人。"在中华人民共和国境内"是指生产、委托加工和进口应税消费品的起运地或所在地在境内。"单位"是指企业、行政单位、事业单位、军事单位、社会团体以及其他单位。"个人"是指个体工商户及其他个人。

1. 消费税的税目

我国消费税的税目共有15个,分别如下。

(1) 烟。

(2) 酒。

(3) 高档化妆品。

(4) 贵重首饰及珠宝玉石。

(5) 鞭炮、焰火。

(6) 成品油。

(7) 摩托车。

(8) 小汽车。

(9) 高尔夫球及球具。

(10) 高档手表。

(11) 游艇。

(12) 木制一次性筷子。

(13) 实木地板。

(14) 电池。

(15) 涂料。

各个税目还包括若干子目。

2. 消费税的税率

消费税的税率包括比例税率和定额税率两类。根据不同的税目或子目,应税消费品的科目税率(税额)如表4-1所示。

表 4-1   消费税税目税率(税额)表

税目	税率(税额)	计税单位	说明
一、烟			
1. 卷烟			
(1) 甲类卷烟(生产、进口环节)	56％加 0.003 元/支		每标准条(200 支)调拨价格在 70 元(含 70 元)以上的卷烟为甲类卷烟。
(2) 乙类卷烟(生产、进口环节)	36％加 0.003 元/支		每标准条(200 支)调拨价格在 70 元以下的卷烟为乙类卷烟。
(3) 批发环节	11％加 0.005 元/支		卷烟批发环节加征一道从价税和从量税。
2. 雪茄烟	36％		包括各种规格、型号的雪茄烟。
3. 烟丝	30％		包括以烟叶为原料加工生产的不经卷制的散装烟。
二、酒			
1. 白酒	20％加 0.5 元/500 克(或 500 毫升)		
2. 黄酒	240 元	吨	包括各种原料酿制的黄酒和酒精度超过 12 度(含 12 度)的土甜酒。
3. 啤酒			
(1) 甲类啤酒	250 元	吨	啤酒每吨出厂价格(含包装物及包装物押金)在 3 000 元(含 3 000 元,不含增值税)以上的是甲类啤酒。
(2) 乙类啤酒	220 元	吨	啤酒每吨出厂价格(含包装物及包装物押金)在 3 000 元(含 3 000 元,不含增值税)以下的是乙类啤酒。
4. 其他酒	10％		包括糠麸白酒、其他原料白酒、土甜酒、复制酒、果木酒、汽酒、药酒。
三、高档化妆品	15％		包括高档美容、修饰类化妆品,高档护肤类化妆品和成套化妆品,即生产(进口)环节销售(完税)价格(不含增值税)在 10 元/毫升(克)或 15 元/片(张)及以上,税率调整为 15％。
四、贵重首饰及珠宝玉石			
1. 金银首饰、铂金首饰及钻石和钻石饰品	5％		金银首饰由生产销售环节征收改为零售环节征收,仅限于金、银和金基、银基合金首饰,以及金银和金基、银基合金的镶嵌首饰。
2. 其他贵重首饰和珠宝玉石	10％		包括各种珠宝首饰和经采掘、打磨、加工的各种珠宝玉石。
五、鞭炮、焰火	15％		包括各种鞭炮、焰火。体育上用的发令纸、鞭炮药引线不按本税目征收。

税目	税率 （税额）	计税 单位	说明
六、成品油			
1. 汽油	1.52 元	升	
2. 柴油	1.2 元	升	
3. 航空煤油	1.2 元	升	航空煤油暂缓征收消费税
4. 石脑油	1.52 元	升	包括除汽油、柴油、航空煤油、溶剂油以外的各种轻质油。
5. 溶剂油	1.52 元	升	
6. 润滑油	1.52 元	升	
7. 燃料油	1.2 元	升	
七、摩托车			
1. 气缸容量（排气量，下同）250 毫升的	3%		
2. 气缸容量 250 毫升以上的	10%		
八、小汽车			电动汽车不属于本税目征收范围。沙滩车、雪地车、卡丁车、高尔夫车不属于消费税征收范围，不征收消费税。
1. 乘用车			
（1）气缸容量（排气量，下同）在 1.0 升（含 1.0 升）以下的	1%		
（2）气缸容量在 1.0 升以上至 1.5 升（含 1.5 升）的	3%		
（3）气缸容量在 1.5 升以上至 2.0 升（含 2.0 升）的	5%		
（4）气缸容量在 2.0 升以上至 2.5 升（含 2.5 升）的	9%		
（5）气缸容量在 2.5 升以上至 3.0 升（含 3.0 升）的	12%		
（6）气缸容量在 3.0 升以上至 4.0 升（含 4.0 升）的	25%		
（7）气缸容量在 4.0 升以上的	40%		
2. 中轻型商用客车	5%		
3. 超豪华小汽车（零售环节）	10%		
九、高尔夫球及球具	10%		高尔夫球杆的杆头、杆身和握把属于本税目的征收范围。
十、高档手表	20%		高档手表是指销售价格（不含增值税）每只在 10 000 元（含）以上的各类手表。

（续表）

税目	税率（税额）	计税单位	说明
十一、游艇	10％		
十二、木制一次性筷子	5％		
十三、实木地板	5％		
十四、电池	4％		
十五、涂料	4％		

3. 消费税纳税人的几种情况

1）生产销售应税消费品的纳税人

生产销售（包括自产自用）除金银首饰、钻石及钻石饰品、铂金首饰以外的应税消费品，以生产销售的单位和个人为纳税人。金银首饰、钻石及钻石饰品、铂金首饰的消费税改在零售环节征收，即在纳税人（在零售环节）销售时征收。

生产应消费品并销售是消费税征收的主要环节。生产应税消费品并销售的，于销售时缴纳消费税，纳税人用生产的应税消费品换取生产资料、消费资料、投资入股、偿还债务都应视同销售缴纳消费税，另外，将生产的应税消费品用于继续生产应税消费品以外的其他方面都应计算缴纳消费税。

2）委托加工应税消费品的纳税人

委托加工的应税消费品是指由委托方提供原料和主要材料，受托方只收取加工费和代垫部分辅助材料加工的应税消费品。委托加工除金银首饰、钻石及钻石饰品、铂金首饰以外的应税消费品，以委托加工的单位和个人为纳税人。为加强税收的源泉控制，简化税收征管手续，除受托方为个人外，由受托方在向委托方交货时代收代缴消费税。

委托个人加工应税消费品的一律于委托加工的应税消费品收回后，在委托方所在地缴纳消费税。委托加工的消费品在提货时已经缴纳消费税的，委托方收回后如以不高于受托方计税价格直接出售的，不再征收消费税；委托方以高于受托方计税价格出售的，不属于直接出售，需按规定申报缴纳消费税，在计税时准予扣除已代收代缴的消费税；如用于继续生产应税消费品的，其所缴税款可按规定扣除。

需要注意的是，对于由受托方提供原材料生产的应税消费品，或者受托方先将原材料卖给委托方，然后再接受加工的应税消费品，以及由受托方以委托方的名义购进原材料生产的应税消费品，不论在财务上是否作销售处理，都不得作为委托加工应税消费品，而应当按照销售自制应税消费品缴纳消费税。

3）进口应税消费品的纳税人

进口除金银首饰、钻石及钻石饰品、铂金首饰以外的应税消费品，以进口的单位和个人为纳税人，在进口报关时由海关代征进口环节消费税。

4）国务院确定的销售应税消费品的其他单位和个人

经国务院批准，财政部和国家税务总局先后发布《关于调整金银首饰消费税纳税环节有关问题的通知》（财税字〔1994〕95 号）、《关于钻石及上海钻石交易所有关税收政策的通知》

（财税〔2001〕176 号）和《关于铂金及其制品税收政策的通知》（财税〔2003〕86 号），将"贵重首饰及珠宝玉石"税目下的金银首饰、铂金首饰和钻石及钻石饰品，由生产环节、进口环节征收消费税改在零售环节征收消费税，所以零售金银首饰、铂金首饰和钻石及钻石饰品的单位和个人，是消费税的纳税人。

此外，《财政部 国家税务总局关于调整烟产品消费税政策的通知》（财税〔2009〕84 号）规定，自 2009 年 5 月 1 日起，纳税人为在我国境内从事卷烟批发业务的单位和个人，纳税人（卷烟批发商）销售给纳税人以外的单位和个人的卷烟于销售时纳税，税率为 5%。纳税人（卷烟批发商）之间销售的卷烟不缴纳消费税。《财政部 国家税务总局关于调整卷烟消费税的通知》（财税〔2015〕60 号）规定，自 2015 年 5 月 10 日起，将卷烟批发环节从价税税率由 5% 提高至 11%，并按 0.005 元/支加征从量税。

延伸阅读 4-1　财政部 税务总局关于延长对废矿物油再生油品免征消费税政策实施期限的通知

延伸阅读 4-1

4.1.2　纳税人的税收筹划

消费税是针对特定的纳税人征收的，因此税收筹划中，可以通过企业合并，递延税款缴纳的时间。

合并会使原来企业间的购销环节转变为企业内部的原材料转让环节，从而递延部分消费税税款的缴纳。如果两个合并企业之间存在原材料供求的关系，则在合并前，这笔原材料的转让关系为购销关系，应该按照正常的购销价格缴纳消费税税款。而在合并后，企业之间的原材料供应关系转变为企业内部的原材料转让关系，因此这一环节不用缴纳消费税，而是递延到以后的销售环节再缴纳。

如果后一环节的消费税税率较前一个环节低，则可直接减轻企业的消费税税负。因为前一环节应征的消费税税款延迟到后面环节再征收。由于后面环节的税率较低，则合并前企业间的销售额，因在合并后适用了较低的税率而减轻了税负。

【例 4-1】　中国某地区有两家大型酒厂甲和乙，它们都是独立核算的法人企业。企业甲主要经营粮食类白酒，以当地生产的大米和玉米为原料进行酿造，按照消费税税法规定，应该适用 20% 的税率。

企业乙以企业甲生产的粮食白酒为原料，生产系列药酒，按照税法规定，应该适用 10% 的税率。企业甲每年要向企业乙提供价值 2 亿元、共计 5 000 万公斤的粮食白酒。在经营过程中，企业乙由于缺乏资金和人才，无法经营下去，准备破产。此时，企业乙欠企业甲共计 5 000 万元货款。经评估，企业乙的资产恰好也为 5 000 万元。企业甲的领导人经过研究，决定对企业乙进行收购，其决策的主要依据如下：

（1）收购支出费用较小。由于合并前企业乙的资产和负债均为 5 000 万元，净资产为 0。因此，按照现行税法规定，该并购行为属于以承担被兼并企业全部债务方式实现吸收合并，不视为被兼并企业按公允价值转让、处置全部资产，不计算资产转让所得，不用缴纳所得税。

（2）合并可以递延部分税款。合并前，企业甲向企业乙提供的粮食白酒每年应缴纳的税款为：

$$消费税 = 20\,000 \times 20\% + 5\,000 \times 2 \times 0.5 = 9\,000（万元）$$
$$增值税 = 20\,000 \times 13\% = 2\,600（万元）$$

而这笔税款的一部分在合并后可以递延到药酒销售环节缴纳（消费税从价计征部分和增值税），获得递延纳税的好处;另一部分税款(从量计征的消费税税款)则免于缴纳了。

(3)企业乙生产的药酒市场前景一片大好,企业合并后可以将经营的主要方向转向药酒生产,而且转型后,企业应缴的消费税款将减少。粮食白酒的消费税税率为20%,而药酒的消费税税率为10%,但以粮食白酒为酒基的炮制酒,其税率为20%。

假定药酒的销售额为2.5亿元,销售数量为5 000万公斤。合并前应纳消费税款为:

$$企业甲应纳消费税 = 20\ 000 \times 20\% + 5\ 000 \times 2 \times 0.5 = 9\ 000(万元)$$
$$企业乙应纳消费税 = 25\ 000 \times 20\% = 5\ 000(万元)$$
$$合计应纳税款 = 9\ 000 + 5\ 000 = 14\ 000(万元)$$

合并后应纳消费税款为:$25\ 000 \times 20\% = 5\ 000(万元)$

$$合并后节约消费税税款 = 14\ 000 - 5\ 000 = 9\ 000(万元)$$

🔊 税务直通车4-1 财政部 海关总署 税务总局关于对部分成品油征收进口环节消费税的公告

微课视频:最新税收条款

4.2 │ 消费税计税依据的税收筹划

4.2.1 计税依据的法律界定

微课视频:计税依据的法律界定

计税依据是计算应纳税额的根据,是征税对象量的表现。正确掌握计税依据,可以使企业减少不必要的损失,合理、合法地承担税负。我国现行的消费税计税办法分为从价计征,从量计征和复合计征三种类型,不同的计税方法其计税依据的计算不同。

1. 全国平均成本利润率

《国家税务总局关于印发〈消费税若干具体问题的规定〉的通知》(国税发〔1993〕156号)和《财政部、国家税务总局关于调整和完善消费税政策的通知》(财税〔2006〕33号)对全国平均成本利润率做了具体规定,如表4-2所示。

表4-2   平均成本利润率表

序号	种类	成本利润率	序号	种类	成本利润率
1	甲类卷烟	10%	11	摩托车	6%
2	乙类卷烟	5%	12	乘用车	8%
3	雪茄烟	5%	13	中轻型商用客车	5%
4	烟丝	5%	14	高尔夫球及球具	10%
5	粮食白酒	10%	15	高档手表	20%
6	薯类白酒	5%	16	游艇	10%
7	其他酒	5%	17	木制一次性筷子	5%
8	化妆品	5%	18	实木地板	5%
9	鞭炮和焰火	5%	19	电池	4%
10	贵重首饰及珠宝玉石	6%	20	涂料	7%

2. 从价计征的应税消费品计税依据的确定

（1）实行从价定率计征办法的应税消费品以销售额为计税依据，即：

$$应纳税额 ＝ 应税消费品的销售额 × 消费税税率$$

由于增值税与消费税是交叉征收的税种，为了便于管理，消费税计税依据的销售额同增值税的规定是一样的，为不含增值税、含消费税税款的销售额，即纳税人销售应税消费品向购买方收取的除增值税税款以外的全部价款和价外费用。但下列款项不包括在内：

① 同时符合以下条件的代垫运输费用：承运部门的运费发票开具给购货方的；纳税人将该项发票转交给购货方的。

② 同时符合以下条件代为收取的政府性基金或者行政事业性收费：由国务院或者财政部批准设立的政府性基金，由国务院或者省级人民政府及其财政、价格主管部门批准设立的行政事业性收费；收取时开具省级以上财政部门印制的财政票据；所收款项全额上缴财政。

其他价外费用，无论是否属于纳税人的收入，均应并入销售额计算征税。

特别提示 4-1

"价外费用"是指价外收取的基金、集资费、返还利润、补贴、违约金（延期付款利息）、手续费、包装费、储备费、优质费、运输装卸费、代收款项、代垫款项以及其他各种性质的价外收费。

（2）《消费税暂行条例实施细则》规定，应税消费品的销售额，不包括应向购货方收取的增值税税款。如果纳税人应税消费品的销售额中未扣除增值税税款或者因不得开具增值税专用发票而发生价款和增值税税款合并收取的，在计算消费税时，应当换算为不含增值税税款的销售额。其换算公式为：

$$应税消费品的销售额 ＝ 含增值税的销售额 ÷（1＋增值税税率或征收率）$$

（3）纳税人自产的应税消费品不是用于连续生产应税消费品的，于移送使用时纳税，其计税价格按照纳税人生产的同类消费品的销售价格确定；没有同类消费品销售价格的，按照组成计税价格计算纳税。所谓"同类消费品的销售价格"，是指纳税人当月或最近时期销售的同类应税消费品的销售价格。如果同类消费品的销售价格高低不同，应按销售数量加权平均计算。"组成计税价格"的计算公式为：

$$组成计税价格 ＝（成本＋利润）÷（1－消费税比例税率）$$

或者

$$组成计税价格＝[（成本＋利润）＋（自产自用数量×定额税率）]÷（1－消费税比例税率）$$

其中，"成本"是指应税消费品的产品生产成本；"利润"是指根据应税消费品的全国平均成本利润率计算的利润。应税消费品全国平均成本利润率由国家税务总局确定。

（4）委托加工的应税消费品，按照受托方同类消费品的销售价格计算纳税；没有同类消费品销售价格的，按照组成计税价格计算纳税，所谓"同类消费品的销售价格"，是受托方当月或最近时期销售的同类应税消费品的销售价格。如果同类消费品的销售价格高低不同，应按销售数量加权平均计算。"组成计价格"的计算公式为：

$$组成计税价格 ＝（材料成本＋加工费）÷（1－消费税比例税率）$$

或者

组成计税价格＝［（材料成本＋加工费）＋（委托加工数量×定额税率）］÷（1－消费税比例税率）

其中，"材料成本"是指委托方所提供的加工材料的实际成本；"加工费"是指受托方向委托方收取的全部费用，包括代垫辅助材料的实际成本。

（5）进口的、实行从价定率征税办法的应税消费品，按照组成计税价格计算纳税，组成计税价格的计算公式为：

组成计税价格 ＝（关税完税价格＋关税）÷（1－消费税比例税率）

或者

组成计税价格＝［（关税完税价格＋关税）＋（进口数量×定额税率）］÷（1－消费税比例税率）

此外，在确定消费税的计算依据时，还应注意以下几种特殊情况：纳税人通过自设的非独立核算的门市部销售的自产应税消费品，销售额为门市部实际对外收取的不含增值税的销售额；纳税人用于换取生产资料和消费资料，以及投资入股和抵偿债务等方面的应税消费品，销售额应按同类应税消费品的最高销售价格确定。

3. 从量计征的消费品计税依据的确定

实行从量定额计征办法的应税消费品以销售数量为计税依据，即：

应纳税额 ＝ 应税消费品的销售数量 × 单位税额

关于销售数量的确定，主要有以下规定：销售应税消费品的计税依据为应税消费品的销售数量；自产自用应税消费品的计税依据为应税消费品的移送使用数量；委托加工应税消费品的计税依据为的纳税人收回的应税消费品的数量；进口应税消费品的计税依据为海关核定的应税消费品的进口征税数量。

根据《消费税暂行条例》的规定，实行从量定额办法计算应纳税额的，有黄酒、啤酒、汽油、柴油、航空煤油、石脑油、溶剂油、润滑油、燃料油的等应税消费品；在确定销售数量时，如果实际销售的计量单位与《消费税税目（税额）表》规定的计量单位不一致，应按规定标准进行换算。

4. 复合计税的应税消费品计税依据的确定

实行复合计税办法的应税消费品主要包括粮食白酒、薯类白酒和卷烟。

1）酒类产品计税依据的确定

我国《关于调整酒类产品消费税政策的通知》规定，从 2001 年 5 月 1 日起，粮食白酒、薯类白酒实行从量定额和从价定率相结合计算应纳税额的复合计税办法。粮食白酒、薯类白酒的消费税税率相应调整为定额税率和比例税率。白酒的定额税率为每 500 克 0.5 元，比例税率为 20%。

在复合计税办法下应纳消费税税额的计算公式如下：

应纳税额 ＝ 销售数量×定额税率＋销售额×比例税率

粮食白酒包括以果木或谷物为原料的蒸馏酒。

下列酒类产品比照粮食白酒适用 20% 的比例税率：粮食和薯类、糠麸等多种原料混合生产的白酒；以粮食白酒为酒基的配制酒、泡制酒；以粮食白酒或酒精为酒基；凡酒基所用原料无法确定的配制酒、泡制酒，比照粮食白酒适用 20% 税率。

对以蒸馏酒或食用酒精为酒基、具有国食健字或卫食健字文号且酒精度低于 38 度

(含)的配制酒,或以发酵酒为酒基、酒精度低于 20 度(含)的配制酒,按"其他酒"10%的适用税率征收消费税。其他配制酒,按白酒税率征收消费税。

2)烟类产品消费税计税依据的确定

卷烟的消费税计税办法实行从量定额和从价定率相结合计算应纳税额的复合计税办法,定额税率规定为每标准箱(50 000 支)150 元。比例税率分为二档:每标准条(200 支)调拨价在 70 元以上的卷烟税率为 56%,调拨价在 70 元以下的卷烟税率为 36%;卷烟在批发环节的从价税率为 11%,并按 0.005 元/支加征从量税。

4.2.2　计税依据的税收筹划

通过缩小计税依据,可达到直接减轻税负的目的。针对消费税的计税特点,其方法主要包括以下几个。

1. 关联企业转让定价

转让定价是指有关联关系的企业各方为均摊利润或转移利润,在产品交换或买卖过程中,不依照市场买卖规则和市场价格进行交易,而是根据它们之间的共同利益或为了最大限度地维护它们之间的利益而进行的产品或非产品转让。在这种转让中,产品的转让价格根据双方的意愿,可高于或低于市场上由供求关系决定的价格,以达到相互之间利益的最大化。

消费税的纳税行为发生在生产领域而非流通领域(金银首饰除外)。如果将生产销售环节的价格降低,可直接取得节税的利益。因而,关联企业中生产(委托加工、进口)应税消费品的企业,如果以较低的价格将应税消费品销售给其独立核算的销售部门,则可以降低销售额,从而减少应纳消费税税额。而独立核算的销售部门,由于处在销售环节,只缴增值税,不缴消费税,因而这样做可使集团的整体消费税税负下降,增值税税负保持不变。

由于消费税的课征只选择单一环节,而消费品的流通还存在着批发、零售等若干个流转环节。这在客观上为企业进行税务筹划提供了可能。企业可以分设独立核算的经销部、销售公司,降低生产环节的销售价格,由经销部、销售公司以正常价格对外销售。由于消费税主要在生产环节征收,企业的税务负担会因此而减轻。

应当注意的是,向于独立核算的销售部门与生产企业之间存在关联关系,按照《中华人民共和国税收征收管理法》的有关规定,中国企业或者外国企业在中国境内设立的从事生产、经营的机构、场所与其关联企业之间的业务往来,应当按照独立企业之间的业务往来收取或者支付价款、费用。纳税人不按照独立企业之间的业务往来收取或者支付价款、费用,而减少其应纳税的收入或者所得额的,税务机关有权进行合理调整。因此,企业销售产品给下属销售部门的价格应当参照社会的平均销售价格而定。

2. 选择合理的销售方式

消费税的纳税义务发生时间,根据应税行为性质和结算方式分别按不同方式确定:采取托收承付和委托银行收款方式销售货物,为发出货物并办托收手续的当天;采取赊销和分期收款方式销售货物,为按合同约定的收款日期的当天;采取预收货款方式销售货物,为货物发出的当天;销售应税劳务,为提供劳务同时收讫销售款或者取得索取销售款的凭据的当天;纳税人的视同销售行为,为货物移送的当天;纳税人自产自用的应税消费品,为移送使用的当天;纳税人委托加工的应税消费品,为纳税人提货的当天;纳税人进口的应税消费品,为报关进口的当天。

企业在销售中采用不同的销售方式,纳税义务发生的时间是不同的。从纳税筹划的角度来看,选择恰当的销售方式可以使企业合理地推迟纳税义务的发生时间,递延税款缴纳。例如,甲公司销售一笔货物给乙公司,货款于货物发出的两个月后支付,这时,在合同上明确赊销销售,就可以推迟纳税义务的发生时间。

【例 4-2】 美丽化妆品有限公司 2020 年、2021 年有以下几笔大宗业务。

(1) 2020 年 8 月 18 日,与济南甲商场签订了一笔化妆品销售合同,销售金额为 300 万元(不含税,下同),货物于 2020 年 8 月 18 日、2021 年 2 月 18 日、2021 年 6 月 18 日分三批发给商场(每批 100 万元),货款于每批货物发出后两个月支付。公司会计在 2020 年 8 月底将 300 万元销售额计算缴纳了消费税.

(2) 2020 年 8 月 20 日,与青岛乙商场签订一笔化妆品销售合同,货物价值 180 万元,货物于 8 月 26 日发出,货款于 2021 年 6 月 30 日支付。公司会计在 2020 年 8 月底将 180 万元销售额计算缴纳了消费税。

(3) 2020 年 11 月 8 日,与大连丙商场签订一笔化妆品销售合同,合同价款为 100 万元,货物于 2021 年 4 月 31 日前发出。为了支持美丽化妆品有限公司的生产,丙商场将货款在 11 月 8 日签订合同时支付。公司会计在 2020 年 11 月底将 100 万元销售额计算缴纳了消费税。

经分析可知,由于公司销售人员不熟悉经济合同书立对税收的影响,财务人员对税收问题又比较谨慎,因而在业务并没有完全结束时就已经缴纳了消费税,使企业资金压力加重。从税收筹划的角度考虑,应如何处理?

筹划分析:

(1) 对于第一笔业务,由于合同没有明确销售方式,公司会计人员依法对其按直接销售处理,于业务发生当月月底计算缴纳消费税 45(300×15%)万元。如果公司的销售人员在与甲商场签订合同时,将这笔业务明确为分期收款结算方式销售业务,那么该笔业务一部分销售收入的纳税义务发生时间就可以向后推迟,即在 2020 年 8 月底、2021 年 2 月底和 2021 年 6 月底分别收取三笔货款时计算缴纳消费税。

(2) 对于第二笔业务,如果公司的销售人员在与乙商场签订合同时,将这笔业务明确为赊销业务,那么该笔业务的纳税义务[27(180×15%)万元]可以向后递延 10 个月。

(3) 对于第三笔业务,从销售合同的性质来看,显然属于以预收货款方式的销售业务,如果公司财务人员认识到这一点,那么该笔业务的纳税义务[15(100×15%)万元]可以向后推迟 6 个月。

📁 **特别提示 4-1** ....

企业通过选择销售方式推迟纳税义务发生时间并没有降低企业的绝对税额,而通过递延税款缴纳可以获得相对节税的好处。

3. 以应税消费品抵债、入股的筹划

当纳税人以应税消费品实物抵偿以往经营中的债务时,要特别注意其计税价格的确定,防止按较高价格计税,进而增加自身税负。

纳税人以应税消费品投资入股时,一般是按照协议价格或者评估价格确定的,如果协议价格或者评估价格低于其当月销售该类应税消费品的加权平均价格,直接以应税消费品入股投资就会比销售后后投资的方式缴纳更多的消费税。在这种情况下,可以考虑转换为先销售后投资的方法。

根据税法的规定,纳税人用于换取生产资料和消费资料、投资入股和抵偿债务等方面的应税消费品,应当以纳税人同类应税消费品的最高销售价格作为计税依据计算消费税。因此,如果企业存在以应税消费品抵债、入股的情况,最好先销售,再作抵债或入股的处理。

【例 4-3】 某摩托车制造厂甲企业准备以入股的方式向乙企业投资。双方商定,甲企业以 200 辆摩托车(气缸容量 250 毫升以上)的实物入股(评估价格为 5 100 元/辆),取得乙企业 100 万股股权。甲企业当月对外销售同型号的摩托车共有三种价格:以 5 000 元/辆销售 60 辆,以 5 600 元/辆销售 80 辆,以 6 000 元/辆销售 20 辆,摩托车的消费税税率为 10%。

筹划分析:

甲企业的投资方案有两个。

(1)直接以摩托车进行实物投资入股:

$$应缴消费税 = 6\,000 \times 200 \times 10\% = 120\,000(元)$$

(2)先销售后投资:

$$应缴消费税 = \frac{5\,000 \times 60 + 5\,600 \times 80 + 6\,000 \times 20}{60 + 80 + 20} \times 200 \times 10\% = 108\,500(元)$$

显然,第二种方案比第一种方案减少消费税 11 500(120 000－108 500)元。

4. 外购应税消费品用于连续生产的筹划

用外购已缴税的应税消费品连续生产的应税消费品,在计算需征收的消费税时,按当期生产领用数量计算准予扣除外购的应税消费品已纳的消费税税款。

(1)以外购的已税烟丝生产的卷烟。

(2)以外购的已税化妆品生产的化妆品。

(3)以外购的已税珠宝玉石生产的贵重首饰及珠宝玉石。

(4)以外购的已税鞭炮焰火生产的鞭炮焰火。

(5)以外购的已税汽油、柴油、石脑油、燃料油、润滑油用于连续生产应税成品油。

(6)以外购的已税摩托车生产的摩托车(如用外购两轮摩托车改装三轮摩托车)。

(7)以外购的已税杆头、杆身和握把为原料生产的高尔夫球杆。

(8)以外购的已税木制一次性筷子为原料生产的木制一次性筷子。

(9)以外购的已税实木地板为原料生产的实木地板。

🔊 拓展案例 4-1　改变换取生产资料方式,降低消费税税负

拓展案例 4-1

微课视频:拓
展案例 4-1

📁 **税务直通车 4-2** ···

海南离岛免税店
销售离岛免税商品免征增值税和消费税管理办法

第一条　为规范海南离岛免税店(以下简称"离岛免税店")销售离岛免税商品增值税和消费税管理,促进海南自由贸易港建设,根据《中华人民共和国税收征收管理法》以及《财政部　国家税务总局关于出口货物劳务增值税和消费税政策的通知》(财税〔2012〕39 号)等有关规定,制定本办法。

第二条　离岛免税店销售离岛免税商品,按本办法规定免征增值税和消费税。

第三条　离岛免税店应按月进行增值税、消费税纳税申报,在首次进行纳税申报时,应向主管税务机关提供以下资料:

（一）离岛免税店经营主体的基本情况。

（二）国家批准设立离岛免税店（含海南省人民政府按相关规定批准并向国家有关部委备案的免税店）的相关材料。

第四条　离岛免税店按本办法第三条第一项提交报告的内容发生变更的,应在次月纳税申报期内向主管税务机关报告有关情况,并提供相关资料。

离岛免税店实施离岛免税政策资格期限届满或被撤销离岛免税经营资格的,应于期限届满或被撤销资格后十五日内向主管税务机关报告有关情况。

第五条　离岛免税店销售非离岛免税商品,按现行规定向主管税务机关申报缴纳增值税和消费税。

第六条　离岛免税店兼营应征增值税、消费税项目的,应分别核算离岛免税商品和应税项目的销售额;未分别核算的,不得免税。

第七条　离岛免税店销售离岛免税商品应开具增值税普通发票,不得开具增值税专用发票。

第八条　离岛免税店应将销售的离岛免税商品的名称和销售价格、购买离岛免税商品的离岛旅客信息和税务机关要求提供的其他资料,按照国家税务总局和海南省税务局规定的报送格式及传输方式,完整、准确、实时向税务机关提供。

第九条　本办法实施前已经开展离岛免税商品经营业务的离岛免税店,应在办法实施次月按本办法第三条要求在办理纳税申报时提供相关资料。

第十条　本办法自 2020 年 11 月 1 日起施行。

当期准予扣除外购应税消费品已纳消费税税款的计算公式是:

$$\begin{matrix} \text{当期准予扣除的外购} \\ \text{应税消费品已纳税款} \end{matrix} = \begin{matrix} \text{当期准予扣除的外购应} \\ \text{税消费品的买价} \end{matrix} \times \begin{matrix} \text{外购应税消} \\ \text{费品适用税率} \end{matrix}$$

$$\begin{matrix} \text{当期准予扣除的} \\ \text{外购应税消费品的买价} \end{matrix} = \begin{matrix} \text{期初库存的外购} \\ \text{应税消费品的买价} \end{matrix} + \begin{matrix} \text{当期购进的应税} \\ \text{消费品的买价} \end{matrix} - \begin{matrix} \text{期末库存的外购应} \\ \text{税消费品的买价} \end{matrix}$$

外购已税消费品的买价是指购货发票上注明的销售额（不包括增值税税款）。

纳税人用外购的已税珠宝玉石生产的改在零售环节征收消费税的金银首饰（镶嵌首饰）,在计税时一律不得扣除外购珠宝玉石的已纳税款。

对自己不生产应税消费品,而只是购进后再销售应税消费品的工业企业,其销售的化妆品、鞭炮焰火和珠宝玉石,凡不能构成最终消费品直接进入消费品市场,而需进一步生产加工的,应当征收消费税,同时允许扣除上述外购应税消费品的已纳税款。

知识拓展 4-2

生产企业用外购已税消费品连续加工应税消费品

生产企业用外购已税消费品连续加工应税消费品时,需要注意以下方面。

（1）允许扣除已纳税款的应税消费品不仅限于从工业企业购进的应税消费品,也包据从符合条件的商业企业购进的消费品。所谓连续生产,是指应税消费品生产出来后直接转入下一生产环节,未经市场流通。

（2）如果企业购进已税消费品开具的是普通发票,在换算为不含税的销售额时,应一律按 3% 的征收率换算。

（3）卷烟生产企业购进卷烟直接销售不再缴纳消费税。对既有自产卷烟同时又委托联营企业加工与自产卷烟牌号、规格相同的卷烟的工业企业（以下简称卷烟回购企业）,从联营企业购进后直接销售的卷烟,对外销售时不论是否加价,凡符合下述条件的,不再缴纳消费税;不符合下述条件的,则缴纳消费税:

① 回购企业在委托联营企业加工卷烟时,除提供给联营企业所需加工卷烟牌号外,还必须同时提供税务机关已公示的消费税计税价格。联营企业必须按照已公示的调拨价格申报缴纳消费税。

② 回购企业将联营企业加工的卷烟回购后再销售的卷烟,其销售收入应与生产烟的销售收入分开核算,以备税务机关检查;如不分开核算,则一并计入自产卷烟销售收入征收消费税。

回购企业一定要注意,享受这个政策要符合以上两个条件,否则仍要缴纳消费税。

5. 以外币结算应税消费品的筹划

纳税人在销售中以外币结算应税消费品时,应将外币按外币市场牌价折合成人民币销售额以后,再计算应纳消费税税额。人民币汇率既可以采用结算当天的国家外汇牌价,也可以采用当月1日外汇牌价的中间价,一般来说,外汇市场价格波动越大,选择汇率进行节税的必要性越大。如果能以较低的人民币汇率计算应纳税额,对于企业来讲就是有利的。

【例 4-4】 某企业 2021 年 12 月 15 日取得化妆品销售收入 40 美元,12 月 1 日国家外汇牌价为 1 美元兑 6.25 元人民币,12 月 15 日的外汇牌价为 1 美元兑 6.88 元人民币。

筹划分析:

如果采用当月 1 日的汇率,折合成 250 元人民币,应缴消费税 75 万元人民币。

如果采用结算当日的汇率,折合成 275.2 万人民币,应缴消费税 82.56 万元人民币。

两种方法相比,采用结算当日汇率计算比采用当月 1 日汇率计算多缴纳消费税 7.56 万元人民币。

需要注意的是,税法规定,对于每一个纳税人来讲,汇率折算方法一经确定,在 1 年之内不得随意变动,以后年度如需调整,也必须向税务机关申报,得到批准后方可按调整后的折算方法计算。因此,在选择折算汇率时,需要纳税人对未来的经济形势和汇率走势作出恰当判断。一般来讲,如果在一个较长的时期内人民币处于不断升值状态,采用结算当日汇率折算较为有利;反之,则采用当月 1 日汇率折算较为有利。当然,当某一币种处于长期升值或贬值过程时,也不排除其币值的波动。因此,汇率折算方法的选择是从总体规划角度考虑的,即使筹划得很合理,也能保证每一笔销售收入都可以按相对较低的折算汇率折算。

6. 巧用包装物押金的筹划

随着市场经济的发展,包装的重要性越来越突出,无论是对于销售者还是购买者都是如此。应税消费品计征消费税时,包装物的价格是否随所包装的应税消费品一并计税?税法相关规定如下。

(1)包装物销售。实行从价定率方法计算应纳税额的应税消费品连同包装物销售的,包装物无论是否单独作价,也不论在会计上如何核算,均应并入应税消费品的销售额征收消费税。

(2)包装物租金。包装物租金属于价外费用,凡销售应税消费品向购买方收取的价外费用,无论会计制度如何核算,均应并入应税消费品的销售额计算应纳税额。

(3)包装物押金。纳税人为销售货物而出租、出借包装物收取的押金,单独记账核算的,不并入销售额征税,但对于逾期未收回的包装物不再退还的包装物押金,应按所包装的应税消费品适用的税率计算应纳税额。根据《财政部国家税务总局关于酒类产品包装物押金征税问题的通知》,从 1995 年 6 月 1 日起,对酒类产品生产企业销售酒类产品而收取的包装物押金,无论押金是否返还及会计上如何核算,均需并入酒类产品销售额中,依酒类产品的适用税率征收消费税。

从税法的规定可以看出,只有押金有可能不并入销售额计算缴纳消费税,因此采用收取押金的方式比其他两种方式更有利于节税。但从企业净收益的角度,包装物的销售额和租金是企业收入,而押金只有在逾期未归还时才构成收入。所以,在实际工作中,企业要比较

收入、成本和税收,作出使企业利益最大化的决策。

🔊 拓展案例 4-2　巧用包装物押金的税收筹划

拓展案例 4-2

4.3 │ 消费税税率的税收筹划

4.3.1　税率的法律界定

微课视频:税率的法律界定

消费税的税率由《消费税暂行条例》所附的《消费税税目税率表》规定,《消费税税目税率表》对每种应税消费品所适用的税率都有明确的界定,而且税率是固定的。消费税按不同的消费品划分税目,在税目的基础上,采用"一目一率"的方法,因而每种应税消费品的消费税税率各不相同,这种差别为税收筹划提供了客观条件。消费税的税率分为比例税率、定额税率和复合税率三种。现行消费税的比例税率最低为1%,最高为56%;定额税率最低为每征税单位0.5元,最高为每征税单位250元。

4.3.2　税率的税收筹划

一种税率的筹划方法是纳税人针对消费税的税率具有多个档次的特点,根据税法的基本原则进行必要的合并核算和分开核算,达到节税目的。

由于应税消费品所适用的税率是固定的,只有在兼营不同税率应税消费品的情况下,纳税人才能选择合适的销售方式和核算方式,达到适用较低的消费税率,减轻税负的目的。当企业兼营多种不同税率的应税消费品时,应当分别核算不同税率应税消费品的销售额、销售数量。因为税法规定,未分别核算销售额、销售数量,或者将不同税率的应税消费品组成成套消费品出售的,应从高适用税率,这无疑会增加企业的税收负担。

(1)消费税纳税人同时经营适用两种以上税率的应税消费品的行为,应分别核算。例如,酒类综合生产企业,既生产粮食白酒又生产其他酒,两种酒的比例税率分别为20%和15%,则企业应分别核算粮食白酒和其他酒的销售额。若未分别核算,那么在纳税时,要按每500克0.5元的定额税率缴税,同时按照两种酒的销售额合计,用粮食白酒20%的税率缴纳消费税。

(2)消费税纳税人将两种不同税率的应税消费品组成套装销售,应尽量采取先销售后包装的形式。如果化妆品公司将其生产的高档化妆品和化妆工具包装在一起销售,由于高档化妆品的税率为15%,虽然化妆工具不征收消费税,但在计税时应将两种消费品的销售额合计,按高档化妆品15%的税率计征消费税。

🔊 特别提示 4-2　税率的税收筹划

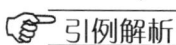 引例解析

微课视频:特别提示 4-2

消费品的"成套"销售税收筹划

按照所述做法,将产品包装后再销售给商家,应纳消费税为:

$$(75+30+45+50+25+48+20+5)\times15\%=44.7(元)$$

若改变做法,将各种产品先分为别销售给商家,再由商家包装。要注意,在实际操作中,只需要换个包

装地点,并将产品分别开具发票,在财务上分别核算销售收入即可,应纳税额为:

$$(75+30+45)×15\%=22.5(元)$$

每套化妆品节税额为 22.2 元。

另一种税率的筹划方法是根据税法的有关规定对不同等级的应税消费品进行定价筹划。应税消费品的等级不同,适用的消费税的税率也不同。税法中,等级的确定标准是单位定价,即单位定价越高,等级越高,适用的税率越高。纳税人可以根据市场供需关系和税负的多少,制定合理的价格,以获得税收利益。

例如,每吨啤酒出厂价格(含包装物及包装物押金)在 3 000 元以上(含 3 000 元,不含增值税)的,单位税额为每吨 250 元;在 3 000 元以下的,单位税额为每吨 220 元。卷烟的比例税率为:每标准条(200 支)调拨价格在 70 元以上(含 70 元,不含增值税)的,卷烟税率为56%;每标准条调拨价格不足 70 元的,税率为 36%。

【例 4-5】 根据税法的有关规定,每吨啤酒出厂价格(含包装物及包装物押金)在 3 000 元以上(含 3 000 元,不含增值税)的,单位税额每吨 250 元,在 3 000 元以下的单位税额每吨 220 元。纳税人可以通过制定合理的价格,适用较低的税率,达到减轻税负的目的。

筹划分析:

判定销售价格可以基于无差别价格临界点(即每吨价格高于 3 000 元时的税后利润与每吨价格等于 2 999.99 元时的税后利润相等时的价格)进行。

其计算过程如下:

设临界点的价格为 X(由于其高于 3 000 元,故适用 250 元的税率),销售数量为 Y,即:

应纳消费税:$250×Y$

应纳增值税:$XY×13\%-$进项税额

应纳城建税及教育费附加:

$$[250×Y+(XY×13\%-进项税额)]×(7\%+3\%)$$

应纳所得税:

$$\{XY-成本-250×Y-[250×Y+(XY×13\%-进项税额)]×(7\%+3\%)\}×所得税税率$$

税后利润:

$$\{XY-成本-250×Y-[250×Y+(XY×13\%-进项税额)]×(7\%+3\%)\}×(1-所得税税率) \qquad ①$$

每吨价格等于 2 999.99 元时税后利润为:

$$\{2\,999.99Y-成本-220×Y-[220×Y+(2\,999.99Y×13\%-进项税额)]×(7\%+3\%)\}×(1-所得税税率) \qquad ②$$

当①式=②式时,$X=3\,033.42$(元)

即当临界点的价格为 3 033.42 元时,按两个价格销售的税后利润相同。当销售价格>3 033.42 元时,纳税人才能获得节税利益。当销售价格<3 033.42 元时,纳税人取得的税后利润反而低于每吨价格为 2 999.99 元时的税后利润。

相关思考 4-1

卷烟的无差别价格临界点价格是多少?

按照税收政策的规定,卷烟消费税实行复合计税,即先从量每大箱征收 150 元,再从价对单条(200 支,下同)调拨价为70元以上(含70元,不含增值税)的按56%的税率征收,对单条调拨价为70元以下的按36%的税率征收。因此,企业如何定价对企业税负及利润的影响非常关键。

根据税收政策,从价定率征收消费税有一个临界点,即过了临界点时单条调拨价在70元时税率发生变化,消费税税率由36%上升到56%,税负必然加重。而企业的财务目标为追求企业税后利润最大化,因此,应根据税收政策的变化,筹划产品的价格定位。设临界点的价格为X,可得:

$$X-成本-X×56\%-从量税-[X×56\%+从量税+(X×13\%-进项税额)]×(7\%+3\%)$$
$$=69.99-成本-69.99×36\%-从量税-[69.99×36\%+从量税+(69.99×13\%-进项税额)]$$
$$×(7\%+3\%)$$

解得:$X=111.49$(元)

🔊 延伸阅读4-2 国家税务总局关于发布《海南岛免税店销售离岛免税商品免征增值税和消费税管理办法》的公告

延伸阅读4-2

本 章 小 结

本章主要学习了消费税税收筹划的三个基础,包括消费税纳税人的法律界定、消费税计税依据的法律界定、消费税税率的法律界定,详细讲解了消费税纳税人的税收筹划、消费税计税依据的税收筹划、消费税税率的税收筹划。通过学习,学生应掌握消费税的税收筹划方法,为能根据企业的实际财务资料作出合理有效的筹划决策打下坚实的基础。

重 要 概 念

无差别价格临界点　委托加工应税消费品　转让定价　组成计税价格

本 章 练 习

一、单项选择题

1. 下列选项中,不需要缴纳消费税的是( )。
   A. 金银首饰的进口　　　　　　　　B. 化妆品的进口
   C. 卷烟的委托加工　　　　　　　　D. 啤酒的出厂销售

2. 根据消费税法律制度的规定,下列各项中,属于消费税应税消费品的是( )。
   A. 高档西服　　　　B. 汽油　　　　C. 全自动洗衣机　　　　D. 电视机

3. 甲酒厂为增值税一般纳税人,2021年12月销售果木酒,取得不含增值税销售额10万元,同时收取包装费0.585万元、优质费2.34万元。已知果木酒的消费税税率为10%,增值税税率为13%,则甲酒厂当月销售果木酒应缴纳的消费税( )万元。
   A. 1.292 5　　　　B. 1.058 5　　　　C. 1.258 9　　　　D. 1.05

4. 下列各项中,不符合应税消费品销售数量规定的是( )。
   A. 生产销售应税消费品的,为应税消费品的销售数量
   B. 自产自用应税消费品的,为应税消费品的生产数量
   C. 委托加工应税消费品的,为纳税人收回的应税消费品数量
   D. 进口应税消费品的,为海关核定的应税消费品进口征税数量

5. 卷烟批发企业甲 2019 年 12 月批发销售卷烟 500 箱,其中批发给另一卷烟批发企业 300 箱、零售专卖店 150 箱、个体烟摊 50 箱。每箱不含税批发价格为 13 000 元。卷烟批发环节的消费税税率为 11% 加 0.005 元/支,甲企业批发环节应缴纳的消费税为(   )元。

    A. 32 500   B. 195 000   C. 130 000   D. 336 000

二、多项选择题

1. 下列单位中,属于消费税纳税人的有(   )。

    A. 生产销售应税消费品(金银首饰除外的范围)

    B. 委托加工应税消费品的单位

    C. 进口应税消费品的单位

    D. 受托加工应税消费品的单位

2. 根据消费税法的规定,下列各项中,不需要缴纳消费税的有(   )。

    A. 汽车专卖店销售小汽车   B. 珠宝店进口钻石饰品

    C. 烟草专卖店零售卷烟   D. 酒厂委托加工白酒

3. 根据消费税法律制度的规定,下列消费品中,实行从量定额与从价定率相结合的复合计征办法征收消费税的有(   )。

    A. 卷烟   B. 成品油   C. 白酒   D. 小汽车

4. 根据消费税法律制度的规定,关于消费税纳税义务发生时间的下列表述中,正确的有(   )。

    A. 纳税人采取预售货款结算方式销售应税消费品的,为收到预收款的当天

    B. 纳税人自产自用应税消费品的,为移送使用的当天

    C. 纳税人委托加工应税消费品的,为纳税人提货的当天

    D. 纳税人进口应税消费品的,为报关进口的当天

5. 下列不可抵扣外购应税消费品的已纳消费税税额的有(   )。

    A. 为生产化妆品而领用的外购已税酒精

    B. 为生产金银首饰而领用的外购已税翡翠首饰

    C. 为生产实木地板而领用的外购已税实木地板

    D. 为生产白酒领用外购已税酒精

三、判断题

1. 纳税人兼营不同税率应税消费品的,一律从高适用税率。   (   )

2. 舞台、戏剧、影视演员化妆用的上妆油、卸妆油、油彩,不征收消费税。   (   )

3. 根据税法的规定,纳税人用于换取生产资料和消费资料,投资入股和抵偿债务等方面的应税消费品,应当以纳税人同类应税消费品的最高销售价格作为计税依据计算消费税。   (   )

4. 如果企业存在以应税消费品抵债、入股的情况,最好先作抵债或入股的处理,再销售。   (   )

5. 包装物租金属于价外费用,凡销售应税消费品向购买方收取的价外费用,无论其会计制度如何核算,均应并入销售额计算应纳税额。   (   )

四、简答题

1. 利用转让定价进行消费税的税收筹划应注意哪些方面?

2. 以外币结算的应税消费品如何进行税收筹划?

五、案例分析题

某卷烟厂为增值税一般纳税人,12 月 1 日库存外购烟丝的进价成本为 345 000 元,12 月 10 日从某烟叶

加工厂购入烟丝一批,取得增值税专用发票一张,注明价款为 100 000 元,税额为 16 000 元。12 月 31 日企业库存外购烟丝的进价成本为 21 500 元;本月份共向外销售甲类卷烟 40 箱,取得收入 480 000 元,增值税为 76 800 元;销售乙类卷烟 75 箱,取得收入 150 000 元,增值税为 24 000 元。按照现行消费税法的规定,该卷烟厂用从生产企业外购已税烟丝生产的卷烟,可以从应纳消费税税额中扣除原料烟丝已纳消费税税款。

请问该卷烟厂当期准予扣除的外购应税消费品的已纳税款为多少? 当期实际应纳消费税款为多少?

第 5 章　企业所得税的税收筹划

内容提要

本章主要介绍企业所得税的筹划方法和技巧,从纳税人的税收筹划、计税依据的税收筹划、税率的税收筹划、优惠政策的税收筹划等方面进行讲解。

重点难点

本章重点为纳税人筹划中子公司与分公司的筹划、计税依据筹划中收入项目的筹划、扣除项目的筹划;难点为收入项目的筹划中折扣销售和赠送礼品销售方式的筹划、扣除项目筹划中固定资产的筹划。

学习目标

通过对本章的学习,学生应掌握企业所得税的最新政策及企业所得税纳税人的税收筹划、计税依据的税收筹划、税率的税收筹划、优惠政策的税收筹划等税收筹划方法;明确居民企业与非居民企业的区别及企业如何利用不同纳税人身份进行筹划的方法,明确子公司与分公司的区别和相关的税收筹划方法,明确收入类型、扣除项目的内容及如何利用其进行税收筹划;了解企业所得税税率类型及适用条件,了解企业所得税的税收优惠政策和利用税收优惠政策进行税收筹划的方法。

知识框架

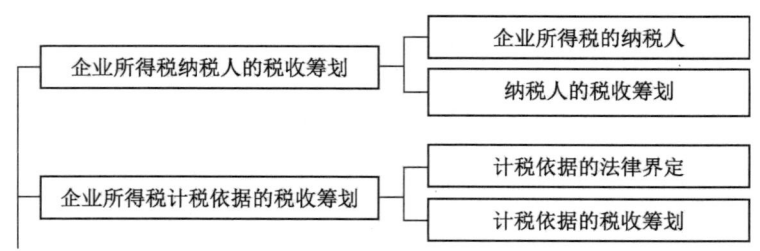

（续图）

引入案例　　　　日清食品公司税收筹划

日本日清食品公司在中国收购花生后,临时派出它的一个海上车间,在中国大连港口停留28天,将收购的花生加工成花生米,将花生皮压碎制成花生皮制板后再返售给中国。日清食品公司既没有在中国设立实际管理机构,也没有设立机构、场所,仅在大连港口停驻了海上车间。

该案例中的日本日清公司是否需要向中国政府缴纳企业所得税?

5.1 | 企业所得税纳税人的税收筹划

5.1.1　企业所得税的纳税人

企业所得税是对我国境内的企业和其他取得收入的组织的生产经营所得和其他所得征收的一种所得税。它是我国实行改革开放政策以来,在《中华人民共和国企业所得税暂行条例》和《中华人民共和国外商投资企业和外国企业所得税法》实践的基础上,为了创建一个公平的竞争环境,适应市场经济的要求,在合并内外资企业所得税的基础上对在中国境内企业的纯收益征收的一种所得税。2007年3月16日,我国第十届全国人民代表大会第五次会议审议通过了《中华人民共和国企业所得税法》(以下简称《企业所得税法》),自2008年1月1日起施行。企业所得税是涉及范围较广的一个税种,其应纳税额与收入、成本、费用等密切相关。因此,税收筹划空间较大。

1. 居民企业

1)居民企业的概念

《企业所得税法》第二条规定:企业分为居民企业和非居民企业。居民企业是指依法在中国境内成立,或者依照外国(地区)法律成立但实际管理机构在中国境内的企业。居民企业包括两大类:一类是依照中国法律、行政法规在中国境内成立的企业、事业单位、社会团体以及其他取得收入的组织;另一类是依照外国(地区)法律成立的企业和其他取得收入的组织。

需要解释的是,"依法在中国境内成立的企业"中的"法"是指中国的法律、行政法规。目前我国法人实体中各种企业及其他组织类型分别由各个领域的法律、行政法规规定,如《中华人民共和国公司法》《中华人民共和国全民所有制工业企业法》《中华人民共和国乡镇企业法》《事业单位登记管理暂行条例》《社会团体登记管理条例》《基金会管理办法》等,都是有关企业及其他取得收入的组织成立的法律、法规依据。

居民企业如果是依照外国法律成立的,必须具备实际管理机构在中国境内这一条件。所谓实际管理机构,是指对企业的生产经营、人员、账务、财产等实施实质性全面管理和控制的机构。我国借鉴国际惯例,对实际管理机构作出了明确的界定,这里所指的实际管理机构通常要求符合以下三个条件。

第一,对企业有实质性管理和控制的机构。实际管理机构与名义上的企业行政中心不同,是企业真实的管理中心。一个企业在利用资源和取得收入方面往往和其经营活动的管理中心联系密切。国际私法中对法人所在地的判断通常采取"最密切联系地"的标准,也符合实质重于形式的原则。税法将实质性管理和控制作为认定实际管理机构的标准之一,有利于防止外国企业逃避税收征管,从而保障我国的税收主权。

第二,对企业实行全面的管理和控制的机构。如果该机构只是对该企业的一部分或非关键的生产经营活动进行管理和控制,如只是对在中国境内的某一个生产车间进行管理,则不被认定为实际管理机构。只有对企业的整体或者主要的生产经营活动进行实际管理和控制,对本企业的生产经营活动负总体责任的管理控制机构,才符合实际管理机构标准。

第三,管理和控制的内容是企业的生产经营、人员、账务、财产等。这是界定实际管理机构的最关键标准,强调对人事权和财务权的控制。比如,到中国投资的许多外国企业,如果其设在中国的管理机构的名称带有"亚太区总部""亚洲区总部"等字样,一般都被认定为实际管理机构,即对企业具有实质性管理和控制的权利。例如,在我国注册成立的通用汽车(中国)公司,就是我国的居民企业;在英国、美国、百慕大群岛等国家和地区注册的企业,但实际管理机构在我国境内的,也是我国的居民企业。

2)居民企业的税收政策

居民企业承担全面的纳税义务,即居民企业应当就其在中国境内、境外的全部所得缴纳企业所得税。

这里所指的所得,包括销售货物所得,提供劳务所得,转让财产所得,股息、红利等权益性投资所得,利息所得,租金所得,特许权使用费所得,接受捐赠所得和其他所得。

3)属于居民企业的公司制企业的税收政策

公司制企业属于法人实体,有独立的法人财产,享有法人财产权。公司以其全部财产对公司的债务承担有限责任。公司制企业一般分为有限责任公司和股份有限公司两大类。《中华人民共和国公司法》还规定了两种特殊形式的有限责任公司:一人有限公司和国有独资公司。

无论是有限责任公司(包括一人有限责任公司和国有独资公司)还是股份有限公司,作为法人实体,我国税法对其纳税义务作了统一规定,即公司制企业应在对其实现的利润总额作相应的纳税调整后缴纳企业所得税,如果向自然人投资者分配股利或红利,还要代扣投资者20%的个人所得税。上市公司派发股息、红利时,对个人持股1年以内(含1年)收到的股息、红利,暂不扣缴个人所得税。待个人转让股票时,证券登记结算公司根据其持股期限计算应纳税额,由证券公司等股份托管机构从个人资金账户中扣收并划付证券登记结算公司。

个人从公开发行和转让市场取得的上市公司股票,持股期限在 1 个月以内(含 1 个月)的,其股息、红利所得全额计入应纳税所得额;持股期限在 1 个月以上、1 年(含 1 年)以内的,股息、红利所得暂减按 50% 计入应纳税所得额;持股期限超过 1 年的,股息、红利所得暂免征收个人所得税。

国有独资公司是指国家单独出资、由国务院或者地方人民政府授权本级人民政府国有资产监督管理机构履行出资人职责的有限责任公司。目前,由于中国还处于社会转型期,国有独资公司作为拥有大量国有资产的国有企业还享受一些税收优惠政策。例如,针对国有独资公司之间划拨资产、国有独资公司改制等情况,税法对涉及的契税和企业所得税等进行减免。

就税收负担而言,公司形式以股份有限公司为佳,其原因有二:其一,世界各国税法中鼓励投资的有关税收减免条款一般针对股份有限公司;其二,有利于股东降低税收负担。《国家税务总局关于股份制企业转增资本和派发红股征免个人所得税的通知》(国税发〔1997〕198 号)规定:股份制企业用资本公积金转增股本不属于股息、红利性质的分配,个人取得的转增股本数额不作为个人所得,不征收个人所得税。

2. 非居民企业

1)非居民企业的概念

非居民企业是指依照外国(地区)法律成立且实际管理机构不在中国境内,但在中国境内设立机构、场所的,或者在中国境内未设立机构、场所,但有来源于中国境内的所得的企业。

这里所说的机构、场所,是指在中国境内从事生产经营活动的机构、场所,它包括以下情形。

(1)管理机构、营业机构、办事机构。管理机构是指对企业生产经营活动作出管理决策的机构;营业机构是指企业开展日常生产经营活动的固定场所,如商场等;办事机构是指企业在当地设立的从事联络和宣传等活动的机构,如外国企业在中国设立的代表处,它们往往为开拓中国市场进行调查和宣传等工作,为企业到中国开展经营活动打下基础。

(2)工厂、农场、开采自然资源的场所。这三类场所属于企业开展生产经营活动的场所。工厂是工业企业,如制造业的生产厂房、车间所在地;农场是农业、牧业等生产经营的场所;开采自然资源的场所主要是采掘业的生产经营活动场所,如矿山、油田等。

(3)提供劳务的场所。提供劳务的场所包括从事交通运输、仓储租赁、咨询经纪、科学研究、技术服务、教育培训、餐饮住宿、中介代理、旅游、娱乐、加工以及其他劳务服务活动的场所。

(4)从事建筑、安装、装配、修理、勘探等工程作业的场所,包括建筑工地、港口码头、地质勘探场地等工程作业场所。

(5)其他从事生产经营活动的机构、场所。

(6)非居民企业委托营业代理人在中国境内从事生产经营活动的,包括委托单位和个人经常代其签订合同,或者储存、交付货物等,该营业代理人视为非居民企业在中国境内设立的机构、场所。

2)非居民纳税人的税收政策

(1)非居民企业在中国境内设立机构、场所的,应当就其所设机构、场所取得的来源于中国境内的所得,以及发生在中国境外但与其所设机构、场所有实际联系的所得,缴纳企业所得税。

这里所说的实际联系,是指非居民企业在中国境内设立的机构、场所拥有据以取得所得的股权、债权,以及拥有、管理、控制据以取得所得的财产等。例如,韩国一家企业在中国设立营业机构(非实际管理机构),属于中国的非居民企业。但是,如果该营业机构对中国境内的一家中国企业进行股权投资,其所获得的股息、红利等权益性收益就可以被认定为与该营业机构有实际联系的所得,应就其股息、红利所得缴纳企业所得税。

(2)非居民企业在中国境内未设立机构、场所的,或者虽设立机构、场所但取得的所得与其所设机构、场所没有实际联系的,应当就其来源于中国境内的所得缴纳企业所得税。

由于非居民企业的税收政策相对复杂,且适用较为复杂的税率制度,这里将非居民企业适用的税率归纳如图5-1所示。

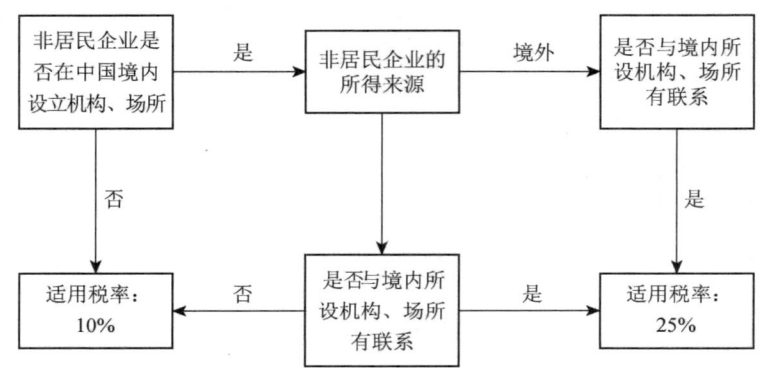

图5-1 非居民企业适用的税率

居民企业和非居民企业都属于企业所得税的纳税人,我国之所以对居民企业与非居民企业进行合理划分,是为了区分纳税义务,当然,这对纳税主体的税收实践将会产生深远影响。

微课视频:纳税人、征税对象和税率

☞ 引例解析 ....

日清食品公司税收筹划

引例中,日本日清食品公司在中国收购花生,临时派出它的一个海上车间在中国大连港口停留28天,将收购的花生加工成花生米,将花生皮压碎制成花生皮制板后再返售给中国。根据非居民纳税人的税收政策,日清食品公司在大连港口停驻的海上车间既不属于在中国设立的实际管理机构,也不属于在中国设立的机构场所,因此属于非居民企业,不必为其获得的花生皮制板收入向中国政府缴纳25%的所得税,只需要按照10%的税率缴纳预提所得税。

这是跨国纳税人利用海上作业,就地收购原料、就地加工、就地出售的典型节税案例。日清食品公司采取这样的措施,不仅能够缩短生产周期、提高资金的周转率,而且通过成功节税实现了税后收益最大化。从这一案例的操作原理及方法来看,它符合国际税收惯例的要求。

3. 子公司与分公司

《中华人民共和国公司法》第十四条规定:分公司不具有法人资格,其民事责任由总公司承担；子公司具有法人资格，依法独立承担民事责任。子公司和分公司存在较大差别，下面我们分析两者的特征及其税收政策。

1）子公司是企业所得税的独立纳税人

子公司是对应母公司而言的，是指被另一家公司（母公司）有效控制的下属公司或者是母公司直接或间接控制的一系列公司中的一家公司。子公司是一个独立企业，具有独立的法人资格。

子公司因其具有独立法人资格而被设立的所在国视为居民企业，通常要履行与该国其他居民企业一样的全面纳税义务，同时也能享受所在国为新设公司提供的免税期或其他税收优惠政策。但设立子公司一般需要复杂的手续，子公司经营亏损不能冲抵母公司利润，子公司与母公司的交易往往是税务机关反避税审查的重点内容。

2）分公司不是企业所得税的独立纳税人

分公司是指公司独立核算的、开展全部或部分经营业务的分支机构，如分厂、分店等。分公司是企业的组成部分，不具有独立的法人资格。

《企业所得税法》第五十条规定：居民企业在中国境内设立不具有法人资格的营业机构的，应当汇总计算并缴纳企业所得税。汇总纳税是指一个企业总机构和其分支机构的经营所得，通过汇总纳税申报的办法实现所得税的汇总计算和缴纳。我国实行法人所得税制度，不仅是引入和借鉴国际惯例的结果，也是实现所得税调节功能的必然选择。

法人所得税制要求总、分公司汇总计算缴纳企业所得税。因此，设立分支机构，使其不具有法人资格，就可由总公司汇总缴纳所得税。这样可以实现总、分公司之间盈亏互抵，从而合理减轻税收负担。

《国家税务总局关于印发〈跨地区经营汇总纳税企业所得税征收管理暂行办法〉的公告》（国家税务总局公告〔2012〕57 号）规定，汇总纳税企业实行"统一计算、分级管理、就地预缴、汇总清算、财政调库"的企业所得税征收管理办法。

其中，统一计算是指汇总纳税企业的总机构统一计算包括汇总纳税企业所属各个不具有法人资格分支机构在内的全部应纳税所得额、应纳税额。分级管理是指总机构、分支机构所在地的主管税务机关都有对当地机构进行企业所得税管理的责任，总机构和分支机构应分别接受机构所在地主管税务机关的管理。就地预缴是指总机构、分支机构应按规定分月或分季度分别向所在地主管税务机关申报预缴企业所得税。汇总清算是指在年度终了后，总机构统一计算汇总纳税企业的年度应纳税所得额、应纳所得税额，抵减总机构、分支机构当年已就地分期预缴的企业所得税款后，多退少补税款。财政调库是指财政部定期将缴入中央国库的跨地区汇总纳税企业所得税待分配收入，按照核定的系数调整至地方金库。

企业总机构统一计算包括企业所属各个不具有法人资格的营业机构、场所在内的全部应纳税所得额、应纳税额。但总机构、分支机构所在地的主管税务机关都有对当地机构进行企业所得税管理的责任，总机构和分支机构应分别接受机构所在地主管税务机关的管理。在每个纳税期间，总机构、分支机构应分月或分季分别向所在地主管税务机关申报预缴企业所得税。等年度终了后，总机构负责进行企业所得税的年度汇算清缴，统一计算企业的年度应纳所得税税额，抵减总机构、分支机构当年已就地分期预缴的企业所得税款后，多退少补税款。

必须注意，税法还规定了不需要就地预缴税款的分支机构。

第一,垂直管理的中央类企业。如国有邮政企业(包括中国邮政集团公司及其控股公司和直属单位)、中国工商银行股份有限公司、中国农业银行股份有限公司、中国银行股份有限公司、国家开发银行股份有限公司、中国农业发展银行、中国进出口银行、中国投资有限责任公司、中国建设银行股份有限公司、中国建银投资有限责任公司、中国信达资产管理股份有限公司、中国石油天然气股份有限公司、中国石油化工股份有限公司、海洋石油天然气企业[包括中国海洋石油总公司、中海石油(中国)有限公司、中海油田服务股份有限公司、海洋石油工程股份有限公司]、中国长江电力股份有限公司等企业缴纳的企业所得税(包括滞纳金、罚款)为中央收入,全额上缴中央国库,其企业所得税征收管理不适用上述管理办法。铁路运输企业所得税征收管理不适用上述管理办法。

第二,以下二级分支机构不就地分摊缴纳企业所得税。

(1) 不具有主体生产经营职能,且在当地不缴纳增值税的产品售后服务、内部研发、仓储等汇总纳税企业内部辅助性的二级分支机构,不就地分摊缴纳企业所得税。

(2) 上年度认定为小型微利企业的,其二级分支机构不就地分摊缴纳企业所得税。

(3) 新设立的二级分支机构,设立当年不就地分摊缴纳企业所得税。

(4) 当年撤销的二级分支机构,自办理注销税务登记之日所属企业所得税预缴期间起,不就地分摊缴纳企业所得税。

(5) 汇总纳税企业在中国境外设立的不具有法人资格的二级分支机构,不就地分摊缴纳企业所得税。

5.1.2　纳税人的税收筹划

1. 纳税主体身份的选择

投资者在投资企业设立时,要考虑纳税主体的身份与税收之间的关系,因为不同身份的纳税主体会面对不同的税收政策。

1) 个人独资企业、合伙企业与公司制企业的选择

企业可以划分为三类:个人独资企业、合伙企业和公司制企业。我国对个人独资企业、合伙企业从2000年1月1日起,比照个体工商户的生产、经营所得,适用五级超额累进税率仅征收个人所得税。而公司制企业需要缴纳企业所得税。如果向个人投资者分配股息、红利的,还要代扣其个人所得税(投资者分回的股息、红利,税法规定适用20%的比例税率)。

一般来说,企业设立时应合理选择纳税主体的身份,选择的一般思路如下。

(1) 从总体税负角度考虑,个人独资企业、合伙企业的税负一般要低于公司制企业,因为前者不存在重复征税问题,而后者一般涉及重复征税问题。

(2) 企业在选择个人独资企业、合伙企业与公司制企业身份的决策中,要充分考虑税基、税率和税收优惠政策等多种因素,最终税负的高低是多种因素起作用的结果,不能只考虑一种因素。

(3) 企业在选择个人独资企业、合伙企业与公司制企业身份的决策中,还要充分考虑可能出现的各种风险。

【例5-1】　某人自办企业,年应税所得额为300 000元(假设不满足小微企业的相关规定),该企业如按个人独资企业或合伙企业缴纳个人所得税,依据现行税制,税收负担实

际为：

$$300\ 000 \times 20\% - 10\ 500 = 49\ 500(元)$$

若该企业为公司制企业,其适用的企业所得税税率为 25%,假定企业实现的税后利润全部作为股利分配给投资者,则该企业和投资者的税收负担为：

$$300\ 000 \times 25\% + 300\ 000 \times (1 - 25\%) \times 20\% = 120\ 000(元)$$

设立公司制企业比设立个人独资企业或合伙企业多承担所得税 70 500(120 000 - 49 500)元。在进行公司组织形式的选择时,应在综合权衡企业的经营风险、经营规模、管理模式及筹资额等因素的基础上,选择税负较小的组织形式。

2）子公司与分公司的选择

企业投资设立分支机构时,选择不同的组织形式各有利弊。子公司是以独立的法人身份出现的,因而可以享受子公司所在地提供的包括减免税在内的税收优惠。但设立子公司手续繁杂,需要具备一定的条件;子公司必须独立开展经营,自负盈亏,独立纳税;在经营过程中还要接受当地政府部门的监督管理等。

分公司不具有独立的法人身份,因而不能享受当地的税收优惠。但设立分公司手续简单,有关财务资料也不必公开,分公司不需要独立缴纳企业所得税,并且分公司这种组织形式便于总公司管理和控制。

设立子公司与设立分公司的税收利益孰高孰低并不是绝对的,它受到一国税收制度、经营状况及企业内部利润分配政策等多种因素的影响。通常而言,在投资初期分支机构发生亏损的可能性比较大,宜采用分公司的组织形式,其亏损额可以和总公司的损益合并纳税。当公司经营成熟后,宜采用子公司的组织形式,以便充分享受分支机构所在地的各项税收优惠政策。

【例 5-2】 深圳新营养技术生产公司为扩大生产经营范围,准备在内地兴建一家芦笋种植加工公司,在选择芦笋种植加工公司的组织形式时,该技术生产公司应如何进行税收筹划？

芦笋是一种根茎类作物,在新的种植区域播种,达到初次具有商品价值的收获期需要4～5 年,这使企业在开办初期面临着很大的亏损,但亏损会逐渐减少。假定经估计,芦笋种植加工公司第一年的亏损额为 200 万元,第二年的亏损额为 150 万元,第三年的亏损额为100 万元,第四年的亏损额为 50 万元,自第五年开始盈利,盈利额为 300 万元。

深圳新营养技术生产公司总部设在深圳,属于国家重点扶持的高新技术公司,适用的公司所得税税率为 15%。该公司除在深圳设有总部外,在内地还有一家 H 子公司（全资）,适用的税率为 25%;经预测,未来 5 年内,深圳新营养技术生产公司总部的应税所得均为1 000 万元,H 子公司的应税所得分别为 300 万元、200 万元、100 万元、0、-150 万元。

筹划分析：

现有三种组织形式方案可供选择。

方案一：将芦笋种植加工公司建成具有独立法人资格的 M 子公司（全资）。

因子公司具有独立法人资格,属于企业所得税的纳税人,故按其应纳税所得额独立计算缴纳企业所得税。

在这种情况下,深圳新营养技术生产公司包括三个独立纳税主体：深圳新营养技术生产公司、H 子公司和 M 子公司。在这种组织形式下,因 M 子公司是独立的法人实体,不能和深圳新营养技术生产公司或 H 子公司合并纳税,所以,其所形成的亏损不能抵消深圳新营养技术生产公司总部的利润,只能在其以后年度实现的利润中抵扣。

在前4年里,深圳新营养技术生产公司总部及其子公司的纳税总额分别为225($1\,000\times15\%+300\times25\%$)万元、200($1\,000\times15\%+200\times25\%$)万元、175($1\,000\times15\%+100\times25\%$)万元、150($1\,000\times15\%$)万元。4年间缴纳的企业所得税总额为750万元。

方案二:将芦笋种植加工公司建成非独立核算的分公司。

分公司不同于子公司,它不具备独立法人资格,不独立建立账簿,只作为分支机构存在。按税法规定,分支机构的利润与其总部实现的利润合并纳税。深圳新营养技术公司仅有两个独立的纳税主体:深圳新营养技术生产公司总部和H子公司。

在这种组织形式下,芦笋种植加工公司作为非独立核算的分公司,其亏损可由深圳新营养技术生产公司用其利润弥补,不仅使深圳新营养技术生产公司的应纳所得税得以延缓,而且降低了深圳新营养技术生产公司第一年至第四年的应纳税所得额。

在前4年里,深圳新营养技术生产公司总部、子公司及分公司的纳税总额分别为195万元($1\,000\times15\%-200\times15\%+300\times25\%$)、177.5万元($1\,000\times15\%-150\times15\%+200\times25\%$)、160万元($1\,000\times15\%-100\times15\%+100\times25\%$)、142.5万元($1\,000\times15\%-50\times15\%$),4年间缴纳的企业所得税总额为675万元。

方案三:将芦笋种植加工公司建成内地H子公司的分公司。

在这种情况下,芦笋种植加工公司和H子公司合并纳税。此时深圳新营养技术生产公司有两个独立的纳税主体:深圳新营养技术生产公司总部和H子公司。在这种组织形式下,芦笋种植加工公司作为H子公司的分公司,与H子公司合并纳税,其前4年的亏损可由H子公司当年利润弥补,降低了H子公司第一年至第四年的应纳税所得额,不仅使H子公司的应纳所得税得以延缓,而且使得整体税负下降。

在前4年里,深圳新营养技术生产公司总部、子公司及分公司的纳税总额分别为175($1\,000\times15\%+300\times25\%-200\times25\%$)万元、162.5($1\,000\times15\%+200\times25\%-150\times25\%$)万元、150($1\,000\times15\%+100\times25\%-100\times25\%$)万元、150($1\,000\times15\%$)万元,4年间缴纳的企业所得税总额为637.5万元。

通过对上述三种方案的比较,应该选择第三种组织形式,将芦笋种植加工公司建成内地H子公司的分公司,可以使整体税负最低。

3) 私营企业和个体工商户的选择

私营企业也称"私有企业",是由私人投资经营的企业,其生产资料和产品属私人所有,经营活动由自己或雇用的管理人员管理,资金来源有私人独自集资或债券集资、贷款投资、发行股票等。我国现阶段允许私有企业的存在和发展,鼓励外国投资者依法在中国投资建立各种形式的私人联合企业。

个体工商户是个体经济单位,它以劳动者个人及其家庭成员为主体,用自有的劳动工具及生产资料、资金,经向国家有关部门登记,独立地从事生产、经营活动。

按照现行税法的规定,我国的私营企业适用《企业所得税法》,企业所得税税率是25%。个体工商户却适用《个人所得税法》,其税率如表5-1所示。

表5-1　　　　　　　　　　　个体工商户适用的所得税税率

级数	全年应纳税所得额	税率	速算扣除数
1	不超过30 000元的部分	5%	0
2	30 000元至90 000元的部分	10%	1 500
3	90 000元至300 000元的部分	20%	10 500

(续表)

级数	全年应纳税所得额	税率	速算扣除数
4	300 000 元至 500 000 元的部分	30%	40 500
5	超过 500 000 元的部分	35%	65 500

私营企业适用 25% 的企业所得税税率。从表 5-1 中可以看出,个体工商户的应纳税所得额在 3 万元时,实际税率和适用的边际税率均为 5%。个体工商户应纳税所得额为 9 万元时,适用的边际税率为 10%,因为个体工商户适用的是累进税率,其实际税率应是 8.33% $[(90\ 000×10\%-1\ 500)÷90\ 000×100\%]$。个体工商户应纳税所得额为 3 万元时,适用的边际税率为 20%,其实际税率是 16.5% $[(300\ 000×20\%-10\ 500)÷300\ 000×100\%]$。个体工商户应纳税所得额为 50 万元时,适用的边际税率为 30%,其实际税率是 21.9% $[(500\ 000×30\%-40\ 500)÷500\ 000×100\%]$。个体工商户应纳税所得额超过 50 万元时,适用的边际税率为 35%。对应 25% 实际税率的应纳税所得额是多少?设应纳税所得额为 x 时实际税率等于 25%,令 $(x×35\%-65\ 500)÷x×100\%=25\%$,解得 $x=655\ 000$ 元。

由上面的分析可知,当应纳税所得额小于 655 000 元时,在同等盈利水平下,个体工商户的税负较轻。从所得税这一角度考察,个体工商户似乎比私营企业主能获得更多的纳税好处。但个体工商户也有自身的缺点,如生产、经营规模小,难以扩展业务等。私营企业组织严密,能多方面聚集资源来扩展经营,在扩大规模的同时能降低费用、提高盈利水平。当应纳税所得额等于 655 000 元时,两者的税负相同。当应纳税所得额大于 655 000 元时,私营企业的税负较轻。所以,私人投资者在投资前,应对自身投资的盈利状况及发展前景作出仔细预测,综合考察各种因素,最终作出有利于自己的投资决策。

2. 纳税主体身份的转变

纳税主体就是通常所称的纳税人,即法律、行政法规规定负有纳税义务的单位和个人。企业所得税的纳税义务人就是指在我国境内的企业和其他取得收入的组织。按照国际税收惯例,企业所得税强调法人税制,即企业所得税的纳税主体必须是独立的法人单位,只有具有法人资格的单位才能申报纳税。

不构成法人主体的分支营业机构,必须与总机构汇总纳税。这样就可以通过一定的筹划方法,改变纳税主体的性质,使其不成为企业所得税的纳税人,于是企业所得税就可以降低乃至完全规避。

在我国,法人单位主要有以下四类:①机关法人;②事业单位法人;③社会团体法人;④企业法人。不具有法人资格的分公司和企业内部的组织,都不是独立的法人单位,都无须缴纳企业所得税。

【例 5-3】 华夏集团 2020 年新成立 A 公司,A 公司从事生物制药及高级投资等盈利能力强的项目,2019 年盈利 1 000 万元,华夏集团将其注册为独立法人公司。华夏集团另有一法人公司 B 公司,常年亏损,但集团从整体利益出发不打算将其关闭,B 公司 2021 年亏损 300 万元。华夏集团该如何进行税收筹划?

筹划分析:

按照现有的组织结构模式,A 公司、B 公司都是法人单位,应独立缴纳企业所得税,则 2021 年 A 公司应缴纳企业所得税＝1 000×25％＝250(万元)。B公司发生亏损,应缴纳企业所得税为0,A公司、B公司合计缴纳企业所得税250万元。

若华夏集团进行筹划,将B公司变更登记为A公司的分支机构,则B公司不再是独立法人公司,就不再作为独立纳税人,而A公司需汇总纳税。则2021年A公司和B公司合计缴纳企业所得税＝(1 000－300)×25％＝175(万元),经过税收筹划节省企业所得税75(250－175)万元。其实,现有企业集团也可参考上述思路,对成员内部公司进行身份变更,以实现公司之间盈亏互抵,降低集团整体税负。

◁)) 延伸阅读5-1 国家税务总局关于企业所得税若干政策征管口径问题的公告

延伸阅读5-1

5.2 企业所得税计税依据的税收筹划

5.2.1 计税依据的法律界定

企业所得税的计税依据是应纳税所得额。应纳税所得额是指纳税人在一个纳税年度的收入总额减除成本、费用和损失等后的余额。

1. 应纳税所得额的计算

《中华人民共和国企业所得税法实施条例》(以下简称《企业所得税法实施条例》)第九条规定:企业应纳税所得额的计算,以权责发生制为原则,属于当期的收入和费用,不论款项是否收付,均作为当期的收入和费用;不属于当期的收入和费用,即使款项已经在当期收付,均不作为当期的收入和费用。

权责发生制以企业经济权利和经济义务是否发生作为计算应纳税所得额的依据,注重强调企业收入与费用的时间配比,要求企业收入与费用的确认时间不得提前或滞后。企业在不同纳税期间享受不同的税收优惠政策时,坚持按权责发生制原则计算应纳税所得额,可以有效防止企业利用收入和支出确认时间的不同规避税收。另外,《企业会计准则》规定,企业要以权责发生制为基础确认当期收入与费用,计算企业生产经营成果。《企业所得税法》与《企业会计准则》采用同一标准确认当期收入与费用,有利于减少两者的差距,减轻纳税人的税收遵从成本。

《企业所得税法》第五条规定:企业每一纳税年度的收入总额,减除不征税收入、免税收入、各项扣除以及允许弥补的以前年度亏损后的余额,为应纳税所得额。所以,应纳税所得额的计算公式如下:

应纳税所得额＝收入总额－不征税收入－免税收入－各项扣除－允许弥补的以前年度亏损

在计算应纳税所得额时,企业财务、会计处理办法与税收法律、行政法规的规定不一致的,应当依照税收法律、行政法规的规定计算纳税。

2. 收入项目

1) 收入的类型

为防止纳税人将应征税的经济利益排除在应税收入之外,《企业所得税法》将企业以货币形式和非货币形式取得的收入,都作为收入总额来对待。

《企业所得税法实施条例》将企业取得收入的货币形式界定为取得的现金、存款、应收账款、应收票据、准备持有至到期的债券投资以及债务的豁免等;将企业取得收入的非货币形式界定为固定资产、生物资产、无形资产、股权投资、存货、不准备持有至到期的债券投资、劳务以及有关权益等。由于取得收入的货币形式的金额是确定的,而取得收入的非货币形式的金额不确定,企业在计算非货币形式的收入时,必须按一定标准将其折算为确定的金额,即企业以非货币形式取得的收入,按照公允价值确定收入额。

收入总额中的下列收入为不征税收入:财政拨款,依法收取并纳入财政管理的行政事业性收费、政府性基金,国务院规定的其他不征税收入。

企业的下列收入为免税收入:国债利息收入,符合条件的居民企业之间的股息、红利等权益性投资收益,在中国境内设立机构、场所的非居民企业从居民企业取得的与该机构、场所有实际联系的股息、红利等权益性投资收益,符合条件的非营利公益组织的收入。

? 相关思考5-1 ....

A公司和B公司均为我国的居民企业,A公司从2011年开始持有B公司40%的股权。2019年,B公司将税后净利润中的100万元用于分配,A公司分得股息收入50万元。请问,A公司取得的股息收入是否可以享受免征企业所得税的优惠?

2) 收入的确认时间

(1) 股息、红利等权益性投资收益,是指企业因权益性投资从被投资方取得的收入。股息、红利等权益性投资收益,除国务院财政、税务主管部门另有规定外,按照被投资方作出利润分配决定的日期确认收入的实现。

(2) 利息收入,是指企业将资金提供他人使用但不构成权益性投资,或者因他人占用本企业资金取得的收入,包括存款利息、贷款利息、债券利息、欠款利息等收入,按照合同约定的债务人应付利息的日期确认收入的实现。

(3) 租金收入,是指企业提供固定资产、包装物或者其他有形资产的使用权取得的收入,按照合同约定的承租人应付租金的日期确认收入的实现。

(4) 特许权使用费收入,是指企业提供专利权,非专利技术、商标权、著作权以及其他特许权的使用权取得的收入,按照合同约定的特许权使用人应付特许权使用费的日期确认收入的实现。

(5) 接受捐赠收入,是指企业接受的来自其他企业、组织或者个人无偿给予的货币性资产、非货币性资产,按照实际收到捐赠资产的日期确认收入的实现。

(6) 其他收入,是指企业取得的除《企业所得税法》第六条第(一)项至第(八)项规定的收入外的其他收入,包括企业资产溢余收入、逾期未退包装物押金收入、确实无法偿付的应付款项、已作坏账损失处理后又收回的应收款项、债务重组收入、补贴收入、违约金收入、汇兑收益等。

3) 分期确认收入的项目

(1) 以分期收款方式销售货物的,按照合同约定的收款日期确认收入的实现。这是纳税必要资金原则的体现,即在没有纳税必要资金的情况下,可允许企业将资产转让所得递延,直至该资产被最终处置时才确认该所得的实现。

(2) 企业受托加工、制造大型机械设备、船舶、飞机等,以及从事建筑、安装、装配工程业务或者提供其他劳务,持续时间超过12个月的,按照纳税年度内完工进度或者完成的工作量确认收入的实现。

(3) 企业受托加工、制造大型机械设备、船舶、飞机等,以及从事建筑、安装、装配工程业务或者提供其他劳务,持续时间通常分属于不同的纳税年度,甚至会跨越数个纳税年度,而且涉及的金额一般比较大。为了及时反映各纳税年度的应税收入,一般情况下,不能等到合同完工时或进行结算时才确认应税收入。企业按照完工进度或者完成的工作量对跨年度的特殊劳务确认收入和扣除进行纳税,也有利于保证跨纳税年度的收入在不同纳税年度得到及时确认,保证税收收入的均衡入库。因此,对企业受托加工、制造大型机械设备、船舶等,以及从事建筑、安装、装配工程业务和提供劳务,持续时间跨越纳税年度的,应当按照纳税年度内完工进度或者完成的工作量确认收入。

除受托加工、制造大型机械设备、船舶、飞机等,以及从事建筑、安装、装配工程业务或者提供其他劳务,其他跨纳税年度的经营活动,通常情况下持续时间短、金额小,按照纳税年度内完工进度或者完成的工作量确认应税收入没有实际意义。另外,这些经营活动在纳税年度末的收入和相关的成本费用不易确定,相关的经济利益能否流入企业也不易判断,因此,一般不采用按照纳税年度内完工进度或者完成的工作量确认收入的办法。

3. 税前扣除项目

1) 税前允许扣除的项目

(1) 企业实际发生的与取得收入有关的、合理的支出,包括成本、费用、税金、损失和其他支出,准予在计算应纳税所得额时扣除。

(2) 企业发生的公益性捐赠支出,在年度利润总额 12% 以内的部分,准予在计算应纳税所得额时扣除。超过年度利润总额 12% 的,可以结转到以后 3 个纳税年度进行扣除。

(3) 企业按照规定计算的固定资产折旧,准予扣除。但下列固定资产不得计算折旧扣除:房屋、建筑物以外未投入使用的固定资产,以经营租赁方式租入的固定资产,以融资租赁方式租出的固定资产,已足额提取折旧但仍继续使用的固定资产,与经营活动无关的固定资产,单独估价作为固定资产入账的土地,其他不得计算折旧扣除的固定资产。

(4) 企业按照规定计算的无形资产摊销费用,准予扣除。但下列无形资产不得计算摊销费用扣除:自行开发的支出已在计算应纳税所得额时扣除的无形资产,自创商誉,与经营活动无关的无形资产,其他不得计算摊销费用扣除的无形资产。

(5) 企业发生的下列支出,作为长期待摊费用,按照规定摊销的,准予扣除:已足额提取折旧的固定资产的改建支出,租入固定资产的改建支出;固定资产的大修理支出,其他应当作为长期待摊费用的支出。

(6) 企业对外投资期间,投资资产的成本在计算应纳税所得额时不得扣除。

(7) 企业使用或者销售存货,按照规定计算的存货成本,准予在计算应纳税所得额时扣除。

(8) 企业转让资产,该项资产的净值,准予在计算应纳税所得额时扣除。

(9) 企业纳税年度发生的亏损,准予向以后年度结转,用以后年度的所得弥补,但结转年限最长不得超过 5 年。

2) 不得扣除的项目

(1) 向投资者支付的股息、红利等权益性投资。

(2) 企业所得税税款。

(3) 税收滞纳金。

(4) 罚金、罚款和被没收财物的损失。

微课视频:广告费和业务宣传费的纳税调整

微课视频:公益性捐赠的纳税调整

（5）《企业所得税法》第九条规定的公益性捐赠以外的捐赠支出。

（6）赞助支出。

（7）未经核定的准备金支出。

（8）与取得收入无关的其他支出。

5.2.2 计税依据的税收筹划

1. 收入的筹划

1）应税收入确认金额的筹划

收入总额是指企业以货币形式和非货币形式从各种来源取得的收入，包括纳税人来源于中国境内、境外的生产经营收入和其他收入。

商品销售收入的金额一般应根据企业与购货方签订的合同或协议金额确定，无合同或协议的，应按购销双方都同意或都能接受的价格确定；提供劳务的总收入，一般按照企业与接受劳务方签订的合同或协议的金额确定，如根据实际情况需要增加或减少交易总金额，企业应及时调整合同总收入。让渡资产使用权中的金融企业利息收入应根据合同或协议规定的存、贷款利息确定。使用费收入按企业与其资产使用者签订的合同或协议确定。

但是，在收入计量中，还经常存在着各种收入抵免因素，这就给企业在保证收入总体不受大影响的前提下提供了税收筹划的空间。例如，各种商业折扣、销售折让、销售退回以及出口商品销售中的外国运费、装卸费、保险费、佣金等，应在实际发生时冲减销售收入；销售中的现金折扣应在实际发生时计入当期财务费用，也就等于抵减了销售收入。这都减少了应纳税所得额，也就相应地减少了所得税，前者还减少了流转税的计税依据。

📁 **特别提示 5-1** ┈┈┈

销售货物涉及商业折扣的，应当按照扣除商业折扣后的金额确定销售收入；销售货物涉及现金折扣的，应当按照扣除现金折扣前的金额确定销售收入；企业已经确认销售货物收入的售出货物发生销售折让的，应当在发生时冲减当期的销售收入。

【例 5-4】 某大型商场为增值税一般纳税人，企业所得税实行查账征收方式，适用税率为 25%。假定每销售 100 元商品，其平均商品成本为 60 元。2021 年 6 月商场决定开展促销活动，拟订"满 100 送 20"，即每销售 100 元商品，送出 20 元的商品。实施方案有哪些选择？（假设不考虑城市维护建设税和教育费附加）

筹划分析：

方案一：顾客购物满 100 元，商场送 8 折商业折扣的优惠。

根据这一方案，企业销售 100 元商品收取 80 元，只需在销售票据上注明折扣额，销售收入可按折扣后的金额计算。假设商品增值税税率为 13%，企业所得税税率为 25%，则：

$$应纳增值税 = 80 \div (1+13\%) \times 13\% - 60 \div (1+13\%) \times 13\% = 2.3(元)$$

$$销售毛利润 = 80 \div (1+13\%) - 60 \div (1+13\%) = 17.7(元)$$

$$应纳企业所得税 = 17.7 \times 25\% = 4.42(元)$$

$$税后净收益 = 17.7 - 4.42 = 13.28(元)$$

方案二：顾客购物满 100 元，商场赠送折扣券 20 元（不可兑换现金，下次购物可代币结算）。

按此方案，企业销售 100 元商品，收取 100 元，但赠送折扣券 20 元。如果规定折扣券占销售商品总价值不高于40%(该商场销售毛利率为40%,规定折扣券占商品总价40%以下,可避免收取款项低于商品进价),则顾客相当于获得了下次购物的折扣期权,商场本笔业务应纳税及相关获利情况为:

$$应纳增值税＝100÷(1+13\%)×13\%－60÷(1+13\%)×13\%＝4.60(元)$$

$$销售毛利润＝100÷(1+13\%)－60÷(1+13\%)＝35.4(元)$$

$$应纳企业所得税＝35.4×25\%＝8.85(元)$$

$$税后净收益＝35.4－8.85＝26.55(元)$$

但当顾客下次使用折扣券时,商场就会面临按方案一计算的纳税及获利情况,因此,与方案一相比,方案二仅多了流入资金增量部分的时间价值而已,也可以说是"延期"折扣。

方案三:顾客购物满100元,商场另行赠送价值20元的不同类礼品。

在此方案下,企业赠送礼品的行为应视同销售行为,计算销项税额;同时,由于赠送礼品属非公益性捐赠,赠送的礼品成本不允许税前列支(假设礼品的进销差价率与商场其他商品相同)。相关计算如下:

$$应纳增值税＝100÷(1+13\%)×13\%－60÷(1+13\%)×13\%$$
$$＋20÷(1+13\%)×13\%－12÷(1+13\%)×13\%＝5.52(元)$$

$$销售毛利润＝100÷(1+13\%)－60÷(1+13\%)－12÷(1+13\%)$$
$$－20÷(1+13\%)×13\%＝22.48(元)$$

$$应纳企业所得税＝[22.48＋12÷(1+13\%)＋20÷(1+13\%)×13\%]×25\%$$
$$＝8.85(元)$$

$$税后净收益＝22.48－8.85＝13.63(元)$$

方案四:顾客购物满100元,商场返还现金"大礼"20元。

商场返还现金的行为也属商业折扣,与方案1相比只是定率折扣与定额折扣的区别,相关计算同方案一。

方案五:顾客购物满100元,商场送加量商品,顾客可再选购价值20元的同类商品,即实行捆绑式销售,总价格不变。

按此方案,商场为购物满100元的商品实行加量不加价的优惠。商场收取的销售收入没有变化,但由于实行捆绑式销售,避免了无偿赠送,因而加量部分成本可以正常列支,相关计算如下:

$$应纳增值税＝100÷(1+13\%)×13\%－60÷(1+13\%)×13\%$$
$$－12÷(1+13\%)×13\%＝3.22(元)$$

$$销售毛利润＝100÷(1+13\%)－60÷(1+13\%)－12÷(1+13\%)＝24.78(元)$$

$$应纳企业所得税＝24.78×25\%＝6.19(元)$$

$$税后净收益＝24.78－6.19＝18.59(元)$$

相关思考5-2

[例5-4]延伸思考

在[例5-4]方案中,方案一与方案五相比,即再把20元商品作正常销售,相关计算如下:

$$应纳增值税＝20÷(1+13\%)×13\%－12÷(1+13\%)×13\%＝0.92(元)$$

$$销售毛利润＝20÷(1+13\%)－12÷(1+13\%)＝7.08(元)$$

$$应纳企业所得税＝7.08×25\%＝1.77(元)$$

$$税后净收益＝7.08－1.77＝5.31(元)$$

按上面的计算方法,方案一最终可获税后净利为18.59(13.28＋5.31)元,与方案五大致相等。若仍作折扣销售,则税后净收益还是有一定差距,所以方案五优于方案一。而且方案一的再销售能否及时实现具有不确定性,因此,还得考虑存货占用资金的成本。

2) 应税收入确认时间的筹划

推迟应税所得的实现可以延迟纳税,相当于使用国家的一笔无息贷款。通过销售结算方式的选择,控制收入确认的时间,可以合理调整所得归属年度,以达到减税或延缓纳税的目的,从而降低税负。

【例5-5】 某企业属于增值税一般纳税人,2021年6月发生销售业务5笔,共计应收货款2 000万元,其中,有三笔共计1 200万元,10日内货款两清;一笔300万元,购销双方协商2年后一次性付清;另一笔500万元,购销双方协商1年后付250万元,1年半后付150万元,余款100万元2年后结清。该企业增值税进项税额为150万元,毛利率为15%,所得税税率为25%,企业对上述销售业务采用了分期收款方式。

筹划分析:

方案一:企业采取直接收款方式。

计提销项税额=2 000÷(1+13%)×13%=230.09(万元)

实际缴纳增值税=230.09-150=80.09(万元)

依据企业毛利率计算所得税=2 000÷(1+13%)×15%×25%=66.37(万元)

方案二:企业对未收到的应收账款分别在货款结算中采取赊销和分期收款结算方式。

当期销项税额=1 200÷(1+13%)×13%=138.05(万元)

实际缴纳增值税=138.05-150=-11.95(万元)

依据企业毛利率计算所得税=1 200÷(1+13%)×15%×25%=39.82(万元)

由于收入确认的方法不同,方案二较方案一少垫付增值税92.04[80.09-(-11.95)]万元,少垫付所得税26.55(66.37-39.82)万元。

由此,企业在不能及时收到货款的情况下,采用赊销或分期收款结算方式,可以避免垫付税款。

【例5-6】 B企业是全国知名的电脑生产企业,2021年生产的某品牌电脑全是委托分布在全国30多个大中城市的代理商销售的。该企业在与代理商的合作方式上,有以下两种方案可供选择。

筹划分析:

方案一:采用委托代销方式。

2021年该企业发出电脑15 000台,到年底结账时,收到代销单位的代销清单,合计销售12 000台,因此,B企业应按代销清单确认销售收入。

注意:若代销时间超过180天,委托方一律确认销售实现并计算缴纳增值税款。

方案二:采用买断的方式。

如果采用买断的方式销售这批电脑,应于货物发出时确认销售收入的实现时间。2019年该企业发出电脑15 000台,因此,应按发出的数量及发出的时间确认销售收入。

比较两方案,可以看出,B企业采取委托代销方式可以实现递延纳税。

2. 扣除项目的筹划

1) 期间费用的筹划

企业生产经营中的期间费用包括销售费用、管理费用、财务费用,这些费用的大小直接影响着企业的应纳税所得额。为了防止纳税人任意增加费用、减小应纳税所得额,《企业所得税法实施条例》对允许扣除项目作了规定,结合会计核算的费用项目划分需要,将费用项目分为三类:税法有扣除标准的费用项目、税法没有扣除标准的费用项目、税法给予优惠的费用项目。

税法有扣除标准的费用项目包括职工福利费、职工教育经费、工会经费、业务招待费、广告费和业务宣传费、公益性捐赠支出等。这类费用一般采用以下筹划方法。

(1)原则上遵照税法的规定进行抵扣,避免因纳税调整而增加企业税负。

(2)区分不同费用项目的核算范围,使税法允许扣除的费用标准得以充分抵扣。

(3)费用的合理转化,将有扣除标准的费用通过会计处理转化为没有扣除标准的费用,加大扣除项目总额,降低应纳税所得额。

税法没有扣除标准的费用项目包括劳动保护费、办公费、差旅费、董事会费、咨询费、诉讼费、租赁及物业费、车辆使用费、长期待摊费用摊销、房产税、车船税、土地使用税、印花税等。这类费用一般采用以下筹划方法。

(1)正确设置费用项目,合理加大费用开支。

(2)选择合理的费用分摊方法。例如,对低值易耗品、无形资产、长期待摊费用等进行摊销时,要视纳税人不同时期的盈亏情况而定:在盈利年度,应选择使费用尽快得到分摊的方法,使其抵税作用尽早发挥,推迟所得税纳税时间;在亏损年度,应选择使费用尽可能摊入亏损并能全部得到税前弥补,不要浪费费用分摊的抵税效应;在享受税收优惠的年度,应选择能使减免税年度摊销额最小、正常年度摊销额增大的摊销方法。

税法给予优惠的费用项目包括研发费用等,应充分享受税收优惠政策。制造业企业在一个纳税年度生产经营中发生的新产品、新技术、新工艺的技术开发费用,允许按当年费用实际发生额的 200% 扣除。

税务直通车 5-1

国家税务总局
关于研发费用税前加计扣除归集范围有关问题的公告
国家税务总局公告 2017 年第 40 号

为进一步做好研发费用税前加计扣除优惠政策的贯彻落实工作,切实解决政策落实过程中存在的问题,根据《财政部 国家税务总局 科技部关于完善研究开发费用税前加计扣除政策的通知》(财税〔2015〕119 号)及《国家税务总局关于企业研究开发费用税前加计扣除政策有关问题的公告》(国家税务总局公告 2015 年第 97 号)等文件的规定,现就研发费用税前加计扣除归集范围有关问题公告如下:

一、人员人工费用

指直接从事研发活动人员的工资薪金、基本养老保险费、基本医疗保险费、失业保险费、工伤保险费、生育保险费和住房公积金,以及外聘研发人员的劳务费用。

(一)直接从事研发活动人员包括研究人员、技术人员、辅助人员。研究人员是指主要从事研究开发项目的专业人员;技术人员是指具有工程技术、自然科学和生命科学中一个或一个以上领域的技术知识和经验,在研究人员指导下参与研发工作的人员;辅助人员是指参与研究开发活动的技工。外聘研发人员是指与本企业或劳务派遣企业签订劳务用工协议(合同)和临时聘用的研究人员、技术人员、辅助人员。

接受劳务派遣的企业按照协议(合同)约定支付给劳务派遣企业,且由劳务派遣企业实际支付给外聘研发人员的工资薪金等费用,属于外聘研发人员的劳务费用。

(二)工资薪金包括按规定可以在税前扣除的对研发人员股权激励的支出。

（三）直接从事研发活动的人员、外聘研发人员同时从事非研发活动的,企业应对其人员活动情况做必要记录,并将其实际发生的相关费用按实际工时占比等合理方法在研发费用和生产经营费用间分配,未分配的不得加计扣除。

二、直接投入费用

指研发活动直接消耗的材料、燃料和动力费用;用于中间试验和产品试制的模具、工艺装备开发及制造费,不构成固定资产的样品、样机及一般测试手段购置费,试制产品的检验费;用于研发活动的仪器、设备的运行维护、调整、检验、维修等费用,以及通过经营租赁方式租入的用于研发活动的仪器、设备租赁费。

（一）以经营租赁方式租入的用于研发活动的仪器、设备,同时用于非研发活动的,企业应对其仪器设备使用情况做必要记录,并将其实际发生的租赁费按实际工时占比等合理方法在研发费用和生产经营费用间分配,未分配的不得加计扣除。

（二）企业研发活动直接形成产品或作为组成部分形成的产品对外销售的,研发费用中对应的材料费用不得加计扣除。

产品销售与对应的材料费用发生在不同纳税年度且材料费用已计入研发费用的,可在销售当年以对应的材料费用发生额直接冲减当年的研发费用,不足冲减的,结转以后年度继续冲减。

三、折旧费用

指用于研发活动的仪器、设备的折旧费。

（一）用于研发活动的仪器、设备,同时用于非研发活动的,企业应对其仪器设备使用情况做必要记录,并将其实际发生的折旧费按实际工时占比等合理方法在研发费用和生产经营费用间分配,未分配的不得加计扣除。

（二）企业用于研发活动的仪器、设备,符合税法规定且选择加速折旧优惠政策的,在享受研发费用税前加计扣除政策时,就税前扣除的折旧部分计算加计扣除。

四、无形资产摊销费用

指用于研发活动的软件、专利权、非专利技术(包括许可证、专有技术、设计和计算方法等)的摊销费用。

（一）用于研发活动的无形资产,同时用于非研发活动的,企业应对其无形资产使用情况做必要记录,并将其实际发生的摊销费按实际工时占比等合理方法在研发费用和生产经营费用间分配,未分配的不得加计扣除。

（二）用于研发活动的无形资产,符合税法规定且选择缩短摊销年限的,在享受研发费用税前加计扣除政策时,就税前扣除的摊销部分计算加计扣除。

五、新产品设计费、新工艺规程制定费、新药研制的临床试验费、勘探开发技术的现场试验费

指企业在新产品设计、新工艺规程制定、新药研制的临床试验、勘探开发技术的现场试验过程中发生的与开展该项活动有关的各类费用。

六、其他相关费用

指与研发活动直接相关的其他费用,如技术图书资料费、资料翻译费、专家咨询费、高新科技研发保险费,研发成果的检索、分析、评议、论证、鉴定、评审、评估、验收费用,知识产权的申请费、注册费、代理费,差旅费、会议费,职工福利费、补充养老保险费、补充医疗保险费。

此类费用总额不得超过可加计扣除研发费用总额的10%。

七、其他事项

（一）企业取得的政府补助,会计处理时采用直接冲减研发费用方法且税务处理时未将其确认为应税收入的,应按冲减后的余额计算加计扣除金额。

（二）企业取得研发过程中形成的下脚料、残次品、中间试制品等特殊收入,在计算确认收入当年的加计扣除研发费用时,应从已归集研发费用中扣减该特殊收入,不足扣减的,加计扣除研发费用按零计算。

（三）企业开展研发活动中实际发生的研发费用形成无形资产的,其资本化的时点与会计处理保持一致。

（四）失败的研发活动所发生的研发费用可享受税前加计扣除政策。

（五）国家税务总局公告2015年第97号第三条所称"研发活动发生费用"是指委托方实际支付给受托

方的费用。无论委托方是否享受研发费用税前加计扣除政策,受托方均不得加计扣除。

委托方委托关联方开展研发活动的,受托方需向委托方提供研发过程中实际发生的研发项目费用支出明细情况。

八、执行时间和适用对象

本公告适用于 2017 年度及以后年度汇算清缴。以前年度已经进行税务处理的不再调整。涉及追溯享受优惠政策情形的,按照本公告的规定执行。科技型中小企业研发费用加计扣除事项按照本公告执行。

国家税务总局公告 2015 年第 97 号第一条、第二条第(一)项、第二条第(二)项、第二条第(四)项同时废止。

国家税务总局
2017 年 11 月 8 日

【例 5-7】 某房地产开发企业在北京一黄金地段开发楼盘,广告费扣除率为 15%,预计本年销售收入为 7 000 万元,计划本年宣传费用开支 1 200 万元。企业宣传费用开支 1 200 万元,有两个税收筹划方案,可供选择。

筹划分析:

方案一:在当地电视台黄金时间每天播出 4 次、间隔播出 10 个月并在当地报纸连续刊登 12 个月,此项因广告费超支额需调增所得税金额为:(1 200—7 000×15%)×25%=37.5(万元),则广告实际总支出为:1 200+37.5=1 237.5(万元)

方案二:在当地电视台每天播出 3 次、间隔播出 10 个月并在当地报纸做广告,需支出 900 万元,雇用少量人员在节假日到各商场和文化活动场所散发宣传材料需支出 30 万元,建立自己的网页并在有关网站发布售房信息,发布和维护费用需支出 270 万元。

经比较,方案二为最佳方案,因网站发布和维护费用可在管理费用列支(税法未对此项广告宣传费用作出限制,一般作为管理费用中的其他项目列支)。此时,方案二的各项支出 1 200 万元均可在各项规定的扣除项目限额内列支,无须纳税调整,并且从多个角度对房产进行了宣传,对房产销售起到了很好的促进作用。

2)成本项目的筹划

(1)合理处理成本的归属对象和归属期间。纳税人必须将经营活动中发生的成本合理划分为直接成本和间接成本。直接成本是指可直接计入有关成本计算对象或劳务成本中的直接材料、直接人工等。间接成本是指多个部门为同一个成本对象提供服务的共同成本,或者一种投入制造、提供两种或两种以上的产品或劳务的联合成本。间接成本必须根据与成本计算对象之间的因果关系、成本计算对象的产量等,以合理的方法分配计入有关成本计算对象中。尤其是在既生产应税产品又生产免税产品的企业,合理确定直接成本和间接成本的归属对象和归属期间显得尤为重要。

(2)成本结转处理方法的筹划。成本结转处理方法主要有在产品不计算成本法、约当产量法、在产品按完工产品计算法、在产品按定额成本计价法等。税法并没有限制使用哪一种方法,采用不同的成本结转处理方法对完工产品成本的结转影响很大,企业应根据实际情况选择适当的方法。例如,选择在产品不计算成本法则每期发生的生产费用都可以作为完工产品成本,相应地扩大了当期的营业成本,减少了当期应纳税所得额。当然,成本结转的处理方法一经确定就不能更改,如果需要更改,需要向当地主管税务部门申请下一年的成本结转处理方法,否则,税务机关有权进行纳税调整。

(3)成本核算方法的筹划。成本核算方法主要有品种法、分批法、分步法三种基本方法。每一种方法对产成品成本的归集与计算要求各不相同,对最终计算的产成品成本结果产生很大的影响。所以,合理选择成本核算方法,能够影响企业的产成品价值。

（4）成本费用在计入存货、资本化对象或期间费用之间的选择。如果企业的某项成本费用能够在存货与资本化对象之间进行选择，对于纳税人而言，应该尽可能选择计入存货成本，因为这样做不仅可以获得增值税的抵扣，而且可以加快其税前扣除速度。

如果企业对发生的某项成本费用可以在计入存货与期间费用之间选择，从所得税的角度而言，应该计入期间费用，因为期间费用可以在当期扣除。但从增值税的角度来看，关系到进项税额能否扣除，如果不涉及进项税额的扣除，则纳税人应该尽可能选择计入期间费用。但如果影响进项税额的扣除，即当发生某项费用时不能获得增值税发票，则纳税人应该尽可能选择计入存货，因为选择计入期间费用只是获得所得税加速扣除的好处，如果以放弃进项税额的抵扣为前提，肯定得不偿失。

【例 5-8】 华夏公司采购一台设备，价值 100 万元，预计使用年限为 10 年，不考虑净残值；随同该设备购入的，还有与该设备有关的零部件、附属件，价值 30 万元。假定企业适用的增值税税率为 13%。

筹划分析：

方案一：零部件、附属件随同设备计入固定资产。

方案二：零部件、附属件作为低值易耗品入账。（假设低值易耗品采用五五摊销法）

两者在企业所得税前扣除的金额没有差异，但方案二的扣除速度快于方案一，企业可以获得货币的时间价值。

3）固定资产的筹划

（1）能够费用化或计入存货的成本费用不要资本化计入固定资产。因为成本费用只要资本化计入固定资产，不仅不能够获得增值税进项税额的抵扣，而且成本费用也不得在当期计入应纳税所得额。

（2）折旧是影响企业所得税的重要因素，提取固定资产折旧金额的大小主要取决于四大因素：应计提折旧额、折旧年限、折旧方法以及净残值。计提折旧时应充分考虑这四种因素的影响。

【例 5-9】 华夏公司固定资产原值 80 000 元，预计残值 2 000 元，使用年限为 5 年，企业所得税税率为 25%。企业未扣除折旧前的利润如表 5-2 所示。

表 5-2   **企业未扣除折旧前的利润**   单位：元

年限	未扣除折旧的利润	年限	未扣除折旧的利润
第 1 年	50 000	第 4 年	50 000
第 2 年	62 000	第 5 年	32 000
第 3 年	53 000	合计	247 000

筹划分析：

（1）非贴现方法。

分别选用直线法、双倍余额递减法（加速折旧法）来计算每年的应纳税所得额。

① 直线法：

$$年折旧率＝1÷5×100\%＝20\%$$

$$年折旧额＝（80\,000－2\,000）×20\%＝15\,600（元）$$

$$累计折旧额＝15\,600×5＝78\,000（元）$$

$$累计应纳所得税税额＝（247\,000－78\,000）×25\%＝42\,250（元）$$

② 双倍余额递减法：

$$折旧率＝2×(1÷5)×100\%＝40\%$$
$$第1年折旧额＝80\,000×40\%＝32\,000(元)$$
$$第2年折旧额＝(80\,000－32\,000)×40\%＝19\,200(元)$$
$$第3年折旧额＝(80\,000－32\,000－19\,200)×40\%＝11\,520(元)$$

第4年、第5年改用直线法：

$$每年折旧额＝(80\,000－32\,000－19\,200－11\,520－2\,000)÷2＝7\,640(元)$$
$$累计折旧额＝78\,000\,元$$
$$应纳所得税税额＝(247\,000－78\,000)×25\%＝42\,250(元)$$

在非贴现的情况下，以直线法与双倍余额递减法计算的折旧总额和应纳所得税税额没有差异。

（2）贴现方法。

以两种折旧方法计算得出的各年应纳税所得额、应纳所得税税额及现值如表5-3所示（假定贴现率为10%）。

表5-3 两种折旧方法下的应纳税所得额、应纳所得税税额及现值 单位:元

年限	直线法			双倍余额递减法		
	应纳税所得额	应纳税额	应纳税额现值	应纳税所得额	应纳税额	应纳税额现值
第1年	34 400	8 600	7 817.40	18 000	4 500	4 090.50
第2年	46 400	11 600	9 581.60	42 800	10 700	8 838.20
第3年	37 400	9 350	7 021.85	41 480	10 370	7 787.87
第4年	34 400	8 600	5 873.80	42 360	10 590	7 232.97
第5年	16 400	4 100	2 546.10	24 360	6 090	3 781.89
合计	169 000	42 250	32 840.75	169 000	42 250	31 731.43

注:1年期、2年期、3年期、4年期、5年期利率的10%的复利现值系数分别为0.909、0.826、0.751、0.683、0.621。

从表5-3中可以看出，运用双倍余额递减法（加速折旧法）折旧，初期提取的折旧额比较多，相应的税基少，应缴纳所得税也就少，折旧后期折旧额较小，相应的应纳所得就多。虽然在整个折旧摊销期间，总的应纳税所得额和应缴所得税是一样的，但各年应缴的税款不一样。从各年应纳税额的现值总额来看，双倍余额递减法较直线法所实现的节税金额为：32 840.75－31 731.43＝1 109.32（元）。

但需要注意的是，采取缩短折旧年限方法或者采取加速折旧方法的固定资产只有两类：一是由于技术进步，产品更新换代较快的固定资产；二是常年处于强震动、高腐蚀状态的固定资产。采取缩短折旧年限方法的，最低折旧年限不得低于规定折旧年限的60%。

（3）对于不能计提折旧又无需使用的固定资产应加快处理，尽量实现财产损失的税前扣除。

【例5-10】 华夏公司有一项无需使用的固定资产，其原值为100万元，预计使用期限为10年，无残值。目前已使用5年，账面剩余价值50万元，由于能耗过高被停用，如果出售可以获得5万元。

筹划分析：

如果公司对该固定资产不作任何处理，账面的50万元既不能计提折旧，也不能将计提的跌价准备在税前扣除。

如果处置获得 5 万元收入,则实现固定资产处置的净损失为:50－5＝45(万元),45 万元的损失在当期就可以抵税,企业当期可以少交所得税:45×25％＝11.25(万元)。

(4)固定资产维修费用的筹划。固定资产的维修与改良在税收处理上有较大的差异。相比较而言,维修费用能够尽快实现税前扣除,而改良支出需要计入固定资产,通过折旧实现税前扣除。另外,维修工程中发生的料件,还可以获得增值税进项税额的抵扣,而改良支出属于固定资产,为改良购置的料件不能够获得进项税额的抵扣。

固定资产的大修理支出必须作为长期待摊费用按规定摊销,不得直接在当期税前扣除。《企业所得税法实施条例》第六十九条规定:固定资产的大修理支出,是指同时符合下列条件的支出:第一,修理支出达到取得固定资产时的计税基础 50％以上;第二,修理后固定资产的使用年限延长 2 年以上。

【例 5-11】 华夏公司对旧生产设备进行大修,大修过程中发生材料费、配件费 80 万元,增值税 12.8 万元,支付工人工资 20 万元,总花费 100 万元,而整台设备原值为 198 万元。

筹划分析:

总的修理支出大于设备原值(计税基础)的 50％。按照税法的规定,凡修理支出达到取得固定资产时的计税基础的 50％以上的,一律作为大修理支出,按照固定资产尚可使用年限分期摊销。因此,公司应将 100 万元费用计入该设备原值,在以后的使用期限内逐年摊销。

但注意到固定资产原值(计税基础)的 50％为 99 万元,与现有花费相当,如果进行税收筹划则能节约税金。具体安排如下:节省修理支出至 99 万元以下,就可以视为日常维修处理,增值税 12.8 万元可以列入进项税额进行抵扣,即企业可以少缴增值税 12.8 万元,少缴城市维护建设税及教育费附加 1.28 万元,同时 99 万元修理支出可以计入当期损益并在企业所得税前扣除,从而获得递减纳税的好处。

(5)租入固定资产租金的选择。企业取得固定资产的方式主要有购置、经营性租入和融资租入等。由于取得的方式不同,税法所涉及的有关规定也就不同,这就给税收筹划留下了一定的空间。

纳税人以经营租赁方式从出租方取得固定资产,符合独立纳税人交易原则的租金可根据受益时间均匀扣除。纳税人以融资租赁方式从出租方取得固定资产,其租金支出不得扣除,但可按规定提取折旧费用。

【例 5-12】 华夏公司由于扩大生产,现急需一台生产设备。此设备既可以通过经营租赁租入,也可以购置。企业所得税税率为 25％,贴现率为 10％。那么,在决策时有两个方案可供选择。

筹划分析:

方案一:经营性租赁租入。每年租金 15 万元,假定每年年末支付,共租 5 年。

净现值＝－15×PVIFA(5,10％)×(1－25％)＝－15×3.791×(1－25％)＝－42.65(万元)

方案二:购置。假定买价为 60 万元,5 年提完折旧,每年计提 12 万元,并且没有残值和维修费。

净现值＝－60＋12×25％×PVIFA(5,10％)＝－60＋12×3.791×25％＝－48.63(万元)

可见,方案一具有明显的税收优势。

4)无形资产摊销的筹划

无形资产摊销额的决定性因素有三个,即无形资产的价值、摊销年限以及摊销方法。税法对无形资产的摊销期限赋予纳税人一定的选择空间。正常经营的企业应选择较短的摊销期限,这样不仅可以加速无形资产成本的收回,避免企业未来的不确定性风险,而且可以使企业后期成本、费用提前扣除,前期利润后移,从而使企业获得延期纳税的好处。

【例 5-13】 华夏公司接受外企一无形资产作为投资。该无形资产价值 1 200 万元,法律规定的有效期为 10 年。估计该项投资可以每年给公司增加利润 180 万元,使公司每年的利润达到 650 万元,每年需纳税 162.5(650×25%)万元。假定企业的必要报酬率为 10%。

筹划分析:

缴纳的所得税现值=162.5×PVIFA(10,10%)=162.5×6.145=998.56(万元)

如果公司财务人员从税收筹划的角度考虑,与投资方协商,以提高对方的利润分配率为代价,议定该无形资产的使用年限为 5 年,则:

前 5 年每年可增加费用=1 200÷5-1 200÷10=120(万元)

利润减少至 530 万元,每年需纳税=530×25%=132.50(万元)。

后 5 年的无形资产摊销为 0 元,利润为 770 万元,每年缴税 192.50 万元。

缴纳的所得税现值总和为:

132.5×PVIFA(5,10%)+192.5×[PVIFA(10,10%)-PVIFA(5,10%)]

=132.5×3.791+192.5×(6.145-3.791)=955.45(万元)

获得的货币时间价值=998.56-955.45=43.11(万元)

5)公益性捐赠的筹划

公益性捐赠是纳税人承担社会责任的表现,税法对此予以鼓励。《企业所得税法》规定:企业发生的公益性捐赠支出,在年利润总额 12% 以内的部分准予在计算应纳税所得额时扣除。

年度利润总额是指企业依照国家统一会计制度的规定计算的年度会计利润。公益性捐赠,是指企业通过公益性社会团体或者县级以上人民政府及其部门,用于《公益事业捐赠法》规定的公益事业的捐赠。这里的公益性社会团体,是指同时符合规定条件的基金会、慈善组织等社会团体。纳税人直接向受赠人的捐赠不允许扣除。

企业在符合税法规定的情况下,可以充分利用捐赠政策,分析不同捐赠方式的税收负担,在不同捐赠方式中作出选择,达到既实现捐赠又降低税负的目的。

【例 5-14】 华夏公司某年实现会计利润 1 200 万元。当企业得知南方部分地区遭受罕见冰雪灾害时,决定捐赠 200 万元。当年无其他调整项目。企业如何进行捐赠的税务筹划?

筹划分析:

方案一:通过公益性社会团体进行捐赠。捐赠超过年度利润总额 12% 以内的部分,准予在计算应纳税所得额时扣除。

捐赠的扣除限额=1 200×12%=144(万元)

企业捐赠的金额为 200 万元,而捐赠抵扣限额只有 144 万元,超出限额的 56 万元捐赠金额不得在计算所得额时扣除,需要相应调增所得额 56 万元。

应纳企业所得税税额=(1 200+56)×25%=314(万元)

方案二:通过乡政府进行捐赠或通过企业主管行政部门向本省贫困地区捐赠。不符合企业所得税法规定的抵扣条件,所发生的捐赠不得扣除,需要相应调增所得额 200 万元。

$$应纳企业所得税额＝(1\ 200＋200)\times25\%＝350(万元)$$

可见,选择的捐赠方式不同,同样金额的捐赠支出导致计算所得额时的抵扣额有很大差别,影响企业的实际应纳所得税。

企业在发生公益性捐赠业务时,应该先预估一下当年的会计利润,尽量把捐赠额度控制在抵扣限额之内,或者把超出抵扣部分的捐赠安排在下一年度进行,以最大限度地享受抵扣应纳税所得额的优惠。

3. 亏损弥补的筹划

亏损弥补政策是我国企业所得税中的一项重要优惠措施,是国家为了扶持纳税人发展,从政策上帮助纳税人渡过难关的一项优惠措施。企业要充分利用亏损弥补政策,以取得最大的节税效益。

(1) 重视亏损年度后的运营。企业出现亏损后,就必须重点抓生产经营及投资业务,如企业可以减小以后 5 年内投资的风险性,以相对较安全的投资为主,确保亏损能在规定的 5 年期限内得到全额弥补。

(2) 利用企业合并、分立、汇总纳税等优惠条款消化亏损。按照税法的规定,汇总、合并纳税的成员企业发生的亏损,可直接冲抵其他成员企业的所得额或并入总公司的亏损额,不需要用本企业以后年度所得弥补。被兼并企业若不再具有独立纳税人资格,其兼并前尚未弥补的经营亏损,可由兼并企业用以后年度的所得弥补。所以,对于一些长期处于高盈利状态的企业,可以兼并一些亏损企业,以减少其应纳税所得额,达到节税的目的。尤其是一些大型集团公司,尽量采取汇总纳税、合并纳税的方式,用盈利企业的所得额冲抵亏损企业的亏损额,从而减少应纳税额。

(3) 选择亏损弥补期的筹划。当纳税企业既有所得税应税项目,又有免税项目时(如免税的投资收益),如果认真地考虑免税所得的分回时间,就可以最大限度地弥补亏损并获得税收利益。

5.3 │ 企业所得税税率的税收筹划

5.3.1 企业所得税的税率

1. 企业所得税的基本税率

《企业所得税法》第四条规定企业所得税的税率为 25%。目前,无论内资企业还是外资企业,我国对其一律执行相同的基本税率,在一定程度上保持了税收的公平性,是我国整体降低企业所得税负担的重要表现。

在中国没有设立机构场所,或者虽然设立了机构场所,但来源于中国境内的、与所设机构场所没有实际联系的所得,适用 20% 的企业所得税税率。按《企业所得税法实施条例》的规定,上述所得减按 10% 的税率征收企业所得税。比如,一家美国建筑设计司在中国境内没有设立机构场所,那么对其来自上海某建设单位的设计费收入应按 10% 的税率征收企业所得税。

2. 企业所得税的优惠税率

1）小型微利企业的 20% 低税率

《企业所得税法》第二十八条规定：符合条件的小型微利企业，减按 20% 的税率征收企业所得税。

《企业所得税法实施条例》第九十二条规定：符合条件的小型微利企业，是指从事国家非限制和禁止行业，并符合下列条件的企业：第一，工业企业，年度应纳税所得额不超过 50 万元，从业人数不超过 100 人，资产总额不超过 3 000 万元；第二，其他企业，年度应纳税所得额不超过 30 万元，从业人数不超过 80 人，资产总额不超过 10 000 万元。

税务直通车 5-2 ··

国家税务总局关于落实支持小型微利企业和

个体工商户发展所得税优惠政策有关事项的公告

国家税务总局公告 2021 年第 8 号

为贯彻落实《财政部　税务总局关于实施小微企业和个体工商户所得税优惠政策的公告》（2021 年第 12 号），进一步支持小型微利企业和个体工商户发展，现就有关事项公告如下：

一、关于小型微利企业所得税减半政策有关事项

（一）对小型微利企业年应纳税所得额不超过 100 万元的部分，减按 12.5% 计入应纳税所得额，按 20% 的税率缴纳企业所得税。

（二）小型微利企业享受上述政策时涉及的具体征管问题，按《国家税务总局关于实施小型微利企业普惠性所得税减免政策有关问题的公告》（2019 年第 2 号）相关规定执行。

二、关于个体工商户个人所得税减半政策有关事项

（一）对个体工商户经营所得年应纳税所得额不超过 100 万元的部分，在现行优惠政策基础上，再减半征收个人所得税。个体工商户不区分征收方式，均可享受。

（二）个体工商户在预缴税款时即可享受，其年应纳税所得额暂按截至本期申报所属期末的情况进行判断，并在年度汇算清缴时按年计算、多退少补。若个体工商户从两处以上取得经营所得，需在办理年度汇总纳税申报时，合并个体工商户经营所得年应纳税所得额，重新计算减免税额，多退少补。

（三）个体工商户按照以下方法计算减免税额：

减免税额＝（个体工商户经营所得应纳税所得额不超过 100 万元部分的应纳税额－其他政策减免税额×个体工商户经营所得应纳税所得额不超过 100 万元部分÷经营所得应纳税所得额）×（1－50%）

（四）个体工商户需将按上述方法计算得出的减免税额填入对应经营所得纳税申报表"减免税额"栏次，并附报《个人所得税减免税事项报告表》。对于通过电子税务局申报的个体工商户，税务机关将提供该优惠政策减免税额和报告表的预填服务。实行简易申报的定期定额个体工商户，税务机关按照减免后的税额进行税款划缴。

三、关于取消代开货物运输业发票预征个人所得税有关事项

个体工商户、个人独资企业、合伙企业和个人，代开货物运输业增值税发票时，不再预征个人所得税。个体工商户业主、个人独资企业投资者、合伙企业个人合伙人和其他从事货物运输经营活动的个人，应依法自行申报缴纳经营所得个人所得税。

四、关于执行时间和其他事项

本公告第一条和第二条自 2021 年 1 月 1 日起施行，2022 年 12 月 31 日终止执行。2021 年 1 月 1 日至本公告发布前，个体工商户已缴纳经营所得个人所得税的，可自动抵减以后月份的税款，当年抵减不完的可在汇算清缴时办理退税；也可直接申请退还应减免的税款。本公告第三条自 2021 年 4 月 1 日起施行。

《国家税务总局关于实施小型微利企业普惠性所得税减免政策有关问题的公告》(2019 年第 2 号)第一条与本公告不一致的,依照本公告执行。《国家税务总局关于代开货物运输业发票个人所得税预征率问题的公告》(2011 年第 44 号)同时废止。

特此公告。

国家税务总局

2021 年 4 月 7 日

符合条件的小型微利企业在当年预缴申报企业所得税时,须向主管税务机关提供上一纳税年度符合小型微利企业条件的相关证明材料。

2) 高新技术企业的 15% 优惠税率

《企业所得税法》第二十八条规定:国家需要重点扶持的高新技术企业,减按 15% 的税率征收企业所得税。

《高新技术企业认定管理办法》规定,高新技术企业必须同时满足以下条件。

(1) 在中国境内(不含港、澳、台地区)注册的企业,近 3 年内通过自主研发、受让、受赠、并购等方式,或通过 5 年以上的独占许可方式,对其主要产品(服务)的核心技术拥有自主知识产权。

(2) 产品(服务)属于《国家重点支持的高新技术领域》规定的范围。

(3) 具有大学专科以上学历的科技人员占企业当年职工总数的 30% 以上,其中研发人员占企业当年职工总数的 10% 以上。

(4) 企业为获得科学技术(不包括人文、社会科学)新知识,创造性地运用科学技术新知识,或实质性改进技术、产品(服务)而持续进行了研究开发活动,且近 3 个会计年度的研究开发费用总额占销售收入总额的比例符合如下要求:一是最近 1 年销售收入小于 5 000 万元的企业,比例不低于 6%;二是最近 1 年销售收入在 5 000 万元至 20 000 万元的企业,比例不低于 4%;三是最近 1 年销售收入在 20 000 万元以上的企业比例不低于 3%。其中,企业在中国境内发生的研究开发费用总额占全部研究开发费用总额的比例不低于 60%。企业注册成立时间不足 1 年的,按实际经营年限计算。

(5) 高新技术产品(服务)收入占企业当年总收入的 60% 以上。

(6) 企业研究开发组织管理水平、科技成果转化能力、自主知识产权数量,销售与总资产成长性等指标符合《高新技术企业认定管理工作指引》的要求。

5.3.2 税率的税收筹划

1. 享受低税率政策

由于企业所得税的税率有三个不同的档次,税率存在显著差异,因此,企业可以创造条件设立高新技术企业,从而享受 15% 的低税率。当然,对于规模较小、盈利水平一般的企业,也可将其盈利水平控制在一定范围之内,从而适用小型微利企业 20% 的低税率。

2. 预提所得税的筹划

预提所得税简称"预提税"。预提所得税制度是指一国政府对没有在该国境内设立机构场所的外国公司、企业和其他经济组织从该国取得的股息、利息、租金、特许权使用费所得,或者虽设立机构场所,但取得的所得与其所设机构场所没有实际联系的,由支付单位按支付金额扣缴所得税的制度。

【案例 5-15】 某外国企业拟到中国开展技术服务,预计每年获得收入 1 000 万元人民币(暂不考虑相关的成本、费用支出)。该企业面临以下三种选择。

第一,在中国境内设立实际管理机构。

第二,在中国境内不设立实际管理机构,但设立营业机构,营业机构用 25% 的所得税税率。劳务收入通过该营业机构取得。

第三,在中国境内既不设立实际管理机构,也不设立营业机构。

筹划分析:

对于上述三种不同选择,该外国企业的收入面临不同的税率和纳税状况,具体分析如下。

如果该外国企业选择在中国境内设立实际管理机构,则一般被认定为居民企业,这种情况下适用的企业所得税税率为 25%,其应纳企业所得税计算如下:

$$企业所得税 = 1\ 000 \times 25\% = 250(万元)$$

如果该外国企业选择在中国境内不设立实际管理机构,而是设立营业机构并以此获取收入,则获取的所得适用于该营业机构的税率 25%,其应纳企业所得税计算如下:

$$企业所得税 = 1\ 000 \times 25\% = 250(万元)$$

如果该外国企业在中国境内既不设立实际管理机构,也不设立经营场所,则其来源于中国境内的所得适用 10% 的预提所得税,其应纳企业所得税计算如下:

$$企业所得税 = 1\ 000 \times 10\% = 100(万元)$$

5.4 企业所得税税收优惠的税收筹划

5.4.1 企业所得税的优惠政策

1. 农、林、牧、渔减免税优惠政策

(1) 企业从事下列项目的所得,免征企业所得税。

第一,蔬菜、谷物、薯类、油料、豆类、棉花、麻类、糖料,水果、坚果的种植。

第二,农作物新品种的选育。

第三,中药材的种植。

第四,林木的培育和种植。

第五,牲畜、家禽的饲养。

第六,林产品的采集。

第七,灌溉、农产品初加工、兽医、农技推广、农机作业和维修等农、林、牧、渔服务业项目。

第八,远洋捕捞。

(2) 企业从事下列项目的所得,减半征收企业所得税。

第一,花卉、饮料和香料作物的种植。

第二,海水养殖、内陆养殖。

国家禁止和限制发展的项目,不得享受本条规定的税收优惠。

【例 5-17】 某大型农场从事种植业,当年,该农场全部土地用来种植棉花和大豆,实现所得额560万元。农场拟扩大种植规模,但对扩大规模的土地是种植粮食作物(小麦)还是种植花卉难以决断。假定种植小麦或种植各种花卉均能实现所得额180万元。

筹划分析:

依照企业所得税法规定,企业种植棉花、大豆的所得560万元免征企业所得税。

方案一:若企业选择种植小麦,则种植小麦的所得应全额征收企业所得税。

$$当年应纳企业所得税=180×25\%=45(万元)$$

方案二:若企业选择种植花卉,则种植花卉的所得可以减半征收企业所得税。

$$当年应纳企业所得税=180×25\%×50\%=22.5(万元)$$

农场通过投资于税收优惠的农业项目,可以减轻税务负担22.5(45-22.5)万元。

当然,在筹划中要注意,对实现的不同种植项目作物的所得必须要独立计量和核算,不能把征税作物、减税作物和免税作物的所得混在一起,否则就要从高征税。

2. 其他减免税优惠政策

1) 从事国家重点扶持的公共基础设施项目投资经营所得

企业从事国家重点扶持的公共基础设施项目(国家重点扶持的公共基础设施项目),是指《公共基础设施项目企业所得税优惠目录》规定的港口码头、机场、铁路、公路、电力、水利等项目的投资经营所得,从项目取得第一笔生产经营收入所属纳税年度起,第一年至第三年免征企业所得税,第四年至第六年减半征收企业所得税。《财政部 国家税务总局关于公共基础设施项目享受企业所得税优惠政策问题的补充通知》(财税〔2014〕55号)规定,企业投资经营符合《公共基础设施项目企业所得税优惠目录》规定条件和标的公共基础设施项目,采用一次核准、分批次(如码头、泊位、航站楼、跑道、路段、发电机组等)建设的,凡同时符合以下条件的,可按每一批次为单位计算所得,并享受企业所得税"三免三减半"优惠。

(1) 不同批次在空间上相互独立。

(2) 每一批次自身具备取得收入的功能。

(3) 以每一批次为单位进行会计核算,单独计算所得,并合理分摊期间费用。

企业承包经营、承包建设和内部自建自用以上项目,不得享受本条规定的企业所得税优惠。

上述享受减免税优惠的项目,在减免税期未满时转让的,受让方自受让之日起,可以在剩余期限内享受规定的减免税优惠;减免税期满后转让的,受让方不得就该项目重复享受减免税优惠。

2) 从事符合条件的环境保护、节能节水项目的所得

符合条件的环境保护、节能节水项目,包括公共污水处理、公共垃圾处理、沼气综合开发利用、节能技术改造、海水淡化等,具体条件和范围由国务院财政、税务主管部门同有关部门共同制定并报国务院批准后公布施行。

企业从事前款规定的符合条件的环境保护、节能节水项目的所得,从项目取得第一笔生产经营收入所属纳税年度起,第一年至第三年免征企业所得税,第四年至第六年减半征收企业所得税。

上述享受减免税优惠的项目,在减免税期未满时转让的,受让方自受让之日起,可以在剩余期限内享受规定的减免税优惠;减免税期满后转让的,受让方不得就该项目重复享受减

免税优惠。

3）符合条件的技术转让所得

符合条件的技术转让所得免征、减征企业所得税，是指一个纳税年度内居民企业转让技术所有权所得不超过 500 万元的部分免征企业所得税，超过 500 万元的部分减半征收企业所得税。

4）中国铁路建设债券利息收入

根据《财政部 国家税务总局关于 2014、2015 年铁路建设债券利息收入企业所得税政策的通知》（财税〔2014〕2 号）对企业持有 2014 年和 2015 年发行的中国铁路建设债券取得的利息收入，减半征收企业所得税。

中国铁路建设债券是指经国家发展改革委核准，以中国铁路总公司为发行和偿还主体的债券。

5）QFⅡ和 RQFⅡ取得中国境内的股票等权益性投资资产转让所得

根据《财政部 国家税务总局 证监会关于 QFⅡ和 RQFⅡ取得中国境内的股票等权益性投资资产转让所暂免征收企业所得税问题的通知》（财税〔2014〕79 号）经国务院批准，从 2014 年 11 月 17 日起，对合格境外机构投资者（简称 QFⅡ）、人民币合格境外机构投资者（简称 RQFⅡ）取得来源于中国境内的股票等权益性投资资产转让所得，暂免征收企业所得税。在 2014 年 11 月 17 日之前 QFⅡ和 RQFⅡ取得的上述所得应依法征收企业所得税。

该通知适用于在中国境内未设立机构、场所，或者在中国境内虽设立机构、场所，但取得的上述所得与其所设机构、场所没有实际联系的 QFⅡ和 RQFⅡ。

6）经营性文化事业单位转制为企业税收优惠政策

根据《财政部 国家税务总局 中宣部关于继续实施文化体制改革中经营性文化事业单位转制为企业若干税收政策的通知》（财税〔2014〕84 号）以及《财政部 海关总署 国家税务总局关于继续实施支持文化企业发展若干税收政策的通知》（财税〔2014〕85 号），经营性文化事业单位转制为企业，可以享受以下税收优惠政策。

（1）经营性文化事业单位转制为企业，自转制注册之日起免征企业所得税。

（2）对经营性文化事业单位转制中资产评估增值、资产转让或划转涉及的企业所得税、增值税、城市维护建设税、印花税、契税等，符合现行规定的享受相应税收优惠政策。

（3）转制为企业的出版、发行单位处置库存呆滞出版物形成的损失，允许按照税收法律法规的规定在企业所得税前扣除。

7）《财政部 国家税务总局 证监会关于沪港股票市场交易互联互通机制试点有关税收政策的通知》（财税〔2014〕81 号）就沪港通股票市场交易互联互通机制试点有关税收政策作了规定

（1）关于内地投资者通过沪港通投资香港联合交易所有限公司（简称香港联交所）上市股票的所得税问题。

第一，内地企业投资者通过沪港通投资香港联交所上市股票的转让差价所得税。

对内地企业投资者通过沪港通投资香港联交所上市股票取得的转让差价所得，计入其收入总额，依法征收企业所得税。

第二，内地企业投资者通过沪港通投资香港联交所上市股票的股息、红利所得税。

① 对内地企业投资者通过沪港通投资香港联交所上市股票取得的股息、红利所得，计

入其收入总额,依法计征企业所得税。其中,内地居民企业连续持有 H 股满 12 个月取得的股息、红利所得,依法免征企业所得税。

② 香港联交所上市 H 股公司应向中国证券登记结算有限责任公司(简称中国结算)提出申请,由中国结算向 H 股公司提供内地企业投资者名册,H 股公司对内地企业投资者不代扣股息、红利所得税款,应纳税款由企业自行申报缴纳。

③ 内地企业投资者自行申报缴纳企业所得税时,对香港联交所非 H 股上市公司已代扣代缴的股息、红利所得税,可依法申请税收抵免。

(2) 关于香港市场投资者通过沪港通投资上海证券交易所(简称上交所)上市 A 股的所得税问题。

第一,对香港市场投资者(包括企业和个人)投资上交所上市 A 股取得的转让差价所得,暂免征收所得税。

第二,对香港市场投资者(包括企业和个人)投资上交所上市 A 股取得的股息、红利所得,在香港中央结算有限公司不具备向中国结算提供投资者的身份及持股时间等明细数据的条件之前,暂不执行按持股时间实行差别化征税政策,由上市公司按照 10% 的税率代扣所得税,并向其主管税务机关办理扣缴申报。对于香港投资者中属于其他国家税收居民且其所在国与中国签订的税收协定规定股息、红利所得税税率低于 10% 的,企业或个人可以自行或委托代扣代缴义务人,向上市公司主管税务机关提出享受税收协定待遇的申请,主管税务机关审核后,应按已征税款和根据税收协定税率计算的应纳税款的差额予以退税。

3. 加计扣除优惠政策

根据《财政部 税务总局关于进一步完善研发费用税前加计扣除政策公告》(财政部 税务总局公告 2021 年第 13 号),企业的下列支出,可以在计算应纳税所得额时加计扣除。

1) 开发新技术、新产品、新工艺发生的研究开发费用

(1) 研发活动及研发费用归集范围。所称研发活动,是指企业为获得科学与技术新知识,创造性地运用科学技术新知识,或实质性地改进技术,产品(服务)、工艺而持续进行的具有明确目标的系统性活动。

第一,允许加计扣除的研发费用。制造业企业开展研发活动中实际发生的研发费用,未形成无形资产计入当期损益的,在按规定据实扣除的基础上,按照本年度实际发生额的 100%,从本年度应纳税所得额中扣除;形成无形资产的,按照无形资产成本的 200% 在税前摊销。

研发费用的具体范围包括 7 种。

① 人员人工费用,是指直接从事研发活动人员的工资薪金、基本养老保险费、基本医疗保险费、失业保险费、工伤保险费、生育保险费和住房公积金,以及外聘研发人员的劳务费用。

② 直接投入费用。

(a) 研发活动直接消耗的材料、燃料和动力费用。

(b) 用于中间试验和产品试制的模具、工艺装备开发及制造费,不构成固定资产的样品、样机及一般测试手段购置费,试制产品的检验费。

(c) 用于研发活动的仪器、设备的运行维护、调整、检验、维修等费用,以及通过经营租赁

方式租入的用于研发活动的仪器、设备租赁费。

③ 折旧费用,是指用于研发活动的仪器、设备的折旧费。

④ 无形资产摊销,是指用于研发活动的软件、专利权、非专利技术(包括许可证、专有技术、设计和计算方法等)的摊销费用。

⑤ 新产品设计费、新工艺规程制定费、新药研制的临床试验费、勘探开发技术的现场试验费。

⑥ 其他相关费用,是指与研发活动直接相关的其他费用,如技术图书资料费、资料翻译费、专家咨询费、高新科技研发保险费,研发成果的检索、分析、评议、论证、鉴定、评审、评估、验收费用,知识产权的申请费、注册费、代理费,差旅费,会议费等。此项费用总额不得超过可加计扣除研发费用总额的10%。

⑦ 财政部和国家税务总局规定的其他费用。

第二,下列活动不适用税前加计扣除政策。

① 企业产品(服务)的常规性升级。

② 对某项科研成果的直接应用,如直接采用公开的新工艺、材料、装置、产品,服务或知识等。

③ 企业在商品化后为顾客提供的技术支持活动。

④ 对现存产品、服务、技术、材料或工艺流程进行的重复或简单改变。

⑤ 市场调查研究、效率调查或管理研究。

⑥ 作为工业(服务)流程环节或常规的质量控制、测试分析、维修维护。

⑦ 社会科学、艺术或人文学方面的研究。

(2) 特别事项的处理。

第一,企业委托外部机构或个人进行研发活动所发生的费用,按照费用实际发生额的80%计入委托方研发费用并计算加计扣除,受托方不得再进行加计扣除。委托外部研究开发费用实际发生额应按照独立交易原则确定。

委托方与受托方存在关联关系的,受托方应向委托方提供研发项目费用支出明细情况。

企业委托境外机构或个人进行研发活动所发生的费用,不得加计扣除。

第二,企业共同合作开发的项目,由合作各方就自身实际承担的研发费用分别计算加计扣除。

第三,企业集团根据生产经营和科技开发的实际情况,对技术要求高、投资数额大、需要集中研发的项目,其实际发生的研发费用,可以按照权利和义务相一致、费用支出和收益分享相配比的原则,合理确定研发费用的分摊方法,在受益成员企业间进行分摊,由相关成员企业分别计算加计扣除。

第四,企业为获得创新性、创意性、突破性的产品进行创意设计活动而发生的相关费用,可按照《财政部 国家税务总局 科学技术部 关于完善研究开发费用税前加计扣除政策的通知》规定进行税前加计扣除。

创意设计活动是指多媒体软件、动漫游戏软件开发,数字动漫、游戏设计制作;房屋建筑工程设计(绿色建筑评价标准为三星)、风景园林工程专项设计;工业设计、多媒体设计、动漫及衍生产品设计、模型设计等。

（3）会计核算与管理。

第一，企业应按照国家财务会计制度的要求，对研发支出进行会计处理；同时，对享受加计扣除的研发费用按研发项目设置辅助账簿，准确归集核算当年可加计扣除的各项研发费用实际发生额。企业在一个纳税年度内进行多项研发活动的，应按照不同研发项目分别归集可加计扣除的研发费用。

第二，企业应对研发费用和生产经营费用分别核算，准确、合理归集各项费用支出，对划分不清的，不得实行加计扣除。

（4）不适用税前加计扣除政策的行业如下。

第一，烟草制造业。

第二，住宿和餐饮业。

第三，批发和零售业。

第四，房地产业。

第五，租赁和商务服务业。

第六，娱乐业。

第七，财政部和国家税务总局规定的其他行业。

上述行业的划分以《国民经济行业分类与代码（GB/ 4754—2011）》为准，并随之更新。

（5）注意事项。

第一，适用于会计核算健全、实行查账征收并能够准确归集研发费用的居民企业。

第二，企业研发费用各项目的实际发生额归集不准确、汇总额计算不准确的，税务机关有权对其税前扣除额或加计扣除额进行合理调整。

第三，税务机关对企业享受加计扣除优惠的研发项目有异议的，可以转请地市级（含）以上科技行政主管部门出具鉴定意见，科技部门应及时回复意见。企业承担省部级（含）以上科研项目的，以及以前年度已鉴定的跨年度研发项目，不再需要鉴定。

第四，企业符合《财政部、国家税务总局、科学技术部关于完善研究开发费用税前加计扣除政策的通知》规定的研发费用加计扣除条件而在 2016 年 1 月 1 日以后未及时享受该项税收优惠的，可以追溯享受并履行备案手续，追溯期限最长为 3 年。

第五，税务部门应加强对研发费用加计扣除优惠政策的后续管理，定期开展核查，年度核查面不得低于 20%。

 税务直通车 5-3 ....

财政部 税务总局
关于进一步完善研发费用税前加计扣除政策的公告
财政部 税务总局公告 2021 年第 13 号

为进一步激励企业加大研发投入，支持科技创新，现就企业研发费用税前加计扣除政策有关问题公告如下：

一、制造业企业开展研发活动中实际发生的研发费用，未形成无形资产计入当期损益的，在按规定据实扣除的基础上，自 2021 年 1 月 1 日起，再按照实际发生额的 100% 在税前加计扣除；形成无形资产的，自 2021 年 1 月 1 日起，按照无形资产成本的 200% 在税前摊销。

本条所称制造业企业，是指以制造业业务为主营业务，享受优惠当年主营业务收入占收入总额的比例达到 50% 以上的企业。制造业的范围按照《国民经济行业分类》(GB/T 4754—2017)确定,如国家有关部门更新《国民经济行业分类》,从其规定。收入总额按照企业所得税法第六条规定执行。

二、企业预缴申报当年第 3 季度(按季预缴)或 9 月份(按月预缴)企业所得税时,可以自行选择就当年上半年研发费用享受加计扣除优惠政策,采取"自行判别、申报享受、相关资料留存备查"办理方式。

符合条件的企业可以自行计算加计扣除金额,填报《中华人民共和国企业所得税月(季)度预缴纳税申报表(A 类)》享受税收优惠,并根据享受加计扣除优惠的研发费用情况(上半年)填写《研发费用加计扣除优惠明细表》(A107012)。《研发费用加计扣除优惠明细表》(A107012)与相关政策规定的其他资料一并留存备查。

企业办理第 3 季度或 9 月份预缴申报时,未选择享受研发费用加计扣除优惠政策的,可在次年办理汇算清缴时统一享受。

三、企业享受研发费用加计扣除政策的其他政策口径和管理要求,按照《财政部 国家税务总局 科技部关于完善研究开发费用税前加计扣除政策的通知》(财税〔2015〕119 号)、《财政部 税务总局 科技部关于企业委托境外研究开发费用税前加计扣除有关政策问题的通知》(财税〔2018〕64 号)等文件相关规定执行。

四、本公告自 2021 年 1 月 1 日起执行。

特此公告。

财政部 税务总局

2021 年 3 月 31 日

2) 安置残疾人员及国家鼓励安置的其他就业人员所支付的工资

企业安置残疾人员的,在按照支付给残疾职工工资据实扣除的基础上,按照支付给上述人员工资的 100% 加计扣除。

4. 创业投资额抵扣政策

创业投资企业采取股权投资方式投资于未上市的中小高新技术企业 2 年以上的,可以按照其投资额的 70% 在股权持有满 2 年的当年抵扣该创业投资企业的应纳税所得额;当年不足抵扣的,可以在以后纳税年度结转抵扣。

5. 减计收入优惠政策

(1) 企业综合利用资源,生产符合国家产业政策规定的产品所取得的收入,可以在计算应纳税所得额时减计收入。

这里所谓的"减计收入",是指企业以《资源综合利用企业所得税优惠目录》规定的资源作为主要原材料,生产非国家限制和禁止并符合国家及行业相关标准的产品取得的收入,减按 90% 计入收入总额。

该优惠政策相当于无限期延长减免期限,采用直接减计收入的形式拓展了减免基数,使税收优惠政策更加科学合理。

(2) 农村金融减计收入。根据《财政部 国家税务总局关于延续并完善支持农村金融发展有关税收政策的通知》(财税〔2014〕102 号),自 2014 年 1 月 1 日至 2016 年 12 月 31 日,对金融机构农户小额贷款的利息收入,在计算应纳税所得额时,按 90% 计入收入总额。

自 2014 年 1 月 1 日至 2016 年 12 月 31 日,保险公司为种植业、养殖业提供保险业得的保费收入,在计算应纳税所得额时,按 90% 计入收入总额。

6. 税额抵免政策

企业购置并实际使用《环境保护专用设备企业所得税优惠目录》《节能节水专用设备企

业所得税优惠目录》和《安全生产专用设备企业所得税优惠目录》规定的环境保护节能节水、安全生产等专用设备,其设备投资额的 10% 可以从企业当年的应纳税额中抵免;当年不足抵免的,可以在以后 5 个纳税年度结转抵免。

必须注意的是,享受该项企业所得税优惠的环境保护、节能节水、安全生产等专用设备,应当是企业实际购置并自身实际投入使用的设备;企业购置上述设备在 5 年内转让、出租的,应当停止执行此处所说的企业所得税优惠政策,并补缴已经抵免的企业所得税税款。税法界定"环境保护,节能节水,安全生产"实行投资抵免,支持对社会层面的投资,而不是简单的企业层面的增加效能、增加产量的技术改造,扩大了外延,更具广泛性和针对性。

7. 特殊行业优惠政策

1)鼓励软件产业和集成电路产业发展的优惠政策

根据《关于进一步鼓励软件产业和集成电路产业发展企业所得税政策的通知》(财税〔2012〕27 号)的精神,相关规定如下。

(1)集成电路线宽小于 0.8 微米(含)的集成电路生产企业,经认定后,在 2017 年 12 月 31 日前自获利年度起计算优惠期,第一年至第二年免征企业所得税,第三年至第五年按照 25% 的法定税率减半征收企业所得税,并享受至期满为止。

(2)集成电路线宽小于 0.25 微米或投资额超过 80 亿元的集成电路生产企业,经认定后,减按 15% 的税率征收企业所得税,其中经营期在 15 年以上的,在 2017 年 12 月 31 日前自获利年度起计算优惠期,第一年至第五年免征企业所得税,第六年至第十年按照 25% 的法定税率减半征收企业所得税,并享受至期满为止。

(3)我国境内新办的集成电路设计企业和符合条件的软件企业,经认定后,在 2017 年 12 月 31 日前自获利年度起计算优惠期,第一年至第二年免征企业所得税,第三年至第五年按照 25% 的法定税率减半征收企业所得税,并享受至期满为止。

(4)国家规划布局内的重点软件企业和集成电路设计企业,如当年未享受免税优惠的,可减按 10% 的税率征收企业所得税。

(5)符合条件的软件企业按照《财政部、国家税务总局关于软件产品增值税政策的通知》(财税〔2011〕100 号)规定取得的即征即退增值税款,由企业专项用于软件产品研发和扩大再生产并单独进行核算,可以作为不征税收入,在计算应纳税所得额时从收入总额中减除。

(6)集成电路设计企业和符合条件的软件企业的职工培训费用,应单独进行核算并实际发生额在计算应纳税所得额时扣除。

(7)企业外购的软件,凡符合固定资产或无形资产确认条件的,可以按照固定资产或无形资产进行核算,其折旧或摊销年限可以适当缩短,最短可为 2 年(含)。

(8)集成电路生产企业的生产设备,其折旧年限可以适当缩短,最短可为 3 年(含)。

(9)上述所称集成电路生产企业,是指以单片集成电路、多芯片集成电路、混合集成电路制造为主营业务并同时符合下列条件的企业:

第一,依法在中国境内成立并经认定取得集成电路生产企业资质的法人企业。

第二,签订劳动合同关系且具有大学专科以上学历的职工人数占企业当年月平均职工总人数的比例不低于 40%,其中研究开发人员占企业当年月平均职工总数的比例不低于 20%。

第三,拥有核心关键技术,并以此为基础开展经营活动,且当年度的研究开发费用总额占企业销售(营业)收入(主营业务收入与其他业务收入之和,下同)总额的比例不低于5%;其中,企业在中国境内发生的研究开发费用金额占研究开发费用总额的比例不低于60%。

第四,集成电路制造销售(营业)收入占企业收入总额的比例不低于60%。

第五,具有保证产品生产的手段和能力,并获得有关资质认证(包括ISO质量体系认证人力资源能力认证等)。

第六,具有与集成电路生产相适应的经营场所、软硬件设施等基本条件。

《集成电路生产企业认定管理办法》由发展改革委、工业和信息化部、财政部、国家税务总局会同有关部门另行制定。

(10)上述所称集成电路设计企业或符合条件的软件企业,是指以集成电路设计或软件产品开发为主营业务并同时符合下列条件的企业:

第一,2011年1月1日后依法在中国境内成立并经认定取得集成电路设计企业资质或软件企业资质的法人企业。

第二,签订劳动合同关系且具有大学专科以上学历的职工人数占企业当年月平均职工总人数的比例不低于40%,其中研究开发人员占企业当年月平均职工总数的比例不低于20%。

第三,拥有核心关键技术,并以此为基础开展经营活动,且当年度的研究开发费用总额占企业销售(营业)收入总额的比例不低于6%;其中,企业在中国境内发生的研究开发费用金额占研究开发费用总额的比例不低于60%。

第四,集成电路设计企业的集成电路设计销售(营业)收入占企业收入总额的比例不低于60%,其中集成电路自主设计销售(营业)收入占企业收入总额的比例不低于50%;软件企业的软件产品开发销售(营业)收入占企业收入总额的比例一般不低于50%[嵌入式软件产品和信息系统集成产品开发销售(营业)收入占企业收入总额的比例不低于40%],其中软件产品自主开发销售(营业)收入占企业收入总额的比例一般不低于40%[嵌入式软件产品和信息系统集成产品开发销售(营业)收入占企业收入总额的比例不低于30%]。

第五,主营业务拥有自主知识产权,其中软件产品拥有省级软件产业主管部门认可的软件检测机构出具的检测证明材料和软件产业主管部门颁发的《软件产品登记证书》。

第六,具有保证设计产品质量的手段和能力,并建立符合集成电路或软件工程要求的质量管理体系并提供有效运行的过程文档记录。

第七,具有与集成电路设计或者软件开发相适应的生产经营场所、软硬件设施等开发环境(如EDA工具、合法的开发工具等),以及与所提供服务相关的技术支撑环境。

《集成电路设计企业认定管理办法》《软件企业认定管理办法》由工业和信息化部、发展改革委、财政部、国家税务总局会同有关部门另行制定。

(11)国家规划布局内重点软件企业和集成电路设计企业在满足财税〔2012〕27号第十条规定条件的基础上,由发展改革委、工业和信息化部、财政部、国家税务总局等部门根据国家规划布局支持领域的要求,结合企业年度集成电路设计销售(营业)收入或软件产品开发销售(营业)收入、盈利等情况进行综合评比,实行总量控制、择优认定。

《国家规划布局内重点软件企业和集成电路设计企业认定管理办法》由发展改革委、工业和信息化部、财政部、国家税务总局会同有关部门另行制定。

（12）上述所称新办的企业认定标准按照《财政部　国家税务总局关于享受企业所得税优惠政策的新办企业认定标准的通知》（财税〔2006〕1号）的规定执行。

（13）上述所称研究开发费用政策口径按照《国家税务总局关于印发〈企业研究开发费用税前扣除管理办法（试行）〉的通知》（国税发〔2008〕116号）的规定执行。

（14）上述所称获利年度，是指该企业当年应纳税所得额大于零的纳税年度。

（15）上述所称集成电路设计销售（营业）收入，是指集成电路企业从事集成电路（IC）功能研发、设计并销售的收入。

（16）上述所称软件产品开发销售（营业）收入，是指软件企业从事计算机软件、信息系统或嵌入式软件等软件产品开发并销售的收入，以及信息系统集成服务、信息技术咨询服务、数据处理和存储服务等技术服务收入。

（17）符合上述规定须经认定后享受税收优惠的企业，应在获利年度当年或次年的企业所得税汇算清缴之前取得相关认定资质，如果在获利年度次年的企业所得税汇算清缴之前取得相关认定资质，该企业可从获利年度起享受相应的定期减免税优惠；如果在获利年度次年的企业所得税汇算清缴之后取得相关认定资质，该企业应从取得相关认定资质时起，就其从获利年度起计算的优惠期的剩余年限享受相应的定期减免优惠。

（18）符合上述规定条件的企业，应在年度终了之日起4个月内，按照财税〔2012〕27号及《国家税务总局关于企业所得税减免税管理问题的通知》（国税发〔2008〕111号）的规定，向主管税务机关办理减免税手续。在办理减免税手续时，企业应提供具有法律效力的证明材料。

（19）享受上述税收优惠的企业有下述情况之一的，应取消其享受税收优惠的资格，并补缴已减免的企业所得税税款：

第一，在申请认定过程中提供虚假信息的。

第二，有偷骗税等行为的。

第三，发生重大安全、质量事故的。

第四，有环境等违法违规行为，受到有关部门处罚的。

（20）享受税收优惠的企业，其税收优惠条件发生变化的，应当自发生变化之日起15日内向主管税务机关报告；不再符合税收优惠条件的，应当依法履行纳税义务，未依法纳税的，主管税务机关应当予以追缴。同时，主管税务机关在执行税收优惠政策的过程中发现企业不符合享受税收优惠条件的，可暂停企业享受的相关税收优惠。

在2010年12月31日前，依照《财政部 国家税务总局关于企业所得税若干优惠政策的通知》（财税〔2008〕1号）第一条的规定，经认定并可享受原定期减免税优惠的企业，可在本通知施行后继续享受到期满为止。

集成电路生产企业、集成电路设计企业、软件企业等依照本通知规定可以享受的企业所得税优惠政策与企业所得税其他相同方式优惠政策存在交叉的，由企业选择一项最优惠政策执行，不叠加享受。

自2008年1月1日起至2010年年底，对集成电路生产企业、封装企业的投资者，以其取得的缴纳企业所得税后的利润，直接投资于本企业增加注册资本，或作为资本投资开办其他集成电路生产企业、封装企业，经营期不少于5年的，按40%的比例退还其再投资部分已缴纳的企业所得税税款。再投资不满5年撤出该项投资的，追缴已退的企业所得税税款。

自 2008 年 1 月 1 日起至 2010 年年底,对国内外经济组织作为投资者,以其在境内取得的缴纳企业所得税税后的利润,作为资本投资于西部地区开办集成电路生产企业、封装企业或软件产品生产企业,经营期不少于 5 年的,按 80％的比例退还其再投资部分已缴纳的企业所得税税款。再投资不满 5 年撤出该项投资的,追缴已退的企业所得税税款。

2) 鼓励证券投资基金发展的优惠政策

(1) 对证券投资基金从证券市场中取得的收入,包括买卖股票、债券的差价收入,股权的股息、红利收入,债券的利息收入及其他收入,暂不征收企业所得税。

(2) 对投资者从证券投资基金分配中取得的收入,暂不征收企业所得税。

(3) 对证券投资基金管理人运用基金买卖股票、债券的差价收入,暂不征收企业所得税。

3) 节能服务公司的优惠政策

自 2011 年 1 月 1 日起,对符合条件的节能服务公司的所得税按以下规定执行。

对符合条件的节能服务公司实施合同能源管理项目,符合企业所得税税法有关规定的,自项目取得第一笔生产经营收入所属纳税年度起,第一年至第三年免征企业所得税,第四年至第六年按照 25％的法定税率减半征收企业所得税。

对符合条件的节能服务公司,以及与其签订节能效益分享型合同的用能企业,实施合同能源管理项目有关资产的企业所得税税务处理按以下规定执行。

(1) 用能企业按照能源管理合同实际支付给节能服务公司的合理支出,均可以在计算当期应纳税所得额时扣除,不再区分服务费用和资产价款进行税务处理。

(2) 能源管理合同期满后,节能服务公司转让给用能企业的因实施合同能源管理项目形成的资产,按折旧或摊销期满的资产进行税务处理,用能企业从节能服务公司接受有关资产的计税基础也应按折旧或摊销期满的资产进行税务处理。

(3) 能源管理合同期满后,节能服务公司与用能企业办理有关资产的权属转移时,用能企业已支付的资产价款,不再另行计入节能服务公司的收入。

(4) 节能服务企业享受税收优惠应具备以下条件。

① 具有独立法人资格,注册资金不低于 100 万元,且能够单独提供用能状况诊断、节能项目设计,融资、改造(包括施工、设备安装、调试、验收等)、运行管理、人员培训等服务的专业化节能服务公司。

② 节能服务公司实施合同能源管理项目相关技术应符合国家质量监督检验检疫总局和国家标准化管理委员会发布的《合同能源管理技术通则》(GB/T 24915—2010)规定的技术要求。

③ 节能服务公司与用能企业签订《节能效益分享型合同》,其合同格式和内容符合《合同法》和国家质量监督检验检疫总局及国家标准化管理委员会发布的《合同能源管理技术通则》(GB/T 24915—2010)等规定。

④ 节能服务公司实施合同能源管理的项目符合《财政部 国家税务总局 国家发展改革委关于公布环境保护节能节水项目企业所得税优惠目录(试行)的通知》(财税〔2009〕166号)"节能减排技术改造"类中第一项至第八项规定的项目和条件。

⑤ 节能服务公司投资额不低于实施合同能源管理项目投资总额的 70％。

⑥ 节能服务公司拥有匹配的专职技术人员和合同能源管理人才,具有保障项目顺利实施和稳定运行的能力。

节能服务公司与用能企业之间的业务往来,应当按照独立企业之间的业务往来收取或者支付价款、费用。不按照独立企业之间的业务往来收取或者支付价款、费用,而减少其应纳税所得额的,税务机关有权进行合理调整。

用能企业对从节能服务公司取得的与实施合同能源管理项目有关的资产,应与企业的其他资产分开核算,并建立辅助账或明细账。

节能服务公司同时从事适用不同税收政策待遇项目的,其享受税收优惠项目应当单独计算收入、扣除,并合理分摊企业的期间费用:没有单独计算的,不得享受税收优惠政策。

⑦ 合同能源管理项目企业所得税优惠政策有关征收管理规定应遵从《关于落实节能服务企业合同能源管理项目企业所得税优惠政策有关征收管理问题的公告》(国家税务总局 国家发展改革委公告 2013 年第 77 号)。

第一,对实施节能效益分享型合同能源管理项目(简称项目)的节能服务企业,凡实行查账征收所得税的居民企业并符合企业所得税法和本公告有关规定的,该项目可享受财税〔2010〕110 号规定的企业所得税"三免三减半"优惠政策。如节能服务企业的分享型合同约定的效益分享期短于 6 年的,按实际分享期享受优惠。

第二,节能服务企业享受"三免三减半"项目的优惠期限,应连续计算。对在优惠期限内转让所享受优惠的项目给其他符合条件的节能服务企业,受让企业承续经营该项目的,可自项目受让之日起,在剩余期限内享受规定的优惠:优惠期限届满后转让的,受让企业不得就该项目重复享受优惠。

第三,节能服务企业投资项目所发生的支出,应按税法规定作资本化或费用化处理。形成的固定资产或无形资产,应按合同约定的效益分享期计提折旧或摊销。

节能服务企业应分别核算各项目的成本费用支出额。对在合同约定的效益分享期内发生的期间费用划分不清的,应合理进行分摊,期间费用的分摊应按照项目投资额和销售(营业)收入额两个因素计算分摊比例,两个因素的权重各为 50%。

第四,节能服务企业、节能效益分享型能源管理合同和合同能源管理项目应符合财税〔2010〕110 号第二条第(三)项所规定的条件。

第五,享受企业所得税优惠政策的项目应属于《财政部 国家税务总局 国家发展改革委关于公布环境保护节能节水项目企业所得税优惠目录(试行)的通知》(财税〔2009〕166 号)规定的节能减排技术改造项目,包括余热余压利用、绿色照明等节能效益分享型合同能源管理项目。

第六,合同能源管理项目优惠实行事前备案管理。节能服务企业享受合同能源管理项目企业所得税优惠的,应向主管税务机关备案。涉及多个项目优惠的,应按各项目分别进行备案。节能服务企业应在项目取得第一笔收入的次年 4 个月内,完成项目享受优惠备案。办理备案手续时需提供以下资料:

① 减免税备案申请。

② 能源管理合同复印件。

③ 国家发展改革委、财政部公布的第三方机构出具的《合同能源管理项目情况确认表》(附件 1),或者政府节能主管部门出具的合同能源管理项目确认意见。

④《合同能源管理项目应纳税所得额计算表》。

⑤ 项目第一笔收入的发票复印件。

⑥ 合同能源管理项目发生转让的,受让节能服务企业除提供上述材料外,还需提供项目转让合同、项目原享受优惠的备案文件。

第七,企业享受优惠条件发生变化的,应当自发生变化之日起 15 日内向主管税务机关书面报告。如不再符合享受优惠条件的,应停止享受优惠,并依法缴纳企业所得税。对节能服务企业采取虚假手段获取税收优惠的、享受优惠条件发生变化而未及时向主管税务机关报告的以及未按本公告的规定报送备案资料而自行减免税的,主管税务机关应按照《税收征收管理法》等有关规定进行处理。税务部门应设立节能服务企业项目管理台账和统计制度,并会同节能主管部门建立监管机制。

第八,合同能源管理项目确认由国家发展改革委、财政部公布的第三方节能量审核机构负责,并出具《合同能源管理项目情况确认表》,或者由政府节能主管部门出具合同能源管理项目确认意见。第三方机构在合同能源管理项目确认过程中应严格按照国家有关要求认真审核把关,确保审核结果客观、真实。对在审核过程中把关不严、弄虚作假的第三方机构,一经查实,将取消其审核资质,并按相关法律规定追究责任。

4) 有关保险保障基金的企业所得税优惠规定,参见《财政部 国家税务总局关于保险保障金有关税收政策问题的通知》(财税〔2016〕10 号)

对中国保险保障基金有限责任公司(以下简称保险保障基金公司)根据《保险保障基金管理办法》(简称《管理办法》)取得的下列收入,免征企业所得税。

(1) 境内保险公司依法缴纳的保险保障基金。

(2) 依法从撤销或破产保险公司清算财产中获得的受偿收入和向有关责任方追偿所得,以及依法从保险公司风险处置中获得的财产转让所得。

(3) 捐赠所得。

(4) 银行存款利息收入。

(5) 购买政府债券、中央银行、中央企业和中央级金融机构发行了债券的利息收入。

(6) 国务院批准的其他资金运用取得的收入。

5) 有关期货投资者保障基金的企业所得税优惠规定,参见《财政部 国家税务总局关于期货投资者保障基金有关税收政策继续执行的通知》(财税〔2013〕80 号)

(1) 对中国期货保证金监控中心有限责任公司(以下简称期货保障基金公司)根据《期货投资者保障基金管理暂行办法》(证监会令第 38 号,简称《暂行办法》)取得的下列收入,不计入其应征企业所得税收入。

第一,期货交易所按风险准备金账户总额的 15% 和交易手续费的 3% 上缴的期货保障基金收入。

第二,期货公司按代理交易额的 5‰～10‰ 上缴的期货保障基金收入。

第三,依法向有关责任方追偿所得。

第四,期货公司破产清算所得。

第五,捐赠所得。

(2) 对期货保障基金公司取得的银行存款利息收入、购买国债、中央银行和中央级金融机构发行债券的利息收入,以及证监会和财政部批准的其他资金运用取得的收入,暂免征收企业所得税。

8. 加速折旧优惠政策

1）一般性加速折旧

企业的固定资产由于技术进步等原因,确需加速折旧的,可以缩短折旧年限或者采取加速折旧方法计提折旧,上述固定资产包括以下几种。

（1）由于技术进步,产品更新换代较快的固定资产。

（2）常年处于强震动、高腐蚀状态的固定资产。

采取缩短折旧年限方法的,最低折旧年限不得低于《企业所得税法实施条例》第六十条规定折旧年限的60%;采取加速折旧方法的,可以采取双倍余额递减法或者年数总和法。

2）特殊性加速折旧

根据《财政部 国家税务总局关于完善固定资产加速折旧企业所得税政策的通知》（财税〔2014〕75号）,具体要求如下。

（1）对生物药品制造业,专用设备制造业,铁路、船舶、航空航天和其他运输设备制造业,计算机、通信和其他电子设备制造业,仪器仪表制造业,信息传输、软件和信息技术服务业等6个行业的企业2014年1月1日后新购进的固定资产,可缩短折旧年限或采取加速折旧的方法。

对上述6个行业的小型微利企业2014年1月1日后新购进的研发和生产经营共用的仪器、设备,单位价值不超过100万元的,允许一次性计入当期成本费用在计算应纳税所得额时扣除,不再分年度计算折旧;单位价值超过100万元的,可缩短折旧年限或采取加速折旧的方法。

（2）对所有行业企业2014年1月1日后新购进的专门用于研发的仪器、设备,单位价值不超过100万元的,允许一次性计入当期成本费用在计算应纳税所得额时扣除,不再分年度计算折旧;单位价值超过100万元的,可缩短折旧年限或采取加速折旧的方法。

（3）对所有行业企业持有的单位价值不超过5 000元的固定资产,允许一次性计入当期成本费用在计算应纳税所得额时扣除,不再分年度计算折旧。

（4）企业按（1）（2）规定缩短折旧年限的,最低折旧年限不得低于《企业所得税法实施条例》第六十条规定折旧年限的60%;采取加速折旧方法的,可采取双倍余额递减法或者年数总和法。（1）～（3）规定之外的企业固定资产加速折旧所得税处理问题,按照企业所得税法及其实施条例和现行税收政策规定执行。

9. 降低税率优惠政策

1）小型微利企业

符合条件的小型微利企业,减按20%的税率征收企业所得税。

（1）按照《财政部 国家税务总局关于小型微利企业所得税优惠政策的通知》（财税〔2015〕34号）,自2015年1月1日至2017年12月31日,对年应纳税所得额低于20万元（含20万元）的小型微利企业,其所得减按50%计入应纳税所得额,按20%的税率缴纳企业所得税。

（2）按照《财政部 国家税务总局关于进一步扩大小型微利企业所得税优惠政策范围的通知》（财税〔2015〕99号）,自2015年10月1日起至2017年12月31日,对年应纳税所得额在20万元到30万元（含30万元）之间的小型微利企业,其所得减按50%计入应纳税所得额,按20%的税率缴纳企业所得税。

（3）按照《财政部 国家税务总局关于进一步扩大小型微利企业所得税优惠政策范围的通知》（财税〔2017〕43 号），自 2017 年 1 月 1 日至 2019 年 12 月 31 日，将小型微利企业的年应纳税所得额上限由 30 万元提高至 50 万元，对年应纳税所得额低于 50 万元（含50 万元）的小型微利企业，其所得减按 50％计入应纳税所得额，按 20％的税率缴纳企业所得税。

2）国家重点扶持的高新技术企业

国家需要重点扶持的高新技术企业，减按 15％的税率征收企业所得税。

3）西部地区国家鼓励类产业企业

对设在西部地区国家鼓励类产业企业，在 2011 年 1 月 1 日至 2020 年 12 月 31 日期间，减按 15％的税率征收企业所得税。

上述鼓励类产业企业是指以《西部地区鼓励类产业目录》中规定的产业项目为主营业务，且其主营业务收入占企业收入总额 70％以上的企业，参见《财政部 海关总署 国家税务总局关于深入实施西部大开发战略有关税收政策问题的通知》（财税〔2011〕58 号）。

5.4.2 企业所得税优惠政策的税收筹划

1. 选择投资地区

国家为了适应各地区不同的情况，针对一些不同的地区制定了不同的税收政策，为企业进行注册地点选择的税收筹划提供了空间。企业在设立之初或扩大经营进行投资时，可以选择低税负的地区进行投资，享受税收优惠的好处。

现行税法中所规定的享受减免税优惠政策的地区主要包括国务院批准的"老、少、边、穷"地区、西部地区、东北老工业基地、经济特区、经济技术开发区、沿海开放城市、保税区、旅游度假区等。

【例 5-18】 某投资者 2021 年欲在西部地区投资创办一个新公司，兼营公路旅客运输和其他业务，预计全年公路旅客运输业务收入为 500 万元，非公路旅客运输业务收入为 300 万元，利润率均为 25％。其他业务不在《西部地区鼓励类产业目录》之内。

筹划分析：

有两种方案可供选择。

方案一：投资创办一个公路旅客运输兼营其他业务的企业，因公路旅客运输收入占全部业务收入的比例为 62.5％（＝500÷800×100％），小于 70％，因此，不能享受 15％的税率。

$$2021 \text{ 年应纳所得税} = (500+300) \times 25\% \times 25\% = 50 (\text{万元})$$

方案二：分别投资两个企业，一个从事公路旅客运输业务，一个从事其他业务。从事公路旅客运输业务的企业收入全部为公路旅客运输收入，占比为 100％，超过了 70％的比例，可享受减按 15％的税率征收企业所得税的优惠政策。

$$2021 \text{ 年应纳所得税} = 300 \times 25\% \times 25\% + 500 \times 25\% \times 15\% = 37.5 (\text{万元})$$

比较两种方案，方案 2 因为符合财税〔2011〕58 号规定的"70％比例"要求，所以享受 15％的低税率优惠政策，从而与方案 1 比较节省了 12.5 万元（50－37.5）的所得税额。

财税〔2011〕58 号文规定，对设在西部地区的国家鼓励类产业的企业，在 2011—2020 年，减按 15％的税率征收企业所得税，国家鼓励类产业的企业是指以《西部地区鼓励类产业目录》中规定的产业项目为主营业务,其主营业务收入占企业总收入 70% 以上的企业。

对于已经成立的企业来说,如果具备了其他享受优惠政策的条件,只是由于注册地点不在特定税收优惠地区而不能享受相应的税收优惠政策,那么就应该考虑企业是否需要搬迁的问题。这就需要企业充分考虑生产经营的寿命周期、享受税收优惠政策的其他条件的保持能力和企业利润,以及搬迁费用、因迁移注册地而产生的新的成本费用支出及新注册地与老注册地在信息、技术来源、客户开拓等方面的因素,并进行全面的分析,对有关的经济技术数据进行测算,然后作出相应决策。

迁移企业注册地本身也存在筹划的空间。在迁移决策已定的情况下,如何迁移成为一个新的需要决策的问题。如果情况允许,可以将整个企业从一般地区迁移到有税收减免优惠政策的地区。如果全部搬迁不够理想,可以将企业的主要办事机构迁移到上述地区,采取只变更企业注册地的办法,而把老企业作为分支机构仍留在原地继续生产。如果上述办法不行,则企业可以通过自身的产权重组达到变更注册地的目的。例如,采取企业分立或者分别注册的办法,让符合税收优惠条件的部分在税收优惠地区注册,让不符合税收优惠条件的部分仍留在老地方继续生产。更有甚者,采取先在合适的地区创办一家新的企业,并取得享受税收优惠的资格,然后再将原有的企业与新企业进行合并,将原有的企业变更为享受税收优惠政策企业的一个分支机构,享受合并纳税的好处。当然,也可以通过企业间的关联交易,将高税率地区企业的利润转移到享受税收优惠的企业中去,实现企业整体税率的下降。但需要注意的是,通过关联企业的关联交易实现利润的转移,关联交易价格必须在税法允许的范围之内,否则税务机关将会对关联交易价格进行相应的调整。

综上所述,在新企业成立时涉及注册地点的选择,而对于老企业来说,也存在注册地点选择的问题。因此,每个企业都应当根据自己的特点、具体情况和对税收优惠政策的深入研究,找到具体的利用税收优惠政策的措施,以合理筹划企业的纳税,实现企业经济利益的最大化。

2. 选择投资方向

《企业所得税法》以"产业优惠为主、区域优惠为辅"作为税收优惠的导向。无论是初次投资还是增加投资都可以根据税收优惠政策加以选择,充分享受税收产业优惠政策。

1)选择减免税项目投资

(1)投资于农、林、牧、渔业项目的所得,可以免征、减征企业所得税。投资于基础农业,如蔬菜、谷物、薯类、油料、豆类、棉花、麻类、糖料、水果、坚果的种植,牲畜、家禽的饲养,农作物新品种的选育等可以享受免征企业所得税待遇。投资于高收益的农、林、牧、渔业项目可以减半征收企业所得税。

(2)投资于公共基础设施项目、环境保护项目、节能节水项目从项目取得第一笔生产经营收入自所属纳税年度起实行"三免三减半"税收优惠。

2)创业投资企业对外投资的筹划

创业投资企业从事国家需要重点扶持和鼓励的创业投资,可以按投资额的一定比例抵扣应纳税所得额。抵扣应纳税所得额,是指创业投资企业采取股权投资方式投资于未上市的中小高新技术企业 2 年以上的,可以按照其投资额的 70% 在股权持有满 2 年的当年抵扣该创业投资企业的应纳税所得额;当年不足抵扣的,可以在以后纳税年度结转抵扣。

【例 5-19】 甲创业投资有限责任公司于 2019 年采取股权投资方式投入资本 2 000 万元,在某高新技术开发区设立 A 高新技术企业(小型),职工人数 120 人,A 企业已经通过高技术企业认定。当年实现利得 200 万元,2020 年实现利得 300 万元,2021 年 1 月甲公司把 A 企业的股权转让,转让价格为 3 200 万元。

筹划分析:

(1) 甲公司工商登记为"创业投资有限责任公司",经营范围符合《创业投资企业管理暂行办法》的规定,投资设立的 A 公司已经通过高新技术企业认定,可以享受按投资额的一定比例抵扣应纳税所得额的优惠。

(2) 甲公司是 A 企业的投资方,享有 100% 的股权。A 企业是高新技术开发区的高新技术企业,根据财税〔2000〕25 号的规定,对我国境内新办软件生产企业经认定后,自开始获利年度起,第一年和第二年免征企业所得税,第三年至第五年减半征收企业所得税。A 企业两年免征企业所得税,获利 500 万元,全部分配给甲公司,甲公司都可以按投资额的 70% 予以抵免,不缴交税。

(3) 2021 年 1 月甲公司把 A 企业的股权转让,转让价格为 3 200 万元,股权转让所得为:3 200－2 000＝1 200(万元)

甲公司投资抵扣应纳税所得额的限额＝2 000×70%＝1 400(万元)

2018 年、2019 年、2020 年累计获利 1 700(1 200＋500)万元。

应缴企业所得税＝(1 700－1 400)×25%＝75(万元)

5.5 | 合并、分立与资产重组的税收筹划

5.5.1 企业并购的税收筹划

1. 企业并购税收筹划的应用范围

企业并购是实现资源流动和有效配置的重要方式,在企业并购过程中不可避免地涉及企业的税收负担及筹划节税问题。企业并购筹划是指企业利用并购及资产重组手段,改变其组织形式及股权关系,实现税负降低的筹划方法。

企业并购筹划一般应用于以下五个方面。

(1) 并购、重组后的企业可以进入新的领域、新的行业。

(2) 并购有大量亏损的企业,可以盈亏抵补,实现低成本扩张。

(3) 企业并购可以实现关联企业或上下游企业流通环节的减少,合理规避流转税和印花税。

(4) 企业并购可能改变纳税主体性质,如企业可能因为合并而由小规模纳税人变为一般纳税人,或由内资企业变为中外合资企业。

(5) 企业并购因规模扩充能够提高应提取折旧的资产总额,获取折旧抵税利益。

【例 5-20】 乙公司因经营不善、连年亏损,2021 年 12 月 31 日的资产总额为 1 200 万元(其中,房屋、建筑物为 1 000 万元),负债为 1 205 万元,净资产为－5 万元。乙公司股东决定清算并终止经营。甲公司与乙公司的经营范围相同,为了扩大公司规模,决定出资 1 205 万元购买乙公司的全部资产,乙公司将资产出售收入全部用于偿还债务和缴纳欠税,然后将公司解散。乙公司在该交易中涉及不动产销售,需缴纳增值税及相关附加税费(暂不考虑地方教育费附加),其纳税情况如下所示:

增值税＝1 000×5％＝50(万元)

城建税及教育费附加＝50×(7％＋3％)＝5(万元)

根据《财政部国家税务总局关于全面推开营业税改征增值税试点的通知》(财税〔2016〕36 号)的规定，在资产重组过程中，通过合并、分立、出售、置换等方式，将全部或者部分实物资产以及与其相关联的债权、负债和劳动力一并转让给其他单位和个人，其中涉及的不动产、土地使用权转让行为属于不征收增值税项目。

对于上述交易，如果甲公司将乙公司吸收合并，乙公司的资产和负债全部转移至甲公司账下，则甲公司无须立即支付资金即可获得乙公司的经营性资产，而且乙公司也无须缴纳增值税及其附加，可以实现节税 55 万元。

2. 企业并购税收筹划方法

1) 选择并购目标

(1) 考察目标企业的财务状况。并购企业若有较高的盈利水平，为降低整体税负，可以选择一家有大量净经营亏损的企业作为并购目标。通过合并后盈亏抵补，实现企业所得税的免除。如果合并纳税中出现亏损，并购企业的亏损能够递延至以后期间，合理推迟纳税。因此，目标企业尚未弥补的亏损和尚未享受完的税收优惠应当是决定是否并购的一个重要因素。

并购亏损企业一般采用吸收合并或控股兼并的方式，不采用新设合并方式，因为新设合并会因被并购企业的核销而使其亏损无法抵减合并后的企业利润。但此类并购活动必须警惕亏损企业可能给并购后的企业带来不良影响，防止并购企业被拖入亏损境地。

(2) 考察目标企业所在地及税收环境状况。我国对在经济特区、西部地区、少数民族地区注册经营的企业实行一系列所得税优惠政策。从税收角度考察，在其他条件相同的情况下，税负较低的是国家重点扶持的高新技术企业(企业所得税税率为 15％)、小型微利企业(企业所得税税率为 20％)。并购方若从税收战略角度出发，选择能享受到这些优惠政策的目标企业作为并购对象，则并购后可以继续享受相关税收优惠政策。

2) 选择并购出资方式

并购按出资方式可分为以下三种：现金购买资产式并购、现金购买股票式并购、股票换资产式并购。前两种方式属于以货币出资，在并购过程中需要缴纳企业所得税，属于应税重组交易。而第三种并购以股票出资，不用确认转让资产所得，因此不用缴纳所得税。而对于目标企业股东来说，由于未收到现金，不需要确认资本利得，一直到股东出售其股票时才缴纳个人所得税，目标公司股东可以享受延期纳税的好处。

股票换资产式并购也称为股权置换式并购，是一种用股票出资并购的方式。这种重组交易模式在整个资本运作过程中没有产生现金流，也没有实现资本利得，因而这一过程是免税的。在经济实践中股权置换式并购可分为以下三种类型。

(1) 吸收合并与新设合并。在吸收合并方式下，目标企业的股东用其所持有的目标企业的股票换取并购企业的股票，成为并购企业的股东，目标企业不再存在；在新设合并方式下，目标企业和并购企业的股东都将其持有的股票换取新成立的企业的股票，成为新设企业的股东，原有的两个企业都不再存在。

(2) 相互持股合并。即并购企业与目标企业进行股票交换，并购企业与目标企业相互持股。由于并购企业的持股比例更大一些，它可以对目标企业的管理决策施加更大的影响。

在相互持股并购中,目标企业既可以通过清偿进入并购企业而不复存在,也可以仍然作为独立经营的实体存在。

(3)股票换资式合并。目标企业将资产出售给并购企业以换取并购企业的有投票权股票,然后目标企业将并购企业的股票交给其股东以换回已被注销的目标企业的股票。一般情况下,收购企业购买的股权不低于被收购企业全部股权的50%。

在股票换资产式合并方式下,资产评估价值往往高于账面价值,因而并购企业可获得增加的折旧抵税额。而在目标企业的资产账面价值大于其市场价值的情况下,并购企业倾向于采用股票换股票的免税并购方式,使目标企业的资产原封不动地结转给并购企业。如果并购企业将目标企业的股票转换为可转换债券,经过一段时间后再将它们转换为普通股股票,企业支付这些债券的利息可从税前利润中减去,从而可减少并购企业的所得税缴纳。在免税重组交易下,目标企业的股东不需要立刻确认形成的资本利得,因而不需缴纳企业所得税;只有在免税重组中,并购企业才可以获得净经营亏损,并用来冲减未来的应税收益。所以,企业通过股权置换式并购,可以在不纳税的情况下,实现资产的流动与转移,并达到追加投资和资产多样化的理财目标。

税务直通车 5-4

财政部 国家税务总局
关于企业重组业务企业所得税处理若干问题的通知
财税〔2009〕59 号

企业合并,合并企业应按公允价值确定接受被合并企业各项资产和负债的计税基础,被合并企业及其股东都应按清算进行所得税处理,企业股东在该企业合并发生时取得的股权支付金额不低于其交易支付总额的85%,以及同一控制下且不需要支付对价的企业合并,可以选择按以下规定处理:

(1)合并企业接受被合并企业资产和负债的计税基础,以被合并企业的原有计税基础确定。

(2)被合并企业合并前的相关所得税事项由合并企业承继。

(3)可由合并企业弥补的被合并企业亏损的限额=被合并企业净资产公允价值×截至合并业务发生当年年末国家发行的最长期限的国利率。

(4)被合并企业股东取得合并企业股权的计税基础,以其原持有的被合并企业股权的计税基础确定。

财政部 国家税务总局
2009 年 4 月 30 日

值得一提的是,企业在进行并购交易的税收筹划时,必须将免税重组交易方式与应税重组交易方式结合使用,以实现最大的节税利益。我们分析以下两种情况。

(1)如果目标企业的固定资产被低估,并购企业可以选择以现金形式收购目标企业股东所持有的全部股票,这比选择股票换股票的免税重组方式更为合适。因为在会计处理上,这一交易可以被视为并购企业以现金购买目标企业的全部资产,目标企业将现金全部分配给股东,换回所有股票并加以注销。这样,并购企业不仅取得了经过重新估价的资产,增加了企业固定资产折旧的计提基础,目标企业的股东则可以获得已实现的资本利得。

(2)如果并购企业希望取得目标企业的一个子公司的资产,它不必直接购买子公司的股票,可以直接对目标企业进行现金并购,在取得其一定数量的股票之后,要求目标企业用其子公司的股票赎回并购企业所拥有的目标企业的股票。目标企业的股东可以自由选择是否将股票出售给并购企业,同意者将直接获得现金收益;不出售股票的股东可以从整个交易过程中获取资本利得,享受延期纳税的优惠。

3) 选择并购会计处理方法

由于交易方式的差别,三种类型的股权置换式并购都属于免税并购,在会计处理时有购买法和权益结合法两种方法。在两种会计处理方法下,对重组资产的确认、公允价值与账面价值的差额处理等有着不同的规定,影响到重组后企业的整体纳税状况。

在购买法下,并购企业支付给目标企业的购买价格不等于目标企业净资产的账面价值。在购买日将构成净资产价值的各个资产项目,按评估的公允价值入账,公允价值超过净资产账面价值的差额在会计上作为商誉处理。商誉不允许摊销,只在会计期末进行减值测试;固定资产因公允价值超过账面价值形成的增值会提高折旧费用,产生一定的节税效果,故股票换资产式并购宜采用购买法。

权益结合法仅适用于发行普通股换取被并购企业的普通股的情况。参与合并的各企业资产、负债都以原账面价值入账,并购企业支付的并购价格等于目标企业净资产的账面价值,不存在商誉和资产增值多提折旧问题,所以不会对并购企业的未来收益产生影响。

购买法与权益结合法相比,资产被确认的价值较高,并且由于增加折旧引起净利润的减少,会形成节税效果。但购买法会引起企业的现金流出增加或负债增加,从而相对降低了资产回报率,因此税收筹划要全面衡量得失。

5.5.2　企业分立的税收筹划

1. 企业分立税收筹划的应用范围

企业分立是指一个企业依照法律或者合同规定分为两个或两个以上的企业的行为。企业分立包括被分立企业将其部分或全部营业分离转让给两个或两个以上现存或新设企业(以下简称分立企业),为其股东换取分立企业的股权或其他财产。企业分立有利于企业更好地适应环境和利用税收政策获得税收方面的利益。

分立筹划利用分拆手段,可以有效地改变企业规模和组织形式,降低企业整体税负。分立筹划一般应用于以下几个方面。

(1) 企业分立为多个纳税主体,可以形成有关联关系的企业群,实施集团化管理和系统化筹划。

(2) 企业分立可以将兼营或混合销售中的低税率或零税率业务独立出来单独计税,降低税负。

(3) 企业分立使适用累进税率的纳税主体分化成两个或多个适用低税率的纳税主体,税负自然降低。

(4) 企业分立可以增加一道流通环节,有利于流转税抵扣及转让定价策略的运用。

2. 企业分立税收筹划方法

企业分立是一种产权结构的调整,不可避免地会影响税收。在我国企业分立实务中,税法规定了免税分立与应税分立两种模式,对于纳税人来说,在实施企业分立时,应尽量利用免税分立进行筹划,合理降低企业税负。

企业分立时,通常被分立企业应视为按公允价值转让其被分离出去的部分或全部资产,并按规定计算被分立资产的财产转让所得或损失,依法缴纳企业所得税。在企业分立实务中,分立资产按照公允价值计价是为了防止因资产账面价值的低估而造成资产流失,凡是超出原分立资产账面价值的部分,应按财产转让所得缴纳企业所得税。

企业分立,被分立企业所有股东按原持股比例取得分立企业的股权,分立企业和被分立企业均不改变原来的实质经营活动,且被分立企业股东在该企业分立发生时取得的股权支付金额不低于其交易支付总额的85%,可以选择按以下规定处理。

(1) 分立企业接受被分立企业资产和负债的计税基础,以被分立企业的原有计税基础确定。

(2) 被分立企业已分立出去的资产相应所得税事项由分立企业承继。

(3) 被分立企业未超过法定弥补期限的亏损额可按分立资产占全部资产的比例进行分配,由分立企业继续弥补。

(4) 被分立企业的股东取得分立企业的股权(简称"新股"),如需部分或全部放弃原持有的被分立企业的股权(简称"旧股"),"新股"的计税基础应以放弃"旧股"的计税基础确定。如不需放弃"旧股",则其取得"新股"的计税基础可从以下两种方法中选择确定:直接将"新股"的计税基础确定为零;或者以被分立企业分立出去的净资产占被分立企业全部净资产的比例先调减原持有的"旧股"的计税基础,再将调减的计税基础平均分配到"新股"上。

【例5-21】 奥维公司拟将一个非货币性资产——价值500万元的分公司分离出去,分离方式可以是整体资产转让,可以是整体资产置换,也可以是分立。不论采取哪种分离方式,都涉及确认财产转让所得、计算缴纳所得税的问题。

筹划分析:

如果采取整体资产转让方式,将分公司的全部资产转让给永信股份公司(系公开上市公司),根据税法的规定,只要永信股份公司所支付的交换额中非股权支付额(如现金、有价证券等)不高于奥维公司所取得的永信股票面值的15%,就可以不确认财产转让所得。

假设永信股份公司股票的市场交易价为1:4.8,支付给奥雄公司股权的股票面值设为X、现金设为Y,则:

$$48X+Y=500$$
$$Y=15\%\times500=75$$

解得:$X=88.54$(万元) $Y=75$(万元)

这表明只要奥维公司争取取得永信股份公司88.54万元以上股票、75万元以下现金,就可避免缴纳企业所得税。

如果采取整体资产置换方式,用分公司的全部资产与永信股份公司的一间厂房交换,只要支付给对方的补价(双方资产公允价值的差价)的货币性资产占换入资产价值不高于25%,置换双方均可不确认财产转让所得。假设永信股份公司用于交换的厂房价值为300万元,则双方资产差价为:$500-300=200$(万元),永信股份公司应支付给奥维公司200万元补价。如果这200万元全部以现金支付,置换双方就要确认财产转让所得;如果这200万元支付一部分存货、一部分现金,将支付的存货设为X、现金设为Y,那么满足下式就可以免征企业所得税:

$$X+Y=200$$
$$25\%\times(500+X)=Y$$

解得:$X=60$(万元) $Y=140$(万元)

这表明只要永信股份公司争取支付给奥维公司60万元以上存货、140万元以下现金,双方就均可避免缴纳企业所得税。

如果采取分立方式,将分公司脱离出去,成立独立的法人单位奥新公司,则奥新公司应向奥维公司及其股东支付资产价款,只要其所支付的非股权支付额不高于所支付的股权面额15%,奥维公司就可不确认财产转让所得。依此例,奥新公司只要支付给奥维公司不低于425万元(500×85%)的股权、不高于75万元(500-425)的现金,奥维公司就可避免缴纳企业所得税。

5.5.3 企业资产重组的税收筹划

1. 整体资产转让的税收筹划

整体资产转让是指一家企业不需要解散而将其经营活动的全部(包括所有资产和负债)或其独立核算的分支机构转让给另一家企业(接受企业),以换取代表接受企业资本的股权(包括股份或股票等),包括股份公司的法人股东以其经营活动的全部或其独立核算的分支机构向股份公司配购股票。

相关思考5-3

我们需要区分几种相近的重组行为:企业将独立核算的分支机构转让属于整体资产转让行为;企业将"非独立核算"的分支机构,比如一条或若干条生产线、多项资产、存货、投资等转让出去,换取接受方股权的行为,不属于企业整体资产转让行为,属于多项非货币性资产对外投资业务;企业将"非法人"的独立核算的分公司、分厂的经营活动的全部资产和负债转让给有法人资格的接受企业,并且将取得的接受企业的股权及其他非股权支付额分配给转让企业原股东的行为,属于企业分立;作为独立法人的转让企业将经营活动的全部资产或负债转让给接受企业后,将取得的接受企业的股权或非股权支付额分配给其原股东,转让企业注销法人资格的,属于吸收合并(兼并)。

必须注意的是,在企业整体资产转让中,被转让企业不解散,其作为继续存在的独立纳税人的地位没有发生变更,转让企业在转让后只不过是由从事经营活动转变为从事投资活动。

整体资产转让的税收处理的一般原则是:在交易发生时,将资产转让业务分解为按公允价值销售全部资产和进行投资两项经济业务进行所得税处理,并按规定计算确认资产转让所得或损失。一般是在年终所得税汇算清缴时,按照资产公允价值和账面价值的差额调整应纳税所得。

但在特殊情况下,企业整体资产转让可以享受免税待遇,即对整体资产转让行为不计算资产转让所得或损失,不缴纳企业所得税,需要满足的条件如下:企业整体资产转让的接受企业支付的交换额中,除接受企业股权以外的现金、有价证券、其他资产(简称"非股权支付额")不高于所支付的股权的票面价值(或股本的账面价值)15%的,经税务机关审核确认,转让企业可暂不计算确认资产转让所得或损失,但转让企业取得接受企业的股权的成本,应以其原持有的资产的账面净值为基础确定,不得以经评估确认的价值为基础确定。接受企业接受转让企业的资产的成本,须以其在转让企业原账面净值的基础上结转确定,不得按经评估确认的价值调整。

2. 整体资产置换的税收筹划

企业整体资产置换是指一家企业以其经营活动的全部或其独立核算的分支机构与另一家企业的经营活动的全部或其独立核算的分支机构进行整体交换,资产置换双方的企业都不解散。企业发生整体资产置换,原则上应在交易发生时将业务分解为按公允价值销售全部资产和按公允价值购买另一方全部资产的经济业务进行所得税处理,并按规定计算确认资产转让所得或损失。这是与税法"非货币性资产交换"原则相吻合的,对于非货币性资产交换原则上应该按照正常的资产销售确认资产转让所得或损失。

如果整体资产置换交易中,作为资产置换交易补价(双方全部资产公允价值的差额)的货币性资产占换入总资产公允价值不高于25%,经税务机关审核确认,资产置换双方企业均不确认资产转让的所得或损失。这一税务规则适用于特殊情况下的资产置换交易。从所得税实现原则来看,只要纳税人对盈利或潜在的盈利有控制权,就应该确认所得税的实现。但整体资产置换交易结束后并不意味着交易的完成,因资产公允价值与账面价值的差额所形成的潜在收益在资产置换当期并未作为资本利得确认出来,所以,不确认资产转让所得或损失是有道理的。此外,资产置换过程中补价的比例控制在25%的范围以内,这也是与非货币性交易的原则相吻合的。如果把资产置换中补价的比例提高,则纳税人可能会将本来属于货币性交易的业务转化为整体资产置换交易来规避税收。

本 章 小 结

企业所得税的税收筹划中,纳税人的筹划主要包括纳税主体身份的选择和纳税主体身份的转变两种方法。计税依据的筹划包括收入的筹划、扣除项目的筹划和亏损弥补的筹划三种方法。企业所得税的税率包括三档:一般企业适用25%的基本税率,小型微利企业适用20%的低税率,国家需要重点扶持的高新技术企业适用15%的低税率。税率的筹划包括享受低税率政策的筹划和预提所得税的筹划。通过本章的学习,应掌握企业所得税的最新政策及税收筹划方法,并能结合案例进行筹划,作出合理的分析与决策。

重 要 概 念

居民企业 非居民企业 实际管理机构 子公司 分公司 不征税收入 免税收入
税前扣除项目 亏损弥补 小型微利企业 高新技术企业 预提所得税

本 章 练 习

一、单项选择题

1. 企业所得税法规定不得从收入中扣除的项目是(   )。

A. 职工福利费   B. 赞助费支出

C. 公益性捐赠   D. 广告宣传费

2. 关于非居民企业适用税率,下列描述正确的是(   )。

A. 均适用10%的低税率

B. 非居民企业来源于境外的所得,无论是否与境内机构场所有无联系,均适用25%税率

C. 非居民企业来源于境内的所得,适用25%税率

D. 非居民企业如果没有在中国境内设立机构场所,适用10%税率

3. 下列固定资产折旧中,允许所得税税前扣除的是( )。

A. 房屋建筑物以外未投入使用的固定资产

B. 以经营租赁方式租出的固定资产

C. 以融资租赁方式租出的固定资产

D. 已足额计提折旧但仍然继续使用的固定资产

4. 下列项目中,可以在所得税前扣除的是( )。

A. 罚金、罚款   B. 赞助支出

C. 单独估价作为固定资产入账的土地   D. 固定资产大修理支出

5. 韩国某企业未在中国设立机构场所,2021 年年初为境内企业提供一项专利使用权,合同约定使用期限为两年,境内企业需要支付费用 1 200 万元,企业每年年初支付 600 万元,则境内企业 2021 年应扣缴的所得税为( )万元。

A. 20   B. 60   C. 59.5   D. 120

二、多项选择题

1. 下列各项中,在计算应纳税所得额时不得扣除的项目有( )。

A. 非银行企业内营业机构之间支付的利息

B. 利润分红支出

C. 企业违反销售协议被采购方索取的罚款

D. 违反食品卫生法被政府于处的罚款

2. 下列做法中,能够降低企业所得税负担的有( )。

A. 亏损企业均应选择能使本期成本最大化的计价方法

B. 盈利企业应尽可能缩短折旧年限并采用加速折旧法

C. 采用双倍余递减法和年数总和法计提折旧可以降低盈利企业的税负

D. 在物价持续下跌的情况下,采用先进先出法

3. 关于企业所得税纳税人的具体税收筹划方法,以下说法正确的有( )。

A. 从总体税负角度考虑,独资企业、合伙企业一般要低于公司制企业

B. 企业最终税负的高低是多种因素起作用的结果,在考虑纳税主体的身份的选择时,要充分考虑税基、税率和税收优惠政策等多种因素

C. 设立分公司手续简单,有关财务资料也不必公开,分公司不需要独立缴纳企业所得税,并且分公司这种组织形式便于总公司管理控制

D. 分公司具有独立法人资格,通常要履行与该国其他家居民企业一样的全面纳税义务

4. 进行纳税人身份的税收筹划要避免成为居民纳税人,实际管理机构所在地在中国境内的企业即为中国居民纳税人,负有无限纳税义务。因此,对其进行税收筹划的方法有( )。

A. 尽可能将实际管理机构设在避税地或低税区

B. 尽可能将销售公司设在低税区,而实际管理机构设在高税区

C. 尽可能减少某些收入与实际管理机构之间的联系

D. 尽可能使某些收入与实际管理机构保持联系

5. 有关非居民纳税人的税收政策的理解,以下内容正确的有( )。

A. 非居民企业在中国境内设立机构、场所的,应当就其所设机构、场所取得的来源于中国境内的所得,以及发生在中国境外但与其所设机构、场所没有实际联系的所得,缴纳企业所得税

B. 非居民企业在中国境内设立机构、场所的,应当就其所设机构、场所取得的来源于中国境内的所得,以及发生在中国境外但与其所设机构、场所有实际联系的所得,缴纳企业所得税

C. 非居民企业在中国境内未设立机构、场所的,应当就其来源于中国境内的所得缴纳企业所得税

D. 非居民企业在中国境内虽设立机构、场所,但取得的所得与其所设机构、场所没有实际联系的,应当就其来源于中国境内的所得缴纳企业所得税

三、判断题

1. 福利企业安置"四残"人员占生产人员总数35％以上的暂免征收企业所得税。企业安置"四残"人员占生产人员总数的比例超过10％未达到35％的,减半征收企业所得税。( )

2. 公司制企业需要缴纳企业所得税,而且如果向个人投资者分配股息、红利的,还要按七级超额累进税率扣缴个人所得税。( )

3. 商品销售收入的金额一般应根据企业与购货方签订的合同或协议金额确定,没有合同或协议的,应按照购销双方都同意或都能接受的价格确定。( )

4. 加速折旧法折旧初期提取的折旧额比较多,相应的税基小,应缴纳所得税也就少,折旧后期折旧额较小,相应的应缴纳所得税就多。( )

5. 纳税人以融资租赁方式从出租房取得固定资产,其符合独立纳税人交易原则的租金可根据受益时间在所得税税前均匀扣除。( )

四、简答题

1. 从税收筹划的角度,对子公司和分公司的设立进行比较。

2. 我国税法对投资所得来源地是怎样认定的? 如何筹划投资所得的来源地?

五、案例分析题

某市煤矿联合企业为增值税一般纳税人,主要生产开采原煤销售,假定2021年度有关经营业务如下。

(1) 销售开采原煤13 000吨,不含税收入15 000万元,销售成本6 580万元。

(2) 转让开采技术所有权取得收入650万元,该技术所有权的账面余额为300万元。

(3) 提供矿山开采技术培训取得收入300万元(有相关专业培训资质),本期为培训业务耗用库存材料成本18万元;取得国债利息收入130万元。

(4) 购进原材料共计3 000万元,取得增值税专用发票注明进项税税额510万元;同时支付原材料运输费用共计230万元,取得运输发票(按7％抵扣)。

(5) 销售费1 650万元,其中广告费1 400万元。

(6) 管理费用1 232万元,其中业务招待费120万元、探采技术研究费280万元。

(7) 财务费用280万元,其中含向非金融企业借款1 000万元所支付的年利息120万元;向金融企业贷款800万元,支付年利息46.40万元。

(8) 计入成本、费用中的实发合理工资820万元;发生的工会经费16.4万元(取得工会专用收据)、职工福利费98万元、职工教育经费25万元。

(9) 营业外支出500万元,其中含通过红十字会向灾区捐款300万元;因消防设施不合格,被处罚50万元。

(其他相关资料:①上述销售费用、管理费用和财务费用不涉及转让费用;②取得的相关票据均通过主管税务机关认证;③煤矿资源税5元/吨;④上年广告费超支380万元;⑤技术所有权的摊销年限,税法和会计一致,技术转让所得已经按规定办理减免手续。)

要求:

填列《企业所得税计算表》中带＊号项目的金额(结果保留2位小数),并详细列示计算过程。

表 5-4

企业所得税计算表

2021 年度   单位:万元

类别	行次	项目	金额
利润总额的计算	1	一、营业收入	*
	2	减:营业成本	*
	3	税金及附加	*
	4	销售费用	1 650.00
	5	管理费用	1 232.00
	6	财务费用	280.00
	7	加:投资收益	*
	8	二、营业利润	*
	9	加:营业外收入	*
	10	减:营业外支出	*
	11	三、利润总额	*
应纳税所得额计算	12	加:纳税调整增加额	*
	13	业务招待费支出	*
	14	广告费用支出	*
	15	职工福利支出	*
	16	职工工会经费、教育经费支出	*
	17	营业外支出	*
	18	其他调增项目	*
	19	减:纳税调整减少额	*
	20	加计扣除	*
	21	免税收入	*
	22	减免税项目所得	*
	23	其他调减项目	*
	24	四、应纳税所得额	*
税额计算	25	税率	25%
	26	应纳所得税额	*

第6章 个人所得税的税收筹划

➤ 内容提要
➤ 重点难点
➤ 学习目标
➤ 知识框架
➤ 6.1 个人所得税的基本法律规定
➤ 6.2 个人所得税纳税人的税收筹划
➤ 6.3 不同收入项目计税依据和税率的税收筹划
➤ 6.4 充分利用个人所得税税收优惠进行税收筹划
➤ 本章小结
➤ 重要概念
➤ 本章练习

内容提要

本章主要讲解个人所得税的税收筹划方法,包括纳税人的筹划方法、计税依据的筹划方法、税率的筹划方法和税收优惠的筹划方法等。

重点难点

本章重点为个人所得税纳税人的税收筹划和计税依据的税收筹划;难点为个人所得税计税依据的税收筹划。

学习目标

通过对本章的学习,学生应掌握纳税人的筹划方法、计税依据的筹划方法、税率的筹划方法和税收优惠的筹划方法;明确如何通过不同纳税人之间的转化和不同收入项目之间的转化进行税收筹划;了解个人所得税的各项优惠措施。

知识框架

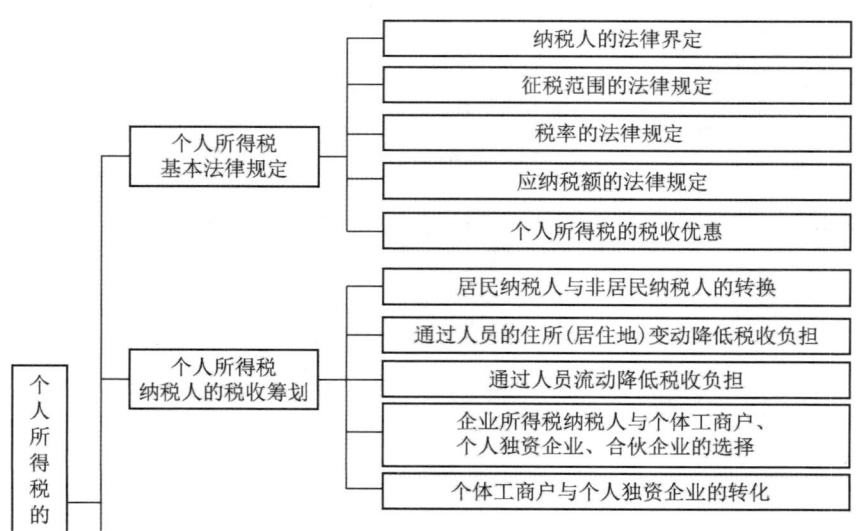

个人所得税基本法律规定
- 纳税人的法律界定
- 征税范围的法律规定
- 税率的法律规定
- 应纳税额的法律规定
- 个人所得税的税收优惠

个人所得税纳税人的税收筹划
- 居民纳税人与非居民纳税人的转换
- 通过人员的住所(居住地)变动降低税收负担
- 通过人员流动降低税收负担
- 企业所得税纳税人与个体工商户、个人独资企业、合伙企业的选择
- 个体工商户与个人独资企业的转化

个人所得税的

160

(续图)

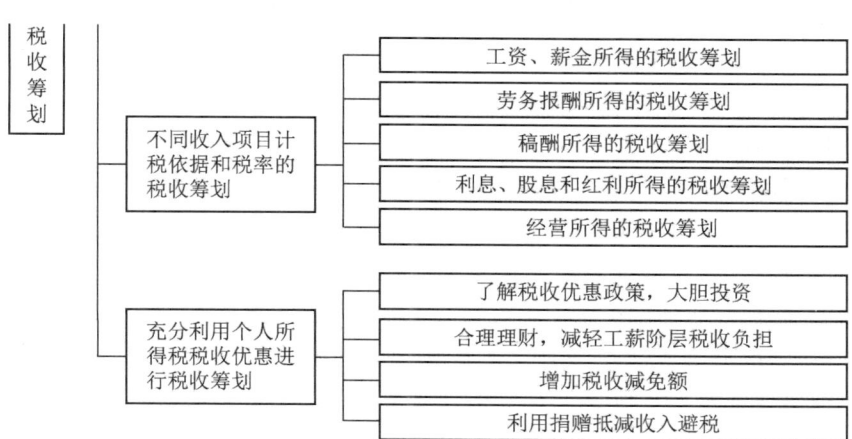

引入案例　如何通过选择纳税人身份进行税收筹划降低税负？

　　一位美国工程师受雇于美国总公司,从2020年10月起到中国境内的分公司筹建某工程。2021年内,曾离境4个月向其总公司述职,又离境30天回国探亲。2021年度,除了在中国境内的工资薪金,他还领取了在中国境外总公司的工资薪金96 000元。

　　请你判断该工程师来自境外的所得是否应当向中国缴纳个人所得税,如缴纳的话,该工程师应该如何进行税收筹划?

6.1 | 个人所得税的基本法律规定

6.1.1　纳税人的法律界定

　　个人所得税是以自然人取得的各类应税所得为征税对象而征收的一种税,是政府利用税收对个人收入进行调节的一种手段。个人所得税的纳税人不仅包括个人还包括具有自然人性质的企业。

　　个人所得税的纳税义务人依据住所和居住时间两个标准,区分为居民纳税人和非居民纳税人,两者分别承担不同的纳税义务。

1. 居民纳税义务人

　　《中华人民共和国个人所得税法》(以下简称《个人所得税法》)规定,居民纳税义务人是指在中国境内有住所,或者无住所而在中国境内居住满183天的个人。

　　所谓在中国境内有住所,是指因户籍、家庭、经济利益关系,而在中国境内习惯性居住。习惯性居住地,是指个人因学习、工作、探亲等原因消除之后,没有理由在其他地方继续居留时所要回到的地方,而不是指实际居住或在某一个特定时期内的居住地。一个纳税人因学习、工作、探亲、旅游等原因,原来是在中国境外居住,但是在这些原因消除之后,如果必须回到中国境内居住的,则中国为该人的习惯性居住地。尽管该纳税义务人在一个纳税年度内,甚至连续几个纳税年度,都未在中国境内居住过1天,他仍然是中国居民纳税义务人。

所谓在境内居住满 183 天,是指在一个纳税年度(即公历 1 月 1 日起至 12 月 31 日止,下同)内,在中国境内居住满 183 日。

居民纳税义务人负有无限纳税义务。其所取得的应纳税所得,无论是来源于中国境内还是中国境外任何地方,都要在中国缴纳个人所得税。

2. 非居民纳税义务人

《个人所得税法》规定,非居民纳税义务人是"在中国境内无住所又不居住或者无住所而在境内居住不满 183 天的个人"。也就是说,非居民纳税义务人,是指习惯性居住地不在中国境内,而且不在中国居住,或者在一个纳税年度内,在中国境内居住不满 183 天的个人。在现实生活中,习惯性居住地不在中国境内的个人,只有外籍人员、华侨或香港、澳门和台湾同胞。因此,非居民纳税义务人,实际上只能是在一个纳税年度中,没有在中国境内居住,或者在中国境内居住不满 183 天的外籍人员、华侨或香港、澳门、台湾同胞。

非居民纳税义务人承担有限纳税义务,仅就其来源于中国境内的所得,向中国缴纳个人所得税。

微课视频:个税的纳税人、征税对象

特别提示 6-1

在这里,"居住满 183 天"是指在一个纳税年度内(即公历 1 月 1 日起至 12 月 31 日止)在中国境内居住 183 天。

相关思考 6-1

该外籍人是否为我国居民纳税人?

某外籍人 2019 年 9 月 12 日来华工作,2020 年 2 月 15 日回国,2020 年 8 月 2 日返回中国。2020 年 11 月 15 日至 2020 年 11 月 30 日期间,因工作需要去了日本,2020 年 12 月 1 日返回中国,后于 2021 年 11 月 20 日离华回国。

思考:该外籍人在 2019、2020、2021 年度是否为居民纳税人?为什么?

6.1.2 征税范围的法律规定

1. 工资、薪金所得

工资、薪金所得,是指个人因任职或者受雇而取得的工资、薪金、奖金、年终加薪、劳动分红、津贴、补贴以及与任职或者受雇有关的其他所得。

一般来说,工资、薪金所得属于非独立个人劳动所得。所谓非独立个人劳动,是指个人所从事的是由他人指定、安排并接受管理的劳动,工作或服务于公司、工厂、行政事业单位的人员(私营企业主除外)均为非独立劳动者。他们从上述单位取得的劳动报酬,是以工资、薪金的形式体现的。依据我国目前个人收入的构成情况,税法规定对于一些不属于工资、薪金性质的补贴、津贴或者不属于纳税人本人工资、薪金所得项目的收入,不予征税。这些项目包括:

(1)独生子女补贴。

(2)执行公务员工资制度未纳入基本工资总额的补贴、津贴差额和家属成员的副食品补贴。

（3）托儿补助费。

（4）差旅费津贴、误餐补助。

实行内部退养的个人在其办理内部退养手续后至法定离、退休年龄之间从原任职单位取得的工资、薪金，不属于离、退休工资，应按"工资、薪金所得"项目计征个人所得税。

退休人员再任职取得的收入，按"工资、薪金所得"应税项目缴纳个人所得税。

出租汽车经营单位对出租车驾驶员采取单车承包或承租方式运营，出租车驾驶员从事客、货营运取得的收入，按工资、薪金所得征税。

2. 劳务报酬所得

劳务报酬所得指个人独立从事各种非雇佣的劳务所取得的所得。具体劳务包括：设计、装潢、安装、制图、化验、测试、医疗、法律、会计、咨询、讲学、新闻、广播、翻译、审稿、书画、雕刻、影视、录音、录像、演出、表演、广告、展览、技术服务、介绍服务、经纪服务、代办服务及其他劳务。

自 2004 年 1 月 20 日起，对商品营销活动中，企业和单位对其营销业绩突出的非雇员以培训班、研讨会、工作考察等名义组织旅游活动，通过免收差旅费、旅游费对个人实行的营销业绩奖励（包括实物、有价证券等），应根据所发生费用的全额作为该营销人员当期的劳务收入，按照"劳务报酬所得"项目征收个人所得税，并由提供上述费用的企业和单位代扣代缴。而对于雇员取得上述待遇则按照工资、薪金所得计税。

在实际操作过程中，可能会出现难以判定一项所得是属于工资、薪金所得，还是属于劳务报酬所得的情况。这两者的区别在于：工资、薪金所得是属于非独立个人劳务活动，即在机关、团体、学校、部队、企业、事业单位及其他组织中任职、受雇而得到的报酬；而劳务报酬所得，则是个人独立从事各种技艺、提供各项劳务取得的报酬。

3. 稿酬所得

稿酬所得是指个人因其作品以图书、报刊形式出版、发表而取得的所得。将稿酬所得独立划归一个征税项目，而对不以图书、报刊形式出版、发表的翻译、审稿、书画所得归为劳务报酬所得，主要是考虑了出版、发表作品的特殊性。第一，它是一种依靠较高智力进行的创作；第二，它具有普遍性；第三，它与社会主义精神文明和物质文明密切相关；第四，它的报酬相对偏低。因此，稿酬所得应当与一般劳务报酬相区别，并给予适当优惠照顾。

4. 特许权使用费所得

特许权使用费所得是指个人提供专利权、商标权、著作权、非专利技术以及其他特许权的使用权取得的所得。提供著作权的使用权取得的所得，不包括稿酬所得。

对于专利权，许多国家只将提供他人使用取得的所得，列入特许权使用费，而将转让专利权所得列为资本利得税的征税对象。我国没有开征资本利得税，故将个人提供和转让专利权取得的所得，都列入特许权使用费所得征收个人所得税。

作者将自己的文字作品手稿原件或复印件拍卖取得的所得，按照"特许权使用费"所得项目缴纳个人所得税。

个人拍卖除文字作品原稿及复印件外的其他财产，按照"财产转让所得"缴纳个人所得税。

5. 经营所得

（1）个人通过在中国境内注册登记的个体工商户、个人独资企业、合伙企业从事生产、经营活动取得的所得。

（2）个人经政府有关部门批准，取得执照，从事办学、医疗、咨询以及其他有偿服务活动取得的所得。

（3）个人承包、承租、转包、转租取得的所得。

（4）个人从事其他生产、经营活动取得的所得。

个人因从事彩票代销业务而取得所得，应按照"经营所得"项目计征个人所得税。

从事个体出租车运营的出租车驾驶员取得的收入，按"经营所得"项目缴纳个人所得税。

出租车属个人所有，但挂靠出租汽车经营单位或企事业单位，驾驶员向挂靠单位缴纳管理费的，或出租汽车经营单位将出租车所有权转移给驾驶员的，出租车驾驶员从事客、货运营取得的收入，比照"经营所得"项目征税。

个体工商户和从事生产、经营的个人，取得与生产、经营活动无关的其他各项应税所得，应分别按照其他应税项目的有关规定，计算征收个人所得税。如取得银行存款的利息所得、对外投资取得的股息所得，应按"股息、利息、红利"税目的规定单独计征个人所得税。

个人独资企业、合伙企业的个人投资者以企业资金为本人、家庭成员及其相关人员支付与企业生产经营无关的消费性支出及购买汽车、住房等财产性支出，视为企业对个人投资者利润分配，并入投资者个人的生产经营所得，依照"经营所得"项目计征个人所得税。

除个人独资企业、合伙企业以外的其他企业的个人投资者，上述所得依照"利息、股息、红利所得"项目计征个人所得税。

企业投资者个人、投资者家庭成员或企业其他人员向企业借款用于购买房屋及其他财产，将所有权登记为投资者、投资者家庭成员或企业其他人员，且借款年度终了后未归还借款的。

对个人独资企业、合伙企业的个人投资者或其家庭成员取得的上述所得，视为企业对个人投资者的利润分配，按照"经营所得"项目计征个人所得税；对除个人独资企业、合伙企业以外其他企业的个人投资者或其家庭成员取得的上述所得，视为企业对个人投资者的红利分配，按照"利息、股息、红利"所得项目计征个人所得税；对企业其他人员取得的上述所得，按照"工资、薪金"所得项目计征个人所得税。企业资金用于投资者消费支出或财产性支出的比较如表6-1所示。

表6-1　　　　　　　　**企业资金用于投资者消费支出或财产性支出的比较**

行为	投资者身份	征税项目
① 企业资金用于投资者或其家人、相关人员消费性支出或车房等财产性支出	个人独资企业、合伙企业投资者	经营所得
② 投资者从本企业借款不归还	其他企业投资者	利息、股息、红利所得

6. 利息、股息、红利所得

利息、股息、红利所得，是指个人拥有债权、股权而取得的利息、股息、红利所得。利息是指个人拥有债权而取得的利息，包括存款利息、贷款利息和各种债券的利息。按税法规定，个人取得的利息所得，除国债和国家发行的金融债券利息外，应当依法缴纳个人所得税。股息、红利是指个人拥有股权取得的股息、红利。按照一定的比率对每股发给的息金叫股息；公司、企业应分配的利润,按股份分配的叫红利。股息、红利所得,除另有规定外,都应当缴纳个人所得税。

除个人独资企业、合伙企业以外的其他企业的个人投资者,以企业资金为本人、家庭成员及其相关人员支付与企业生产经营无关的消费性支出及购买汽车、住房等财产性支出,视为企业对个人投资者的红利分配,依照"利息、股息、红利所得"项目计征个人所得税。企业的上述支出不允许在所得税前扣除。

纳税年度内个人投资者从其投资企业(个人独资企业、合伙企业除外)借款,在该纳税年度终了后既不归还又未用于企业生产经营的,其未归还的借款可视为企业对个人投资者的红利分配,依照"利息、股息、红利所得"项目计征个人所得税。

7. 财产租赁所得

财产租赁所得是指个人出租建筑物、土地使用权、机器设备、车船以及其他财产取得的所得。

个人取得的财产转租收入,属于"财产租赁所得"的征税范围,由财产转租人缴纳个人所得税。

8. 财产转让所得

财产转让所得是指个人转让有价证券、股权、建筑物、土地使用权、机器设备、车船以及其他财产取得的所得。

鉴于我国证券市场发育还不成熟,股份制还处于试点阶段,国务院决定,对股票转让所得暂不征收个人所得税。

9. 偶然所得

偶然所得是指个人得奖、中奖、中彩以及其他偶然性质的所得。偶然所得应缴纳的个人所得税税款,一律由发奖单位或机构代扣代缴。

🔊 知识拓展6-2　个人取得网络红包是否缴纳个税

知识拓展6-2

6.1.3　税率的法律规定

我国个人所得税对不同的所得项目规定了不同的适用税率,分为超额累进税率和比例税率两种形式。

1. 综合所得适用税率

综合所得,包括工资、薪金所得,劳务报酬所得,稿酬所得,特许权使用费所得四项,适用七级超额累进税率,税率为3%～45%,具体如表6-2所示。

表6-2　　　　　　　　　　综合所得个人所得税税率表

级数	全年含税应纳税所得额	税率	速算扣除数
1	不超过36 000元的	3%	0
2	超过36 000至144 000元的部分	10%	2 520
3	超过144 000至300 000元的部分	20%	16 920
4	超过300 000至420 000元的部分	25%	31 920

(续表)

级数	全年含税应纳税所得额	税率	速算扣除数
5	超过 420 000 至 660 000 元的部分	30%	52 920
6	超过 660 000 至 960 000 元的部分	35%	85 920
7	超过 960 000 元的部分	45%	181 920

注:本表所称全年含税应纳税所得额,是指依照税法的规定,以每纳税年度收入额减除费用60 000 元以及专项扣除、专项附加扣除和依法确定的其他扣除后的余额。

2. 经营所得适用税率

经营所得,适用5%~35%的五级超额累进税率,具体如表6-3所示。

表6-3   **经营所得个人所得税税率表**

级数	全年含税应纳税所得额	税率	速算扣除数
1	不超过 30 000 元的	5%	0
2	超过 30 000 至 90 000 元的	10%	1 500
3	超过 90 000 至 300 000 元的	20%	10 500
4	超过 300 000 至 500 000 元的	30%	40 500
5	超过 500 000 元的部分	35%	65 500

注:本表所称全年含税应纳税所得额,是指以每一纳税年度的收入总额,减除成本、费用、相关税费以及损失后的余额。

这里值得注意的是,由于目前承包(租)经营的形式较多,分配方式也不相同,因此,承包、承租人按照承包、承租经营合同(协议)规定取得所得的适用税率也不一致。

一是承包、承租人对企业经营成果不拥有所有权,仅是按合同(协议)规定取得一定所得的,其所得按"工资、薪金所得"项目征税,适用3%~45%的七级超额累进税率。

二是承包、承租人按合同(协议)的规定只向发包、出租方缴纳一定费用后,企业经营成果归其所有的,承包、承租人取得的所得,按经营所得项目,适用5%~35%的五级超额累进税率征税。

3. 利息、股息、红利所得,财产租赁所得,财产转让所得和偶然所得适用税率

利息、股息、红利所得,财产租赁所得,财产转让所得和偶然所得适用比例税率,税率为20%。

储蓄存款利息的个人所得税,自2008年10月9日起暂免征收。

对个人出租住房取得的所得,自2001年1月1日起减按10%的税率征收个人所得税。

6.1.4　应纳税额的法律规定

1. 综合所得

综合所得,包括工资、薪金所得,劳务报酬所得,稿酬所得,特许权使用费所得四项。

居民个人取得的综合所得,按年计算个人所得税;有扣缴义务人的,由扣缴义务人按月或者按次预扣预缴税款;需要办理汇算清缴的,应当在取得所得的次年3月1日至6月30日内办理汇算清缴。

1）应纳税所得额的计算

个人所得税的计税依据是纳税人取得的应纳税所得额。应纳税所得额为个人取得的各项收入减去税法规定的费用扣除金额和减免税收入后的余额。由于个人所得税的应税项目不同，扣除费用标准也各不相同，需要按不同项目分项计算。

居民个人的综合所得，以每一纳税年度的收入额减除费用 6 万元以及专项扣除、专项附加扣除和依法确定的其他扣除后的余额，为应纳税所得额。

劳务报酬所得、稿酬所得、特许权使用费所得以收入额减除 20％的费用后的余额为收入额。稿酬所得的收入额减按 70％计算。即：

$$劳务报酬所得、特许权使用费所得的收入额＝收入×（1－20％）$$
$$稿酬所得的收入额＝收入×（1－20％）×70％$$

（1）专项扣除。

专项扣除，包括居民个人按照国家规定的范围和标准缴纳的基本养老保险、基本医疗保险、失业保险等社会保险费和住房公积金等。

（2）专项附加扣除。

专项附加扣除，是指个人所得税法规定的子女教育、继续教育、大病医疗、住房贷款利息、住房租金、赡养老人和婴幼儿照护费用等七项专项附加扣除。

第一，子女教育专项附加扣除。

纳税人的子女接受学前教育和学历教育的相关支出，按照每个子女每月 1 000 元的标准定额扣除。

学前教育包括年满 3 岁至小学入学前教育。学历教育包括义务教育（小学、初中教育）、高中阶段教育（普通高中、中等职业、技工教育）、高等教育（大学专科、大学本科、硕士研究生、博士研究生教育）。

受教育子女的父母可以选择由其中一方按扣除标准的 100％扣除，也可以选择由双方分别按扣除标准的 50％扣除，具体扣除方式在一个纳税年度内不能变更。

第二，继续教育专项附加扣除。

纳税人接受学历（学位）继续教育的支出，在学历（学位）教育期间按照每月 400 元定额扣除。同一学历（学位）继续教育的扣除期限不能超过 48 个月。

纳税人接受技能人员职业资格继续教育、专业技术人员职业资格继续教育的支出，在取得相关证书的当年，按照每年 3 600 元定额扣除。

个人接受同一学历教育事项，符合规定扣除条件的，该项教育支出可以选择由其父母按照子女教育支出扣除，也可以选择由本人按照继续教育支出扣除，但不得同时扣除。

第三，大病医疗专项附加扣除。

在一个纳税年度内，纳税人发生的与基本医保相关的医药费用支出，扣除医保报销后个人负担（指医保目录范围内的自付部分）累计超过 15 000 元的部分，由纳税人在办理年度汇算清缴时，在 80 000 元限额内据实扣除。

纳税人发生的医药费用支出可以选择由本人或者其配偶扣除；未成年子女发生的医药费用支出可以选择由其父母一方扣除。

纳税人应当留存医药服务收费及医保报销相关票据原件（或者复印件）等资料备查。医疗保障部门应当向患者提供在医疗保障信息系统记录的本人年度医药费用信息查询服务。

第四,住房贷款利息专项附加扣除。

纳税人本人或者配偶单独或者共同使用商业银行或者住房公积金个人住房贷款为本人或者其配偶购买中国境内住房,发生的首套住房贷款利息支出,在实际发生贷款利息的年度,按照每月1 000元的标准定额扣除,扣除期限最长不超过240个月。纳税人只能享受一次首套住房贷款的利息扣除。

经夫妻双方约定,以选择由其中一方扣除,具体扣除方式在一个纳税年度内不能变更。

夫妻双方婚前分别购买住房发生的首套住房贷款,其贷款利息支出,婚后可以选择其中一套购买的住房,由购买方按扣除标准的100%扣除,也可以由夫妻双方对各自购买的住房分别按扣除标准的50%扣除,具体扣除方式在一个纳税年度内不能变更。

纳税人应当留存住房贷款合同、贷款还款支出凭证备查。

第五,住房租金专项附加扣除。

纳税人在主要工作城市没有自有住房而发生的住房租金支出,可以按照以下标准定额扣除:

① 直辖市、省会(首府)城市、计划单列市以及国务院确定的其他城市,扣除标准为每月1 500元;除第一项所列城市以外,市辖区户籍人口超过100万的城市,扣除标准为每月1 100元;市辖区户籍人口不超过100万的城市,扣除标准为每月800元。

② 纳税人的配偶在纳税人的主要工作城市有自有住房的,视同纳税人在主要工作城市有自有住房。

③ 夫妻双方主要工作城市相同的,只能由一方扣除住房租金支出。住房租金支出由签订租赁住房合同的承租人扣除。纳税人应当留存住房租赁合同、协议等有关资料备查。

④ 纳税人及其配偶在一个纳税年度内不能同时分别享受住房贷款利息和住房租金专项附加扣除。

第六,赡养老人专项附加扣除。

纳税人赡养60岁(含)以上父母以及其他法定赡养人的赡养支出,统一按照以下标准定额扣除:

① 纳税人为独生子女的,按照每月2 000元的标准定额扣除;

② 纳税人为非独生子女的,由其与兄弟姐妹分摊每月2 000元的扣除额度,每人分摊的额度不能超过每月1 000元。可以由赡养人均摊或者约定分摊,也可以由被赡养人指定分摊。约定或者指定分摊的须签订书面分摊协议,指定分摊优先于约定分摊。具体分摊方式和额度在一个纳税年度内不能变更。

第七,婴幼儿照护费用专项扣除。

纳税人照护3岁以下婴幼儿子女的相关支出,按照每个婴幼儿每年12 000元(每月1 000元)的标准定额扣除。

父母可以选择由其中一方按扣除标准的100%扣除,也可以选择由双方分别按扣除标准的50%扣除,具体扣除方式在一个纳税年度内不能变更。

(3) 其他扣除。

其他扣除包括个人缴付符合国家规定的企业年金、职业年金,个人购买符合国家规定的商业健康保险、税收递延型商业养老保险的支出,以及国务院规定可以扣除的其他项目。

2）应纳税额的计算

应纳税额的计算公式为：

$$应纳税额 = 应纳税所得额 \times 适用税率 - 速算扣除数$$

$$= \left(每一纳税年度收入额 - 费用6万元 - 专项扣除 - 专项附加扣除 - 其他扣除\right) \times 适用税率 - 速算扣除数$$

【例6-1】 假设2021年甲公司职员李某全年取得工资薪金收入180 000元，当地规定的社会保险和住房公积金的个人缴存比例为：基本养老保险8％、基本医疗保险2％、失业保险0.5％、住房公积金12％。李某缴纳社会保险费核定的缴费工资基数为10 000元，李某正在偿还首套住房贷款及利息；李某为独生女，其独生子正就读大学3年级；李某父母均已年过60岁。李某夫妻约定由李某扣除贷款利息和子女教育费。计算李某2021年应缴纳的个人所得税。

应纳税所得额＝180 000－60 000－10 000×（8％＋2％＋0.5％＋12％）

×12－12 000－12 000－24 000＝45 000（元）

应纳税额＝45 000×10％－2 520＝1 980（元）

2. 经营所得

经营所得包括个人通过在中国境内注册登记的个体工商户、个人独资企业、合伙企业从事生产、经营活动取得的所得；个人依法取得执照，从事办学、医疗、咨询以及其他有偿服务活动取得的所得；个人承包、承租、转包、转租取得的所得；个人从事其他生产、经营活动取得的所得。

1）应纳税所得额的计算

经营所得以每一纳税年度的收入总额减除成本、费用以及损失后的余额，为应纳税所得额。

成本、费用，是指个体工商户、个人独资企业、合伙企业以及个人从事其他生产、经营活动发生的各项直接支出和分配计入成本的间接费用以及销售费用、管理费用、财务费用；所说的损失，是指个体工商户、个人独资企业、合伙企业以及个人从事其他生产、经营活动发生的固定资产和存货的盘亏、毁损、报废损失、转让财产损失、坏账损失、自然灾害等不可抗力因素造成的损失以及其他损失。

个体工商户费用减除的具体规定如下：

（1）个体工商户业主的工资薪金支出不得税前据实扣除，但可以按固定的费用标准扣除。自2018年10月1日起，个体工商户业主的费用扣除标准统一确定为60 000元/年，即5 000元/月。

（2）个体工商户向其从业人员实际支付的合理的工资、薪金支出，允许在税前据实扣除。

（3）个体工商户拨缴的工会经费、发生的职工福利费、职工教育经费支出分别在工资薪金总额2％、14％、8％的标准内据实扣除。

（4）个体工商户每一纳税年度发生的广告费和业务宣传费用不超过当年销售（营业）收入15％的部分，可据实扣除；超过部分，准予在以后纳税年度结转扣除。

（5）个体工商户每一纳税年度发生的与其生产经营业务直接相关的业务招待费支出，按照发生额的60％扣除，但最高不得超过当年销售（营业）收入的5‰。

（6）个体工商户在生产、经营期间借款利息支出，凡有合法证明的，不高于按金融机构同类、同期贷款利率计算的数额的部分，准予扣除。

从事生产、经营的纳税义务人未提供完整、准确的纳税资料，不能正确计算应纳税所得额的，由主管税务机关核定其应纳税所得额。

个体工商户生产经营活动中，应当分别核算生产经营费用和个人、家庭费用。对于生产经营与个人、家庭生活混用难以分清的费用，其40％视为与生产经营有关的费用，准予扣除。

个体工商户的下列支出不得扣除：

（1）个人所得税税款；

（2）税收滞纳金；

（3）罚金、罚款和被没收财物的损失；

（4）不符合扣除规定的捐赠支出；

（5）赞助支出；

（6）用于个人和家庭的支出；

（7）与取得生产经营收入无关的其他支出；

（8）国家税务总局规定不准扣除的支出。

2）应纳税额的计算

个体工商户生产、经营所得实行按年计征，应纳税额的计算公式为：

$$应纳税额＝应纳税所得额×适用税率－速算扣除数$$
$$＝（全年收入总额－成本、费用以及损失）×适用税率－速算扣除数$$

对企事业单位的承包经营、承租经营所得实行按年计征，应纳税额的计算公式为：

$$应纳税额＝应纳税所得额×适用税率－速算扣除数$$
$$＝（纳税年度收入总额－必要费用）×适用税率－速算扣除数$$

微课视频：个人所得税专项附加扣除项目

📁 特别提示6-2

关于劳务报酬所得"次"的规定。

（1）只有一次性收入的，以取得该项收入为一次。例如，从事设计、安装、装潢、制图、化验、测试等劳务，往往是接受客户的委托，按照客户的要求，完成一次劳务后取得收入。因此，这种收入属于只有一次性的收入，应以每次提供劳务取得的收入为一次。

（2）属于同一事项连续取得收入的，以1个月内取得的收入为一次。例如，某大学教授去学校演讲，1个月去了3次，每次取得报酬3 000元。在计算其劳务报酬所得时，应将1个月收入视为同一事项的连续性收入。以其1个月内取得的9 000元收入为一次，计征个人所得税，而不能以每次取得的收入为一次。

📁 特别提示6-3

稿酬所得，以每次出版、发表取得的收入为一次，具体又可细分为如下几种情况。

（1）同一作品再版取得的所得，应视作另一次稿酬所得计征个人所得税。

（2）同一作品先在报刊上连载，然后再出版，或先出版，再在报刊上连载的，应视为两次稿酬所得征税。

即连载作为一次,出版作为另一次。

(3) 同一作品在报刊上连载取得收入的,以连载完成后取得的所有收入合并为一次,计征个人所得税。

(4) 同一作品在出版和发表时,以预付稿酬或分次支付稿酬等形式取得的稿酬收入,应合并为一次。

(5) 同一作品出版、发表后,因添加印数而追加稿酬的,应与以前出版、发表时取得的稿酬合并为一次,计征个人所得税。

3. 利息、股息、红利所得

1) 应纳税所得额的计算

利息、股息、红利所得以每次收入额全额为应纳税所得额,不扣除任何费用。

2015 年 9 月 8 日以后,个人从公开发行和转让市场取得的上市公司股票,持股期限在 1 个月以内(含 1 个月)的,其股息、红利所得全额计入应纳税所得额;持股期限在 1 个月以上至 1 年(含 1 年)的,股息红利所得减按 50% 计入应纳税所得额;持股期限超过 1 年的,暂免征收个人所得税。按上述标准计算的应纳税所得额统一适用 20% 的税率计征个人所得税。

上市公司是指在上海证券交易所、深圳证券交易所挂牌交易的上市公司;持股期限是指个人从公开发行和转让市场取得上市公司股票之日至转让交割该股票之日前一日的持有时间。

2) 应纳税额的计算

利息、股息、红利所得实行按次计征:

$$应纳税额＝应纳税所得额×适用税率$$

4. 财产租赁所得

1) 应纳税所得额的计算

财产租赁所得,以每次取得的财产租赁收入减除相关费用后的余额为应纳税所得额。减除的费用包括:

(1) 法定费用扣除标准,每次收入不超过 4 000 元的,定额减除费用 800 元;每次收入 4 000 元以上的,定率减除 20% 的费用,财产租赁所得以 1 个月内取得的收入为一次。

(2) 纳税人在出租财产过程中缴纳的税金和教育费附加,但必须持有完税(缴款)凭证。

(3) 由纳税人负担的该出租财产实际开支的修缮费用,但必须能够提供有效、准确的凭证。允许扣除的修缮费用,以每次 800 元为限。一次扣除不完的,准予在下一次继续扣除,直到扣完为止。

个人将承租房屋转租取得的租金收入,应按"财产租赁所得"项目计算缴纳个人所得税。取得转租收入的个人向房屋出租方支付的租金,凭房屋租赁合同和合法支付凭据允许在计算应纳税所得额时,从转租收入中扣除。

2) 应纳税额的计算

(1) 每次(月)收入不超过 4 000 元的:

应纳税额＝[每次(月)收入额－准予扣除的税费－修缮费用(800 元为限)－800 元]×税率

(2) 每次(月)收入超过 4 000 元的:

应纳税额＝[每次(月)收入额－准予扣除的税费－修缮费用(800 元为限)]×(1－20%)

5. 财产转让所得

1) 应纳税所得额的计算

财产转让所得,以一次转让财产的收入额减除财产原值和合理费用后的余额为应纳税所得额。财产原值是指:

(1) 有价证券,为买入价以及买入时按照规定缴纳的有关费用。

(2) 建筑物,为建造费或者购进价格以及其他有关费用。

(3) 土地使用权,为取得土地使用权所支付的金额,开发土地的费用以及其他有关费用。

(4) 机器设备、车船,为购进价格、运输费、安装费以及其他有关费用。

纳税义务人未提供完整、准确的财产原值凭证。不能正确计算财产原值的,由主管税务机关核定其财产原值。

合理费用是指卖出财产时按照规定支付的有关费用,如税金及附加、中介服务费、资产评估费等。

2) 应纳税额的计算

$$应纳税额 = 应纳税所得额 \times 税率$$
$$= (收入总额 - 财产原值 - 合理税费) \times 20\%$$

6. 偶然所得

偶然所得以每次收入额全额为应纳税所得额,不扣除任何费用。

6.1.5 个人所得税的税收优惠

1. 免征个人所得税的优惠

(1) 省级人民政府、国务院部委和中国人民解放军军以上单位,以及外国组织颁发的科学、教育、技术、文化、卫生、体育、环境保护等方面的奖金。

(2) 国债和国家发行的金融债券利息。这里所说的国债利息,是指个人持有中华人民共和国财政部发行的债券而取得的利息所得;所说的国家发行的金融债券利息,是指个人持有经国务院批准发行的金融债券而取得的利息所得。

(3) 按照国家统一规定发给的补贴、津贴。这里所说的按照国家统一规定发给的补贴、津贴,是指按照国务院规定发给的政府特殊津贴和国务院规定免纳个人所得税的补贴、津贴。

发给中国科学院资深院士和中国工程院资深院士每人每年1万元的资深院士津贴免予征收个人所得税。

(4) 福利费、抚恤金、救济金。福利费是指根据国家有关规定,从企业、事业单位、国家机关、社会团体提留的福利费或者工会经费中支付给个人的生活补助费;救济金是指国家民政部门支付给个人的生活困难补助费。

(5) 保险赔款。

(6) 军人的转业费、复员费。

(7) 按照国家统一规定发给干部、职工的安家费、退职费、退休工资、离休工资、离休生活补助费。

（8）依照我国有关法律规定应予免税的各国驻华使馆、领事馆的外交代表、领事官员和其他人员的所得。

（9）中国政府参加的国际公约以及签订的协议中规定免税的所得。

（10）对乡、镇（含乡、镇）以上人民政府或经县（含县）以上人民政府主管部门批准成立的有机构、有章程的见义勇为基金或者类似性质组织，奖励见义勇为者的奖金或奖品，经主管税务机关核准，免征个人所得税。

（11）企业和个人按照省级以上人民政府规定的比例提取并缴付的住房公积金、医疗保险金、基本养老保险金、失业保险金，不计入个人当期的工资、薪金收入，免予征收个人所得税。超过规定的比例缴付的部分计征个人所得税。

个人领取原提存的住房公积金、医疗保险金、基本养老保险金时，免予征收个人所得税。

（12）对个人取得的教育储蓄存款利息所得以及国务院财政部门确定的其他专项储蓄存款或者储蓄性专项基金存款的利息所得，免征个人所得税。

（13）生育妇女按照县级以上人民政府根据国家有关规定制定的生育保险办法，取得的生育津贴、生育医疗费或其他属于生育保险性质的津贴、补贴，免征个人所得税。

（14）个人举报、协查各种违法、犯罪行为而获得的奖金。

（15）个人转让自用达 5 年以上并且是唯一的家庭居住用房取得的所得。

（16）对被拆迁人按照国家有关城镇房屋拆迁管理办法规定的标准取得的拆迁补偿款，免征个人所得税。

（17）经国务院财政部门批准免税的所得。

2. 减征个人所得税的优惠

（1）残疾、孤老人员和烈属的所得。

（2）因严重自然灾害造成重大损失的。

（3）其他经国务院财政部门批准减税的。

🔊 知识拓展 6-4　各地政府给外地员工发放的"就地过年补贴"交个税吗？

知识拓展 6-4

6.2 | 个人所得税纳税人的税收筹划

6.2.1　居民纳税人与非居民纳税人的转换

个人所得税的纳税人根据纳税人的住所和在中国境内居住的时间，分为居民纳税人和非居民纳税人两种。居民纳税人就其来源于中国境内和境外的全部所得缴纳个人所得税，而非居民纳税人仅就其来源于中国境内的所得向中国缴纳个人所得税，很明显非居民纳税人将会承担较轻的税负。

两种纳税人的税收政策不同，因此，纳税人应该把握尺度，合理地进行纳税筹划。利用居民和非居民身份减轻税负的主要方法是利用纳税人居住时间标准的规定进行筹划，这种税收筹划的根本所在是如何避免成为中国的居民纳税人，对象主要是跨国纳税人。

【例 6-2】　斯诺先生是美国居民，打算来中国居住 8 个月，本来计划是 2020 年 1 月 1 日来中国并于 2020 年 9 月 1 日回美国。为了避免成为中国的居民纳税人，斯诺先生对其行程作了调整,决定于 2020 年 9 月 1 日来中国,于 2021 年 4 月 30 日回国。这样,虽然斯诺先生仍然在中国居住超过 183 天,但由于其跨越了两个纳税年度,而且在这两个纳税年度内均没有居住满 183 天,因此并不会成为我国的居民纳税人,也就是说,斯诺先生可以只就来源于中国的所得纳税,从而避免了无限纳税义务。

6.2.2 通过人员的住所(居住地)变动降低税收负担

所谓人员的住所(居住地)变动,是指个人通过对个人的住所或居住地跨越税境的迁移,也就是具体实施策划的当事人把自己的住所迁出某一国,但又不在任何地方取得住所,从而躲避所在国对其纳税人身份的确认,进而免除个人所得税的纳税义务。

在国际上,许多国家往往把在其国内拥有住所并居住一定时间以上的人确定为纳税义务人。例如,我国《个人所得税法》第一条规定,在中国境内有住所,或者无住所而在境内居住满 183 天的个人,从中国境内和境外取得的所得,依照本法规定缴纳个人所得税;在中国境内无住所又不居住或者无住所而在境内居住不满 183 天的个人,从中国境内取得的所得,依照本法规定缴纳个人所得税。在居住时间的确认上,各国的规定并不一致,有的以居住期超过 1 年为负税期限,有的规定为半年,还有的规定为 3 个月,当然也有更长的,规定以永久性住宅为标准。这样,一些从事跨国活动的人员就可以游离于各国,而不至成为任何一个国家的纳税人,从而达到少缴税或不缴税的目的。比如,根据我国税法,在我国境内无住所而且居住不满 183 天的个人,不用就其境外所得向我国缴纳个人所得税。这样,一个人在我国居住的时间只要不满 183 天(在其他国家居住,时间只要不满该国有关所得税法所规定的期限),就不用就其全部收入缴纳个人所得税,事实上免除了部分纳税义务,从而达到了降低税收负担的目的。在这里要特别注意的是几个时间概念,仍以我国为例:其一,我国税法规定,在境内居住 183 天,是指在一个纳税年度中在中国境内居住超过 183 天。其二,在中国境内无住所,但是居住 1 年以上 5 年以下的个人,其来源于中国境外的所得,经主管税务部门批准,可以只就由中国境内公司、企业以及其他经济组织或者个人支付的部分缴纳个人所得税。其三,居住超过 5 年的个人,从第六年起应当就其来源于中国境外的全部所得缴纳个人所得税。其四,在中国无住所,但是在一个纳税年度中在中国境内连续或者累计居住不超过 90 天的个人,其来源于中国境内的所得,由境外雇主支付并且不由该雇主在中国境内的机构、场所负担的部分,免于缴纳个人所得税。所以纳税人在具体的税收筹划过程中一定要把握好这些时间。

6.2.3 通过人员流动降低税收负担

通过人员流动降低税收负担的思路,从本质上讲,与通过人员的住所变动降低税收负担大同小异。比如,一个跨国自然人可以不停地从这个国家向那个国家流动,但在每一个国家停留的时间都不长,这个人就不是任何国家的居民,从而不是任何国家的纳税人,进而达到免予缴税的目的。此外,人员的流动还有一种情况,就是在取得适当的收入之后,将财产或收入留在低税负地区,人则到高税负但费用比较低的地方去,如香港的收入高,税收负担比较低,但当地的生活费用却高得惊人,于是有的香港居民在取得足够的收入之后,就到内地来,从而既没有承担内地的高税收负担,又躲避了香港的高水平消费的费用,真可谓一举两得。

知识拓展 6-5

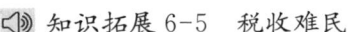
知识拓展 6-5 税收难民

6.2.4　企业所得税纳税人与个体工商户、个人独资企业、合伙企业的选择

随着经济的发展,个人收入水平不断提高,个人投资在经济生活中占有越来越重要的地位,个人投资也成为越来越热门的话题。个人投资者在进行投资前必然会对不同的投资方式进行比较,以选择最佳方式进行投资。

目前,个人可以选择的投资方式主要有:作为个体工商户从事生产经营;个人从事承包、承租业务;成立个人独资企业;组建合伙企业;设立有限责任制企业(企业所得税纳税义务人)。在对这些投资方式进行比较时,如果其他因素相同,投资者应承担的税负,尤其是所得税税负便成为决定投资决策的关键。

从 2000 年 1 月 1 日起,我国对个人独资企业、合伙企业停止征收企业所得税,个人独资企业、合伙企业投资者的投资所得,比照个体工商户的生产、经营所得征收个人所得税。

在上述几种投资方式中,一般来讲,在收入相同的情况下,个体工商户、个人独资企业、合伙企业、有限责任制企业的税负是不一样的,有限责任制企业的税负最重,个人独资企业、合伙企业的税负较轻。但是,有限责任制企业是法人单位,在发票的申购、纳税人的认定等方面占有优势,比较容易开展业务,经营的范围也比较广,并且可以享受国家的一些税收优惠政策。

由于不同性质的纳税人所使用的税收政策存在很大差异,这给税收筹划提供了广阔空间。

【例 6-3】　王某承包经营一公司制企业。该企业将全部资产租赁给王某使用,王某每年上缴租赁费 100 000 元,每年计提折旧 10 000 元,租赁户的经营成果全部归王某个人所有。2021 年王某生产经营所得为 200 000 元。假设王某每月可以列支的费用为 5 000 元。王某应该如何利用不同的企业性质进行合理筹划?

筹划分析:

方案一:如果王某仍使用原公司制企业的营业执照,按税法规定,其经营所得应缴纳企业所得税,而且其税后所得还要再按经营所得缴纳个人所得税。在不考虑其他税种的情况下,企业纳税情况如下:

企业所得税=(200 000－10 000)×25%=47 500(元)

王某经营所得=200 000－100 000－47 500－10 000=42 500(元)<60 000(元)

王某无需缴纳个人所得税。

王某总共应缴纳的税收=47 500(元)

方案二:如果王某将原企业的工商登记改变为个体工商户,则其经营所得应缴纳个人所得税。在不考虑其他调整因素的情况下,王某纳税状况如下:

王某应纳个人所得税=(200 000－100 000－5 000×12－10 000)×5%=1 500(元)

通过比较,王某的纳税身份由公司制企业主改变为个体工商户后,税负减少 46 000 元,原因在于在成立公司制企业的情况下,王某同时面临企业所得税和个人所得税的负担,相当于对其收益重复征税。而个体工商户、个人独资企业、合伙企业投资者仅缴纳个人所得税,税负相对较轻。

6.2.5　个体工商户与个人独资企业的转化

从 2000 年 1 月 1 日起,我国对个人独资企业停止征收企业所得税,个人独资企业投资者的投资所得,比照个体工商户的生产、经营所得征收个人所得税。这样,个人独资企业的投资者所承担的税负按年应纳税所得额及适用税率的不同而有所不同。一般情况下,应纳

税所得额越少,对应的税率越低,税负也越轻。我们可以利用个体工商户与个人独资企业的转换,通过对税基大的应纳税所得额进行分解来获得税收利益。

【例 6-4】 2021 年王某开设了一家销售地板的公司,由其妻负责经营管理。王某同时也承接一些地板的安装工程。预计其每年销售地板的应纳税所得额为 5 万元,承接地板安装工程的应纳税所得额为 3 万元。

筹划分析:

筹划前,王某的经营所得属于个体工商户生产经营所得。

全年应纳所得税=80 000×10%-1 500=6 500(元)。

筹划后:王某和妻子决定成立两家个人独资企业,王某的企业专门承接地板安装工程,其妻子的公司只销售地板。在这种情况下,假定每年的收入相同,王某和妻子每年应纳的所得税分别为:30 000×5%=1 500(元);50 000×10%-1 500=3 500(元)。两人合计纳税 5 000 元(1 500+3 500),每年节税 1 500 元。当然,这种转换需要支付一定的工商登记费和手续费。

6.3 | 不同收入项目计税依据和税率的税收筹划

6.3.1 工资、薪金所得的税收筹划

工资、薪金所得实行最低税率为 3%、最高税率为 45%的七级超额累进税率,当取得的收入达到某一档次时,就要支付与该档次税率相适应的税额。正是由于工薪税是根据月实际收入水平来渐进课税,这才为税收筹划创造了条件。

税务直通车 6-1

关于《中华人民共和国个人所得税法修正案(草案)》的说明

个人所得税是目前我国仅次于增值税、企业所得税的第三大税种,在筹集财政收入、调节收入分配方面发挥着重要作用。党中央、国务院高度重视推进个人所得税改革工作。习近平总书记指出,财政是国家治理的基础和重要支柱,科学的财政体制是优化资源配置、维护市场统一、促进社会公平、实现国家长治久安的制度保障,要深化税收制度改革,逐步建立综合与分类相结合的个人所得税制。李克强总理在 2018 年政府工作报告中提出,改革个人所得税,提高个人所得税起征点,增加子女教育、大病医疗等专项费用扣除,合理减负,鼓励人民群众通过劳动增加收入、迈向富裕。

为贯彻落实党中央、国务院决策部署,财政部、税务总局会同有关部门抓紧研究起草了《中华人民共和国个人所得税法修正案(草案送审稿)》。草案已经国务院同意。现说明如下:

一、修改的总体思路

这次修改个人所得税法,旨在落实党中央、国务院关于个人所得税改革的决策部署,依法保障个人所得税改革顺利实施。修改工作坚持突出重点,对现行个人所得税法不适应改革需要的内容进行修改,补充、完善保障改革实施所需内容。对其他内容,原则上不作修改。

二、修改的主要内容

(一)完善有关纳税人的规定

现行个人所得税法规定了两类纳税人:一是在中国境内有住所,或者无住所而在境内居住满 1 年的个人,从中国境内和境外取得的所得,缴纳个人所得税;二是在中国境内无住所又不居住,或者无住所而在境内居住不满 1 年的个人,从中国境内取得的所得,缴纳个人所得税。从国际惯例看,一般将个人所得税纳税人分为居民个人和非居民个人两类,两类纳税人在纳税义务和征税方式上均有所区别。现行个人所得税法

规定的两类纳税人实质上是居民个人和非居民个人,但没有明确作出概念上的分类。为适应个人所得税改革对两类纳税人在征税方式等方面的不同要求,便于税法和有关税收协定的贯彻执行,草案借鉴国际惯例,明确引入了居民个人和非居民个人的概念,并将在中国境内居住的时间这一判定居民个人和非居民个人的标准,由现行的是否满1年调整为是否满183天,以更好地行使税收管辖权,维护国家税收权益。

(二)对部分劳动性所得实行综合征税

现行个人所得税法采用分类征税方式,将应税所得分为11类,实行不同征税办法。按照"逐步建立综合与分类相结合的个人所得税制"的要求,结合当前征管能力和配套条件等实际情况,草案将工资、薪金所得,劳务报酬所得,稿酬所得,特许权使用费所得等4项劳动性所得(以下称综合所得)纳入综合征税范围,适用统一的超额累进税率,居民个人按年合并计算个人所得税,非居民个人按月或者按次分项计算个人所得税。同时,适当简并应税所得分类,将"个体工商户的生产、经营所得"调整为"经营所得",不再保留"对企事业单位的承包经营、承租经营所得",该项所得根据具体情况,分别并入综合所得或者经营所得。对经营所得,利息、股息、红利所得,财产租赁所得,财产转让所得,偶然所得以及其他所得,仍采用分类征税方式,按照规定分别计算个人所得税。

(三)优化调整税率结构

一是综合所得税率。以现行工资、薪金所得税率(3%至45%的7级超额累进税率)为基础,将按月计算应纳税所得额调整为按年计算,并优化调整部分税率的级距。具体是:扩大3%、10%、20%三档低税率的级距,3%税率的级距扩大一倍,现行税率为10%的部分所得的税率降为3%;大幅扩大10%税率的级距,现行税率为20%的所得,以及现行税率为25%的部分所得的税率降为10%;现行税率为25%的部分所得的税率降为20%;相应缩小25%税率的级距,30%、35%、45%这三档较高税率的级距保持不变。

二是经营所得税率。以现行个体工商户的生产、经营所得和对企事业单位的承包经营、承租经营所得税率为基础,保持5%至35%的5级税率不变,适当调整各档税率的级距,其中最高档税率级距下限从10万元提高至50万元。

(四)提高综合所得基本减除费用标准

按照现行个人所得税法,工资、薪金所得的基本减除费用标准为3 500元/月,劳务报酬所得、稿酬所得、特许权使用费所得,每次收入不超过4 000元的,减除费用800元;4 000元以上的,减除20%的费用。草案将上述综合所得的基本减除费用标准提高到5 000元/月(6万元/年)。这一标准综合考虑了人民群众消费支出水平增长等各方面因素,并体现了一定前瞻性。按此标准并结合税率结构调整测算,取得工资、薪金等综合所得的纳税人,总体上税负都有不同程度下降,特别是中等以下收入群体税负下降明显,有利于增加居民收入、增强消费能力。该标准对于在中国境内无住所而在中国境内取得工资、薪金所得的纳税人和在中国境内有住所而在中国境外取得工资、薪金所得的纳税人统一适用,不再保留专门的附加减除费用(1 300元/月)。

(五)设立专项附加扣除

草案在提高综合所得基本减除费用标准,明确现行的个人基本养老保险、基本医疗保险、失业保险、住房公积金等专项扣除项目以及依法确定的其他扣除项目继续执行的同时,增加规定子女教育支出、继续教育支出、大病医疗支出、住房贷款利息和住房租金等与人民群众生活密切相关的专项附加扣除。专项附加扣除考虑了个人负担的差异性,更符合个人所得税基本原理,有利于税制公平。

(六)增加反避税条款

目前,个人运用各种手段逃避个人所得税的现象时有发生。为了堵塞税收漏洞,维护国家税收权益,草案参照企业所得税法有关反避税规定,针对个人不按独立交易原则转让财产、在境外避税地避税、实施不合理商业安排获取不当税收利益等避税行为,赋予税务机关按合理方法进行纳税调整的权力。规定税务机关作出纳税调整,需要补征税款的,应当补征税款,并依法加收利息。

此外,为保障个人所得税改革的顺利实施,草案还明确了非居民个人征税办法,并进一步健全了与个人所得税改革相适应的税收征管制度。

(资料来源:中国经济网。)

1. 工资、薪金福利化筹划

取得高薪是提高一个人消费水平的主要手段,但因为工资、薪金个人所得税的税率是累进的,当累进到一定程度,新增薪金带给纳税人的可支配现金将会逐步减少,所以,企业可以把纳税人的现金性工资转为职工公共福利支出。例如,免费为员工提供宿舍,免费提供交通便利,为职工提供免费用餐,增加社会保险、教育福利、外出学习考察机会等。为员工个人支付这些支出,企业可以把这些支出作为费用税前列支,加大企业所得税的扣除力度,个人在实际工资水平未下降的情况下,减少了应由个人负担的税款,可谓一举两得。

【例 6-5】 小王(非居民纳税人)每月从单位获得薪金 10 000 元,但是由于单位不能提供住房,他不得不每月花费 1 500 元在外面租房居住。同时,由于单位没有班车,他每月上下班的交通费用为 600 元。则:

小王应缴纳的个人所得税=(10 000-5 000)×10%-210=290(元)

小王的净报酬额=10 000-290-1 500-600=7 610(元)

筹划分析:

如果单位为小王提供宿舍,并且在宿舍与单位之间开班车,同时小王每月的工资调整为 7 900 元。则:

小王每月应纳的个人所得税=(7 900-5 000)×3%=87(元)

小王的净报酬额=7 900-87=7 813(元)

这样小王每月可以少缴纳个人所得税 203 元(290-87),净报酬额增加 203 元。

趣味阅读 6-1

🔊 趣味阅读 6-1　古董局中局之个人所得税篇

2. 扣除项目的筹划

《个人所得税专项附加扣除操作办法试行》规定,纳税人享受子女教育、继续教育、大病医疗、住房贷款利息或者住房租金、赡养老人、婴幼儿照护费用专项附加扣除,以上几项为对纳税人的综合所得进行扣除,但在扣除方法上给了纳税人一定的选择空间,纳税人应该充分利用现有政策,采取最合适的方式让自己享受最大限度的减税。

在房贷利息的扣除上,税法规定,在实际发生贷款利息的年度按照每月 1 000 元的标准定额扣除。经夫妻双方约定,可以选择由其中一方扣除,也可以选择由双方分别按扣除标准的 50%扣除,具体扣除方式在一个纳税年度内不能变更。因此房贷利息的扣除需要在夫妻双方中统筹决定,以降低整个家庭的税收负担为原则。

【例 6-6】 甲和乙为夫妻,甲每月工资为 9 000 元,乙每月工资为 4 000 元,两人的工资、薪金为唯一收入且工资收入均已减除了专项扣除。此外,甲、乙在婚后首次购买住宅一套且享受首套房贷款利率,贷款期限为 20 年。不考虑其他扣除,那么,甲、乙应如何选择房贷利息的扣除?

筹划分析:

如果每月 1 000 元的专项扣除全部由甲申报,此时甲当月需要缴纳的个人所得税=(9 000-5 000-1 000)×3%=90(元)。

乙无须扣税,两者合计缴纳个人所得税 90 元。

如果每月 1 000 元的专项扣除全部由乙申报,则甲当月需要缴纳的个人所得税=(9 000-5 000)×10%-210=190(元)。

乙仍无须扣税,两者合计缴纳的个人所得税为 190 元。显然,房贷利息扣除应由甲进行申报。当夫妻双方有一方工资低于5 000元、另一方工资高于5 000元时,或者当双方工资均高于5 000元时,在减除5 000元基本费用后,若一人适用的税率高,另一人适用的税率低,则房贷利息扣除均应由工资收入高的一方申报,这样能够最大限度地降低个人所得税的缴纳。

【例6-6】 甲先生和乙女士育有一子一女,都处在学历教育阶段。甲先生的月收入为12 000元,乙女士的月收入为8 000元,不考虑年终奖收入和其他扣除,该家庭应选择何种子女教育扣除方式来降低家庭总税负?

筹划分析:

方案一:由甲先生全额扣除,则该家庭的应纳税额为:

$$(12\,000-5\,000-2\,000)\times10\%-210+(8\,000-5\,000)\times3\%=380(元)$$

方案二:由乙女士全额扣除,则该家庭的应纳税额为:

$$(12\,000-5\,000)\times10\%-210+(8\,000-5\,000-2\,000)\times3\%=520(元)$$

方案三:由两人分别按标准的50%进行扣除,则该家庭的应纳税额为:

$$(12\,000-5\,000-1\,000)\times10\%-210+(8\,000-5\,000-1\,000)\times3\%=450(元)$$

因此,该家庭应当选择方案一,即子女教育附加都由收入较高的甲先生进行扣除。根据《个人所得税专项附加扣除操作办法试行》,除了上述房贷利息、子女教育专项扣除有选择空间以外,对于一个家庭来说,也可以自行选择赡养老人、住房租金这几项附加扣除的扣除方式来达到节税效果。从原理上分析,在一个家庭中,一般应选择收入较高的个体来分摊这些扣除项,因为其收入较高、适用的税率较高,享受扣除的节税效果更好。

3. 运用保险、公积金筹划

根据《财政部、国家税务总局关于基本养老保险费基本医疗保险费失业保险费住房公积金有关个人所得税政策的通知》(财税〔2006〕10号)的规定,企事业单位按照国家或省(自治区、直辖市)人民政府规定的缴费比例或办法实际缴付的基本养老保险费、基本医疗保险费和失业保险费,免征个人所得税。个人按照国家或省(自治区、直辖市)人民政府规定的缴费比例或办法实际缴付的基本养老保险费、基本医疗保险费和失业保险费,允许在个人应纳税所得额中扣除。企事业单位和个人超过规定的比例和标准缴付的基本养老保险费、基本医疗保险费和失业保险费,应将超过部分并入个人当期的工资、薪金收入计征个人所得税。根据《住房公积金管理条例》《建设部 财政部 中国人民银行关于住房公积金管理若干具体问题的指导意见》(建金管〔2005〕5号)等规定精神,单位和个人分别在不超过职工本人上一年度月平均工资12%的幅度内,其实际缴存的住房公积金,允许在个人应纳税所得额中扣除。单位和职工个人缴存住房公积金的月平均工资不得超过职工工作所在地城市上一年度职工月平均工资的3倍,具体标准按照各地有关规定执行。单位和个人超过上述规定比例和标准缴付的住房公积金,应将超过部分并入个人当期的工资、薪金收入计征个人所得税。个人在实际领(支)取原提存的基本养老保险金、基本医疗保险金、失业保险金和住房公积金时,免征个人所得税。

根据《财政部 税务总局 保监会关于将商业健康保险个人所得税试点政策推广到全国范围实施的通知》(财税〔2017〕39号)的规定,对个人购买符合规定的商业健康保险产品的支出,允许在当年(月)计算应纳税所得额时予以税前扣除,扣除限额为2 400元/年(200元/

月）。单位统一为员工购买符合规定的商业健康保险产品的支出,应分别计入员工的工资、薪金,视同个人购买,按上述限额予以扣除。

特别提示 6-4

适用商业健康保险税收优惠政策的纳税人,是指取得工资、薪金所得及连续性劳务报酬所得的个人以及取得个体工商户的生产经营所得,对企事业单位的承包经营、承租经营所得的个体工商户业主、个人独资企业投资者、合伙企业个人合伙人和承包、承租经营者。取得连续性劳务报酬所得是指个人连续 3 个月以上(含 3 个月)为同一单位提供劳务而取得的所得。取得工资、薪金所得或连续性劳务报酬所得的个人,自行购买符合规定的商业健康保险产品的,应当及时向代扣代缴单位提供保单凭证。扣缴单位自个人提交保单凭证的次月起,在不超过 200 元/月的标准内按月扣除。一年内保费金额超过 2 400 元的部分,不得税前扣除。保险公司销售符合规定的商业健康保险产品,需要及时为购买保险的个人开具发票和保单凭证,并在保单凭证上注明税优识别码。个人购买商业健康保险未获得税优识别码的,其支出金额不得税前扣除。

【例 6-7】 王某每月从单位取得工资 10 000 元,减除个人负担的社会保险费 500 元后,王某每月实际取得工资 9 500 元。该单位未为王某缴纳住房公积金,王某也未自行缴纳。王某上一年度的月平均工资为 8 000 元,其工作所在地城市上一年度职工的月平均工资为 5 000 元(假设本例中个人所得税的社会保险费 500 元在规定扣除的标准和范围内,不考虑专项附加扣除项目)。

在其他条件不变的情况下,如果单位将原来发给王某的工资中相当于一年度月平均工资 12％的部分以住房公积金形式缴入王某的住房公积金账户,王某个人也以相同的金额缴入,请问该方案能取得节税效果吗?

筹划分析:

在原方案下,王某全年应缴纳的个人所得税为:

$$(9\ 500-5\ 000)\times12\times10\%-2\ 520=2\ 880(元)$$

按筹划方案,企业为王某缴纳的住房公积金为:

$$8\ 000\times12\%=960(元)$$

个人缴纳的住房公积金也为 960 元。王某实际当月工资、薪金所得为:

$$10\ 000-500-960=8\ 540(元)$$

全年应缴纳的个人所得税为:

$$(8\ 540-5\ 000)\times12\times10\%-2\ 520=1\ 728(元)$$

筹划后比筹划前全年少缴纳的个人所得税为:

$$2\ 880-1\ 728=1\ 152(元)$$

4. 转换为其他形式的所得

税法规定,居民个人的综合所得以每一纳税年度的收入额减除费用 6 万元以及专项扣除、专项附加扣除和依法确定的其他扣除后的余额为应纳税所得额。也就是说,无论纳税人有多少处工资、薪金来源,每年只能扣除费用 6 万元。因此,如果纳税人每月能从两处或多处(兼职)取得工资、薪金,建议选定一处的收入作为工资、薪金项目,其余各处的收入作为劳务报酬项目,因为劳务报酬所得以减除 20％的费用后的余额为收入额。

【例6-8】 纳税人甲每月能从三家企业取得收入5 000元,请问甲应当如何筹划,可使其个人所得税税负降到最低?

筹划分析:

当甲选择三处收入作为工资、薪金项目时:

$$应纳税所得额=5\ 000\times12\times3-60\ 000-专项扣除-专项附加扣除-其他扣除$$
$$=120\ 000-专项扣除-专项附加扣除-其他扣除$$

当甲选择一处收入作为工资、薪金项目,其他两处收入作为劳务报酬项目时:

$$应纳税所得额=5\ 000\times12+5\ 000\times12\times2\times80\%-60\ 000-专项扣除-专项附加扣除-其他扣除$$
$$=96\ 000-专项扣除-专项附加扣除-其他扣除$$

显然,后一种情况的应纳税所得额比前一种情况少24 000元,因此,应缴纳的个人所得税也会相应降低。

5. 均衡发放工资奖金

为奖励和激励职工,企业往往在年底给职工发放奖金等额外收入,但是从税收角度考虑,这样做并没有起到激励职工的作用,或者说没能够实现预期的目的,因为一部分发给职工的收入还要缴税。

奖金属于工资的范畴,应该按工资所适用的七级超额累进税率由扣缴义务人代扣代缴个人所得税。但是企业是按月份发放奖金,还是按季度、半年或全年发放奖金,在个人所得税法的规定上是不同的。具体操作时,企业可以将奖金进行细化,拿出一些奖金按月发放,留一些奖金按季考核发放,最后再保留一部分用于"拉差距"的奖金在年终发放。这样,从总体上说,税负就会获得减轻。

此外,对于采掘业、远洋运输业、远洋捕捞业等行业的季节性经营企业而言,应按照按月预缴、年终按12个月平均并计算实际应纳的税款、多退少补的方式扣缴职工的个人所得税,以降低职工的税负;对于其他从事季节性生产的企业而言,要注意调整职工工资的发放数额,避免由于各月工资差额过大而增加税负。

🔊 趣味阅读6-2　图解个人所得税综合所得汇算清缴

趣味阅读6-2

6.3.2　劳务报酬所得的税收筹划

虽然劳务报酬适用的是20%的比例税率,但由于税法对一次性收入畸高的情形实行加成征收,实际相当于适用三级超额累进税率。因此,一次收入数额越大,其适用的税率就越高。所以劳务报酬所得筹划方法的一般思路就是:通过增加费用开支尽量减少应纳税所得额,或者通过延迟收入、平分收入等方法,将每一次的劳务报酬所得安排在较低税率的范围内。

微课视频:个人所得税App的应用

1. 分项计算筹划法

劳务报酬所得以每次收入额减除一定的费用后的余额为应纳税所得额。《中华人民共和国个人所得税法实施条例》中列举了劳务报酬所得的各种形式。对于这些所得,属于一次性收入的以取得该项收入为一次;属于同一项目的连续性收入,以一个月内取得的收入为一次。这里的同一项目是指劳务报酬所得中列举的具体劳务项目中的某一单项。个人有不同的劳务报酬所得,应当分别减除费用,计算缴纳个人所得税。个人在缴纳所得税时应明白并充分利用这一点。

? 相关思考 6-2

下列关于劳务报酬所得"次"的说法正确吗?

1. 孙某用 3 个月时间为某网站提供设计服务,服务完成后一次取得报酬 18 000 元,孙某应将 18 000 元平均分配到 3 个月,以每月分配的金额 6 000 元作为一次收入缴纳个人所得税。

2. 张某兼职为某企业授课,每月 4 次,每次报酬 1 000 元,张某应以 1 000 元作为一次收入缴纳个人所得税。

3. 陈某用 2 个月时间为某公司翻译外国专著,翻译完成后一次取得报酬 5 000 元,陈某应将 5 000 元作为一次收入缴纳个人所得税。

4. 王某为卡拉 OK 厅演唱,每月 8 次。每次报酬 800 元,王某应以当月报酬合计 6 400 元作为一次收入缴纳个人所得税。

【例 6-8】 某纳税人 2021 年 12 月给几家公司提供劳务,同时取得多项收入:给某设计院设计了一套工程图纸,获得设计费 2 万元;给某外资企业当了 10 天兼职翻译,获得 1.5 万元的翻译报酬;给某民营企业提供技术帮助,获得该公司的 3 万元报酬,不考虑其他收入和扣除项目。

筹划分析:

如果该纳税人不懂税法,将各项所得加总全部在 2021 年 12 月份缴纳个人所得税税款,则:

应纳税所得额＝(20 000＋15 000＋30 000)×(1－20%)＝52 000(元)

应纳税额＝52 000×10%－2 520＝2 680(元)

此时纳税人只要和支付劳务报酬的业主商议,设计费和翻译费在 2021 年 12 月份支付,技术服务费在 2022 年支付,可节省大量税费。

设计费和翻译费应纳税额＝(20 000＋15 000)×(1－20%)×3%＝840(元)

技术服务费应纳税额＝30 000×(1－20%)×3%＝720(元)

总共应纳税额＝840＋720＝1 560(元),少缴 1 120 元税款。

2. 费用转移筹划法

为他人提供劳务以取得报酬的个人,可以考虑由对方提供一定的福利,将本应由自己承担的费用改由对方提供,以达到规避个人所得税的目的。例如,可以由对方提供餐饮服务,报销交通开销,提供住宿,提供办公用具,安排实验设备等。这样就等于扩大了费用开支,相应地降低了自己的劳务报酬总额,从而使该项劳务报酬所得适用较低的税率,或扣除超过 20%的费用。这些日常开支是不可避免的,如果由个人负担就不能在应纳税所得额中扣除,而由对方提供则能够扣除,虽减少了名义报酬额,但实际收益却有所增加。

【例 6-9】 钱老师是北京某名牌大学经济与管理学院的教授,对企业管理颇有研究,经常应邀到全国各地讲课。钱老师与海南一家中外合资企业签约,双方约定由钱老师给该合资企业的经理层人士讲课,讲课时间是 10 天。关于讲课的劳务报酬,双方在合同书中这样写道:"甲方(企业)给乙方(钱老师)支付讲课费 5 万元,往返交通费、住宿费、伙食费等一概由乙方自负。"已知钱老师每个月的工资收入为 1.5 万元,每月有 1 000 元的专项附加扣除项目,该年并无其他综合所得收入。

钱老师 10 天的开销:往返飞机票 3 000 元,住宿费 5 000 元,伙食费 1 000 元,其他费用开支 1 000 元。

如何设计方案才能更节税？

筹划分析：

在原方案下，钱老师的应纳税所得额为：

$$15\ 000 \times 12 + 50\ 000 \times (1 - 20\%) - 5\ 000 \times 12 - 1\ 000 \times 12 = 148\ 000(元)$$

应缴纳的个人所得税为：

$$148\ 000 \times 20\% - 16\ 920 = 12\ 680(元)$$

如果对合同进行修改，将合同中的报酬条款改为"甲方向乙方支付讲课费 40 000 元，往返飞机票、住宿费、伙食费全部由甲方负责"。按照新的报酬条款，钱老师的应纳所得税额为：

$$15\ 000 \times 12 + 40\ 000 \times (1 - 20\%) - 5\ 000 \times 12 - 1\ 000 \times 12 = 140\ 000(元)$$

$$应缴纳的个人所得税 = 140\ 000 \times 10\% - 2\ 520 = 11\ 480(元)$$

比较两种方案，虽然钱老师表面上的劳务所得减少了 1 万元，但少支付个人所得税 1 200 元。

本案例涉及个人所得税劳务报酬合同的设计技巧。很多人在签订劳务报酬合同时只注意法律含义，往往忽略其税收含义，因而往往多缴税款。从合同字面上看，好像可以获得较大收益，但扣除各项费用开支后，实际净所得下降了很多。本案例采取由支付方承担授课者的费用，从而通过降低授课者名义劳务货币收入总额的做法来规避取得劳动报酬所得应承担的个人所得税税负。

6.3.3 稿酬所得的税收筹划

我国《个人所得税法》规定，个人以图书、报刊方式出版、发表同一作品（文字作品、书画作品、摄影作品以及其他作品），不论出版单位是预付还是分笔支付稿酬，或者加印该作品再付稿酬，均应合并其稿酬所得，按一次计征个人所得税。若作品是数人合作完成的，那么对于个人所得税的计征，根据每个人得到的稿酬分别扣除费用计征，经过筹划可以获得更多的利益。纳税人应尽可能避免一次性取得大额收入，在合法的前提下，将所得均衡分摊或分解，增加扣除次数，降低应纳税所得额。

1. 再版（重印）筹划方法

这种筹划方法是指作者与出版社商量采取分批印刷的办法，以减少每年收入额，递延税款。我国《个人所得税法》规定，个人每次以图书的形式在两处或两处以上出版、发表或再版同一作品而取得的稿酬所得，则可分别各处所得或再版所得按分次所得计征个人所得税。因此，在某些情况下也可以考虑再版这种筹划方法。

由于出版社对一本书再版比较麻烦，因此这种筹划方法具有一定的局限性，一般也只是作为辅助的筹划方法使用。此外，这种筹划方法只在该出版物市场前景好时，即预期销路较好时运用。如果该出版物的销路不好，第一次出版后出版社便不愿意再次出版（重印），其筹划便失去了意义。

2. 费用转移筹划方法

根据税法规定，个人取得的稿酬所得只能在一定限额内扣除费用。众所周知，应纳税款的计算是用应纳税所得额乘以税率，税率是固定不变的，应纳税所得额越大，应纳税额就越大。如果能在现有扣除标准下，再多扣除一定的费用，或想办法将应纳税所得额减少，就可以减少应纳税额。

一般的做法就是和出版社商量,让其提供尽可能多的设备或服务,这样就将费用转移给了出版社,自己基本上不负担费用,使自己的稿酬所得相当于享受到两次费用抵扣,从而减少应纳税额。可以考虑由出版社负担的费用有以下几种:资料费、稿纸、绘画工具、作图工具、书写工具、其他材料费、交通费、住宿费、实验费、用餐费、实践费等,甚至可以要求出版社提供办公室以及计算机等办公设备。

【例 6-10】 某经济学家欲创作一本关于中国经济发展状况与趋势的专业书籍,需要到广东某地区进行实地考察研究,由于该经济学家学术水平很高,出版社预计这本书的销路较好。出版社与该经济学家达成协议,约定全部稿费为 200 000 元,预计到广东考察费用支出 50 000 元,不考虑其他收入和扣除项目。

筹划分析:

如果该经济学家自己负担费用,则稿酬的应纳税额为:

应纳税额＝200 000×(1－20％)×70％×10％－2 520＝8 680(元)

实际收入＝200 000－8 680－50 000＝141 320(元)

如果改由出版社支出费用,限额为 50 000 元,则实际支付给该经济学家的稿费为 150 000 元。

应纳税额＝150 000×(1－20％)×70％×10％－2 520＝5 880(元)

实际收入＝150 000－5 880＝144 120(元)

因此,应选择第二种方法,实际收入多了 2 800 元。

6.3.4 利息、股息和红利所得的税收筹划

1. 股票投资的税收筹划

根据税法的规定,对个人在上海证券交易所、深圳证券交易所转让从上市公司公开发行和转让市场取得的上市公司股票所得,免征个人所得税。自 2015 年 9 月 8 日起,个人从公开发行和转让市场取得的上市公司股票,持股期限在 1 个月以内(含 1 个月)的,其股息、红利所得全额计入应纳税所得额,持股期限在 1 个月以上至 1 年(含 1 年)的,暂减按 50％计入应纳税所得额,持股期限超过 1 年的,股息、红利所得暂免征收个人所得税。上述所得统一适用 20％的税率计征个人所得税。上市公司是指在上海证券交易所、深圳证券交易所挂牌交易的上市公司,持股期限是指个人从公开发行和转让市场取得上市公司股票之日至转让交割该股票之日前一日的持有时间。上市公司在派发股息、红利时,截至股权登记日个人已持股超过 1 年的,其股息、红利所得免征个人所得税。截至股权登记日,个人持股 1 年以内(含 1 年),且尚未转让的,税款分两步代扣代缴:第一步,上市公司在派发股息、红利时,暂不扣缴个人所得税。第二步,个人在转让股票时,证券登记结算公司根据其持股期限计算应纳税额,由证券公司等股份托管机构从个人资金账户中扣除并划付证券登记结算公司,证券登记结算公司应于次月 5 个工作日内划付上市公司,上市公司在收到税款当月的法定申报期内向主管税务机关申报缴纳。个人转让上市公司股票取得的资本利得与持有上市公司股票分得的股息、红利所得适用不同的税收待遇,即前者可以享受免税优惠,而后者需要缴纳个人所得税。另外,对于持有上市公司股票取得的股息、红利所得应缴纳的个人所得税也会因持股期限的长短而有所差异,即持股期限越长,个人所得税的实际税负越轻。在进行股票投

资时,纳税人可以充分利用这些税收待遇的差异进行税收筹划,以减轻自身税负。一方面,如果上市公司保留利润不做分配,这在一定程度上会促使股价上涨,当个人投资者转让所持有的股票时,就能将股息、红利性质的所得转化为股票资本利得,进而可以享受免征个人所得税的优惠。另一方面,纳税人可以利用持股期限的临界点进行筹划,尽可能延长持股期限,使获得的股息、红利所得可以适用更低的实际税率,甚至享受免税待遇。

【例 6-11】 中国公民孙某自 2019 年 12 月 1 日起持有某上市公司的股票 200 万股。该上市公司于 2020 年 9 月 25 日公布了 2019 年度的利润分配方案,方案规定本次利润分配采取派发现金红利的方式,每 10 股派发现金红利 2 元,股权登记日为 2020 年 9 月 30 日,现金红利发放日为 2020 年 10 月 9 日。孙某应如何进行筹划?

筹划分析:

由于截至股权登记日孙某持有股票的时间不足 1 年,根据税法规定,该上市公司在发放现金红利时暂不代扣代缴个人所得税。

若分得现金红利后,孙某立即转让该上市公司股票,由于其股票持有期限在 1 个月以上至 1 年以内,根据税法规定,他的股息、红利所得暂减按 50% 计入应纳税所得额。因此,孙某在转让股票时应补缴个人所得税:$200 \div 10 \times 2 \times 50\% \times 20\% = 4$ 万元。

如果孙某等到 2020 年 12 月 1 日以后再转让该上市公司股票,由于其股票持有期限在 1 年以上,根据税法规定,他的股息、红利所得暂免征收个人所得税,则孙某在转让股票时无须补缴个人所得税。因此,孙某通过延长股票的持有时间而节约了税款 1 万元。

2. 专项基金筹划方法

科教兴国是我国现阶段的重要任务,国家为了发展教育事业,加大了对教育的投入,同时在制定各项政策时,也给予了教育事业一定的优惠。因此,国务院《对储蓄存款利息所得征收个人所得税实施办法》第 5 条规定,对个人取得的教育储蓄存款利息所得以及国务院财政部门确定的其他专项储蓄存款或者储蓄性专项基金存款的利息所得,免征个人所得税。这也就为个人进行税收筹划创造了有利的条件。

为保证和支持社会保障制度和住房制度改革顺利实施,按照国家或各级地方政府规定的比例交付的下列专项基金或资金存入银行个人账户所取得的利息收入免征个人所得税,分别为住房公积金、医疗保险金、基本养老保险金、失业保险基金。

现在利用这些政策进行税收筹划,一般的做法就是将个人的存款以教育基金或其他免税基金的形式存入金融机构,以减轻自己的税收负担。纳税人可以利用税法的优惠,认真做好筹划,合理安排子女的教育资金、家庭的住房公积金、医疗保险金等支出,这样不仅自己少缴税款,而且也能保障子女将来的教育开销和家庭的正常生活秩序。

但使用这种方式进行税收筹划具有一定的局限,这就是这些基金的存放一般都规定了一个最高数额限制,如教育储蓄每一账户的最高限额为 2 万元,对于拥有大量资金的储户来说不适用,加上我国的储蓄存款实名制度,使运用该种方法进行的税收筹划活动受到一定的限制。

3. 所得再投资筹划方法

对于个人因持有某公司的股票、债券而取得的股息、红利所得,税法规定予以征收个人所得税。但为了鼓励企业和个人进行投资和再投资,各国都不对企业留存未分配利润征收所得税。如果个人对企业的前景看好,就可以将本该领取的股息、红利所得留在企业,作为对公司的再投资,而企业则可以将这部分所得以股票或债券的形式记在个人名下。这种做法既可以避免缴纳个人所得税,又可以更好地促进企业的发展,使自己的股票价值更加可观。但这种方法要求个人对企业的前景比较乐观,如果个人感觉还有别的公司的发展前景更为乐观,即使缴纳个人所得税后再去购买该公司股票收益仍然更大,则另当别论。

4. 投资方式筹划方法

个人进行投资决策时,最重要的因素就是投资的净收益。如果一项投资的表面收益很高,但要缴纳的税款同样也很高,则净收益不一定能够吸引人;相反,虽然某些投资的表面收益率不是很高,但是其净收益却较高,则这项投资也会吸引众多投资者。

对于我国投资者来说,有如下几种投资方法可供考虑。

(1)储蓄。储蓄的优点是安全、可靠,缺点是利率较低。

(2)教育基金储蓄。教育基金储蓄可以享受到免征个人所得税的优惠,而且对于个人储户来说,该项存款的利率也较高。当然,这种筹划还有最高限额限制。

(3)国债投资。除教育储蓄投资外,购买国债是一种值得考虑的投资方向。国债和教育储蓄一样,也是免征个人所得税的项目,而且相对于教育储蓄来说,其票面利率更高一点。不过值得注意的是,国债是一次性投入,教育储蓄是分次投入。

(4)投资水平较高的投资者也可以考虑投资股票,如果能保证资产安全,那么投资回报率比以上项目收益率高就可以实行。

(5)具有一定条件的投资者也可以考虑投资外汇,对于外汇的投资有炒外汇和外汇储蓄两种方式,这种投资的投资回报率一般比国债利率高。仅就利率来说,投资外汇是比较合算的,但这种投资具有一定的身份限制,一般的投资者很难进入。

(6)保险。保险投资也是投资决策中应该考虑的,但保险公司约定给付实际利率相对较低,不过保险投资的目的不在于投资,而是在于投保,因而在某些情况下也是一种不错的选择。

6.3.5 生产经营所得的税收筹划

个体工商户(含合伙企业以及个人独资企业),其个人所得税的应纳税所得额为收入总额减去发生的成本、费用等扣除项目金额后的余额确定。因此,合理扩大成本费用开支,降低应纳税所得额是个体工商户生产经营所得税收筹划的主要方法。

1. 分散所得的方法

纳税人可以通过延期获得收入进行筹划。一般的经济主体都希望尽早获得收益,但是对于按照五级累进税率缴纳个人所得税的个体经营者来说,在某些场合下却希望延期获得收入,以减轻当期收益,使其经营所得适用较低的税率,以实现少缴税款的目的。

这种筹划方法在纳税人的生产经营所得超过最高税率档次时常被用到,尤其是当纳税人的每年应纳税所得额不一定时,或者说每年的收入情况急剧变化时。在这种情况下,纳税人某一年的收入可能很少,相应地,其应纳税额也就会很少,但是另一年的收入却可能很多,以至要适用最高税率。如果纳税人能通过一定的手段将每年的收入额平均,则其应纳税额将会发生很大的变化。

一般延期获得收入的方法有如下几种:

(1) 和客户达成协议,让客户暂缓支付货款或劳务费用。

(2) 改一次性付款为分期付款。

(3) 通过转让定价,让某些关联客户获益,在自己经营惨淡时让该关联客户通过转让定价将利润转让过来等。

在累进税制下,所得分散筹划法显得十分重要,因为在这种情况下,所得税款的缴纳随着所得的集中而增长,档次爬升现象会使其税负急剧增加。因此,对于个体经营者来说,将其所分散具有很强的现实意义。如何合理、合法地使所得分散,则是该筹划的核心所在。

一般来说,所得分散主要有以下几种类型:一是给雇员支付工资。由于个人的工资、薪金所得也要缴纳个人所得税,因此这种税收筹划需要经过缜密的计划,尽可能将所得分散而又不需要缴纳个人所得税。例如,为职工购买国债,将国债支付给职工;又如,发放实物、提供福利等。二是通过其分设机构进行转让定价,将所得转移到低税地,以减轻税负。三是通过信托的方法将集中的所得分散到信托公司的名下。四是通过联营,将免税企业或减税企业作为联合的合作伙伴,从而分散所得。

2. 合理扩大成本费用的方法

个体工商业户利用扩大费用列支节税的方法主要有以下几种:

(1) 尽可能地把一些收入转换成费用开支。因为个人收入主要用于家庭的日常开支,而家庭的很多日常开支项目同时又是经营支出项目,如水电费、电话费等,所以应尽量分开经营用的费用,在税前列支。

(2) 如果使用自己的房产进行经营,可以采用收取租金的方法扩大经营费用支出。虽然收取租金会增加个人的应纳税所得额,但租金作为一项经营费用可以冲减个人的应纳税经营所得额,减少个人经营所得的税额;同时自己的房产维修保养费用也可列入经营费用支出,这样既扩大了经营费用支出,又保证了自己房产的完整,甚至还可以增值。一般来讲,年租金所带来的个人所得边际税率的变化应不以超过企业所得税的边际税率为准。

(3) 通过给家庭人员支付工资的办法,扩大工资等费用支出。如果你的家人在合伙企业工作,你应该向其支付合理的工资报酬,这既是对其劳动的承认,又增加了税前列支费用。按税法规定,企业工作人员的工资及规定的津贴可以计入产品成本,这样,个人有所得,企业少缴税,就可以做到"肥水不流外人田"。

3. 对企事业单位承包、承租经营所得的税收筹划

纳税人因承包、租赁经营企业而获得相应的承包、租赁经营所得,可能出现有的月份总收入过高,有的月份总收入过低的现象。这使按月计算缴纳个人所得税的个人既要在高收入的月份被课以较高税率的个人所得税,缴纳较多的税款,同时在较低收入的月份里又不能享受税法为个人所提供的种种优惠,如法定的费用扣除、较低的税率征收等。因此,很多人为减轻自己的税收负担,便通过推迟或提前获得收入,或通过改变收入支付方式,如将一次付给改为多次付给,多次付给变为集中付给等,使自己的收入尽可能在各个纳税期限内保持均衡,避免在某些月份被课以较高税率的重税,达到减轻纳税义务的节税效果。

例如,某承包经营商(或租赁经营商),按承包合同(租赁合同),每年可以根据所承包承租单位的状况取得一定的承包经营所得(承租经营所得)。但由于受经济周期及其他因素的制约与影响,这个单位的生产经营状况和这个承包商(承租商)的经营所得往往表现出一定的波动,有的年份经营状况很好,承包商(承租商)的经营所得相应提高,有的年份则比较糟糕,甚至发生亏损。这样,为避免在经营好、收入高的年份纳税过多,其他年份不能充分享受税收优惠的局面,这位承包(承租)经营商便通过合同以及其他方式,将自己的承包(承租)经营所得均匀地转移到各个年份。从而使自己的应纳税所得额都降到较低税率的纳税级距内,以减轻纳税负担。

6.4 | 充分利用个人所得税税收优惠进行税收筹划

合理利用国家税收减免税规定和税收优惠政策,做好个人所得税的筹划工作,切实减轻纳税人的税收负担,以保障这类收入人群消费能力的不断提高,扩大需求,为经济的持续稳定发展创造条件就显得更为迫切和需要。

6.4.1 了解税收优惠政策,大胆投资

自我国开征个人所得税以来,为适应经济形势的发展和需要,体现对纳税人的支持、鼓励和照顾,国家对纳税人因特定行为取得的所得和特定纳税人取得的所得给予了一系列税收优惠,具体包含免税、减税、税前扣除和税收抵免等四个方面,其中与广大工薪阶层纳税人密切相关的条款大致有:国债和国家发行的金融债券利息;按照国家统一规定发给的补贴、津贴;福利费、抚恤金、救济金;企业和个人按照国家或地方政府规定的比例提取并向指定的金融机构为个人缴付的住房公积金、基本医疗保险费、基本养老保险费、失业保险费;个人领取原来提存的上述款项及其利息免征收个人所得税;对个人取得的教育储蓄存款利息所得以及国务院、财政部门确定的其他专项储蓄存款或储蓄性专项基金存款的利息所得,免征个人所得税。

6.4.2 合理理财,减轻工薪阶层税收负担

个人所得税税收筹划应以均衡各期收入、降低名义收入、保持实际收入不变,进而降低适用税率档次为目标。

可以通过分拆所得,降低适用税率,提高优惠等级的方式降低税负。

在我国现行税制中,由于税率分级和优惠分级等都存在临界点,因此,每当临界点被突破,随着所适用的税率相应提高或税收优惠的相应减少,都会使应缴纳的税款增加。因此,分拆应税所得,使其尽量靠近税前扣除额或税率分级临界点可以起到节税的目的。这类收入主要包括一次性获得的全年奖金或劳务报酬所得等。例如,年终奖金可用"全年一次性奖金"的计税方法纳税,计税时该奖金以除以 12 个月得到的商数来确定适用的税率和速算扣除数,以这种方法计算应纳税额与作为"一次性取得属于数月的奖金"相比适用的税率会更低,可直接减少应纳税款。对于政府行为的一次性补发工资,在计税时也可以将补发当月起到实际发放当月的所有工资性收入加上补发的工资数进行平均,计算出每月的工资,寻找适用的税率和速算扣除数,再以实际发放当月的工资总额作为应税收入额,计征个人所得税。这种计税所用的税率比按实际发放的当月工资总额为基数适用的税率要低,也能减少应纳税款。

6.4.3 增加税收减免额

对于个人所得税来说,住房公积金、基本医疗保险费、基本养老保险金、失业保险费都是可以在收入中抵免的,特别是合理增加每个月的住房公积金,可以起到降低适用税率、节约税收支出的作用。住房公积金是由上一年度月平均工资或上一年度12月份的基本工资乘以规定的提取比例得到的。由于根据上年度数据计算得到的公积金在本年度中按月扣减,不受本年度的工资增长的影响,但工资增长部分少计的公积金允许在本年度末做一次性的补缴,那么如果年末收入较多时,可以通过此项公积金补缴,增加年末该月的个人所得税税前可抵扣金额,实现降低税款。此外,按照公积金有关文件规定,职工个人与其所在单位,分别依照职工月工资总额的同一比例,按月缴存住房公积金。职工个人每月缴存额等于职工每月工资总额乘以个人缴存率,单位每月缴存额等于该职工每月工资总额乘以单位缴存率,两笔资金全部存入个人账户,归职工个人所有。由于住房公积金缴存额可从工资总额中作税前扣除,免纳个人所得税,还可以在不增加单位负担的情况下,提高公积金计提比例,减少个人所得税应纳税额,从而提高职工的实际收入水平。但应注意的是,单位和个人超过规定标准缴付的"三费一金"则应计入年所得范围内,需依法纳税。

6.4.4 利用捐赠抵减收入避税

根据有关税法的规定,个人将其所得通过中国境内的社会组织、国家机关向教育和其他社会公益事业以及遭受严重自然灾害地区、贫困地区的捐赠,金额未超过纳税人申报的应纳税所得额30%的部分,可以从其应纳税所得额中扣除。也就是说,个人在捐赠时,必须在捐赠方式、捐赠款投向、捐赠额度上符合税法规定,才能使这部分捐赠款免缴个人所得税。因此,在进行捐赠筹划时可以从以下几个方面入手:

1. 选择捐赠对象

个人在进行捐赠时,应注意捐赠对象,除税法规定对其捐赠允许扣除的对象外,其他捐赠支出是不允许税前列支的。捐赠对象不同,扣除比例也不同,一般情况下的扣除比例为应纳税所得额的30%,特定情况下允许全额扣除。税法规定个人发生公益慈善事业捐赠进行税前扣除,接受捐赠的机构必须符合特定条件,即接受捐赠的机构为公益性社会组织或县级以上人民政府及其部门,捐赠的用途为教育、扶贫、济困等公益慈善事业。

2. 安排捐赠途径

个人在进行捐赠时,应通过中国境内的县级以上人民政府及其组成部门和直属机构或具有公益性捐赠税前扣除资格的社会组织、国家机关捐赠,直接捐赠支出不允许税前列支。

3. 取得合法的凭证

取得合法的凭证是进行税收筹划最基本的条件。个人发生公益捐赠时不能及时取得捐赠票据的,可以暂时凭公益捐赠银行支付凭证扣除,并向扣缴义务人提供公益捐赠银行支付凭证复印件。个人应在捐赠之日起90日内向扣缴义务人提供捐赠票据。

4. 调整捐赠金额

如果捐赠金额已经超过了可扣除限额,则可考虑分次或分项捐赠,尽量使捐赠金额不超过扣除限额。

5. 选择合适的捐赠时间

一方面,捐赠行为应该选择在有所得的年份或月份发生,综合所得按年计算,分类所得按月计算,以实现捐赠的抵税效应;另一方面,捐赠行为应该选择在综合所得或经营所得最大的年度进行,以实现捐赠的抵税效应最大化。

6. 确定扣除的时间

居民个人取得工资、薪金所得的,可以选择在预扣预缴时扣除,也可以选择在年度汇算清缴时扣除。在经营所得中扣除公益捐赠支出的,可以选择在预缴税款时扣除,也可以选择在汇算清缴时扣除。纳税人可选择预缴税款时先行扣除。

7. 选择捐赠的标的资产

个人捐赠的标的资产有货币性资产,股权、房产和其他非货币性资产,税法规定三类资产捐赠支出金额确定口径各不相同。货币性资产捐赠以实际捐赠金额作为捐赠支出;股权、房产捐赠以持有的原值作为捐赠支出金额,其他非货币性资产以非货币性资产的市场价格确定捐赠金额。纳税人应根据应税所得及扣除限额的情况合理选择捐赠的标的资产类型,以实现抵税效应的最大化。

8. 规划扣除的所得项目顺序

居民个人根据各项所得的收入、公益捐赠支出、适用税率等情况,自行决定在综合所得、分类所得、经营所得中扣除的公益捐赠支出的顺序。居民个人捐赠当月有多项多次分类所得的,应先在其中一项一次分类所得中扣除。已经在分类所得中扣除的公益捐赠支出不再调整到其他所得中扣除。纳税人应优先选择边际税率高的所得项目进行扣除,以实现捐赠扣除抵税效应的最大化。

【例 6-12】 电影导演刘某与华龙电影制片厂签订协议,由导演刘某负责编排导演一部历史电影。合同上写明,影片制作完毕后交片时一次性支付劳务报酬 50 万元。刘某在交片后,为了改善家乡的教育条件,刘某将其获得的一次性劳务报酬 50 万元中的 20 万元劳务费直接捐赠给家乡的两所高中。刘某应如何进行捐赠的税收筹划?(假设刘某的综合所得为 50 万元,不考虑专项扣除项目等。)

筹划分析:

由于不符合税法规定的捐赠不允许扣除,刘某获得的劳务报酬需要全额缴纳个人所得税:

$$(500\ 000-60\ 000)\times30\%-52\ 920=79\ 080(元)$$

对于捐赠的税收筹划,刘某可以做如下考虑。

(1) 若刘某通过中国境内的社会组织、国家机关向这两所高中捐赠,并且捐赠额未超过纳税人申报的应纳税所得额 30% 的部分,则可以从其应纳税所得额中扣除,可扣除的捐赠额为:

$$(500\ 000-60\ 000)\times30\%=132\ 000(元)$$

获得的劳务报酬需要缴纳的个人所得税为:

$$(500\ 000-60\ 000-132\ 000)\times25\%-31\ 920=45\ 080(元)$$

因此,共节约个人所得税 34 000 元。

(2) 若刘某通过中国境内的社会组织、国家机关向这两所高中捐赠,且当年捐赠 12 万元,其余 8 万元留到次年捐赠(假设次年刘某申报的应纳税所得额为 40 万元),由于每年的捐赠额都没有超过纳税人申报的应纳税所得额的 30%,可以从其应纳税所得额中扣除,因此刘某两年的捐赠款均可以在当年应纳税所得额中全部扣除。

（3）若刘某不是通过中国境内的社会组织、国家机关捐赠给家乡的两所高中，而是两所初中（属于农村义务教育），则捐赠额准予在缴纳个人所得税前的应纳税所得额中全额扣除，刘某当年需要缴纳的个人所得税为：

$$(500\,000-60\,000-200\,000)\times20\%-16\,920=31\,080(元)$$

这样比直接捐赠节约个人所得税 48 000 元。

本 章 小 结

本章主要学习个人所得税的税收筹划，包括纳税人的筹划、计税依据的筹划、税率的筹划。由于我国的个人所得税实行分类征税制，也可以利用不同项目之间的转换来进行个人所得税的筹划。个人所得的不同应税项目均被赋予不同程度的减税、免税优惠，可以有效利用这些税收优惠来达到减少应纳税所得额，以适用低税率，从而节约税收支出的目的。

重 要 概 念

个人所得税　税收筹划　居民纳税人　非居民纳税人　全年一次性奖金　工资薪金所得　劳务报酬所得　稿酬所得

本 章 练 习

一、单项选择题

1. 子公司与分公司的根本区别在于（　　）。

A. 子公司必须具备独立的法人资格　　　　B. 母子公司有直接的隶属关系

C. 母子公司存在法律上的独立财产权益　　D. 子公司独立纳税

2. 个人所得税居民纳税人是指在一个纳税年度内居住满（　　）天的个人。

A. 90　　　　　　　　B. 270　　　　　　　　C. 365　　　　　　　　D. 183

3. 当个人用于捐赠的资金数额超过了个人所得税有关的扣除限额时，可以通过（　　）实现税收筹划。

A. 申请延期纳税　　　　　　　　　　　　B. 在捐赠之前向有关税务机关申请免税

C. 提前计算下期收入以提高捐赠限额　　　D. 分期捐赠

4. 在个人出售住房时，为降低税收负担，应该选择（　　）。

A. 持有房屋 1 年以上　　　　　　　　　　B. 持有房屋 5 年以上

C. 持有房屋 3 年以上　　　　　　　　　　D. 持有房屋 2 年以上

5. 关于个人从公开发行和转让市场取得上市公司股票的税收政策，下列说法错误的是（　　）。

A. 持股期限 20 天的全额计税　　　　　　B. 持股期限 6 个月，免税

C. 持股期限 5 个月，减半计税　　　　　　D. 持股限期 2 年，免税

二、多项选择题

1. 我国个人所得税的纳税人，依据（　　）标准，区分为居民纳税人和非居民纳税人，分别承担不同的纳税义务。

A. 住所   B. 国籍

C. 居住时间   D. 个人意愿

2. 对于各月间工资收入不均衡的个人而言,通过"收入"分散,可以适用较低的边际税率,帮助其实现个人所得税的筹划。这种筹划方案的关键有( )。

A. 充分利用费用扣除标准

B. 平时只按照费用扣除标准发放工资,年底再发放年终奖金

C. 不发年终奖金

D. 减除费用之后的各月"收入"尽量分散

3. 下列属于按照"福利化"方法进行个人所得税税收筹划的有( )。

A. 将纳税人一部分现金性工资转为免费提供住房或仅收取部分租金

B. 由企业支付旅游费用,提供假期旅游津贴,同时降低个人的薪金

C. 将工资薪金所得转化为劳务报酬所得,以主动适用较低的边际税率

D. 将现金性奖金转换为由企业缔结合约购买水、电、煤气等公用设施和服务,并免费提供给职工

4. 以下关于捐赠说法正确的有( )。

A. 纳税人可利用捐赠抵减收入避税

B. 个人捐赠必须取得合法凭证才能扣除

C. 如果捐赠金额超过可扣除限额,可考虑分次捐赠

D. 直接向受灾地区捐赠可以扣除

5. 下列收入免征个人所得税的有( )。

A. 国债和国家发行的金融债券利息   B. 教育储蓄存款利息

C. 年终奖金   D. 超过标准的误餐补助

三、判断题

1. 个体工商户可以通过给家庭人员支付工资的方法扩大工资费用支出,降低税负。 ( )

2. 当个人所得税应纳税所得额较低时,工资薪金所得适用税率低于劳务报酬所得适用税率。 ( )

3. 个人所得税的居民纳税人承担有限纳税义务。 ( )

4. 个人以图书、报刊方式出版、发表同一作品,不论出版单位是预付还是分笔支付稿酬,或者加印该作品再付稿酬,均应合并其稿酬所得按一次计征个人所得税。 ( )

5. 为他人提供劳务以取得报酬的个人,可以考虑由对方提供一定的福利,将本应由自己承担的费用改由对方提供,以达到规避个人所得税的目的。 ( )

四、简答题

1. 工资、薪金是个人所得税的最主要征税项目,其税收筹划方法有哪些?

2. 简述新个人所得税修订的主要内容。

五、案例分析题

1. 约翰先生是美国一家公司的经理,准备到中国居住 10 个月,原计划于 2020 年 1 月 1 日来中国,于 2020 年 10 月 30 日回国。威廉先生是英国居民,2020 年 1 月 20 日来中国,一直居住到 2020 年 8 月 20 日回国,后又于 2020 年 12 月 30 日来中国,一直居住到 2021 年 2 月 20 日回国。请分别为约翰先生和威廉先生提供适当的筹划方案,以减轻其税负。

2. 2021 年 5 月,北京某名牌大学工商管理学院的教授钱老师与海南一家中外合资企业签约,双方约定由钱老师给该合资企业的经理层人士培训,培训时间为 10 天,培训费为 50 000 元(不含往返交通费、住宿费、伙食费),不考虑其他收入及扣除项目。

关于报酬支付,有两种方案。方案一:该企业为钱老师支付培训费 50 000 元,并代扣代缴个人所得税,往返交通费、住宿费、伙食费等一律由钱老师自负,共 8 000 元。方案二:该企业为钱老师支付培训费 42 000 元,并代扣代缴个人所得税,往返交通费、住宿费、伙食费等全部由企业负担。请你从税收角度为钱老师选择最佳的支付方案。

3. 李某 2021 年 11 月和 12 月每月的工资薪金收入均为 6 500 元,打算通过民政部门向贫困地区捐赠,有两种捐赠方案。方案一:于 11 月通过民政部门向贫困地区捐赠 800 元。方案二:11 月和 12 月分别通过民政部门向贫困地区各捐赠 400 元,不考虑其他扣除项目。请你从税收角度为李某选择最佳的捐赠方案。

第7章 其他税种的税收筹划

内容提要

本章主要讲解其他税种的筹划方法和技巧,其他税种主要包括关税、土地增值税、房产税、城镇土地使用税、城市维护建设税、印花税、车船税、契税等。本章主要从其他税种的税收界定和筹划空间方面进行讲解。

重点难点

本章重点为关税和土地增值税的筹划方法;难点为其他各税种,如房产税、城镇土地使用税、城市维护建设税、印花税、车船税、契税的法律规定及筹划应用。

学习目标

通过对本章的学习,学生应掌握其他税种如关税、土地增值税、房产税、城镇土地使用税、城市维护建设税、印花税、车船税、契税的最新政策及筹划空间和筹划方法。

知识框架

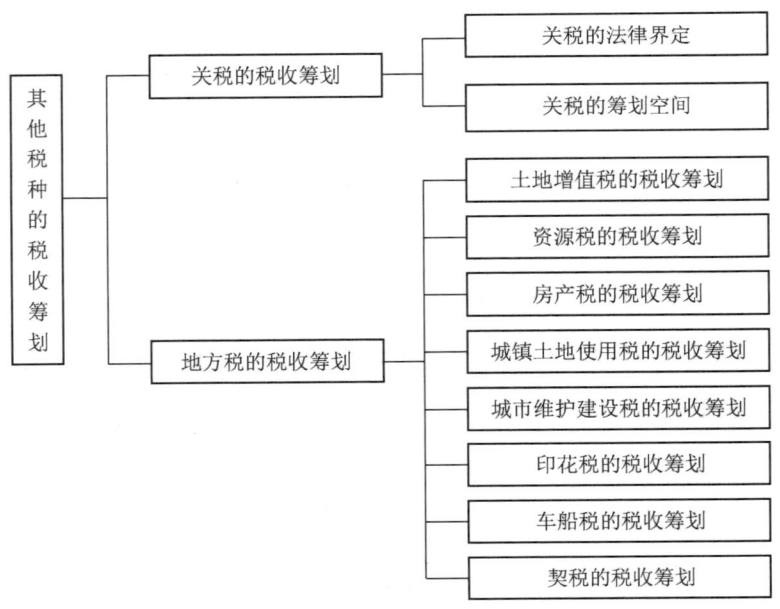

引入案例

一家房地产开发企业有可供销售的 10 000 平方米同档次的商品房两栋,均属于普通商品房。

甲栋每平方米的售价是 1 000 元(不含装修费 70 元,不含增值税),转让收入是 1 000 万元,它的扣除项目金额是 835 万元,增值额是 165 万元。

乙栋每平方米的售价是 1 070 元(含装修费 70 元),转让收入是 1 070 万元,它的扣除项目金额是 838 万元,增值额是 232 万元。

根据以上数据可以计算出甲栋楼房的增值率是 19.76%。按照《中华人民共和国土地增值税暂行条例》的规定,纳税人建造普通标准住宅出售,增值额未超过扣除项目金额 20%的,免征土地增值税。甲栋楼房的增值率没有超过扣除项目金额的 20%,因此,不缴土地增值税,企业获得的利润为 165 万元。乙栋楼房的增值率是 27.68%,要缴纳土地增值税 69.6 万元,企业获得的利润是 162.4 万元。

本例采用了分散收入以控制增值额的方法和利用土地增值税税收优惠的方法进行筹划。因甲栋楼房售价分离了装修费用 70 万元,每平方米的售价比乙栋楼房低 70 元,从而降低了增值额并将增值率控制在 20%以内,可依法享受免征土地增值税的税收优惠,所得利润反而比乙栋楼房的利润高 2.6 万元。另外,由于价格上的优势,甲栋楼房的市场竞争力将强于乙栋楼房。所以,企业应该考虑采取甲栋楼房的销售方式进行销售。

7.1 | 关税的税收筹划

7.1.1 关税的法律界定

微课视频:关税的税收筹划

当今经济生活日益国际化,国际贸易迅速发展,在商品交易中不可避免地要涉及进出口关税问题。就关税的税收筹划而言,该税税负弹性较小,其在税目、税基、税率以及减免优惠等方面都规定得相当详尽、具体,税收筹划空间不如所得税类宽广。

成功的关税筹划,首先必须对相关国家的关税条例,进出口税则等有关关税的法规有充分的了解。关税是海关按照国家制定的关税政策、税法和进出口税则,对进出关境的货物和物品征收的一种流转税。

1. 关税的征税对象和纳税义务人

关税的征税对象是准许进出境的货物和物品。货物是指贸易性商品;物品是指入境旅客随身携带的行李物品、个人邮递物品、各种运输工具上的服务人员携带进口的自用物品、馈赠物品以及以其他方式进境的个人物品。

关税的纳税义务人包括进口货物的收货人、出口货物的发货人、进出境物品的所有人。进出境物品的所有人包括该物品的所有人和推定为所有人的人。一般情况下,对于携带进境的物品,推定其携带人为所有人;对分离运输的行李,推定相应的进出境旅客为所有人;对以邮递方式进境的物品,推定其收件人为所有人;以邮递或其他运输方式出境的物品,推定其寄件人或托运人为所有人。

2. 关税的税则、税目

进出口税则以税率表为主体,通常还包括实施税则的法令、使用税则的有关说明和附录等。目前,我国实施以《商品名称及编码协调制度》为基础的进出口税则。截至 2013 年,我国进出口税则税目总数为 8 238 个。

税则归类,就是按照税则的规定,将每项具体进出口商品按其特性在税则中找出其最适合的某一个税号,以便确定其适用的税率,计算关税税负。税则归类一般按以下步骤进行。

(1) 了解需要归类的具体进出口商品的构成、材料属性、成分组成、特性、用途和功能。

(2) 查找有关商品在税则中拟归类的类、章及税号。对于原材料性质的货品,应首先考虑按其属性归类;对于制成品,应首先考虑按其用途归类。

(3) 将考虑采用的有关类、章及税号进行比较,筛选出最合适的税号。

(4) 通过以上方法也难以确定的税则归类商品,可运用归类总规则的有关条款来确定其税号。如进口地海关无法解决的税则归类问题,应报海关总署明确。

3. 关税的税率

自 2004 年 1 月 1 日起,我国进口税则设有最惠国税率、协定税率、特惠税率、普通税率、关税配额税率等税率形式,对进口货物在一定期限内可以实行暂定税率。

最惠国税率适用于原产于与我国共同使用最惠国待遇条款的 WTO 成员的进口货物,或原产于与我国签订有相互给予最惠国待遇条款的双边贸易协定的国家或地区的进口货物,或是原产于我国境内的进口货物;协定税率适用于原产于我国参加的含有关税优惠条款的区域性贸易协定有关缔约方的进口货物;特惠税率适用于原产于与我国签订有特殊优惠关税协定的国家或地区的进口货物普通税率适用于原产于上述国家或地区以外的其他国家成地区的进口货物,以及原产地不明的进口货物。

按照征收关税的标准,可以分成从价税,从量税、选择税、复合税、滑准税。其中,我国对进口商品基本上都以进口货物的完税价格实行从价税;对原油、啤酒、胶卷等进口商品以货物的数量、重量、体积、容量等计量单位为标准计征从量税;对录像机、放像机、摄像机、数字照相机和摄录一体机实行复合税;对新闻纸实行滑准税。

我国出口税则为一栏税率,国家仅对少数资源性产品及易于竞相杀价、盲目进口、需要规范出口秩序的半制成品征收出口关税。根据《2013 年关税实施方案》,对木浆等部分出口商品实施暂定税率,对鳗鱼苗等商品实行出口税率。

除了进口关税和出口关税以外,我国也采用特别关税政策。特别关税包括报复性关税、反倾销税、反补贴税、保障性关税。征收特别关税的货物、适用国别、税率、期限和征收办法,由国务院关税税则委员会决定,海关总署负责实施。

4. 关税的原产地规定

正确运用进口税则的各栏税率,必须确定进境货物的原产地。我国原产地规定基本上采用了"全部产地生产标准"和"实质性加工标准"两种国际上通用的原产地标准。

全部产地生产标准是指进口货物完全在一个国家或地区内生产或制造,生产或制造国或地区即为该货物的原产地。实质性加工标准是适用于确定有两个或两个以上国家或地区参与生产的产品的原产地的标准,经过几个国家或地区加工、制造的进口货物,以最后一个对货物进行经济上可以视为实质性加工的国家或地区作为有关货物的原产地。"实质性加工"是指产品加工后,在进出口税则中税则归类已经有了改变或者加工增值部分所占新产品总值的比例已达到 30% 及以上的。对机器、仪器、器材或车辆所用零件、部件、配件、备件及工具,如与主件同时进口且数量合理的,其原产地按主件的原产地确定,分别进口的则按各自的原产地确定。

5．关税完税价格

《海关法》规定，进出口货物的完税价格，由海关以该货物的成交价格为基础审查确定。成交价格不能确定时，完税价格由海关依法估定。自我国加入世界贸易组织后，我国海关已全面实施《世界贸易组织估价协定》。

1）一般进口货物的完税价格

进口货物的完税价格包括货物的货价、货物运抵我国境内输入地点起卸前的运输及其相关费用、保险费。货物的货价以成交价格为基础。

下列费用应计入完税价格：由买方负担的除购货佣金以外的佣金和经纪费；由买方负担的与该货物视为一体的容器费用；由买方负担的包装材料和包装劳务费用；可以按适当比例分摊的，由买方直接或间接免费提供，或以低于成本价方式销售给卖方的货物或限定的价值；与该货物有关并作为卖方向我国销售该货物的一项条件，应当由买方直接或间接支付的特许权使用费；卖方直接或间接从买方对该货物进口后转售、处置或使用所得中获得的收益。

下列费用，如能与该货物实付或者应付价格区分，不得计入完税价格：货物进口后的基建、安装、维修和技术服务费用；货物运抵境内输入地点之后的运输费用，保险费和其他相关费用；进口关税及其他国内税；为在境内复制进口货物而支付的费用；境内外技术培训及境外考察费用。

进口货物的价格不符合成交价格条件或者成交价格不能确定的，海关应当依次以相同货物成交价格方法、类似货物成交价格方法、倒扣价格方法、计算价格方法及其他合理方法确定的价格为基础，估定完税价格。如果进口货物的收货人提出要求，并提供相关资料，经海关同意，可以选择倒扣价格方法或计算价格方法的适用次序。

2）出口货物的完税价格

出口货物的完税价格，由海关以该货物向境外销售的成交价格为基础审查确定，并应包括货物运至我国境内输出地点装载前的运输及其相关费用、保险费，但其中包含的出口关税税额，应当扣除。出口货物的成交价格中含有支付给境外的佣金的，如单独列明，应当扣除。

6．关税减免

关税减免是对某些纳税人和征税对象给予鼓励和照顾的一种特殊调节手段，是贯彻国家关税政策的一项重要措施。关税减免分为法定减免税、特定减免税和临时减免税。

1）法定减免税

法定减免税是税法中明确列出的减税或免税，纳税人无须提出申请，海关可按照规定直接予以执行。适用这类减免税优惠的货物、物品有：关税税额在人民币 10 元以下的一票货物；无商业价值的广告品和货样；外国政府、国际组织无偿赠送的物资；进出境运输工具装载途中必需的燃料，物料和饮食用品；经海关核准暂时进境或者暂时出境，并在 6 个月内复运出境或者复运进境的货样、展览品等；为境外厂商加工、装配成品和为制造外销产品而进口的原材料、辅料、零件、部件、配套件和包装物料等。

2）特定减免税

特定减免税，也称政策性减免税。特定减免税货物一般有地区、企业和用途的限制，海关需要进行后续管理。这类货物、物品主要有：科教用品；残疾人专用品；扶贫、慈善性捐赠物资;加工贸易产品(加工装配和补偿贸易、进料加工等);边境贸易进口物资;保税区进出口货物;出口加工区进出口货物;进口设备特定行业或用途的减免税等。

3)临时减免税

这类政策一般对可减免的商品列有具体清单,如为支持我国海洋和陆上特定地区石油、天然气开采作业,对相关项目进口国内不能生产或性能不能满足要求的商品,免征进口关税和进口环节增值税等。

7. 行李和邮递物品进口税

行李和邮递物品进口税简称行邮税,是海关对入境旅客行李物品和个人邮递物品(不包括汽车、摩托车及其配件,这些物品应该按照货物进口程序办理报关验收手续)征收的进口税。实际上,行邮税并不是一个税种,而是将进境物品关税和进口环节增值税消费税三税合并、统一征收的进口税。20 世纪 60 年代,为照顾侨眷、简化进口手续,我国开始对个人携带进境的行李和邮递物品征收行邮税。传统意义上的邮递物品主要是文件票据、旅客分离行李、亲友馈赠物品等,其"非贸易"属性较为明显。税率一般在 10% 左右,普遍低于同类进口货物的综合税率。

行邮税采用从价计征,完税价格由海关参照该项物品的境外正常零售平均价格确定。根据《财政部 海关总署 国家税务总局关于跨境电子商务零售进口税收政策的通知》(财关税〔2016〕18 号)的规定,对现行的行邮税进行了新的调整,本次调整后,行邮税税率分别为15%、30% 和 60%。其中,15% 主要为最惠国税率为零的商品,60% 主要为征收消费税的高档消费品,其他商品归入 30%。像图书之类的商品适用的税率是 10%,一些电子商品适用的税率原来是 20%,现在如何归并、具体什么商品适用多少税率还需要进一步明确。另外,根据海关的规定,个人入境商品总值在 5 000 元以下的,可以免税放行。

7.1.2 关税的筹划空间

1. 关税优惠政策的应用

关税优惠是纳税人进行税收筹划的重点。例如,世界上几百个经济特区对关税的课征一般都实施大同小异的优惠待遇。又如,我国对企业从事高新技术和生产出口产品实行鼓励政策,对于从事上述产品生产的企业所需的进口设备及配套技术、配件、备件及软件的费用等给予减免关税和进口环节增值税的优惠政策。再如,我国对日本的三种产品——汽车、手持和车载无线电话机、空气调节器加征特别关税后,许多汽车进口商很快就转向从欧美进口汽车,因为这样做可以避免高关税。这些都为企业开展税收筹划、调整经营战略提供了空间。

2. 合理控制完税价格

在税率确定的情况下,完税价格的高低就决定了关税的轻重。完税价格的确定是关税弹性较大的一环,在同一税率下,完税价格如果高,以价计征的税负则重,如果低,税负则轻。而且在许多情况下,完税价格的高低还会影响关税的税率。所以,关税筹划的另一个切入点就是合理控制完税价格。

在审定成交价格情形下,如何缩小进出口货物的申报价格而又能为海关审定认可为"正常成交价格"就成为筹划的关键所在。该成交价格的核心内容是货物本身的价格(即不包括运、保、杂费的货物价格)。该价格除包括货物的生产、销售等成本费用外,还包括买方在成交价格之外另行向卖方支付的佣金,由此看来,利用控制完税价格进行税收筹划,就要选择同类产品中成交价格比较低的,运输、杂项费用相对小的货物进口或出口。

按审定成交价格法经海关审查未能确定的,海关主要按以下方法依次估定完税价格:相同货物成交价格法、类似货物成交价格法、国际市场价格法、国内市场价格倒扣法、由海关按其他合理方法估定的价格。

当然,不能把完税价格的筹划方法片面地理解为降低申报价格,如果为了少缴关税而降低申报价格,就会构成偷税。

3. 充分利用原产地标准

我国进口税则设有最惠国税率、协定税率、特惠税率、普通税率、关税配额税率共五栏税率。同一种进口货物的原产地不同,适用的税率也将有很大区别。而关于原产地的确认,我国设定了全部产地标准和实质性加工标准。正确合理地运用原产地标准,选择合适的地点,就可达到税收筹划的效果。

目前许多跨国公司在全球不同国家或地区设立了分支机构,这些机构在某种商品的生产过程中承担了一定的角色,可以说,成品是用在不同国家或地区生产的零部件组装起来的,那么最后组装成最终产品的地点(即原产地)就非常重要,一般应选择在同进口国签订有优惠税率的国家或地区,避开进口国征收特别关税的国家或地区,比如,甲国与乙国未签订飞机整机进口关税优惠协议,而乙国与丙国签订了有关互惠条约,那么,甲国可以把在不同地区生产的飞机零部件运到丙国组装成整机再向乙国出口,那么这种飞机整机就不会被乙国视为原产于甲国,从而可以避开高额关税。

4. 利用保税制度的税收筹划

为了创造完善的投资、运营环境,国家通常在境内设立保税区,保税区是在海关监控管理下进行存放和加工保税货物的特定区域。保税区内复运出口的进口货物通常免征进口关税和进口环节税。

利用保税制度进行税收筹划,首先,纳税人就要积极在保税区内投资设厂,开展为出口贸易服务的加工整理、运输、仓储、商品展出和转口贸易等,以获取豁免进出口关税的好处。其次,纳税人若能将进口货物向海关申请为保税货物,待该批货物向保税区外销售之时再补纳进口关税,这时纳税人可在批准日到补缴税款之间的时段内占有该笔税款的时间价值,达到筹划目的。也就是说,保税制度为纳税人提供了把进口货物应纳的税款滞后缴纳,从而相当于从海关获得一笔无息贷款的可能性。

另外,如果保税货物复运出口,其基本环节包含了进口和出口,税收筹划的切入点就是这两个环节。纳税人在进口和出口时都必须向海关报关,在纳税人填写的报关表中有单耗计量单位一栏,税收筹划的突破口就是这一个栏目。所谓单耗计量单位,即生产一个单位成品耗费几个单位原料,通常有以下几种形式:一种是度量衡单位/度量衡单位,如吨/立方米;一种是度量衡单位/自然单位,如吨/块/米/套等;还有一种是自然单位/自然单位,如件/套、匹/件等。度量衡单位容易测量,而自然单位要具体测量则很困难,所以纳税人可以利用第三种形式进行税收筹划。

5. 选择货物的进口方式进行税收筹划

境内纳税人进口货物除了采用一般方式报关进口外,还可以采取其他特殊方式进口货物,这时报关的完税价格也有区别:运境外修理的货物以海关审定的境外修理费和料件费,以及该货物复运进境的运输及其相关费用、保险费估定完税价格；运往境外加工的货物以海关审定的境外加工费和料件费，以及该货物复运进境的运输及其相关费用、保险费估定完税价格；以租赁方式进口的货物，在租赁期间以海关审定的租金作为完税价格等。

不同的货物进口方式选择，就为纳税人提供了筹划空间。如果纳税人要引进国外新设备扩大生产，就可以通过计算向国外购买该设备和租赁该设备的关税成本进行决策。

6. 选择货物的运输方式进行税收筹划

运输及其相关费用、保险费用的计算，在进出口货物的完税价格中占有很大一部分，对运输方式的选择形成关税的筹划空间。以一般陆运、空运、海运方式进口的货物，运费应核算到起卸地点，保险费应按照实际支付或结算比例计算。若用其他运输方式进口货物，运费和保险费的计算有所不同：邮运的进口货物，以邮费作为运输及其相关费用、保险费；以境外边境口岸价格条件成交的铁路或公路运输进口货物，海关按照货价的1‰计算运输及其相关费用、保险费；作为进口货物的自驾进口的运输工具，海关在审定完税价格时，则可以不另行计入运费。

另外，纳税人也可以选择不同的外贸运输方式，进口货物有 CIF（货价＋运费＋保险费）价格、FOB（仅含货价）价格、CFR（货价＋运费）价格；出口货物也有 FOB 价格、CIF 价格、CFR 价格以及 CIFC（货价＋运费＋保险费＋佣金）价格。不同的外贸方式其计算完税价格的方式也不同，因而具有一定的税收筹划空间。

7. 行邮税的税收筹划

行邮税的税率有 60％、30％和 15％三个档次。纳税人可在入境时选择携带低税率的物品，以避免被征高税。比如，回国探亲时选购礼品，可选 15％税率的计算机、照相机等，而不选税率为 60％的珠宝玉石、化妆品、高档手表。

税务直通车 7-1 ....

财政部 海关总署 税务总局
关于完善跨境电子商务零售进口税收政策的通知
财关税〔2018〕49 号

各省、自治区、直辖市、计划单列市财政厅（局），新疆生产建设兵团财政局，海关总署广东分署、各直属海关，国家税务总局各省、自治区、直辖市、计划单列市税务局，国家税务总局驻各地特派员办事处：

为促进跨境电子商务零售进口行业的健康发展，营造公平竞争的市场环境，现将完善跨境电子商务零售进口税收政策有关事项通知如下：

一、将跨境电子商务零售进口商品的单次交易限值由人民币 2 000 元提高至 5 000 元，年度交易限值由人民币 20 000 元提高至 26 000 元。

二、完税价格超过 5 000 元单次交易限值但低于 26 000 元年度交易限值，且订单下仅一件商品时，可以自跨境电商零售渠道进口，按照货物税率全额征收关税和进口环节增值税、消费税，交易额计入年度交易总额，但年度交易总额超过年度交易限值的，应按一般贸易管理。

三、已经购买的电商进口商品属于消费者个人使用的最终商品，不得进入国内市场再次销售；原则上不允许网购保税进口商品在海关特殊监管区域外开展"网购保税＋线下自提"模式。

四、其他事项请继续按照《财政部 海关总署 税务总局关于跨境电子商务零售进口税收政策的通知》（财关税〔2016〕18 号）有关规定执行。

五、为适应跨境电商发展，财政部会同有关部门对《跨境电子商务零售进口商品清单》进行了调整，将另行公布。

本通知自 2019 年 1 月 1 日起执行。

特此通知。

财政部 海关总署 税务总局

2018 年 11 月 29 日

相关思考7-1 ··

"海淘"还能"省钱"吗?

根据《财政部 海关总署 国家税务总局关于跨境电子商务零售进口税收政策的通知》(财关税〔2016〕18 号)的规定,自 2016 年 4 月 8 日起,我国实施跨境电子商务零售(企业对消费者,即 B2C)进口税收政策,并同步调整行邮税政策。也就是说,通过跨境电子商务网站从国外购买货物将会开征关税。根据政策规定,单次 2 000 元内、年度 2 万元限值内的交易,免征关税,但增值税和消费税按法定应纳税额的 70%征收;对超过上述限额的交易,则没有 70%的优惠,全额征收增值税和消费税。而在此前,我国对跨境电商的"海淘"商品所收取的是行邮税,通常最低税率只为 10%,更重要的是,行邮税有"50 元起征"的免税政策,对于用商品总价乘以税率得出的行邮税,如果小于 50 元,该商品就可以被免税,跨境电商从业者正是充分利用了这一点,从海外进口一些价格相对较低的商品,在卖给消费者的时候又采取"分批"策略,"逃"了不少税。新规出台后,行邮税的空子就不能再钻了,但总体上来说,虽然购买原本那些便宜的小商品是再也免不了税了,但购买某些原本税率较高的商品,税反而更少了。所以,以后消费者在选择海外商品时要考虑其税负大小并进行合理的筹划,同时一些跨境电商平台可以采取特殊的促销手段,从以前的"包邮"扩展到"包税",力图在新一轮税收政策调整面前吸引顾客、抢得先机。

8. 反倾销税的税收筹划

在对外贸易中,我国廉价能源、原材料、劳动力竞争优势下的合理低成本,低出口价常常被认为是"倾销",国内企业因而不得不承受高额的反倾销税。可见,对如何避免不公平的反倾销税进行筹划十分必要。

可以采取的措施包括:提高产品附加值,取消片面的低价策略;组建出口企业商会,加强内部协调和管理,塑造我方整体战略集团形象;分散出口市场,尽量减少被控诉的可能;调整产品利润预测,改进企业会计财务核算,以符合国际规范和商业惯例;还要密切注意外汇市场的浮动状况;与外方投诉厂商私下进行谈判、妥协;全面搜集有关资料信息情报,有效地获取进口国市场的商情动态,查证控诉方并未受到损失,以便在应诉中占据有利、主动的地位;在出口地设厂,筹建跨国公司;凭借便利的销售条件优质的产品、高水平的服务和良好的运输条件占有市场,提高单位产品的价格(效用)降低其替代率,从而增强外方消费市场对我方产品的依赖性,获取群众支持等。

9. 关税法律救济的筹划

在进出口贸易中,经常会产生关税纠纷,如对海关的如下行为表示异议:原产地认定、税则归类、税率或汇率适用、完税价格确定、关税减征、免征、追征、补征和退还等征税行为是否合法或适当,是否侵害了自身合法权益。而在处理纠纷时,纳税人也不是完全被动的,他们有权分析产生税务纠纷的原因、纠纷会带来多大的损失、纠纷的解决途径、纠纷的胜算率等,从而采取主动,以便尽量减少损失,或者通过法律途径维护自己的合法权益。这被称作关税法律救济的筹划。

【例 7-1】 某年 6 月 21 日,国务院关税税则委员会发出公告:根据《中华人民共和国进出口关税条例》第六条的规定,自 6 月 22 日起,对原产于日本的汽车、手持和车载无线电话机、空气调节器加征税率为 100% 的特别关税,即在原关税的基础上,再加征 100% 的关税。在这种情况下,日本商用空调的最大生产厂家——大金工业宣布,从当年 10 月份开始,将把在中国销售的楼房用大型商用空调由出口改为在中国生产,以此来应对中国为报复日本对中国农产品实施进口限制而采取的对空调进口加征 100% 特别关税的措施。

筹划分析:

毫无疑问,如果大全工业的战略得以顺利实施,将彻底避免承担关税和特别关税的税负。大金工业的这种行为,就主要是为应对特别关税而采取的投资决策,属于典型的关税筹划。主要思路是根据关税的性质和纳税环节,由原来在日本生产后再出口到中国,改为在中国直接生产、销售,从而彻底避免了缴纳关税。

【例 7-2】 若海关从接受申报对货物进行查验到填发税款缴纳证共需要两天时间,该公司可以利用关税纳税时间进行税收筹划。

筹划分析:

(1) 若该公司选择星期一报关,那么星期三海关填发税款缴纳证,从星期四起纳税期限为 7 天。这样,该公司最迟应于第二周的星期五缴纳税款,其全部税款占用时间最多为 9 天(包括星期六、星期日两天)。

(2) 若该公司在报关期限内能够推迟到星期二报关,那么海关就会于星期四填发税款缴纳证,纳税人就应依法从星期五开始 7 日之内缴纳关税。这样,最晚纳税时间为第三周的星期一,他的全部款占用时间就为 11 天(两个星期六和星期日共 4 天)。由此我们可以看出,该公司若选择星期二报关,就可以在合法的范围内延长对应纳税款的占用时间。当然,如果该公司选择星期四报关,那么其占用税款的时间最长。

【例 7-3】 李先生为回国探亲在国外买了 300 美元的香水、800 美元的摄像机、500 美元的瑞士金表作为探亲礼物,那么李先生在回国时需要缴纳的进口行邮税为:

$$应纳税额 = 300 \times 60\% + 800 \times 30\% + 500 \times 60\%$$
$$= 180 + 240 + 300 = 720(美元)$$

李先生为了探亲,光送礼就花了 2 320(1 600 + 720)美元。但是如果李先生带回的都是税率为 15% 的计算机、照相机、金银戒指、玩具等,那么所负担的税负仅为 240(1 600 × 15%)美元。相比之下,同样花了 1 600 美元买的礼物,却节约了 480 美元的关税。

【案例 7-4】 某汽车公司是一家全球性的跨国大公司,该公司生产的汽车在世界汽车市场上占有一席之地。2021 年 8 月,该公司决定打入中国市场。同月,公司召开董事会商议此事并初步拟订两套方案。

筹划分析:

方案一:在中国设立一家销售企业作为实力汽车公司的子公司,通过国际转让定价,压低汽车进口的价格,从而节省关税,使中国境内子公司利润增大,以便于扩大规模,占领中国汽车市场。

方案二:在中国境内设立一家总装配公司子公司,通过国际转让定价,压低汽车零部件的进口价格,节省关税,也可使中国境内子公司利润增大,以便于扩大规模,占领中国汽车市场。

后经进一步讨论,公司决定采用方案二。

根据方案一,企业利用了转让定价法进行筹划,由于我国沿海地带优惠较多,利润从高税国转到低税国会节省税款,包括关税的节约。根据方案二,企业也可以得到方案一中转让定价的好处,但更重要的是,方案二利用了关税税率差异筹划方法,考虑到零部件的进口关税比成品汽车的税率要低很多,而低的关税税率也可以帮助企业节约不少税款。另外,考虑到零部件生产国比较分散,更加易于进行转让定价筹划,所以方案二优于方案一。

7.2 | 地方税的税收筹划

本节介绍若干地方税的税收筹划。这些地方税包括了土地增值税、资源税、房产税、城镇土地使用税、城市维护建设税、印花税、车船税、契税等,税种虽小,却都具有一定的税收筹划空间。

7.2.1 土地增值税的税收筹划

土地增值税是对在我国境内有偿转让国有土地使用权及地上建筑物和其他附着物的产权、取得增值性收入的单位和个人征收的一种税。该税种有较大的筹划空间。

微课视频:土地增值税的税收筹划

1. 土地增值税的法律界定

土地增值税的纳税人是转让国有土地使用权及地上建筑物和其他附着物的产权取得增值性收入的单位和个人。课税对象是转让国有土地使用权及地上建筑物和其他附着物的产权所取得的增值额。

转让房地产的增值额,是纳税人转让房地产的收入减除税法规定的扣除项目金额后的余额。计算增值额的扣除项目包括:取得土地使用权所支付的金额;开发土地的成本、费用;新建房及配套设施的成本、费用,或者旧房及建筑物的评估价格;与转让房地产有关的税金;财政部规定的其他扣除项目。纳税人有下列情形之一的,按照房地产评估价格计算征收:隐瞒、虚报房地产成交价格的;提供扣除项目金额不实的;转让房地产价格低于房地产评估价格又无正当理由的。

特别提示 7-1

国有土地使用权的出让不属于土地增值税的征税范围。

土地增值税实行四级超率累进税率,如表 7-1 所示。

表 7-1 土地增值税税率表

级数	增值额与扣除项目金额的比率	税率	速算扣除系数
1	不超过 50% 的部分	30%	0
2	50%～100% 的部分	40%	5%
3	100%～200% 的部分	50%	15%
4	超过 200% 的部分	60%	35%

土地增值税的税收优惠要包括如下几个。

(1) 纳税人建造普通标准住宅(不包括高级公寓、别墅、度假村等)出售,增值额未超过扣除项目金额 20% 的,免征土地增值税。

(2) 因国家建设需要依法征用、收回的房地产,免征土地增值税。

(3) 因城市实施规划、国家建设的需要而搬迁,由纳税人自行转让原房地产的,免征土地增值税。

2. 土地增值税的筹划空间

1）利用房地产转移方式进行税收筹划

征收土地增值税必须满足三个判定标准：仅对转让国有土地使用权及其地上建筑物和附着物的行为征税；仅对产权发生转让的行为征税；仅对转让房地产并取得收入的行为征税。

房地产所有人可以通过避免符合以上三个判定标准来避免成为土地增值税的征税对象。比如，所有人通过境内非营利的社会团体、国家机关将房屋产权、土地使用权赠与教育、民政和其他社会福利、公益事业；将房产、土地使用权租赁给承租人使用，承租人向出租人支付租金；将房地产作价入股进行投资或作为联营条件等，均可免征土地增值税。

2）通过控制增值额进行税收筹划

按照我国《土地增值税暂行条例》的规定，纳税人建造普通标准住宅出售，增值额未超过扣除项目金额的20％时，免征土地增值税；增值额超过扣除项目金额的20％时，应就其全部增值额按规定缴纳土地增值税。同时还规定，纳税人既建造普通标准住宅，又进行其他房地产开发的，应分别核算增值额；不分别核算增值额或不能准确核算增值额的，其建造的普通标准住宅不享受免税优惠。

当纳税人建造住宅出售的时候，应该充分考虑增值额增加带来的效益与放弃起征点优惠而增加的税收负担间的关系，以避免因增值税率稍高于起征点而导致得不偿失。

按照《土地增值税暂行条例》的规定，土地增值税税率实行四级超率累进税率，税率为30％～60％。

在进行税务筹划时，确认增值额最关键。土地增值税的增值额是转让收入减除税法规定的扣除项目金额后的余额。税法规定的扣除项目有以下部分：取得土地使用权所支付的金额，房地产开发成本，房地产开发费用，与转让房地产有关的税金，其他扣除项目、旧房及建筑物的评估价格。其他扣除项目主要是指从事房地产开发的纳税人允许扣除取得土地使用权所支付金额和开发成本之和的20％。纳税人需特别注意的是：税法允许扣除的项目比企业自己实际核算中涉及的项目要少，计算增值额时必须以税法的规定为准。增值额小，计税额就小，适用的税率也低，土地增值税税负就轻。因此，土地增值税筹划的关键点就是控制、降低增值额。

房地产开发企业如果既建造普通住宅，又进行其他房地产开发的话，分开核算与不分开核算税负会有差异，这取决于两种住宅的销售额和可扣除项目金额。在分开核算的情况下，如果能把普通标准住宅的增值额控制在扣除项目金额的20％以内，从而免缴土地增值税，则可以减轻税负。

【例 7-5】　某房地产开发企业，某年商品房销售收入为 15 000 万元，其中普通住宅的销售额为 10 000 万元，豪华住宅的销售额为 5 000 万元。税法规定的可扣除项目金额为 1 000 万元，其中普通住宅的可扣除项目金额为 8 000 万元，豪华住宅的可扣除项目金额为 3 000 万元。

筹划分析：

方案一：不分开核算时，增值额与扣除项目金额的比例：

$$增值率＝(15\,000－11\,000)÷11\,000×100\%＝36\%$$

适用30％的税率。

$$应纳土地增值税税额＝(15\ 000－11\ 000)×30\％＝1\ 200(万元)$$

方案二：分开核算。

普通住宅：

$$增值率＝(10\ 000－8\ 000)÷8\ 000×100\％＝25\％$$

适用30％的税率。

$$应纳土地增值税税额＝(10\ 000－8\ 000)×30\％＝600(万元)$$

豪华住宅：

$$增值率＝(5\ 000－3\ 000)÷3\ 000×100\％＝67\％$$

适用40％的税率。

$$应纳土地增值税税额＝(5\ 000－3\ 000)×40\％－3\ 000×5\％＝650(万元)$$

普通住宅和豪华住宅应纳税合计1 250万元，分开核算比不分开核算多缴纳土地增值税50万元。

因为普通标准住宅的增值率为25％，超过20％，还得缴纳土地增值税。进一步筹划的关键就是通过适当减少销售收入使普通住宅的增值率控制在20％以内。这样做的好处有两个：一是可以免缴土地增值税；二是降低房价或提高房屋质量、改善房屋的配套设施等，在激烈的销售战中取得优势。

增加可扣除项目金额的途径很多，比如增加房地产开发成本、房地产开发费用等，使商品房的质量进一步提高。但是，在增加房地产开发费用时，应注意税法规定的比例限制。税法规定，开发费用的扣除比例不得超过取得土地使用权支付的金额和房地产开发成本金额总和的10％，而各省市在10％之内确定了不同的比例，纳税人要注意把握。

控制普通住宅增值率的另一种方法是降低房屋销售价格，销售收入减少了，而可扣除项目金额不变，增值率自然会降低。当然，这会带来另一种后果，即导致销售收入的减少，此时是否可取，就得比较减少的销售收入和控制增值率减少的税金支出的大小，从而作出选择。

3）利用分散收入和利用成本费用进行税收筹划

由于土地增值税是以增值额为基础的超率累进税率，因此土地增值税筹划最为关键的一点就是合理合法地控制、降低增值额。增值额是纳税人转让房地产所取得的收入减去规定扣除项目金额后的余额，所以控制增值额筹划还可以从分散收入角度筹划以及从利用成本费用进行筹划。

（1）利用分散收入进行税收筹划。收入分散筹划，即将可以分开单独处理的部分从整个房产中分离，比如房屋里面的各种设施，从而使得转让收入变少，降低纳税人转让的土地增值额。成本费用筹划法就是最大限度地扩大成本费用列支比例，比如房地产开发企业如能提供金融机构证明并能按转让房地产项目计算分摊的，可以将在房地产开发过程中发生的借款利息支出据实扣除。当然，这种筹划应有一定的限度，无节制地任意扩大的后果是导致税务机关的纳税调整，得不偿失。

【例7-6】 某企业准备出售其拥有的一幢房屋以及土地使用权。因为房屋已经使用过一段时间，里面的各种设备均已安装齐全，估计市场价值为800万元，其中各种设备的价格约为100万元。如果该企业与购买者签订合同时不注意区分这些，而是将全部金额以房地产转让价格的形式在合同上体现，则增值额无疑会增加100万元。而土地增值税适用的是四级超率累进税率,增值额越大,其适用的税率越高;相应地,应纳税额也会增大。

筹划分析:

如果该企业与购买者签订房地产转让合同时采取变通方法,将收入分散,便可以节省不少税款,具体做法是在合同上仅注明 700 万元的房地产转让价格,同时签订一份附属办公设备购销合同,则问题迎刃而解。这样一来,将收入分散,不仅可以使增值额变小从而节省应纳土地增值税税额,而且由于购销合同适用 0.03% 的印花税税率,比产权转移书据适用的 0.05% 税率要低,也可以节省不少印花税,一举两得。

【例 7-7】 南京市某房地产开发商为增值税一般纳税人,取得北京近郊的一块土地。根据北京市的土地规划方案,这块土地必须用于开发普通标准住宅;可扣除项目总金额为 4 055 万元(包括加计扣除的 20% 和销售税金及附加),整个楼盘预计对外销售总价款为 5 000 万元(不含税)。试计算这家房地产开发商应缴纳的土地增值税及企业所得税。

筹划分析:

增值额＝5 000－4 055＝945(万元)

增值率＝945÷4 055×100%＝23.3%＞20%

应纳土地增值税额＝945×30%－0＝283.5(万元)

应纳企业所得税税额＝(5 000－4 055－283.5)×25%＝165.38(万元)

税后获利＝5 000－4 055－283.5－165.38＝496.12(万元)

如果房地产开发商改变销售策略,在销售价格上作出较小的调整,将整个楼盘对外销售价格总额调整为 4 800 万元,其他情况与前面相同(注意:价格的降低会影响到增值税,影响到印花税、城市维护建设税和教育费附加)。此时,该开发商的纳税情况如下所示:

增值额＝4 800－4 055＝745(万元)

增值率＝745÷4 055×100%＝18.37%＜20%

因此,根据税法规定可免缴土地增值税。

应纳企业所得税税额＝(4 800－4 055)×25%＝186.25(万元)

税后获利＝4 800－4 055－186.25＝558.75(万元)

筹划后与筹划前的纳税情况相比,从表面上看,开发商虽然在销售价格上降低了 200 万元,但由于充分利用了土地增值税的税收优惠政策,其税后利润反而增加了 62.63 万元(558.75－496.12),这就是充分利用税收优惠政策所带来的合法节税收益。

(2)利用成本费用进行税收筹划。房地产开发企业的成本费用开支有多项内容,不仅包括土地的征用及拆迁补偿费前期工程费、建筑安装工程费、基础设施费、公共配套设施费、开发间接费等,而且还包括与房地产开发项目有关的销售费用、管理费用和财务费用。前者是房地产开发成本,后者是房地产开发费用。作为土地增值税扣除项目的房地产开发费用,不按纳税人房地产开发项目实际发生的费用进行扣除,而按《土地增值税暂行条例实施细则》的标准进行扣除,因而可以围绕缩减房地产开发成本进行税务筹划。

土地增值税纳税人转让房地产所取得的收入减除规定的扣除项目金额后的余额为增值额,作为扣除项目金额重要组成部分的房地产开发成本的大小会严重地影响纳税人应纳税额的大小,即房地产开发成本越高,应纳税额越小,房地产开发成本越低,应纳税额越大。如果纳税人能最大限度地扩大费用列支比例,则肯定会节省很多税款。当然这种筹划应有一定的限度,无节制地任意扩大的后果就是导致税务机关的纳税调整,结果反倒得不偿失。而且这种扩大也并不是越大越好,在必要的时候适当地减少费用开支可能效果会更好,这主要是针对房地产开发业务较多的企业。因为这类企业可能同时进行几处房地产的开发业务,不同地方开发成本比例因为物价或其他原因可能不同,这就会导致有的房屋开发出来销售后的增值率较高,而有的房屋增值率较低,这种不均匀的状态实际会加重企业的税收负担,这就要求企业对开发成本进行必要的调整,使各处开发业务的增值率大致相同,从而节省税款。

大量的实践证明,平均费用分摊是抵销增值额、减少纳税的极好选择。只要生产经营者不是短期行为,而是长期从事开发业务,那么将一段时间内发生的各项开发成本进行最大限度的调整分摊,就可以将这段时期获得的增值额进行最大限度的平均,这样就不会出现某处或某段时期增值率过高的现象,从而节省部分税款的缴纳。

【例7-8】 甲房地产开发公司开发的金山小区已于 2021 年 10 月完工,但尚未对房屋进行装修,可扣除项目的总金额为 6 200 万元(不含税,包括加计扣除的 20%)。该公司不能按转让房地产项目计算分摊利息支出,也不能提供金融机构证明,当地政府规定的房地产开发费用的计算扣除比例为 10%。现在正在讨论的销售方案有如下两种。

筹划分析:

方案一:直接销售未装修的房屋,每平方米售价为 3 200 元,销售收入总额为 9 600 元(不含税),则:

$$增值额＝9\ 600－6\ 200＝3\ 400(万元)$$
$$增值率＝3\ 400÷6\ 200＝54.84\%$$
$$应缴土地增值税＝3\ 400×40\%－6\ 200×5\%＝1\ 050(万元)$$

方案二:对房屋进行装修之后再销售,预计装修费用为 1 200 万元(不含税),装修后每平方米售价为 3 600 元,销售收入总额为 10 800 万元(不含税),其他条件不变。

根据《国家税务总局关于房地产开发企业土地增值税清算管理有关问题的通知》(国税发〔2006〕187 号)的规定,房地产开发企业销售已装修的房屋,其装修费用可以计入房地产开发成本,因此有:

$$增值额＝10\ 800－6\ 200－1\ 200×(1＋10\%＋20\%)＝10\ 800－7\ 760＝3\ 040(万元)$$
$$增值率＝3\ 040÷7\ 760×100\%＝39.18\%$$
$$应缴土地增值税＝3\ 040×30\%－0＝912(万元)$$

方案二与方案一相比,可以少缴土地增值税 138(1 050－912)万元。

4)利用税收优惠进行税收筹划

(1)房地产所有人可以利用土地增值税的税收优惠进行筹划。如建造一般民用住宅时将增值率控制在 20% 之内;个人住房居住满 5 年后再予以转让。

(2)对国家征用收回的房地产的税收优惠。因国家建设需要依法征用、收回的房地产,免征土地增值税。

这里所说的"因国家建设需要依法征用、收回的房地产",是指因城市实施规划国家建设的需要而被政府批准征用的房产或收回的土地使用权。因城市实施规划、国家建设的需要而搬迁,由纳税人自行转让原房地产的,比照有关规定免征土地增值税。

(3)对个人转让房地产的税收优惠。个人因工作调动或改善居住条件而转让原自用住房,经向税务机关申报核准,凡居住满 5 年或 5 年以上的,免予缴纳土地增值税;居住满 3 年未满 5 年的,减半缴纳土地增值税。居住未满 3 年的,按规定计缴土地增值税。自 1999 年

8月1日起,个人拥有的普通住宅转让时,暂免计税。

【例7-9】 段先生在某市有一套住房,市价60万元,扣除项目金额15万元,已经居住满4年零10个月。这时他因工作需要,调动到省会城市,需要出售其原有住房。何时售出才可能减少纳税义务?

筹划分析:

段先生至少可以选择两个时点转让住房:

方案一:现在出售。

$$增值额 = 60 - 15 = 45(万元)$$
$$增值额与扣除项目金额的比例 = 45 \div 15 \times 100\% = 300\%$$
$$应纳土地增值税税额 = (45 \times 60\% - 15 \times 35\%) \times 50\% = 10.88(万元)$$

方案二:两个月后出售。

两个月后段先生的住房已经住满5年,在其出售时可享受免缴土地增值税的优惠,即其应纳土地增值税税额为零。

显然,如果段先生现在马上出售该住房,就只能享受减半缴纳土地增值税的优惠。如果再等两个月出售该套住房,便可以免缴土地增值税,可以使段先生减少10.88万元的纳税义务。

税务直通车7-2

财政部 税务总局
关于继续实施企业改制重组有关土地增值税政策的公告

财政部 税务总局公告2021年第21号

为支持企业改制重组,优化市场环境,现就继续执行有关土地增值税政策公告如下:

一、企业按照《中华人民共和国公司法》有关规定整体改制,包括非公司制企业改制为有限责任公司或股份有限公司,有限责任公司变更为股份有限公司,股份有限公司变更为有限责任公司,对改制前的企业将国有土地使用权、地上的建筑物及其附着物(以下称房地产)转移、变更到改制后的企业,暂不征土地增值税。

本公告所称整体改制是指不改变原企业的投资主体,并继承原企业权利、义务的行为。

二、按照法律规定或者合同约定,两个或两个以上企业合并为一个企业,且原企业投资主体存续的,对原企业将房地产转移、变更到合并后的企业,暂不征土地增值税。

三、按照法律规定或者合同约定,企业分设为两个或两个以上与原企业投资主体相同的企业,对原企业将房地产转移、变更到分立后的企业,暂不征土地增值税。

四、单位、个人在改制重组时以房地产作价入股进行投资,对其将房地产转移、变更到被投资的企业,暂不征土地增值税。

五、上述改制重组有关土地增值税政策不适用于房地产转移任意一方为房地产开发企业的情形。

六、改制重组后再转让房地产并申报缴纳土地增值税时,对"取得土地使用权所支付的金额",按照改制重组前取得该宗国有土地使用权所支付的地价款和按国家统一规定缴纳的有关费用确定;经批准以国有土地使用权作价出资入股的,为作价入股时县级及以上自然资源部门批准的评估价格。按购房发票确定扣除项目金额的,按照改制重组前购房发票所载金额并从购买年度起至本次转让年度止每年加计5%计算扣除项目金额,购买年度是指购房发票所载日期的当年。

七、纳税人享受上述税收政策,应按税务机关规定办理。

八、本公告所称不改变原企业投资主体、投资主体相同,是指企业改制重组前后出资人不发生变动,出资人的出资比例可以发生变动;投资主体存续,是指原企业出资人必须存在于改制重组后的企业,出资人的出资比例可以发生变动。

九、本公告执行期限为 2021 年 1 月 1 日至 2023 年 12 月 31 日。企业改制重组过程中涉及的土地增值税尚未处理的,符合本公告规定可按本公告执行。

财政部 税务总局

2021 年 5 月 31 日

5) 利用适当捐赠进行税务筹划

房地产的赠与是指房地产的原产权所有人和依照法律规定取得土地使用权的土地使用人,将自己所拥有的房地产无偿地捐赠给其他人的民事法律行为。这种赠与行为在我国目前尚无须缴纳土地增值税。因为按照课征土地增值税的三条标准,赠与人捐赠房产是无偿转让,并没有取得收入,因此不用缴纳土地增值税。

这里仅指以下两种情况:第一,房产所有人、土地使用权所有人将房屋产权、土地使用权赠与直系亲属或承担直接赡养义务人的。第二,房产所有人、土地使用权所有人通过中国境内非营利性的社会团体、国家机关将房屋产权、土地使用权赠与教育、民政和其他社会福利、公益事业的。上述社会团体是指中国青少年发展基金会、中国宋庆龄基金会、国家减灾委员会、中国红十字会、中国残疾人联合会、中国老龄事业发展基金会、老区建设促进会以及经民政部门批准成立的其他非营利性的公益组织。

房产所有人、土地使用权所有人将自己的房地产进行赠与时,如果不是以上所述两种情况,应该视同有偿转让房地产,缴纳土地增值税。因此,当事人应当注意自己的捐赠方式,以免捐赠完了之后,自己反而要承担大笔税款。具体来说,如果当事人在进行捐赠时,最好采用以上两种方式。例如,某房地产所有人欲将其拥有的房地产捐赠给希望工程,就一定要符合法定的程序,即通过在中国境内非营利性的社会团体、国家机关如希望工程基金会进行捐赠,而不要自行捐赠。但如果当事人确实无法采用以上两种方式,则应充分考虑税收因素对自己及他人的影响。又如,某房地产所有人欲将拥有的房地产赠与一位好朋友,则可以考虑让受赠人支付税款,也可以采用隐性赠与法,即让该好友实际占有使用该房地产,而不办理房地产产权转移登记手续。

7.2.2 资源税的税收筹划

资源税是以各种自然资源为课税对象,为调节资源级差收入并体现国有资源有偿使用而征收的一种税。

1. 资源税的法律界定

2020 年 9 月 1 日起实施的《中华人民共和国资源税法》规定,在中华人民共和国领域和中华人民共和国管辖的其他海域开发应税资源的单位和个人,为资源税的纳税人,应当依照本法规定缴纳资源税。

在税目设置上,资源税采取了按资源的具体品种设置税目的形式,并对所有应税资源都实行有幅度的定额税率或比例税率。

资源税贯彻普遍征收、级差调节的原则思想,因此,资源税法规定的减免税项目比较少。

有下列情形之一的,免征资源税:

(1) 开采原油以及在油田范围内运输原油过程中用于加热的原油、天然气;

（2）煤炭开采企业因安全生产需要抽采的煤成（层）气。

有下列情形之一的，减征资源税：

（1）从低丰度油气田开采的原油、天然气，减征 20% 资源税；

（2）高含硫天然气、三次采油和从深水油气田开采的原油、天然气，减征 30% 资源税；

（3）稠油、高凝油减征 40% 资源税；

（4）从衰竭期矿山开采的矿产品，减征 30% 资源税。

税务直通车 7-3

国家税务总局关于资源税征收管理若干问题的公告
国家税务总局公告 2020 年第 14 号

为规范资源税征收管理，根据《中华人民共和国资源税法》《中华人民共和国税收征收管理法》及其实施细则、《财政部 税务总局关于资源税有关问题执行口径的公告》（2020 年第 34 号）等相关规定，现就有关事项公告如下：

一、纳税人以外购原矿与自采原矿混合为原矿销售，或者以外购选矿产品与自产选矿产品混合为选矿产品销售的，在计算应税产品销售额或者销售数量时，直接扣减外购原矿或者外购选矿产品的购进金额或者购进数量。

纳税人以外购原矿与自采原矿混合洗选加工为选矿产品销售的，在计算应税产品销售额或者销售数量时，按照下列方法进行扣减：

$$\begin{matrix}\text{准予扣减的外购应税}\\\text{产品购进金额（数量）}\end{matrix}=\begin{matrix}\text{外购原矿购}\\\text{进金额（数量）}\end{matrix}\times\left(\begin{matrix}\text{本地区原矿}\\\text{适用税率}\end{matrix}\div\begin{matrix}\text{本地区选矿}\\\text{产品适用税率}\end{matrix}\right)$$

不能按照上述方法计算扣减的，按照主管税务机关确定的其他合理方法进行扣减。

二、纳税人申报资源税时，应当填报《资源税纳税申报表》（见附件）。

三、纳税人享受资源税优惠政策，实行"自行判别、申报享受、有关资料留存备查"的办理方式，另有规定的除外。纳税人对资源税优惠事项留存材料的真实性和合法性承担法律责任。

四、本公告自 2020 年 9 月 1 日起施行。《国家税务总局关于发布修订后的〈资源税若干问题的规定〉的公告》（2011 年第 63 号），《国家税务总局关于发布〈中外合作及海上自营油气田资源税纳税申报表〉的公告》（2012 年第 3 号），《国家税务总局 国家能源局关于落实煤炭资源税优惠政策若干事项的公告》（2015 年第 21 号，国家税务总局公告 2018 年第 31 号修改），《国家税务总局关于发布修订后的〈资源税纳税申报表〉的公告》（2016 年第 38 号）附件 2、附件 3、附件 4，《国家税务总局 自然资源部关于落实资源税改革优惠政策若干事项的公告》（2017 年第 2 号，国家税务总局公告 2018 年第 31 号修改），《国家税务总局关于发布〈资源税征收管理规程〉的公告》（2018 年第 13 号），《国家税务总局关于增值税小规模纳税人地方税种和相关附加减征政策有关征管问题的公告》（2019 年第 5 号）发布的资源税纳税申报表同时废止。

特此公告。

国家税务总局

2020 年 8 月 28 日

2. 资源税的筹划空间

1）利用综合回收率和选矿比进行筹划

资源税法规定，对于连续加工前无法正确计算原煤移送使用量的煤炭，可按加工产品的综合回收率，将加工产品实际销售量和自用量折算成原煤数量，作为课税数量；对于金属和非金属矿产品原矿，无法准确掌握纳税人移送使用原矿数量的，可将其精矿按选矿比折算成原矿数量,作为课税数量。这就给税收筹划提供了一定的空间。

2) 利用伴选精矿免税规定筹划

由于国家对以精矿形式伴选出来的副产品不征收资源税,对纳税人而言,最好的筹划方式就是尽量完善工艺,引进技术,使以非精矿形式伴生出来的副产品以精矿形式出现,以此节税。

3) 准确核算筹划法

资源税法规定,纳税人的减免税项目,应当单独核算课税数量或销售额;未单独核算或者不能准确提供减免税产品课税数量或销售额的,不予减税或者免税;纳税人开采或生产不同税目应税产品的,应当分别核算不同税目应税产品的课税数量或销售额,否则从高适用税率。

因此,纳税人可以通过准确核算各税目的课税数量或销售额,分清免税产品与征税产品,分清不同税率产品,从而充分享受税收优惠,节约资源税。

7.2.3 房产税的税收筹划

房产税是以房产为征税对象,依据房产价格或房产租金收入向房产所有人或经营人征收的一种税。

1. 房产税的法律界定

房产税的纳税义务人是房屋的产权所有人或经营管理单位、承典人、房产代管人或者使用人。征税对象是房产,征税范围为城市、县城、建制镇和工矿区。房产税的计税依据分为从价计征和从租计征。从价计征即依照房产原值一次减除10%～30%后的余值计算缴纳,税率为1.2%;从租计征即对出租的房产以租金收入为计税依据,税率为12%。

房产税的税收优惠政策包括:

(1) 国家机关、人民团体、军队自用的房产,免征房产税。

(2) 由国家财政部门拨付事业经费的单位自用的房产免税。

(3) 宗教寺庙、公园、名胜古迹自用的房产免税。

(4) 个人所有非营业用的房产免税。

(5) 自2008年3月1日起,对个人出租住房。减按4%的税率征收房产税。对企事业单位、社会团体以及其他组织按市场价格向个人出租用于居住的住房,减按4%的税率征收房产税。

(6) 经财政部批准免税的其他房产,如房产大修停用半年以上的,经纳税人申请税务机关审核,在大修期间可免征房产税。

2. 房产税的筹划空间

1) 利用税收优惠筹划

税法规定,对企事业单位、社会团体以及其他组织按市场价格向个人出租用于居住的住房,房产税暂减按4%的税率征收。因此,纳税人出租房屋时,可使用市场价格,向个人出租用于居住,享受税收优惠。同样,税法规定房产大修停用半年以上,经税务机关审核在大修期间可以免税,因此,纳税人应及时加以利用。

2) 合理确定房产原值筹划

房产原值指房屋的造价,包括与房屋不可分割的各种附属设备或一般不单独计算价值的配套设施。可见,房产原值的大小直接决定房产税的多少,合理地减少房产原值是房产税筹划的关键。

其一,"纳税人或代缴人不能提供房产原值的,由评估机关进行评估,并由税务机关确认,或由税务机关根据同类房产确定"。作为固定资产,由于取得的来源不同,其原值的构成也不一致。新建或重建的固定资产以历史成本作为原值,从其他途径取得的固定资产以重置成本为原值。因此,纳税人是否将房产在固定资产中正确分类及合理计价,直接影响到企业的折旧额,进而影响所得税,同时也影响房产税。

其二,附属设备分散筹划。在实际税收征管中对与房屋不可分割的各种附属设备的最终确认,还涉及具体的技术标准和相关的财务处理,目前尚没有明确、详细的税法规定,很多地方仍有进一步探讨的余地。有关国际会计准则规定,当一项固定资产的某些组成部分在使用效能上与该项资产相对独立,并且有不同的使用年限时,应将该组成部分单独确认为固定资产。将此项规定应用到对房产原值的确定中可以得知,作为房产的有关附属设备按照财务制度的规定有可能单独划为非房屋类固定资产处理,因而也就可能不计入房产原值。比如某一超市的保鲜制冷设备虽然在物理上是建在超市之中,直观上是房屋不可分割的附属设备,但是因其特殊的功能,且其使用年限与房屋也不同,具有相对的独立性,因此可以将其划分为机器设备类计提折旧,而不划属于房屋,那么也就不用缴纳房产税。

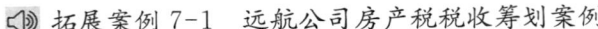 拓展案例 7-1 远航公司房产税税收筹划案例

拓展案例

3) 房产修理、更新改造的筹划

房产的改扩建与修理、合资合股建房也是筹划的重要内容。进行更新改造或装饰装修而发生的相关费用,是否应计入房产原值非常关键。

我国会计准则规定,发生的修理支出达到固定资产原值 20% 以上,经过修理后有关固定资产的经济使用寿命延长 2 年以上,经过修理后的固定资产被用于新的或不同的用途,应确认为固定资产更新改造支出,计入固定资产原值。不满足条件的大修理支出则计入待摊费用或预提费用,直接在税前扣除,不计入房产原值。发生改扩建房产行为的应将房产改扩建支出减去改扩建过程中发生的变价收入计入房产原值。

4) 房产税投资联营的筹划

对投资联营的房产,由于投资方式不同,房产税的计征方式也不同,从而提供了筹划空间。

对于以房产投资联营,投资者参与投资利润分红,共担风险的,被投资方要以房产余值作为计税依据计征房产税;对以房产投资,收取固定收入,不承担联营风险的,实际是以联营名义取得房产租金,应由投资方按租金收入计缴房产税。纳税人可以进行成本效益分析以决定选择偏好。

【例 7-10】 南方某企业欲兴建一座花园式工厂,除厂房、办公用房外,还包括厂区围墙、水塔、变电塔、室内停车场、露天凉亭、室内游泳池、喷泉设施等建筑物,总计造价为 1 亿元。如果 1 亿元都作为房产原值,该企业自工厂建成的次月起就应缴纳房产税,每年应纳房产税(扣除比例为 30%)为 84[10 000×(1−30%)×1.2%]万元。只要该工厂存在,这 84 万元的税负就不可避免。如果以 20 年计算,就将是 1 680 万元。

筹划分析:

按税法有关规定,房产是以房屋形态表现的财产。房屋是指有屋面结构,可供人们在其中生产、工作、居住或储藏物资的场所,不包括独立于房屋的建筑物,如围墙水塔、变电塔、露天停车场、露天凉亭、露天游

泳池、喷泉设施等。因此,对该企业除厂房、办公用房外的建筑物,如果把停车场、游泳池都建成露天的,并且把这些独立建筑物的造价同厂房、办公用房的造价分开,在会计账簿中单独记载,则这部分建筑物的造价不计入房产原值,不缴纳房产税。

该企业经过估算,除厂房、办公用房外的建筑物的造价为 800 万元左右,独立出来后,每年可少缴房产税 6.72[800×(1−30%)×1.2%]万元,以 20 年计算,就节约了 134.4 万元的房产税。

7.2.4 城镇土地使用税的税收筹划

城镇土地使用税是以城镇土地为征税对象,对拥有土地使用权的单位和个人征收的一种税。

1. 城镇土地使用税的法律界定

城镇土地使用税的征收范围包括城市、县城、建制镇、工矿区内的国家所有和集体所有的土地。纳税义务人为拥有土地使用权的单位和个人或是土地的实际使用人和代管人。

城镇土地使用税实行从量定额征收,以纳税人实际占用的土地面积为计税依据,土地面积计量标准为每平方米。纳税人实际占用的土地面积是指由省、自治区、直辖市人民政府确定的单位组织测量的土地面积。城镇土地使用税采用分类定额幅度税率,税率表如表 7-2 所示。

表 7-2　　　　　　　　　　　**城镇土地使用税税率表**

级别	人口(万人)	每平方米税额(元)
大城市	50 以上	1.5～30
中等城市	20～50	1.2～24
小城市	20 以下	0.9～18
县城、建制镇、工矿区		0.6～12

土地使用税的税收优惠主要有以下几个。

(1) 国家机关、人民团体、军队自用的土地免税。

(2) 由国家财政部门拨付事业经费的单位自用的土地免税。

(3) 宗教寺庙、公园、名胜古迹自用的土地免税。

(4) 市政街道、广场、绿化地带等公共用地免税。

(5) 直接用于农、林、牧、渔业的生产用地免税。

(6) 经批准开山填海整治的土地和改造的废弃土地,从使用月份起免缴土地使用税5 年至 10 年。

(7) 企业办的学校、医院、托儿所、幼儿园,其用地能与企业其他用地明确区分的,免税。

(8) 由财政部另行规定免税的能源、交通、水利设施用地和其他用地。

(9) 由省、自治区、直辖市地方税务局确定减免的土地使用税,如个人所有的居住房屋及院落用地、民政部门举办的安置残疾人占一定比例的福利工厂用地等。

2. 城镇土地使用税的筹划空间

1) 利用改造废弃土地进行筹划

税法规定,经批准开山填海整治的土地和改造的废弃土地,从使用月份起免缴土地使用税 5～10 年,纳税人可以充分利用城市、县城、建制镇和工矿区的废弃土地进行开山填海,以获得免税机会。

2）利用土地级别的不同进行筹划

土地使用税实行幅度税额，大城市、中等城市、小城市、县城、建制镇、工矿区的税额各不相同，即使在同一地区，不同地段的市政建设情况和经济繁荣程度也有较大差别，土地使用税税额规定也各不相同。纳税人在投资设厂时就可以进行筹划，选择不同级别的土地。

3）通过准确核算用地进行筹划

如果纳税人能准确核算用地，就可以充分享受土地使用税设定的优惠条款。例如，将农、林、牧、渔的生产用地与农副产品加工场地和生活办公用地相分离，就可享受生产用地的免税条款。

【例7-11】 某复合材料集团公司想要扩大生产基地，由于公司总部在北京，董事会初步决定的方案是将生产基地建在北京郊区，生产基地面积为 10 000 平方米，选用的土地为四级土地，每平方米土地每年需缴纳城镇土地使用税 9 元，每年需缴纳城镇土地使用税 9 万元。

筹划分析：

经过多方考虑，公司最终决定将生产基地建在江苏省沿海城市，这样做不但能享受所得税等税种的优惠和方便出口贸易，而且单是每年的城镇土地使用税也可节约不少。由于该地区土地使用税每平方米仅 1.8 元，所以每年只需缴纳城镇土地使用税 18 000 元，节约 72 000 元。

7.2.5 城市维护建设税的税收筹划

城市维护建设税（简称城建税）是国家对缴纳增值税、消费税的单位和个人以其实际缴纳的增值税和消费税税额为计税依据而征收的一种税。

1. 城建税的法律界定

凡缴纳增值税、消费税的单位和个人，除税法另有规定外，都应缴纳城市维护建设税。

城建税以纳税人实际缴纳的增值税、消费税税额为计税依据，计税依据仅指两税正税，不包括对纳税人加收的滞纳金、罚款等非税收款项。但是，纳税人被税务机关查补两税和被处以罚款时，应同时对其偷漏的城建税进行补税和罚款。

城建税采取地区差别比例税率：纳税人所在地为市区的，税率为7％；纳税人所在地为县城、镇的，税率为5％；纳税人所在地不在市区、县城或者镇的，税率为1％。

城建税原则上不单独减免，随增值税和消费税的减免而减免。对个别缴纳城建税确有困难的企业和个人，由县（市）级人民政府审批，酌情给予减免税照顾。

2. 城建税的筹划空间

1）利用委托加工进行筹划

税法规定，由受托方代收代缴消费税的单位和个人，其代收代缴的城建税按受托方所在地适用税率。因此，纳税人在进行委托加工时就可以选择城建税税率低的非市区、县城或者镇的受托单位。

2）计税依据的筹划

由于城建税的计税依据是两大主要税种——增值税和消费税的税额，所以纳税人理应进行增值税和消费税筹划，相当于同时进行了城市维护建设税的筹划。

3）利用货物进口进行筹划

由于海关对进口产品代征的增值税、消费税不征收城建税,所以纳税人在购买货物时,可以权衡各项成本,考虑通过进口方式取得货物。

【例 7-12】 宝洁公司 2021 年拟委托加工一价值 400 万元的化妆品,受托加工单位位于市区,由受托加工单位代代缴消费税 200 万元,也就是说,加工单位同时必须代收代缴城市维护建设税 14(200×7%)万元。

筹划分析:

如果进行筹划,宝洁公司委托某县城的加工企业加工化妆品,则只需缴纳城建税 10(200×5%)万元;若是委托某乡的乡镇企业工,缴纳的城建税为 2 万元(200×1%)。

7.2.6 印花税的税收筹划

印花税是对经济活动和经济交往中书立、使用、领受具有法律效力的凭证的单位和个人征收的一种税。

微课视频:印花税的税收筹划

1. 印花税的法律界定

印花税的纳税义务人按照书立、使用、领受应税凭证的不同,可以分别确定为立合同人、立据人、立账簿人、领受人和使用人五种。

印花税共有买卖合同、承揽合同、建设工程合同、融资租赁合同、租赁合同、运输合同、仓储合同、保管合同、借款合同、财产保险合同、技术合同、产权转移书据、营业账簿、证券交易 14 个税目。印花税的税率,为比例税率形式。比例税率共分为 4 个档次,分别是 0.5‰、3‰、5‰、0.25‰。

印花税的税收优惠政策主要有以下几个。

(1)对已缴纳印花税的凭证的副本或者抄本免税。

(2)对财产所有人将财产赠给政府、社会福利单位、学校所立的书据免税。

(3)对国家制定的收购部门与村民委员会、农民个人书立的农副产品收购合同免税。

(4)对无息、贴息贷款合同免税。

(5)对外国政府或者国际金融组织向我国政府及国家金融机构提供优惠贷款所书立的合同免税。

(6)对房地产管理部门与个人签订的用于生活居住的租赁合同免税。

(7)对农牧业保险合同免税。

(8)对特殊货运凭证免税,如军事物资运输凭证、抢险救灾物资运输凭证、新建铁路的工程临管线运输凭证等。

知识拓展 7-1

免征印花税的凭证

(一)应税凭证的副本或者抄本;

(二)依照法律规定应当予以免税的外国驻华使馆、领事馆和国际组织驻华代表机构为获得馆舍书立的应税凭证;

(三)中国人民解放军、中国人民武装警察部队书立的应税凭证;

(四)农民、家庭农场、农民专业合作社、农村集体经济组织、村民委员会购买农业生产资料或者销售农产品书立的买卖合同和农业保险合同;

(五)无息或者贴息借款合同、国际金融组织向中国提供优惠贷款书立的借款合同;

（六）财产所有权人将财产赠与政府、学校、社会福利机构、慈善组织书立的产权转移书据；

（七）非营利性医疗卫生机构采购药品或者卫生材料书立的买卖合同；

（八）个人与电子商务经营者订立的电子订单。

根据国民经济和社会发展的需要，国务院对居民住房需求保障、企业改制重组、破产、支持小型微型企业发展等情形可以规定减征或者免征印花税，报全国人民代表大会常务委员会备案。

2. 印花税的筹划空间

1）充分利用印花税优惠规定进行筹划

例如，税法规定应纳税额不足 1 角的，免纳印花税；1 角以上的，其税额尾数不满 5 分的不计，满 5 分的按 1 角计算；已缴印花税的凭证的副本或者抄本，只要不视同正本使用，也就不需要缴纳印花税。

2）通过分项核算进行筹划

一个合同如果涉及若干项经济业务，应当分别核算各项业务的金额，因为业务类型不同，适用的印花税税率也不同，而税法明确规定同一凭证载有两个或两个以上经济事项而适用不同税目税率，如分别记载全额的，应分别计算应纳税额，相加后按合计税额贴花；如未分别记载金额的，按税率较高的计税贴花。

3）利用不确定金额和保守金额进行筹划

税法规定对于在签订时无法确定计税金的合同，可在签订时先按定额 5 元贴花，以后结算时再按实际金额计税，补贴印花。该项规定为纳税人提供了利用不确定金额进行筹划的可能性。

纳税人在签订金额较大的合同时，可有意识地使合同中所载金额不能明确，从而在签订时先按定额 5 元贴花，以达到少缴印花税税款的目的。或者双方在订立合同时，充分考虑以后经济交往中可能会遇到的种种情况，确定比较合理、保守的金额，防止所载金额大于合同履行后的实际结算金额。

4）利用不同借款方式进行筹划

根据规定，银行及其他金融机构与借款人所签订的合同，以及只填开借据并作为合同使用的，取得银行借款的借据应按照"借款合同"税目缴纳印花税。而企业之间的借款合同不需要贴花。因此，如果两者的借款利率相同，则向企业借款更能节税。

【例 7-13】 某铝合金门窗厂与某建筑安装企业签立了一份承揽合同。合同中规定：铝合金门窗厂受建筑安装公司委托，负责加工总价值 200 万元的铝合金门窗，加工所需原材料由铝合金门窗厂提供，铝合金门窗厂共收取加工费及原材料费 140 万元；同时，由铝合金门窗厂提供价值 20 万元的零配件。

铝合金门窗厂应交印花税：（140 万元＋20 万元）×0.5‰＝800（元）

筹划分析：

由于合同签订形式不恰当，铝合金门窗厂多缴纳了税款。我国印花税法对承揽合同的计税依据有如下规定：承揽合同的计税依据为加工或承揽收入，如由受托方提供原材料金额的，可不并入计税依据，但受托方提供辅助材料的金额；则应并入计税金额；由受托方提供原材料的，若合同中分别记载加工费金额和原材料金额，应分别计税：加工费金额按加工承揽合同适用 0.5‰ 的税率计税，原材料金额按买卖合同适用 0.3‰ 的税率计税，并按两项税额相加的金额贴花；若合同中未分别记载两项金额，而只有混合的总金额，则从高适用税率，应按全部金额依照加工承揽合同适用 0.5‰ 的税率计税贴花。

所以，在这个案例中，如果合同将铝合金门窗厂所提供的加工费金额与原材料金额分别核算，则能达到税收筹划的目的。如加工费为 40 万元，原材料费为 100 万元，所需贴花的金额为 600(100 万元×0.3‰＋40 万元×0.5‰＋20 万元×0.5‰)元，相对少纳印花税 200 元。

7.2.7　车船税的税收筹划

车船税是指对在我国境内应依法到公安、交通、农业、渔业、军事等管理部门办理登记的车辆、船舶，根据其种类，按照规定的计税依据和年纳税额标准计算征收的一种财产税。2011 年 2 月 25 日我国第十一届全国人民代表大会常务委员会第十九次会议审议通过了《中华人民共和国车船税法》，自 2012 年 1 月 1 日起施行。

1. 车船税的法律界定

车船税的纳税人，是在中华人民共和国境内拥有车船的单位和个人。车船税征税对象是行驶于境内公共道路的车辆和航行于境内河流、湖泊或者领海的船舶，对车辆和船舶的所有人或管理人征税。

车船税采用幅度定额税率。载客汽车、摩托车，以"辆"为计税依据；载货汽车、低速货车，以"自重吨位"为计税依据；船船，以"净吨位"为计税依据。

下列车船免征车船税。

（1）捕捞、养殖渔船。

（2）军队、武警专用的车船。

（3）警用车船。

（4）依照我国有关法律和我国缔结或者参加的国际条约的规定应当予以免税的外国驻华使馆、领事馆和国际组织驻华机构及其有关人员的车船。

省、自治区、直辖市人民政府可以根据当地实际情况，对城市、农村公共交通车船给予定期减税、免税。

2. 车船税的筹划空间

1）利用税率临界点进行筹划

由于对载货汽车、低速货车以"自重吨位"为单位、对船舶以"净吨位"为单位分级规定税率，产生了应纳车船税税额相对吨位数变化的临界点。在临界点上下，吨位数虽然相差仅 1 吨，但临界点两边的税额却有很大变化，因而进行税收筹划十分必要。

2）利用特殊规定筹划

税法规定，拖船和非机动驳船按船舶税额的 50％计算征收车船税。挂车按货车税额的 50％计算征收车船税。

纳税人可以利用以上特殊规定进行筹划。比如，在购买运输工具时，在购买机动车挂车加在原有机动车后面和直接购买新机动车两种选择进行权衡。

7.2.8　契税的税收筹划

契税是对在我国境内转移土地使用权和房屋所有权时，根据当事人双方签订的契约合同，以所有权发生转移变动的不动产为征税对象，向产权承受人征收的一种财产税。

1. 契税的法律界定

契税的课税对象是发生权属转移并签订转移契约的土地和房屋。征收范围是所有在我国境内的单位和个人转移土地、房屋权属的行为,包括:国有土地使用权出让,土地使用权转让,房屋买卖,房屋赠与房屋交换。承受土地、房屋权属行为的单位和个人为契税的纳税人。

契税实行 3%～5% 的幅度比例税率,计税依据是土地、房屋权属转移时,当事人双方签订的契约上载明的不动产价格。

契税的税收优惠政策主要有:

(1) 国家机关、事业单位、社会团体、军事单位承受土地。房屋用于办公、教学、医疗、科研和军事设施的,免税。

(2) 城镇职工按规定第一次购买公有住房的,免税。

(3) 因不可抗力灭失住房而重新购买住房的,酌情减免。

(4) 承受荒山、荒沟、荒丘、荒滩土地使用权,并用于农、林、牧、渔业生产的,免税。

(5) 财政部规定的其他减征、免征契税的项目。

税务直通车 7-4

财政部 税务总局
关于贯彻实施契税法若干事项执行口径的公告财政部
税务总局公告 2021 年第 23 号

为贯彻落实《中华人民共和国契税法》,现将契税若干事项执行口径公告如下:

一、关于土地、房屋权属转移

(一) 征收契税的土地、房屋权属,具体为土地使用权、房屋所有权。

(二) 下列情形发生土地、房屋权属转移的,承受方应当依法缴纳契税:

1. 因共有不动产份额变化的;

2. 因共有人增加或者减少的;

3. 因人民法院、仲裁委员会的生效法律文书或者监察机关出具的监察文书等因素,发生土地、房屋权属转移的。

二、关于若干计税依据的具体情形

(一) 以划拨方式取得的土地使用权,经批准改为出让方式重新取得该土地使用权的,应由该土地使用权人以补缴的土地出让价款为计税依据缴纳契税。

(二) 先以划拨方式取得土地使用权,后经批准转让房地产,划拨土地性质改为出让的,承受方应分别以补缴的土地出让价款和房地产权属转移合同确定的成交价格为计税依据缴纳契税。

(三) 先以划拨方式取得土地使用权,后经批准转让房地产,划拨土地性质未发生改变的,承受方应以房地产权属转移合同确定的成交价格为计税依据缴纳契税。

(四) 土地使用权及所附建筑物、构筑物等(包括在建的房屋、其他建筑物、构筑物和其他附着物)转让的,计税依据为承受方应交付的总价款。

(五) 土地使用权出让的,计税依据包括土地出让金、土地补偿费、安置补助费、地上附着物和青苗补偿费、征收补偿费、城市基础设施配套费、实物配建房屋等应交付的货币以及实物、其他经济利益对应的价款。

(六) 房屋附属设施(包括停车位、机动车库、非机动车库、顶层阁楼、储藏室及其他房屋附属设施)与房屋为同一不动产单元的,计税依据为承受方应交付的总价款,并适用与房屋相同的税率;房屋附属设施与房屋为不同不动产单元的,计税依据为转移合同确定的成交价格,并按当地确定的适用税率计税。

(七) 承受已装修房屋的,应将包括装修费用在内的费用计入承受方应交付的总价款。

(八) 土地使用权互换、房屋互换,互换价格相等的,互换双方计税依据为零;互换价格不相等的,以其差额为计税依据,由支付差额的一方缴纳契税。

（九）契税的计税依据不包括增值税。

三、关于免税的具体情形

（一）享受契税免税优惠的非营利性的学校、医疗机构、社会福利机构，限于上述三类单位中依法登记为事业单位、社会团体、基金会、社会服务机构等的非营利法人和非营利组织。其中：

1. 学校的具体范围为经县级以上人民政府或者其教育行政部门批准成立的大学、中学、小学、幼儿园，实施学历教育的职业教育学校、特殊教育学校、专门学校，以及经省级人民政府或者其人力资源社会保障行政部门批准成立的技工院校。

2. 医疗机构的具体范围为经县级以上人民政府卫生健康行政部门批准或者备案设立的医疗机构。

3. 社会福利机构的具体范围为依法登记的养老服务机构、残疾人服务机构、儿童福利机构、救助管理机构、未成年人救助保护机构。

（二）享受契税免税优惠的土地、房屋用途具体如下：

1. 用于办公的，限于办公室（楼）以及其他直接用于办公的土地、房屋；

2. 用于教学的，限于教室（教学楼）以及其他直接用于教学的土地、房屋；

3. 用于医疗的，限于门诊部以及其他直接用于医疗的土地、房屋；

4. 用于科研的，限于科学试验的场所以及其他直接用于科研的土地、房屋；

5. 用于军事设施的，限于直接用于《中华人民共和国军事设施保护法》规定的军事设施的土地、房屋；

6. 用于养老的，限于直接用于为老年人提供养护、康复、托管等服务的土地、房屋；

7. 用于救助的，限于直接为残疾人、未成年人、生活无着的流浪乞讨人员提供养护、康复、托管等服务的土地、房屋。

（三）纳税人符合减征或者免征契税规定的，应当按照规定进行申报。

四、关于纳税义务发生时间的具体情形

（一）因人民法院、仲裁委员会的生效法律文书或者监察机关出具的监察文书等发生土地、房屋权属转移的，纳税义务发生时间为法律文书等生效当日。

（二）因改变土地、房屋用途等情形应当缴纳已经减征、免征契税的，纳税义务发生时间为改变有关土地、房屋用途等情形的当日。

（三）因改变土地性质、容积率等土地使用条件需补缴土地出让价款，应当缴纳契税的，纳税义务发生时间为改变土地使用条件当日。

发生上述情形，按规定不再需要办理土地、房屋权属登记的，纳税人应自纳税义务发生之日起90日内申报缴纳契税。

五、关于纳税凭证、纳税信息和退税

（一）具有土地、房屋权属转移合同性质的凭证包括契约、协议、合约、单据、确认书以及其他凭证。

（二）不动产登记机构在办理土地、房屋权属登记时，应当依法查验土地、房屋的契税完税、减免税、不征税等涉税凭证或者有关信息。

（三）税务机关应当与相关部门建立契税涉税信息共享和工作配合机制。具体转移土地、房屋权属有关的信息包括：自然资源部门的土地出让、转让、征收补偿、不动产权属登记等信息，住房城乡建设部门的房屋交易等信息，民政部门的婚姻登记、社会组织登记等信息，公安部门的户籍人口基本信息。

（四）纳税人缴纳契税后发生下列情形，可依照有关法律法规申请退税：

1. 因人民法院判决或者仲裁委员会裁决导致土地、房屋权属转移行为无效、被撤销或者被解除，且土地、房屋权属变更至原权利人的；

2. 在出让土地使用权交付时，因容积率调整或实际交付面积小于合同约定面积需退还土地出让价款的；

3. 在新建商品房交付时，因实际交付面积小于合同约定面积需返还房价款的。

六、其他

本公告自2021年9月1日起施行。《财政部 国家税务总局关于契税征收中几个问题的批复》（财税字

〔1998〕96 号）、《财政部 国家税务总局对河南省财政厅〈关于契税有关政策问题的请示〉的批复》（财税〔2000〕14 号）、《财政部 国家税务总局关于房屋附属设施有关契税政策的批复》（财税〔2004〕126 号）、《财政部 国家税务总局关于土地使用权转让契税计税依据的批复》（财税〔2007〕162 号）、《财政部 国家税务总局关于企业改制过程中以国家作价出资（入股）方式转移国有土地使用权有关契税问题的通知》（财税〔2008〕129 号）、《财政部 国家税务总局关于购房人办理退房有关契税问题的通知》（财税〔2011〕32 号）同时废止。

财政部 税务总局

2021 年 6 月 30 日

2. 契税的筹划空间

1）对企业合并、分立、改组的契税筹划

现实中企业改组改制的情况很多，税法对此作出了特殊的规定，了解和充分利用这些规定进行筹划，可以节省不少税收。

比如，在企业合并中，新设方或者存续方承受被解散方土地、房屋权属，如合并前各方投资主体相同，则不征契税；在企业分立中，对派生方、新设方承受原企业土地、房屋权属的，不征契税；以增资扩股方式进行股权重组，对以土地、房屋权属作价入股或作为出资投入企业的，要征收契税，而以股权转让方式进行重组，单位、个人承受企业股权，企业的土地、房屋权属不发生转移，则不征契税。

2）利用房屋交换进行筹划

《中华人民共和国契税暂行条例》规定，土地使用权交换、房屋交换，以所交换土地使用权、房屋价格的差额为计税依据。可见，进行房屋交换所纳契税显然远远低于普通的房屋购置所纳契税，所以纳税人可以将原来不属于交换的行为，通过合法的途径转变为交换行为，以便减轻税负。

另外，如果双方当事人进行交换的价格相等，由于价差为零，任何一方都不用缴纳契税，所以当纳税人交换土地使用权或房屋所有权的时候，如果能想办法保持双方的价格差额较小甚至为零，就可达到节税目的。

3）充分利用税收优惠进行筹划

例如，利用"个人首次购买自用 90 平方米以上普通住宅，暂减半征收契税"规定。

【例 7-14】 王某和陈某各拥有一套价值 200 万元的房屋，杨某意欲购买王某的房屋，而王某也想在购买陈某的房屋后出售自己的房屋，假设税率为 5%。

筹划分析：

如果不进行筹划，王某购买陈某的住房，应缴纳契税 10（200×5%）万元；同样，王某向杨某出售自己的住宅，杨某也需缴纳契税 10 万元。

但是如果王某利用房屋交换的方法进行筹划，先和陈某交换房屋，再由陈某将房屋出售给杨某，同样可以达到前述的买卖结果。因为王某和陈某交换房屋所有权为等价交换，没有价格差额，不用缴纳契税；只需陈某将房屋出售给杨某时，由杨某缴纳契税 10 万元。这样，王某通过筹划节约了 10 万元。

本 章 小 结

本章主要讲授关税和地方税的税收筹划，通过讲授要求掌握关税、土地增值税、房产税、城镇土地使用税、城市维护建设税、印花税、车船税、契税的相关税法规定及税收筹划方法。

主要从细微处入手,针对不同小税种从不同角度进行税收筹划,以小见大,使纳税人的效益最大化。

重 要 概 念

关税　完税价格　土地增值税　资源税　房产税　城镇土地使用税　城市维护建设税　印花税　车船税　契税

本 章 练 习

一、单项选择题

1. 下列单位、个人中,不用缴纳关税的是(　　)。
A. 进口货物的收货人
B. 出口货物的发货人
C. 出入境物品的所有人
D. 在商场购买进口商品的消费者

2. 进口货物的完税价格是指货物的(　　)。
A. 成交价格
B. 到岸价格
C. 成交价格为基础的到岸价格
D. 到岸价格为基础的成交价格

3. 居民个人转让房地产需要缴纳土地增值税的是(　　)。
A. 个人互换自有住房
B. 继承房产
C. 将房产赠与直系亲属
D. 转让居住4年的私房

4. 下列各项中,应征土地增值税的项目是(　　)。
A. 合作建房,建成后自用
B. 以房地产进行联营投资
C. 企业进行房地产交换
D. 国家征用房地

5. 土地增值税按照纳税人转让房地产所取得的(　　)和规定的税率计算征收。
A. 收入额
B. 所得额
C. 增值额
D. 利润额

二、多项选择题

1. 以下各项中,存在关税筹划空间的有(　　)。
A. 关税优惠政策
B. 完税价格
C. 原产地标准
D. 进出口方式

2. 行邮税的税率档次有(　　)。
A. 60%
B. 30%
C. 10%
D. 15%

3. 纳税人转让房地产,有(　　)情形的,按照房地产评估价格计算征收土地增值税。
A. 隐瞒、虚报房地产成交价格
B. 因偷税被税务机关给予两次行政处罚
C. 房地产成交价格在1亿元以上
D. 提供扣除项目金额不实

4. 《土地增值税暂行条例》规定的计算增值额的扣除项目有(　　)。
A. 取得土地使用权所支付的金额
B. 开发土地的成本、费用
C. 与转让房地产有关的税金
D. 新建房及配套设施的成本、费用

5. 土地增值税的征税范围包括(　　)。
A. 转让国有土地使用权
B. 出让国有土地使用权

C. 地上建筑物及附着物连同国有土地使用权一并转让

D. 以赠与方式转让房地产

三、判断题

1. 利用控制完税价格进行税收筹划,就要选择同类产品中成交价格比较低的,运输杂项费用相对小的货物进口或出口。　　　　　　　　　　　　　　　　　　　　　　　　　　　　　（　　）

2. 如果跨国公司想利用原产地标准来合理避税,那么最后组装成最终产品的地点(即原产国)就非常重要,一般应选择在同进口国签订有优惠税率的国家或地区,避开进口国征收特别关税的国家和地区。（　　）

3. 个人因工作调动和改善居住条件而转让原自有住房,经向税务机关申报核准,凡居住满3年未满5年的,免于征收土地增值税。　　　　　　　　　　　　　　　　　　　　　　　　　（　　）

4. 水塔和围墙这类建筑不征房产税。　　　　　　　　　　　　　　　　　　　　　（　　）

5. 财产所有人将财产赠给学校所立的书据,可以免征印花税。　　　　　　　　　　（　　）

四、简答题

1. 简要说明如何利用一个国家的保税制度来进行关税的税收筹划。

2. 简述房屋的继承与赠与在什么情况下不征收土地增值税。

五、案例分析题

某企业2021年自用营业用房的原值为400万元,当地规定允许减除房产原值的20%;企业将自有办公楼一幢租给另一公司,年租金收入为50万元,将自有房屋租给某饭店,协议商定按饭店营业收入的10%收取房租,饭店全年营业收入为100万元。请计算该企业全年应纳房产税税额。

练习题参考答案

第1章 税收筹划的基本理论

一、单项选择题

1	2	3	4	5
C	D	A	D	A

【解释】

第2题:税收筹划与逃税、抗税、骗税等行为的根本区别是合法性与违法性的区别。

因此选择 D。

第5题:合法性是税收筹划最本质的特征。无论企业法人还是自然人逃避缴纳税款,均是违法行为。关于避税的合法性目前学界还存在争议,代表性的观点是避税是非法、不合法的行为,但绝对不是合法的。

因此选择 A。

二、多项选择题

1	2	3	4	5
ABCD	BD	ABCD	AB	ABCD

第2题:按税收筹划需求主体的不同,税收筹划可分为法人税收筹划和自然人税收筹划两大类。

因此选择 BD。

第4题:抗税是指纳税人以暴力、威胁方法拒不缴纳税款的行为,与之不同的是,税收筹划采取不违法手段。

因此选择 AB。

三、判断题

1	2	3	4	5
×	×	×	×	√

第1题:税收筹划必须在纳税义务发生之前,通过对企业生产经营活动过程的规划与控制来进行。

因此选择×。

第3题:从长远和整体来看,纳税人税收筹划不仅不会减少国家的税收收入,甚至可能增加国家的税收收入。纳税人进行税收筹划,降低了企业的税收负担,为企业赢得发展的契机,虽然税收筹划在短期内可能会减少国家的财政收入,但是从长期来看将促进企业发展,培植税源,增加税收收入。

因此选择×。

四、简答题

1. 税收筹划是指在纳税行为发生之前,在不违反法律、法规(税法及其他相关法律、法规)的前提下,通过对纳税主体的经营活动、投资行为等涉税事项作出的事先安排,以实现优化纳税、减轻税负或延期纳税为目标的一系列谋划活动。

2. 税收筹划的特征为:

(1)合法性是税收筹划的最本质特征,也是税收筹划区别于逃税、避税行为的基本标志。税收筹划的合法性体现在其行为是在尊重法律、不违反国家税收法规的前提下进行的。

(2)筹划性有事先规划、设计、安排的含义,这是税收筹划的本质特征之一。在经济活动中产生的纳税义务通常具有滞后性,对企业而言,通常是在企业交易行为发生之后才产生了增值税、消费税等纳税义务,这在客观上为纳税人提供了在纳税前事先作出策划的可能性。

(3)风险性是指纳税人在进行税收筹划时因各种因素的存在,无法取得预期的筹划结果,并且付出远大于收益的各种可能性。税收筹划的风险不可避免。

(4)多样性是指税收筹划从内容、方式、方法等方面看均不是单一的。各种税在规定的纳税人、征税对象、纳税地点、税目、税率及纳税期限等方面都存在着差异,尤其是各国税法、会计核算制度、投资优惠政策等方面的差异,这就给纳税提供了寻求低税负的众多机会,也决定了税收筹划在全球范围内的普遍存在和形式的多样性。

(5)综合性是指税收筹划应着眼于纳税人资本总收益的长期稳定的增长,而不是着眼于个别税种税负的高低。

(6)专业性是指税收筹划已经形成一项专门的服务,需要由专业人员来进行。

3. 税收筹划与偷税的区别:

偷税与税收筹划有明显的差别,税收筹划是一种合法行为,而偷税是采取伪造、变造、隐匿、擅自销毁账簿、记账凭证,在账簿上多列支出或者不列、少列收入,经税务机关通知申报而拒不申报或者进行虚假的纳税申报的手段,不缴或者少缴应纳税款,偷税具有故意性、欺诈性,是一种违法行为,应该受到处罚。

税收筹划与避税的区别:

税收筹划充分利用国家的各种税收优惠政策以及不同涉税行为的税法规定,通过事先的筹划安排,以达到减轻税负之目的。由于税收筹划以遵守税法规定为前提,故具有合法性;由于税收筹划多以选择最优方案的方式来实现税后利益最大化,故又具有合理性。而大量的避税行为则是纳税人利用税收法律的疏忽、漏洞,采取一定的技术手段,设法使其经济活动或经济行为绕过或避过法律政策的规定,达到少纳税甚至不纳税的目的。

五、案例分析题

重组改制契税优惠的现行政策依据是《财政部、国家税务总局关于企业改制重组若干契税政策的通知》(财税〔2008〕175号),该文件规定,企业改制重组过程中,同一投资主体内部所属企业之间土地、房屋权属的无偿划转,包括母公司与其全资子公司之间,同一公司所属全资子公司之间,同一自然人与其设立的个人独资企业、一人有限公司之间土地、房屋权属的无偿划转,不征收契税。

但是,值得注意的是,财税〔2008〕175号文件免征契税的前提是在"企业改制重组过程中"和"无偿划转"。契税由地方税务机关征收,直接关系到地方的财政收入。如地方政府和税务机关设定企业改制重组认定程序,此方案可能存在风险。

该筹划方案还存在的一个风险是,一人公司是否可以变更为两人以上有限公司,在法律上的争议很多。是否能够变更成功,还要看当地工商部门的规定。即使变更成功了,税务机关也可以依据《中华人民共和国契税条例实施细则》第十七条的规定,纳税人因改变土地、房屋用途应当补缴已经减征、免征契税的,其纳税义务发生时间为改变有关土地、房屋用途的当天来认定改变用途,补征契税。因此,以规避纳税义务为目的的筹划方案,只要税务机关依法行政,总会有应对办法。

第2章　税收筹划的基本方法

一、单项选择题

1	2	3	4	5
B	C	A	D	A

【解释】

第1题:税收抵免是指从应纳税额中扣除税收抵免额。减税是指国家出于照顾或奖励的目的,对特定的地区、行业、企业、项目或情况(纳税人或纳税人的特定应税项目,或由于纳税人的特殊情况)给予纳税人减征部分税收的优惠政策。优惠退税是指政府将纳税人已经缴纳或实际承担的税款退还给规定的受益人。亏损抵补是指当年经营亏损在次年或其他年度经营盈利中抵补,以减少以后年度的应纳税款。

因此选择 B。

第4题:费用不涉及流转税,只涉及所得税。从税收的角度看,费用确认的基本原则是:就早不就晚。具体而言,对于费用确认,应当遵循如下原则:凡是能直接进营业成本、期间费用和损失的不进生产成本,凡是能进成本的不进资产,能预提的不待摊,能多提的就多提,能快摊的就快摊。

因此选择 D。

二、多项选择题

1	2	3	4	5
AB	ABCD	ABD	ABCD	ABCD

第2题:税基转嫁法是根据课税范围的大小、宽窄实行的不同税负转移方法。一般来说,在课税范围比较广的情况下,正面、直接的税负转移就要容易些,这时的税收转移可称为积极的税负转嫁。在课税范围比较窄的时候,直接进行税负转嫁会遇到强有力的阻碍,纳税人不得不寻找间接转嫁的方法,这时的税收转嫁就可以称为消极的税负转嫁。积极税负转嫁筹划的条件是,所征税种遍及某一大类商品而不是某一种商品。消极税负转嫁的情况是仅对某类商品中的某一种商品开征特定的税,此时直接意义上的税负转移就难以实现。

因此选择 ABCD。

三、判断题

1	2	3	4	5
√	√	×	×	×

第4题:在实际操作中,要选择对决策有重大影响的税种作为税收筹划的重点;选择税负弹性大的税种作为税收筹划的重点,税负弹性越大,税收筹划的潜力也越大。

因此选择×。

第5题:一般来讲,只有对商品交易行为或活动课征的间接税才能转嫁,而与商品交易行为无关或对人课征的直接税则不能转嫁或很难转嫁。

因此选择×。

四、简答题

1. 纳税筹划主要从下列角度切入:

(1) 以税收筹划空间大的税种为切入点。

(2) 以税收优惠政策为切入点。

（3）以纳税人构成为切入点。

（4）以影响应纳税额的几个基本因素为切入点。

（5）以不同的财务管理过程为切入点。

2. 税制要素的筹划有哪些操作方法？请举例说明。

税制要素是对企业税负及税务筹划影响最大的因素。税制要素包括纳税主体、课税对象、税率、税基、纳税环节、纳税期限和纳税地点等。每个税制要素都会对企业应纳税额产生影响，因此有必要分析研究每个税种最基本的要素和规定，找出筹划节税的空间。税制要素筹划常用的技术包括纳税人的筹划技术、税基的筹划技术、税率的筹划技术、递延纳税技术。

3. 税收优惠政策包括下列形式：

（1）免税，是指国家对特定的地区、行业、企业或特定的纳税人、应税项目等给予完全免税的照顾或奖励措施。

（2）减税，是指对某些纳税人或课税对象给予鼓励或照顾的一种特殊措施。减税与免税类似，实质上也相当于一种财政补贴。

（3）免征额亦称扣除额，是指在征税对象全部数额中免予征税的数额。它是按照一定标准，从征税对象全部数额中预先扣除的数额。免征额部分不征税，只对超过免征额的部分征税。

（4）起征点亦称征税起点，是指根据征税对象的数量规定一个标准，达到这个标准的就征税，未达到这个标准就不征税。

（5）优惠退税，是指政府将纳税人已经缴纳或实际承担的税款退还给规定的受益人。优惠退税一般适用于对产品课税和对所得课税。

（6）优惠税率，是指对符合条件的产业、企业或项目课以较低的税率。优惠税率有利于吸引外部投资、加快该优惠产业的发展。

（7）税收抵免，是指从应纳税额中扣除税收抵免额。

（8）亏损抵补，是指当年经营亏损在次年或其他年度以经营盈利抵补，以减少以后年度的应纳税款。

五、案例分析题

方案一：成立一人有限责任公司，应先以法人身份计算缴纳企业所得税，然后，税后利润还应按照股息、红利所得计缴个人所得税。

所得税负担为：$350\ 000 \times 25\% + 350\ 000 \times (1 - 25\%) \times 20\% = 140\ 000$（元）

税后利润为：$350\ 000 - 140\ 000 = 210\ 000$（元）

方案二：成立个人独资企业，应按照个人所得税个体工商户生产经营所得缴纳税收。

所得税负担为：$350\ 000 \times 30\% - 40\ 500 = 64\ 500$（元）

税后利润为：$350\ 000 - 64\ 500 = 285\ 500$（元）

因此，从税收角度考虑，张某应当选择方案二。

第3章　增值税的税收筹划

一、单项选择题

1	2	3	4	5
C	B	D	C	B

二、多项选择题

1	2	3	4	5
CD	ACD	ABC	AB	ABC

三、判断题

1	2	3	4	5
×	√	×	√	×

四、简答题

1. (1)当一般纳税人与小规模纳税人两者税负相等时,增值率为无差别平衡点增值率。即:销售额×增值税税率×增值率=销售额×征收率,此时增值率=征收率÷增值税税率=3%÷13%=23.08%。

(2) 即在税率为13%的情况下,当增值率为23.08%时,一般纳税人税负与小规模纳税人税负一致;小于23.08%时,一般纳税人税负小于小规模纳税人;大于23.08%时,一般纳税人税负大于小规模纳税人。

2. (略)

五、案例分析题

1. 方案一:

应纳增值税:[80÷(1+13%)×13%]−[70÷(1+13%)×13%]=1.15(元)

企业利润额:[80÷(1+13%)]−[70÷(1+13%)]=8.85(元)

应缴企业所得税:8.85×25%=2.21(元)

税后净利润:8.85−2.21=6.64(元)

方案二:

销售100元时应纳增值税:[100÷(1+13%)×13%]−[70÷(1+13%)×13%]=3.46(元)

赠送20元时应纳增值税:[20÷(1+13%)×13%]−[14÷(1+13%)×13%]=0.69(元)

企业利润额为:100÷(1+13%)−70÷(1+13%)−14÷(1+13%)=14.16(元)

企业应缴企业所得税为:

[100÷(1+13%)+20÷(1+13%)−70÷(1+13%)−14÷(1+13%)]×25%=7.97(元)

税后净利润为:14.16−7.97=6.19(元)

2. 围绕进项税额,公司可以采取以下筹划方案:公司将整个生产流程分成饲养场和牛奶制品加工两部分,饲养场和奶制品加工厂均实行独立核算。分开后,饲养场属于农产品生产单位,按规定可以免征增值税,奶制品加工厂从饲养场购入的牛奶可以抵扣10%的进项税额。

在筹划方案实施前,假定每年公司从农民生产者手中购入的草料金额100万元,允许抵扣的进项税额10万元,其他水电费、修理用配件等进项税额8万元,全年奶制品销售收入500万元,则:

应纳增值税额=销项税额−进项税额=500×13%−(10+8)=47(万元)

在筹划方案实施后,独立出来的饲养场免征增值税,假定饲养场销售给奶制品厂的鲜奶售价为350万元,其他资料不变。则:

应纳增值税=销项税额−进项税额=500×13%−(350×10%+8)=22(万元)

企业在筹划方案实施后比实施前节省增值税额25万元,节省城市维护建设税和教育费附加合计2.50万元。

第4章 消费税的税收筹划

一、单项选择题

1	2	3	4	5
A	B	C	B	D

【解释】

第3题:销售果木酒的同时收取的包装费和优质费,均属于价外费用(视为含增值税收入);甲酒厂应纳消费税税额＝[10＋(0.585＋2.34)÷(1＋13%)]×10%＝1.258 9(万元)

因此选择 C。

第5题:甲企业应缴纳的消费税＝13 000×(150＋50)×11%＋200×250＝336 000(元)

因此选择 D。

二、多项选择题

1	2	3	4	5
ABC	ABC	AC	BCD	ABD

【解释】

第1题:生产、委托加工、进口为消费税的纳税人。选项 D 是代收代缴义务人。

因此选择 ABC。

第2题:选项 A,小汽车在生产环节(或者进口环节、委托加工环节)征收消费税,在零售环节不征收消费税;选项 B,钻石及钻石饰品在零售环节征收消费税,在进口环节不征收消费税;选项 C,卷烟在生产环节、委托加工环节、进口环节和批发环节均有可能被征收消费税,但在零售环节不征收消费税;选项 D,委托加工白酒,除受托方为个人外,由受托方在向委托方交货时代收代缴消费税,委托个人加工的应税消费品,由委托方收回后缴纳消费税。

因此选择 ABC。

第4题:选项 A,纳税人采取预收货款结算方式的,消费税纳税义务发生时间为发出应税消费品的当天。

因此选择 BCD。

三、判断题

1	2	3	4	5
×	√	√	×	√

【解释】

第1题:纳税人兼营不同税率的应税消费品,应当分别核算不同应税消费品的销售额、销售数量。未分别核算的,从高计税。

因此为×。

四、简答题

1. 对于独立核算的销售部门与生产企业之间存在关联关系,按照《中华人民共和国税收征收管理法》的有关规定,中国企业或者外国企业在中国境内设立的从事生产、经营的机构、场所与其关联企业之间的业务往来,应当按照独立企业之间的业务往来收取或者支付价款、费用。不按照独立企业之间的业务往来收取或者支付价款、费用,减少其应纳税的收入或者所得额的,税务机关有权进行合理调整。因此,企业销售给下属销售部门的价格应当参照社会的平均销售价格而定。

2. 纳税人在销售中以外币结算应税消费品时,应按外币市场牌价折合成人民币销售额以后,再计算应纳消费税税额。人民币折合率既可以采用结算当天的国家外汇牌价,也可以采用当月1日外汇牌价的中间价,一般来说,外汇市场价格波动越大,选择折合率进行节税的必要性越大。如果能以较低的人民币汇率计算应纳税额,对于企业来讲就是有利的。

五、案例分析题

当期准予扣除的外购应税消费品买价＝345 000＋100 000－21 500＝423 500(元)

当期准予扣除的外购应税消费品的已纳税款＝423 500×30%＝127 050(元)

按当期销售收入计算的应纳税额为：

应纳税额＝40×150＋480 000×56％＋75×150＋150 000×36％＝340 050(元)

则企业当期实际应纳消费税款为：340 050－127 050＝213 000(元)

纳税人在计算上述应税消费品(限于从工业企业购进)应纳税额时，要注意扣除外购应税消费品已纳的税款，以减轻自己的税负。

第5章　企业所得税的税收筹划

一、单项选择题

1	2	3	4	5
B	D	B	D	B

【解释】

第5题：对于在中国境内未设立机构、场所的，或者虽设立机构、场所但取得的所得与其所设机构、场所没有实际联系的非居民企业的所得，按照下列方法计算应纳税所得额：股息、红利等权益性投资收益和利息、租金、特许权使用费所得，以收入全额为应纳税所得额。因此题目中的专利使用权按照每年的收入全额计算所得税，应扣缴的所得税＝600×10％＝60(万元)。

因此选择 B。

二、多项选择题

1	2	3	4	5
BD	BCD	BC	AC	BCD

【解释】

第1题：根据税法的规定，非银行企业内营业机构之间支付的利息不得税前扣除。企业所得税法中规定不可税前扣除的罚款是指行政性罚款，企业违反销售协议被采购方索取的罚款可以税前扣除。

因此选择 BD。

第2题：选项 A 错误是因为选择能使本期成本最大化的计价方法可以降低盈利企业的所得税负担。一般来说，在税负高低不同的纳税年度进行选择时，收入应该尽量在亏损年度或低税率年度实现，支出或费用应尽量在盈利年度或高税率年度确认；在物价持续下跌的情况下，采用先进先出法税负会降低。

因此选择 BCD。

第3题：从总体税负角度考虑，独资企业、合伙企业一般要高于公司制企业。A 不正确。在独资企业、合伙企业与公司制企业的决策中，要充分考虑税基、税率和税收优惠政策等多种因素，最终税负的高低是多种因素起作用的结果，不能只考虑一种因素。B 正确。设立分公司手续简单，有关财务资料也不必公开，分公司不需要独立缴纳企业所得税，并且分公司这种组织形式便于总公司管理控制。C 正确。子公司因其具有独立法人资格而被设立的所在国视为居民企业，通常要履行与该国其他居民企业一样的全面纳税义务，同时也能享受所在国为新设公司提供的免税期或其他税收优惠政策。D 错误。

因此选择 BC。

第4题：选项 B 错误，居民纳税人应在其实际管理机构所在地纳税。选项 D 不正确，应尽可能减少某些收入与实际管理机构的联系，从而达到节税的目的。

因此选择 AC。

第5题：我国非居民纳税人的税收政策为：

第一,非居民企业在中国境内设立机构、场所的,应当就其所设机构、场所取得的来源于中国境内的所得,以及发生在中国境外但与其所设机构、场所有实际联系的所得,缴纳企业所得税。

第二,非居民企业在中国境内未设立机构、场所的,或者虽设立机构、场所但取得的所得与其所设机构、场所没有实际联系的,应当就其来源于中国境内的所得缴纳企业所得税。

因此选择 BCD。

三、判断题

1	2	3	4	5
√	×	√	√	×

四、简答题

1. (1)从税收待遇上看:①子公司是独立的法人实体,在设立公司所在国被视为居民纳税人,承担全面纳税义务;分公司不是独立的法人实体,在设立分公司所在国被视为非居民纳税人,其发生的利润与亏损与总公司合并计算,合并计算的结果影响居住国税收负担。但分公司所在东道国实行收入来源的税收管辖权时,仍要对归属于分公司本身的收入课税。②子公司作为居民纳税人,承担无限纳税义务;分公司作为非居民纳税人,承担有限纳税义务。

(2)从公司所在地税率高低来看:①如果总公司所在地税率较低,而从属机构设立在较高税率地区,适合选择设立分公司汇总纳税,此时分公司和总公司利润所得合并申报纳税,所负担的是总公司的较低税率,可以从整体上减少公司所得税税负。②如果从属分支机构所在地税率较低,适宜选择设立子公司,因为具有独立法人地位的投资者可以利用其独立核算、独立纳税享受税负待遇,在低税率地区享受免征或只征较低税收的待遇;同时,还可以通过转让定价的方法将处于高税率地区的总公司利润转移至低税率地区,使整个集团税负最低。

(3)从企业发展不同时期来看:①由于在外地拓展业务会遇到一定困难,经费开支较大,公司开始设置分支机构时容易发生亏损,此时适宜选择分公司形式,用其生产或经营的亏损冲减总公司利润,减少总公司的应纳税额,从而减轻税负。②扭亏为盈后,企业适宜改设为子公司,此时可以充分利用国家对新建企业的税收优惠政策进行筹划。尤其是当从属分支机构所在地税率低于总公司所在地税率时,可以享受低税率的税收优惠。

2. 参照国际惯例,我国对投资所得来源地的认定,是以资金、财产、产权的实际运用地为标准。具体来说,是指外国企业在中国境内未设立机构、场所取得的下列所得为来源于中国境内的所得。

(1)从中国境内企业取得的利润(股息)。

(2)从中国境内取得的存款或者贷款利息、债券利息、垫付款或者延期付款利息等。

(3)将财产租给中国境内租用者而取得的租金。

(4)提供在中国境内使用的专利权、专有技术、商标权、著作权等而取得的使用费。

(5)转让在中国境内的房屋、建筑物及其附属设施、土地使用权等财产而取得的收益。

(6)经财政部确定征税的从中国境内取得的其他所得。

以上关于确定所得来源地的标准或准则规定,为外商投资企业和外国企业进行所得税征税范围的筹划提供了空间。具体筹划方法有:一是尽可能使"其他所得"与外商投资企业之间失去联系。如果其他所得与外商投资企业不发生实际联系,那么,至少境外部分的其他所得就不必申报纳税。即使要征税,也只是作为预提所得税,其适用的税率要比企业所得税税率低得多(25%-10%=15%)。二是尽可能将总机构设在避税地。国际避税地具有税收负担低、税收优惠的对象主要是外来投资者以及区域明确等特点,有利于筹划税收,获取额外利益。

跨国公司利用国际避税地降低资金周转环节的税收负担,可以使高税国的筹资成本大大降低。一般而言,高税国的预提所得税的税率也比较高。如果高税负国家的公司到海外筹资,然后借给设在另一国家的经营公司,该公司在支付筹资的股息或债券利息时就要代扣代缴预提所得税。假如借款时承诺给债权人的资金使用费为10%,而代扣了预提所得税以后,债权人的回报就会下降。这时筹资公司就可以在某一免征预提所得税的避税地设立一个子公司,由子公司筹款后,再转借给经营公司,这样公司就避免了缴纳预提所得税的问题,从而降低了筹资成本。

五、案例分析题

类别	行次	项目	金额
利润总额的计算	1	一、营业收入	15 300.00
	2	减:营业成本	6 601.06
	3	税金及附加	209.20
	4	销售费用	1 650.00
	5	管理费用	1 232.00
	6	财务费用	280.00
	7	加:投资收益	130.00
	8	二、营业利润	5 457.74
	9	加:营业外收入	350.00
	10	减:营业外支出	500.00
	11	三、利润总额	5 307.74
应纳税所得额计算	12	加:纳税调整增加额	164.50
	13	业务招待费支出	48.00
	14	广告费用支出	—
	15	职工福利支出	—
	16	职工工会经费、教育经费支出	4.50
	17	营业外支出	50.00
	18	其他调增项目	62.00
	19	减:纳税调整减少额	1 000.00
	20	加计扣除	140.00
	21	免税收入	130.00
	22	减免税项目所得	350.00
	23	其他调减项目	380.00
	24	四、应纳税所得额	4 472.24
税额计算	25	税率	25%
	26	应纳所得税额	1 118.06

计算过程如下:

第一行:营业收入=15 000+300=15 300(万元)

第二行:营业成本=6 580+18+18×17%=6 601.06(万元)

第三行：

企业 2017 年应缴纳的资源税

$$资源税＝13\,000×5/10\,000＝6.50(万元)$$

企业 2017 年应缴纳的增值税

$$增值税＝15\,000×17\%－510－230×7\%＋18×17\%＝2\,026.96(万元)$$

企业 2017 年应缴纳的城市维护建设税和教育费附加

$$城市维护建设税和教育费附加合计＝2\,026.96×(7\%＋3\%)＝202.70(万元)$$

综上，税金及附加＝6.50＋202.70＝209.2(万元)

第七行：投资收益＝130 万元，即国债利息收入的金额。

第八行：营业利润＝15\,300－6\,601.06－209.2－1\,650－1\,232－280＋130＝5\,457.74(万元)

第九行：营业外收入＝650－300＝350(万元)

第十行：营业外支出＝500(万元)

第十一行：利润总额＝5\,457.74＋350－500＝5\,307.74(万元)

第十三行：调增 48 万元。

$$业务招待费限额＝(15\,000＋300)×5‰＝76.5(万元)＞120×60\%＝72(万元)$$

所以，税前扣除业务招待费为 72 万元。

依据：企业发生的与生产经营活动有关的业务招待费支出，按照发生额的 60% 扣除，但最高不得超过当年销售（营业）收入的 5‰。

第十三行应调整的应纳税所得额＝120－72＝48(万元)

第十四行：0

$$广告宣传费扣除限额＝(15\,000＋300)×15\%＝2\,295(万元)$$

本期实际发生广告费用 1\,400 万元，可以据实扣除，所以，第十四行调整为 0。

依据：除国务院财政、税务主管部门另有规定外，广告费和业务宣传费支出不超过当年销售（营业）收入 15% 的部分，准予扣除；超过部分，准予在以后纳税年度结转扣除。

第十五行：0

福利费用税前扣除限额＝820×14\%＝114.80(万元)大于实际发生 98 万元，所以，福利费用据实扣除。

第十六行：工会经费税前扣除限额＝820×2\%＝16.40(万元)和实际发生 16.40 万元一致，所以，工会经费不调整。

教育经费税前扣除限额＝820×2.5\%＝20.50(万元)小于实际发生 25 万元，所以，教育费调整增加 25－20.5＝4.50(万元)。

第十六行：0＋4.5＝4.50(万元)

三项经费税前扣除规定：职工福利费扣除标准是不超过工资薪金总额的 14% 部分，准予扣除；职工工会经费扣除标准是，不超过工资薪金总额 2% 部分，准予扣除。对于职工教育经费，扣除标准有所提高，新标准是不超过工资薪金总额 2.5% 的部分，准予扣除；而且对超标准部分，准予在以后纳税年度结转扣除。

第十七行：调增 50 万元。

$$捐赠限额＝5\,307.74×12\%＝636.93(万元)$$

向灾区捐款 300 万元，小于限额，所以，据实扣除，不作调整。

行政罚款要全额调整。

第十七行：营业外支出应调整的应纳税所得额 50 万元依据：企业发生的公益性捐赠支出，在年度利润总额 12% 以内的部分，准予扣除，超过的不得税前扣除；行政罚款不得税前扣除。

第十八行：

财务费用应调整的应纳税所得额：

$$金融机构年利率=46.40 \div 800 \times 100\% = 5.8\%$$

$$非金融机构借款税前扣除利息=1\,000 \times 5.8\% = 58(万元)$$

其他调增项目(财务费用应调整的应纳税所得额)=120－58=62(万元)

综上，第十二行：48＋4.5＋50＋62=164.50(万元)

当期产品研发费用发生 280 万元，按规定加计 50％扣除。

第二十行：280×50％=140(万元)

第二十二行：减免税项目：350 万元

综上，第十九行：140＋130＋350＋380=1\,000(万元)

第二十三行：广告费用本年指标有结余，结余 2\,295－1\,400=895(万元)可以抵减上年结余广告费用 380 万，即影响纳税调减 380 万元。

第二十四行：年度企业所得税的应纳税所得额=5\,307.74＋164.5－1\,000=4\,472.24(万元)

第二十六行：

企业 2017 年度应缴纳的企业所得税：

$$应纳所得税=4\,472.24 \times 25\% = 1\,118.06(万元)$$

第6章　个人所得税的税收筹划

一、单项选择题

1	2	3	4	5
D	D	D	B	B

二、多项选择题

1	2	3	4	5
AC	ABC	ABD	ABC	AB

三、判断题

1	2	3	4	5
√	×	×	√	√

四、简答题

1. (1) 灵活安排工资、薪金和劳务报酬。

  (2) 均衡发放工资奖金。

  (3) 工资、薪金福利化筹划。

2. (1) 居民纳税人的判定标准改变

  (2) 征收模收改变

  (3) 优化调整税率结构

  (4) 提高综合所得基本减除费用标准

（5）增加专项附加扣除

五、案例分析题

1. 该案例可以通过改变在中国的居住时间,进行居民纳税人与非居民纳税人的转化来减轻税负。

约翰先生原计划 2020 年 1 月 1 日来华,2020 年 10 月 30 日回国,在 2020 年度居住超过 183 天,可判定为居民纳税人,应就其来源于中国境内外的所得征税。筹划分析:2020 年 8 月 1 日来中国,2021 年 5 月 30 日回国,这样他在中国的居住时间就跨越两个纳税年度,并且在任何一个纳税年度均没有居住满 183 天,可判定为非居民纳税人,仅就其来源于中国境内的所得征收个人所得税。

威廉先生 2020 年 8 月 20 日回国,后又于 2020 年 12 月 30 日来中国,2020 年度居住时间超过 183 天。也就是说,2020 年度,威廉先生应被判定为居民纳税人,应就其来源于中国境内外的所得征税。筹划分析:调整 2020 年离境时间,可从 2020 年 6 月 20 日回国,这样 2020 年度威廉先生居住未超过 183 天,为非居民纳税人,仅就其来源于中国境内的所得征收个人所得税。

2. 方案一:个人所得税应纳税额＝50 000×(1－20%)×10%－2 520＝1 480(元)

　　　　钱老师的净收入＝50 000－1 480－8 000＝40 520(元)

方案二:个人所得税应纳税额＝42 000×(1－20%)×10%－2 520＝840(元)

　　　　钱老师的净收入＝42 000－840＝41 160(元)

因此,应选择方案二。

3. 方案一:于 11 月通过民政部门向贫困地区捐赠 800 元。

捐赠的扣除限额＝(6 500－5 000)×30%＝450 元,余下的 350 元捐赠额不能扣除。

李某 11 月和 12 月个人所得税的应纳税额＝(6 500－5 000－450)×3%＋(6 500－5 000)×3%＝36.5(元)。

方案二:11 月和 12 月分别通过民政部门向贫困地区各捐赠 400 元。

每个月的捐赠都是 400 元,均未超过法律规定的扣除限额,都可全额扣除。

李某 11 月和 12 月个人所得税的应纳税额＝[(6 500－5 000－400)×3%]×2＝66(元)

方案二比方案一少纳税 10.5 元,因此,李某应选择分次捐赠的方法来节税。

第7章　其他税种的税收筹划

一、单项选择题

1	2	3	4	5
D	C	D	C	C

【解释】

第1题:关税的纳税义务人包括进口货物的收货人、出口货物的发货人、出入境物品的所有人。

因此选择 D。

第2题:进口货物的完税价格包括货物的货价、货物运抵我国境内输入地点起卸前的运输及其相关费用、保险费。货物的货价以成交价格为基础。

因此选择 C。

第3题:居民个人转让私有房产 5 年以上的免缴土地增值税。

因此选择 D。

第4题:征收土地增值税必须满足三个判定标准:仅对转让国有土地使用权及其地上建筑物和附着物的行为征税;仅对产权发生转让的行为征税;仅对转让房地产并取得收入的行为征税。房地产所有人可以通过避免符合以上三个判定标准来避免成为土地增值税的征税对象。比如,所有人通过境内非营利的社会团体、国家机关将房屋产权、土地使用权赠与教育民政和其他社会福利、公益事业;将房产、土地使用权租赁给承租人使用,由承租人向出租人支付租金;将房地产作价入股进行投资或作为联营条件等,均可免征土地增值税。

因此选择 C。

第 5 题:土地增值税的课税对象是转让国有土地使用权及地上建筑物和其他附着物产权所取得的增值额。

因此选择 C。

二、多项选择题

1	2	3	4	5
ABCD	ABD	AD	ABCD	AC

【解释】

第 1 题:关税的筹划空间包括:关税优惠政策的应用、合理控制完税价格、充分利用原产地标准、利用保税制度的税收筹划、选择货物的进口方式进行税收筹划、选择货物的运输方式进行税收筹划、行邮税的税收筹划、反倾销税的税收筹划和关税法律救济的筹划。

因此选择:ABCD。

第 2 题:ABD。行邮税的税率有 60%、30% 和 15% 三个档次。

因此选择:ABD。

第 3 题:纳税人有下列情形之一的,按照房地产评估价格计算征收:隐瞒、虚报房地产成交价格的;提供扣除项目金额不实的;转让房地产价格低于房地产评估价格又无当理由的。

因此选择:AD。

第 4 题:计算增值额的扣除项目包括:取得土地使用权所支付的金额;开发土地的成本、费用;新建房及配套设施的成本、费用,或者旧房及建筑物的评估价格;与转让房地产有关的税金;财政部规定的其他扣除项目。

因此选择:ABCD。

第 5 题:土地增值税的纳税人是转让国有土地使用权及地上建筑物和其他附着物产权取得增值性收入的单位和个人。课税对象是转让国有土地使用权及地上建筑物和其他附着物产权所取得的增值额。

因此选择:AC。

三、判断题

1	2	3	4	5
√	√	×	√	√

【解释】

第 3 题:个人因工作调动和改善居住条件而转让原自有住房,经向税务机关申报核准,凡居住满 3 年未满 5 年的,减半征收土地增值税,居住满 5 年或 5 年以上的,免征土地增值税。

因此为×。

四、简答题

1. 国际上许多国家通过设立保税区来创造完善的投资、运营环境。所谓保税区就是在海关监控管理下存放和加工保税货物的特定区域。

要利用保税制度进行税收筹划,一方面,纳税人要积极在保税区内投资设厂,开展为出口贸易服务的加工、运输和转口贸易等活动,因为在保税区内复运出口的进口货物通常免征进口关税和进口环节税,这样就可以获取豁免进出口关税的好处。另一方面,纳税人若能将进口货物向海关申请为保税货物,待该批货物向保税区外销售之时再补纳进口关税,这时纳税人可在批准日到补缴税款之间的时段内占有该笔税款的时间价值,同样达到筹划目的。

另外,在保税货物复运进出口这两个环节中,纳税人在报关时要填写报关表,其中有单耗计量单位一栏,税收筹划的突破口就是这个栏目。所谓单耗计量单位,即生产个单位成品耗费几个单位原料,通常有以下几种形式:一种是"度量衡单位/度量衡单位",如米/米、吨/立方米等;一种是"度量衡单位/自然单位",如吨/块、米/套等;还有一种是"自然单位/自然单位",如件/套、匹/件等。度量衡单位容易测量,而自然单位要具体测量则很困难,所以纳税人可以利用"自然单位/自然单位"形式作出税收筹划。

2. 房地产的继承不属于土地增值税的征税范围,不征收土地增值税(无收入)。房地产的赠与满足下列两种情况之一,则不属于土地增值税的征税范围:①房地产所有人、土地使用权所有人将房屋产权、土地使用权赠与直系亲属或承担直接赡养义务人的行为;②房地产所有人、土地使用权所有人通过中国境内非营利的社会团体、国家机关将房屋产权、土地使用权赠与教育、民政和其他社会福利、公益事业的行为。除此以外的房屋赠与行为,均需缴纳土地增值税。

五、案例分析题

(1) 自用营业性用房按房产余值计征房产税,应纳房产税税额为:

$$400 \times (1-20\%) \times 1.2\% = 3.84(万元)$$

(2) 出租房产按租金收入计征房产税,应纳房产税税额为:

$$(50+100 \times 10\%) \times 12\% = 7.2(万元)。$$

全年应纳房产税税额为:3.84+7.2=11.04(万元)。

参 考 文 献

［1］ 计金标. 税收筹划［M］. 8 版. 北京：中国人民大学出版社，2022.

［2］ 蔡昌. 税收筹划：理论、实务与案例［M］. 3 版. 北京：中国人民大学出版社，2020.

［3］ 梁俊娇. 税收筹划［M］. 10 版. 北京：中国人民大学出版社，2022.

［4］ 林松池. 税收筹划［M］. 3 版. 北京：高等教育出版社，2019.

［5］ 盖地. 税务筹划［M］. 7 版. 北京：首都经济贸易大学出版社，2021.

［6］ 王韬，刘芳. 企业税收筹划［M］. 3 版. 北京：科学出版社，2018.

［7］ 陈茂芬. 最新税收筹划经典案例与深度解析［M］. 广州：广东经济出版社，2017.

［8］ 任晓辉. 税收筹划［M］. 北京：高等教育出版社，2021.

［9］ 李克桥，宋凤轩. 税收筹划［M］. 北京：高等教育出版社，2021.

［10］ 俞杰. 税收筹划［M］. 大连：东北财经大学出版社，2022.

［11］ 阮家福. 企业税收筹划［M］. 北京：首都经济贸易大学出版社，2022.

［12］ 注册会计师全国统一考试精编教材编委会. 税法［M］. 北京：中国财政经济出版社，2022.